EUROPA-FACHBUCHREIHE
für wirtschaftliche Bildung

Aufgaben und Lösungen zur

Kaufmännischen Betriebslehre
Hauptausgabe

3. Auflage

Verfasst von Lehrern der wirtschaftswissenschaftlichen Fachrichtung

Lektorat: Gerd Kümmel, Bad Saulgau

Gültig ab 26. Auflage des Lehrbuches

VERLAG EUROPA-LEHRMITTEL · Nourney, Vollmer GmbH & Co.
Düsselberger Straße 23 · 42781 Haan-Gruiten

Europa-Nr.: 90017

Mitarbeiter des Arbeitskreises:

Görlich, Harald	Dr. phil., Dipl.-Hdl., Professor	Weingarten
Kugler, Gernot	Dr. oec. publ., Dipl.-Kfm., Oberstudiendirektor	Stuttgart
Kurtenbach, Stefan	Dipl.-Hdl., Studienrat	Bad Saulgau
Müller, Jürgen	Dipl.-Volksw., Studienrat	Freiburg
Ohlhauser, Thomas	Dipl.-Hdl., Studienrat	Tübingen
Richtsteiger, Klaus-Jürgen	Dipl.-Hdl., Oberstudienrat	Freiburg
Rupp, Martin	Dipl.-Betriebsw., Oberstudienrat	Reutlingen
Ziegler, Dietmar	Dipl.-Hdl., Oberstudienrat	Heidelberg

Mitarbeiter früherer Auflagen:

Böhmer, Ernst	Dipl.-Kfm., Studiendirektor	Bad Saulgau
Kümmel, Gerd	Dipl.-Hdl., Oberstudiendirektor	Bad Saulgau
Kuhn, Harald	Dipl.-Hdl., Studiendirektor	Mannheim
Uhl, Siegfried	Dipl.-Hdl., Studiendirektor	Ulm (Donau)
Weinreuter, Peter	Dipl.-Hdl., Oberstudiendirektor	Freiburg

Leiter des Arbeitskreises und Lektorat:

Gerd Kümmel, Bad Saulgau

3. Auflage 2000

Druck 5 4 3 2 1

Alle Drucke derselben Auflage sind parallel einsetzbar.

ISBN 3-8085-9003-3

Alle Rechte vorbehalten. Das Werk ist urheberrechtlich geschützt. Jede Verwertung außerhalb der gesetzlich geregelten Fälle muss vom Verlag schriftlich genehmigt werden.
© 2000 by Verlag Europa-Lehrmittel, Nourney, Vollmer GmbH & Co., 42781 Haan-Gruiten
http://www.europa-lehrmittel.de
Satz: Satz+Layout Werkstatt Kluth GmbH, Erftstadt
Druck: Druckerei Raimund Roth GmbH, 42655 Solingen

Vorwort zur 1. Auflage

Auf vielfachen Wunsch der Benutzer der **Kaufmännischen Betriebslehre – Hauptausgabe –** hat der Europa-Lehrmittel-Verlag dieses Lösungsbuch herausgegeben. Es enthält die **Lösungen und Antworten zu den Aufgaben und Fragen** ab der 17. Auflage dieses Lehrbuches.

Hinweise für die Benutzung des Lösers:

- Die **Aufgaben und Fragen** sind jeweils vor den Lösungen und Antworten **nochmals abgedruckt.**
- Der **inhaltliche Aufbau** entspricht der Gliederung der Kaufmännischen Betriebslehre – Hauptausgabe –; er erleichtert das Auffinden der gewünschten Abschnitte und Themenbereiche. Die **Seitenangaben am Rande** der Aufgaben und Fragen beziehen sich auf das Lehrbuch.
- Der Löser bietet **Lehrern und Schülern** vielfältige Möglichkeiten zur **Anwendung, Erweiterung und Vertiefung** der vermittelten und erworbenen kaufmännischen Kenntnisse. Er eignet sich zur **Lernzielsicherung und Lernerfolgskontrolle**.
- In der **Hand des Schülers** kann er für die **Prüfungsvorbereitung** eine wirkungsvolle Unterstützung sein.

Da die Kaufmännische Betriebslehre für eine umfassende kaufmännische Ausbildung konzipiert ist, finden sich **jeweils größere Teile** der dort abgedruckten Aufgaben und Fragen **auch in anderen, speziellen Verlagswerken desselben Autorenteams.** Somit können auch die Benutzer der anderen kaufmännischen Lehrbücher aus dem Gebrauch des Lösers Nutzen ziehen.

Drucktechnisch wurde der Löser bewusst schlicht gehalten, um dem Benutzer eine preiswerte Anschaffung zu ermöglichen.

Die Autoren wünschen Lehrenden und Lernenden einen erfolgreichen Einsatz des vorliegenden Buches.

Im Frühjahr 1986 **Die Verfasser**

Vorwort zur 3. Auflage

Das Lehrbuch „Kaufmännische Betriebslehre – Hauptausgabe" musste mehrfach wirtschaftlichen und rechtlichen Datenänderungen angepasst werden. Außerdem wurden die Fragen und Aufgaben zu einzelnen Kapiteln erweitert und geändert.

Dementsprechend wurde auch der Löser zu den Fragen und Aufgaben neu gefasst. Er gilt ab der 26. Auflage des Lehrbuches.

Im Sommer 2000 **Die Verfasser**

Inhaltsverzeichnis

1	**Grundlagen des Wirtschaftens**	7
1.1	Notwendigkeit des Wirtschaftens	7
1.2	Betriebe als Orte der Leistungserstellung und Leistungsverwertung	7

2	**Rechtliche Rahmenbedingungen des Wirtschaftens**	17
2.1	Rechtssubjekte	17
2.2	Rechtsobjekte	19
2.3	Rechtsgeschäfte	22
2.4	Vertragsfreiheit und Allgemeine Geschäftbedingungen	26

3	**Die Unternehmung**	28
3.1	Wirtschaftliche Entscheidungen bei der Gründung	28
3.2	Rechtliche Rahmenbedingungen für die Gründung	30
3.3	Unternehmungsformen	35
3.4	Personenunternehmungen	35
3.5	Kapitalgesellschaften	49
3.6	Besondere Gesellschaftsformen	58
3.7	Kooperation und Konzentration	59
3.8	Not leidende Unternehmung	69
3.9	Liquidation der Unternehmung	69

4	**Menschliche Arbeit im Betrieb**	74
4.1	Leitende und ausführende Arbeit	74
4.2	Mitarbeiter und Mitarbeiterinnen	74
4.3	Ordnung und Rechtsschutz der betrieblichen Arbeit	78
4.4	Entlohnung der betrieblichen Arbeit	84

5	**Leitung der Unternehmung**	87
5.1	Zielsetzung	87
5.2	Planung	88
5.3	Organisation	89
5.4	Kontrolle und Revision	96
5.5	Rechenschaftslegung und Repräsentation	96
5.6	Logistik	97

6	**Warenbeschaffung**	100
6.1	Bedarfs- und Bezugsquellenermittlung	100
6.2	Zustandekommen des Kaufvertrages	105
6.3	Inhalt des Kaufvertrages	112
6.4	Arten des Kaufs	117
6.5	Werk- und Werklieferungsvertrag	120
6.6	Lieferungsüberwachung	122
6.7	Preisberechnung (Kalkulation)	123
6.8	Störungen bei der Erfüllung des Kaufvertrages	127
6.9	Verjährung	137

7	**Lagerhaltung**	140

8	**Warenabsatz**	146
8.1	Beschaffung von Marktinformationen durch Marktforschung	146
8.2	Produktgestaltung	147
8.3	Sortimentsgestaltung	148
8.4	Preis- und Konditionenpolitik	149
8.5	Absatzwerbung	149
8.6	Absatzwege	152
8.7	Absatzhelfer	152
8.8	Andere absatzpolitische Instrumente	154
8.9	Marktsegmentierung und Marketing-Mix	154
8.10	Marketingkontrolle (Absatzkontrolling)	155

9	**Güter- und Nachrichtenverkehr**	160
9.1	Geschäfte beim Güterverkehr	160
9.2	Einrichtungen (Träger) des Güter- und Nachrichtenverkehrs	162
9.3	Transport und Lagerung gefährlicher Güter	162

10	**Geld und Zahlungsverkehr**	169
10.1	Geld und Währung	169
10.2	Zahlungsmittel und Zahlungsarten	169
10.3	Zahlungsträger	171

11	**Finanzierung der Unternehmung**	176

12	**Der Handel**	181
12.1	Einzelhandel	181
12.2	Großhandel	181
12.3	Gruppenbildung im Handel	181
12.4	Warenwirtschaft und Warenwirtschaftssysteme	183
12.5	Markt- und Börsenhandel	185
12.6	Außenhandel	185
12.6.10	Handels- und Zahlungsbilanz	187

13	**Der Industriebetrieb**	189
13.1	Ablauf der Leistungserstellung im Industriebetrieb	189
13.2	Qualitätskennzeichnung und Rechtsschutz der Erzeugnisse	199
13.3	Rationalisierung der Leistungserstellung	200
13.4	Kostenrechnung im Industriebetrieb	205
13.5	Mess- und Richtzahlen	212

14	**Kreditinstitute**	216
14.1	Geschäfte der Kreditinstitute	216
14.2	Einlagengeschäfte	216
14.3	Kreditgeschäfte	217
14.4	Bankkredite	218
14.5	Kreditleihe	220
14.6	Wertpapiergeschäfte	220
14.7	Zahlungsgeschäfte	225
14.8	Kreditinstitute und Europäische Zentralbank	226

15	**Die Versicherung**	228
15.1	Sozialversicherung	228
15.2	Individualversicherung	233
15.3	Personenversicherung	235
15.4	Sachversicherung	237
15.5	Vermögensversicherung	239
15.6	Kraftfahrt-Haftpflichtversicherung	240

16	**Steuern**	242
16.1	Besitzsteuern	242
16.2	Verkehrsteuern	249
16.3	Verbrauchsteuern	250

1 Grundlagen des Wirtschaftens

1.1 Notwendigkeit des Wirtschaftens

1.2 Betriebe als Orte der Leistungserstellung und Leistungsverwertung

> 1. „Ein jeder Wunsch, wenn er erfüllt, kriegt augenblicklich Junge." S. 20
>   a) Belegen Sie diesen Satz von Wilhelm Busch mit Beispielen aus Ihrem persönlichen Leben.
>   b) Auf welche Eigenschaft der menschlichen Bedürfnisse können Sie daraus schließen?
>   c) Nennen Sie Beispiele dafür, dass Bedürfnisse
>   – individuell verschieden,
>   – wandelbar,
>   – von verschiedenen Bedingungen abhängig sind.
>   d) Erörtern Sie, wie die Wirtschaft einer Landes beschaffen sein muss, damit sie den Eigenschaften der Bedürfnisse bei der Güterversorgung möglichst gerecht wird.

a) *Beispiel:*
   „Einzigster" Wunsch eines Jungen oder Mädchens: ein Fahrrad. Kaum ist der Wunsch erfüllt, tauchen nach kurzer Zeit neue Wunschvorstellungen auf: Skiausrüstung, Radiorecorder, Videorecorder, Moped, Kleinwagen, Tennisausrüstung.

b) *Unbegrenzt:* ein Leben lang immer neue Bedürfnisse.

c) – *Individuell verschieden:* Nicht jeder wünscht eine Ski- und Tennisausrüstung; mancher bevorzugt Wassersport, Fußball, Skat.
   – *Wandelbar:* Mopedfahrer möchte auf Kleinwagen umsteigen.
   – *Bedingungen:* Neue technische Erfindungen, Modeströmungen, Skifahren setzt Skikurs voraus, Autofahren den Führerschein und entsprechendes Einkommen.

d) Sie muss sein: Offen für neue Entwicklungen, anpassungsfähig, wandlungsfähig, vielseitig.

> 2. Versuchen Sie, die Bedürfnisse nach folgenden Gütern entsprechend ihrer Dringlichkeit als Existenz-, Kultur- oder Luxusbedürfnisse einzuordnen:
>   a) Auto eines Schülers,
>   b) Auto eines Handelsvertreters,
>   c) Zigaretten,
>   d) Schönheitsoperation,
>   e) Theaterbesuch.
>   **Begründen Sie Ihre Entscheidungen.**

Gut	Existenz-bedürfnis	Kultur-Luxus-bedürfnis	Begründung
Auto eines Schülers		x	Schule könnte zu Fuß, mit Fahrrad, mit öffentlichen Verkehrsmitteln erreicht werden.
Auto eines Handelsvertreters	x		Kunden können in kurzen Zeiträumen nur mit Kfz bedient werden. Großer Kundenbezirk. Evtl. ist schwerer Musterkoffer zu transportieren.
Zigaretten		x	Ursachen des Rauchens sind in Zivilisationsgewohnheiten zu suchen (Langeweile, Geltungsstreben, Nervosität, Nikotinsucht). Kann sogar existenzgefährdend werden.
Schönheitsoperation	(x)	x	Steigert das Lebensgefühl. (Bei Schauspielern evtl. Existenzfrage.)
Theaterbesuch	x		Steigert das Lebensgefühl

Die Bedeutung für den Einzelnen und die Dringlichkeit sind individuell verschieden.

3. a) Das Statistische Bundesamt ermittelte für 1997 folgende Werte:

	Westdeutschland	Ostdeutschland
Ernährung, Getränke, Tabakwaren	22,5 %	31,7 %
Mieten	19,2 %	6,2 %

Diskutieren Sie, welche Ursachen für die Unterschiede ausschlaggebend sind.

Beispiele für die Gründe sind:

– Nachholbedarf der Bürger in Ostdeutschland nach der Wiedervereinigung.

– Bürger in Ost- und Westdeutschland haben unterschiedliche Bedürfnisstrukturen und dadurch kommt es zu einem anderen Nachfrageverhalten.

– Unterschiedliche Preise.

Im Jahr 1997 waren die Mieten in Ostdeutschland noch deutlich niedriger als in Westdeutschland.

4. a) Welche Kulturbedürfnisse sind für Sie von Bedeutung?
b) Worauf können Sie in einer wirtschaftlichen Notsituation verzichten?

a) und b) *Beispiele:*

– Nahrung: Französische, jugoslawische, chinesische Küche.

– Kleidung: Modekleidung, Modeschmuck.

– Wohnung: Moderne Zimmereinrichtung, Zentralheizung, elektrische Haushaltsgeräte.

– Bildung und Unterhaltung: Gehobene Schulbildung, Theater, Konzert, Diskothek, Reisen.

5. Mit welchen Mitteln versuchen Industrie und Handel, Bedürfnisse in Bedarf umzuwandeln?

– *Werbung* (Aufmerksamkeit, Interesse, Wünsche wecken).

– *Verkaufsförderung* (Einkaufen reizvoll und bequem machen).

– *Kreditgewährung* (Beschaffung von Zahlungsmitteln erleichtern).

6. Sonnenlicht und Atemluft sind als Beispiele für freie Güter genannt. Prüfen Sie, unter welchen Umständen diese Beispiele nicht zutreffen.

Umweltverschmutzung in Ballungsgebieten erfordert wirtschaftliche Maßnahmen zum Schutz der Erdatmosphäre und zur Reinhaltung der Luft.

7. Elektrischer Strom ist ein knappes Gut. Erörtern Sie, wie die Knappheit gemildert werden kann.

– Vermehrung von Wasser-, Wärme- und Kernkraftwerken.

– Stromsparen.

8. Erläutern Sie, welche Wirtschaftsgüter sich für ein Recycling eignen.

Beispiele: Papier, Metalle, Glas, Holz, Textilien, pflanzliche Abfälle, Gummi, Kunststoffe.

9. Suchen Sie nach Beispielen dafür, dass dasselbe Gut sowohl als Konsumgut als auch als Produktionsgut verwendet werden kann.

– Ein Auto kann für private *und* geschäftliche Zwecke verwendet werden.

– Mit einem PC können Briefe an Freunde *oder* an Geschäftspartner geschrieben werden.

– Ein Handy wird für private und geschäftliche Zwecke genutzt.

10. Prüfen Sie, ob ein Küchenherd ein Konsumgut oder ein Produktionsgut ist.

Private Haushalte werden zwar üblicherweise dem Konsumbereich zugerechnet. Eine zu Hause bereitete Mahlzeit dient aber dem gleichen Zweck wie ein Gaststättenangebot. Die Kochleistung der Hausfrau ist gleichermaßen produktiv wie die Dienstleistung eines Restaurants. Küchenherde sollten demnach eigentlich als Produktionsgüter gelten.

11. Erläutern und unterscheiden Sie die Begriffe „Konsumgut" und „Verbrauchsgut".

– Konsumgüter dienen der Bedürfnisbefriedigung (Bedarfsdeckung) unmittelbar. Sie können Gebrauchsgüter (Bett) *oder* Verbrauchsgüter (Lebensmittel) sein. Gegensatz: Produktionsgüter.

– Verbrauchsgüter sind *nur einmal* zur Bedürfnisbefriedigung verwendbar. Sie können Produktionsgüter (Rohstoffe) *oder* Konsumgüter (Lebensmittel) sein. Gegensatz: Gebrauchsgüter.

12. Begründen Sie, welche der folgenden wirtschaftlichen Vorgänge zum Handeln

   a) nach dem Maximalprinzip   b) nach dem Minimalprinzip gehören:

   – Sie wollen Ihren Urlaub in Spanien verbringen; dafür stehen Ihnen 1.500 EUR zur Verfügung.

   – Für den Bau eines Einfamilienhauses stehen 250.000 EUR Eigenkapital und 340.000 EUR Fremdkapital zur Verfügung.

   – Ein Wohnhaus ist zum Verkauf ausgeschrieben. Als „Verhandlungsbasis" ist ein Preis von 680.000 EUR genannt.

- Urlaub in Spanien, Mittel vorgegeben: Maximalprinzip
- Bau eines Einfamilienhauses, Mittel vorgegeben: Maximalprinzip
- Kauf eines Wohnhauses, Leistung vorgegeben: Minimalprinzip.

13. Erläutern Sie, warum in der Wirtschaft in der Regel das ökonomische Prinzip angewandt werden soll.

Wirtschaftsgüter sind knapp und daher mehr oder weniger kostspielig. Die Vernunft gebietet daher,
- knappe Güter sparsam einzusetzen, um Kosten zu sparen,
- unvermeidbare Kosten durch möglichst hohe Leistungen zu rechtfertigen.

14. Ein Unternehmer lässt für seine Belegschaft ein Schwimmbad zur kostenlosen Freizeitnutzung errichten. Begründen Sie, ob es sich in diesem Fall um eine Abweichung vom ökonomischen Prinzip handelt.

Einsatz von Geld für das Schwimmbad mit dem Ziel, die Motivation der Belegschaft zu steigern.

15. Erläutern Sie, warum die Befolgung des erwerbswirtschaftlichen Prinzips eine gewisse Garantie für optimale Bedarfsdeckung in der Gesamtwirtschaft bietet.

- Erwerbswirtschaftliche Betriebe arbeiten mit dem privaten Kapital der Unternehmer oder Gesellschafter. Diese sind an der Erhaltung und Vermehrung des Kapitals interessiert; zu diesem Zweck müssen sie Verlust vermeiden und wollen sie Gewinn erzielen.
- Deshalb richten sie die Produktionspläne nach der Nachfrage am Markt aus. Sie produzieren solche Leistungen, an denen der entsprechende Bedarf besteht, und vermeiden die Produktion von Gütern, bei denen kein hinreichender Bedarf besteht.
- Da erwerbswirtschaftliche Unternehmer so das Unternehmensrisiko selbst tragen und nach Sicherheit streben, ist eine gewisse Garantie für optimale Bedarfsdeckung gegeben.

16. Begründen Sie, ob es berechtigt ist, wenn Unternehmungen nach Gewinn streben.

- Gewinnstreben schützt die Unternehmung vor Unwirtschaftlichkeit. Dies ist die Voraussetzung zur Erhaltung der Unternehmung, der Arbeitsplätze und für optimale Bedarfsdeckung.
- Gewinn ist als Einkommen der Unternehmer berechtigt.
- Der Gewinnchance steht das Verlustrisiko gegenüber, das der private Unternehmer zu tragen hat.

17. Erklären Sie, wer den Jahresverlust
   a) einer privaten, erwerbswirtschaftlichen Unternehmung,
   b) eines öffentlichen, gemeinwirtschaftlichen Betriebes trägt.

a) Unternehmer bzw. Eigenkapitalgeber (Verlust mindert das Eigenkapital).
b) Allgemeinheit der Steuerzahler (Verlust muss aus öffentlichen Haushalten und damit aus dem Steueraufkommen getragen werden).

18. **Nachdem ein Einzelunternehmer seine Erfolgsrechnung im Vorjahr mit 45.000 EUR Verlust abschließen musste, gelang es ihm durch geschickte Geschäftsführung, in diesem Jahr 160.000 EUR Gewinn zu erwirtschaften. Bei einem Eigenkapital von 400.000 EUR entspricht dieser Gewinn einer Kapitalverzinsung von 40 %. Diskutieren Sie, ob es gerechtfertigt ist, dass der Unternehmer einen solchen Gewinn für sich beanspruchen darf.**

– Dem Gewinn in Höhe von 160.000 EUR in diesem Jahr stehen 45.000 EUR Verlust im Vorjahr gegenüber. Über zwei Jahre betrachtet ergibt sich folgende Kapitalverzinsung:

$$\frac{160.000\ EUR\ abzüglich\ 45.000\ EUR}{2\ Jahre} = 57.500\ EUR\ durchschnittlicher\ Jahresgewinn$$

Durchschnittliche Kapitalverzinsung: $\frac{57.500\ EUR}{400.000\ EUR} \times 100\ \% = \mathbf{14{,}375\ \%}$

– Diese Verzinsung schließt bei einem Einzelunternehmer das Entgelt für die leitende Tätigkeit und Mitarbeit im Betrieb, den Unternehmerlohn, sowie eine Risikoprämie ein. So erscheint die Verzinsung nicht zu hoch.

19. **Ordnen Sie folgende Betriebe nach ihrer Leistungsfunktion gemäß dem Bild Seite 15 in entsprechende Gruppen ein:**

   a) Bauunternehmung,
   b) Wasserkraftwerk,
   c) Krankenkasse,
   d) Apotheke,
   e) Hotel,
   f) Steuerberatungsbüro,
   g) Chemiewerk,
   h) Bäckerei,
   i) Saline,
   j) Taxiunternehmung

Fall	Funktion	Wirtschaftszweig
a)	Stoffverarbeitung	Verarbeitende Industrie oder Warenhandwerk
b)	Energiegewinnung	Energiewirtschaft
c)	Versicherungsschutz	Sozialversicherung
d)	Distribution	Handel
e)	Sonstige Dienstleistungen	Gastgewerbe
f)	Sonstige Dienstleistungen	Beratungsgewerbe
g)	Stoffverarbeitung	Verarbeitende Industrie
h)	Stoffverarbeitung	Warenhandwerk
i)	Stoffgewinnung	Bergbau
j)	Personen- und Sachbeförderung	Verkehrswirtschaft

20. **Inwiefern können private Haushalte als ein Sektor der Leistungserstellung betrachtet werden?**

Haushalte dienen nicht nur dem Konsum, sondern in ihnen werden auch produktive Leistungen erstellt:

– *Sachleistungen:* z.B. Gartenerzeugnisse, Speisen, Kleidungsstücke.
– *Dienstleistungen:* z.B. Reparaturen, Reinigung, Erziehungsleistungen, soziale Dienste.

21. a) Auf welche Weise ist die Natur an der Leistungserstellung beteiligt?

b) Nennen Sie die Kosten, welche die Unternehmung für diesen Einsatz tragen muss.

a) – Natur liefert *Rohstoffe:* Pflanzen, Tiere, Steine, Metalle.

– Natur liefert *Kraftstoffe* und *Energien:* Wasser, Kohle, Erdöl, Gas, Uran; Wind, Licht, Strahlungen.

– Natur liefert den *Standort* für jede Art von Produktion.

b) – Stoffkosten.

– Energiekosten.

– Grundstückskosten (Pacht).

22. a) Erklären Sie, welche Personen und Personengruppen der Unternehmung ihre Leistungskraft zur Verfügung stellen.

b) Erläutern Sie, welche Kosten dadurch entstehen.

a) Arbeiter, Angestellte, Unternehmer (Manager).

b) Löhne, Gehälter, Unternehmerlohn, Sozialkosten, Provisionen.

23. a) Fertigen Sie eine Aufstellung der Betriebsmittel, die ihr Ausbildungsbetrieb zur Leistungserstellung einsetzt.

b) Welche Kosten entstehen der Unternehmung dadurch?

a) Beispiele: Gebäude, Geschäftsausstattung, Transportmittel, Maschinen, Geräte, Werkzeuge.

b) Miete, Abschreibungen, Instandhaltungskosten, Wartungskosten, Reparaturkosten.

24. Ordnen Sie die angegebenen Kosten nach folgendem Muster dem jeweiligen Faktoreneinsatz zu:

Kostenart	entstanden durch Einsatz des Produktionsfaktors
a) Energiekosten	Betriebsmittel
b) Miete für Lagerhallen	Betriebsmittel
c) Sozialkosten	Arbeitsleistung, dispositiver Faktor
d) Instandhaltungskosten	Betriebsmittel
e) Vertreterprovision	Arbeitsleistung
f) Fuhrparkkosten	Betriebsmittel
g) Rohstoffverbrauch	Werkstoffe
h) Miete für Lagerplatz	Betriebsmittel

25. Wodurch unterscheidet sich der Faktor Arbeitsleistung vom dispositiven Faktor?

– *Arbeitsleistung:* Hauptsächlich körperliche, ausführende Arbeit.

– *Dispositiver Faktor:* Hauptsächlich geistige, leitende Tätigkeit.

26. Nennen Sie Arbeitskräfte der Unternehmung, die zum dispositiven Faktor beitragen.

Unternehmer, leitende Angestellte (Manager), Organisatoren.

27. Erklären Sie, warum die Roh- und Hilfsstoffe zu den Werkstoffen, Betriebsstoffe aber zu den Betriebsmitteln gehören.

- Roh- und Hilfsstoffe werden *Erzeugnisbestandteile* im Fertigungsprozess.
- Betriebsstoffe gehören zur technischen Voraussetzung des Fertigungsprozesses und werden bei diesem *verbraucht*.

28. Fertigen Sie eine Aufstellung der Werkstoffe bzw. Waren Ihres Ausbildungsbetriebes.

Beispiele: Rohstoffe, Hilfsstoffe, bezogene Teile, Waren.

29. In welchen Wirtschaftszweigen gibt es keine Werkstoffe?

Dienstleistungsgewerbe: Handel, Banken, Versicherungen, Verkehr, Beratungsgewerbe.

30. An welchen Produktionsfaktoren mangelt es in Entwicklungsländern?

Qualifizierte Arbeitsleistung, dispositiver Faktor, Betriebsmittel, Rechte.

31. In welchem Falle entspricht eine Faktorenkombination dem ökonomischen Prinzip?

Wenn die Faktoren nach Art, Güte und Menge so kombiniert sind, dass der Aufwand hierfür in einem möglichst günstigen Verhältnis zum Ertrag steht.

32. Wodurch unterscheiden sich die Begriffe Betrieb und Unternehmung?

- Betrieb ist *jede* Faktorenkombination zum Zwecke der Leistungserstellung.
- Unternehmung ist der *erwerbswirtschaftlich* orientierte Betrieb.

33. Erläutern Sie, welche Leistung Ihr Betrieb erbringt.

Beispiele: Sachleistungen, Dienstleistungen.

34. Erörtern Sie, welchen Einfluss Klima, Bildung und Lebenseinstellung der Menschen auf die Wirtschaftsverhältnisse eines Landes haben.

Technologisch hochentwickelte Wirtschaftsverhältnisse setzen gehobene technisch-ökonomische Bildung, Fleiß und Arbeitswillen voraus. Diese können unterschiedlich entwickelt sein, wobei eine Abhängigkeit vom
- Klima (Bewohner der Sahara im Vergleich zu Westeuropäern) oder der
- Lebenseinstellung (Indianer der tropischen Regenwälder im Vergleich zu Einwohnern Chicagos)

bestehen kann.

35. Nennen Sie Beispiele
a) für unterschiedliche Faktorenkombinationen bei der Produktion eines Gutes,
b) für die Substitution von Produktionsfaktoren in den vergangenen Jahren.

a) Herstellung von Kleidung: Viel Handarbeit, wenig technische Hilfsmittel; oder wenig Handarbeit, maschinelle Fertigung.

b) Teurer gewordene Arbeitskräfte werden durch Maschinen ersetzt, Büroarbeitskräfte durch Personalcomputer.

36. Die Auswirkungen der „schlanken Produktion" (Lean Production) in den Unternehmen ist deutlich erkennbar.

Eine Maschinenfabrik veröffentlicht folgende Zahlen:

	Zahl der Beschäftigten	Strickmaschinen	Umsatz (Mio.)
1994	805	1.241	176
1999	439	1.645	330

a) Beschreiben Sie den Trend den die vorliegenden Zahlen widerspiegeln.

b) Errechnen Sie den Umsatz pro Mitarbeiter.

c) Erörtern Sie die möglichen wirtschaftlichen und gesellschaftlichen Probleme einer solchen Entwicklung.

a) Trend zur Rationalisierung, d.h. Ersatz des Menschen durch die Maschine (Lean Production)

b) Wirtschaftliche Folgen: weniger Arbeitsplätze, steigende Arbeitslosigkeit, Zahlungen in die Sozialversicherungen sinken. Finanzierungsprobleme der Sozialversicherung, geringe Personalkosten, billigere Produkte, höhere Gewinne.

Gesellschaftliche Folgen: hohe Arbeitslosigkeit, auch bei den Jugendlichen, fördert Kriminalität und Gewalt; Arbeitslosigkeit fördert psychische Probleme.

37. Was müsste geschehen, um die Verknappung und damit Verteuerung des Betriebsmittels Energie in den Betrieben aufzufangen?

Energiesparende Produktionsformen entwickeln, mehr Energie erzeugen, Energie zurückgewinnen, Kostensteigerungen durch Einsparung anderer Kosten ausgleichen.

38. Worin besteht die Leistungserstellung

a) eines Handelsbetriebes,

b) einer Industrieunternehmung?

a) Sortimentsbildung, Bereitstellung von Waren, Vorratshaltung, Absatzwerbung, Bedarfsweckung, Kundendienst, Bedienung und Beratung.

b) – Rohstoff- und Energiegewinnung,

– Be- und Verarbeitung von Werkstoffen zur Fertigung von Erzeugnissen.

39. a) Erklären Sie, welche Güter ein Industriebetrieb am Beschaffungsmarkt erwerben muss.

b) Wie kann die Beschaffung finanziert werden?

a) – Betriebsmittel (Grundstücke, Energie, Gebäude, Maschinen, Transportmittel, Werkzeuge, Betriebsstoffe),

– Werkstoffe (Rohstoffe, Hilfsstoffe, Fertigteile),

– Arbeitsleistungen,

– flüssige Mittel.

b) Finanzierung aus Verkaufserlösen, Eigenkapitaleinlagen und durch Kreditaufnahme.

40. Erläutern Sie, welche Funktionen einer Industrieunternehmung man
   a) im Güterstrom,
   b) im Geldstrom,
   c) in der Leitung unterscheidet.

a) Beschaffung, Lagerung, Fertigung, Absatz.

b) Finanzierung, Zahlung.

c) Zielsetzung, Planung, Organisation, Kontrolle, Rechenschaftslegung, Repräsentation.

41. Stellen Sie sich vor, es gäbe keine Handelsbetriebe. Erörtern Sie, welche Auswirkungen dies
   a) für die Industrie,
   b) für den Verbraucher hätte.

a) – Ausdehnung der Absatzfunktion bei der Industrie, wo spezielle Einrichtungen und örtliche Marktkenntnisse nicht vorhanden sind.
   – Aufbau einer flächendeckenden Absatzorganisation mit eigenen Absatzeinrichtungen.
   – Personal- und Finanzierungsprobleme.

b) – Weite Wege zum Hersteller, eventuell kein Angebot am Ort.
   – Fehlende Auswahl aus Sortiment verschiedener Hersteller. Schwieriger Angebotsvergleich.
   – Schlechtere Güterversorgung.
   – Zeit- und Kostenprobleme.

42. Gegen welche Risiken können Sie sich bei einer Versicherung versichern?

– Krankheit, Unfall, Arbeits- und Erwerbsunfähigkeit, Todesfallfolgen, Arbeitslosigkeit.

– Feuer, Leitungswasser, Einbruchdiebstahl, Transport.

– Haftpflicht, Kreditausfall, Rechtsberatungskosten.

43. Kreditinstitute bieten ihren Kunden einen vielfältigen Service an. Teilweise lassen sich diese Leistungen aus dem vorliegenden Kontoauszug entnehmen.
   a) Analysieren Sie den Kontoauszug und beschreiben Sie die Bankleistungen.
   b) Erkundigen Sie sich bei einem Kreditinstitut, welche weiteren Leistungen angeboten werden.
   c) Untersuchen Sie, inwieweit sich die Leistungen beim online-banking von der Leistung am Bankschalter unterscheiden.

05.01.2000	Kontostand Girokonto		407,20 EUR		796,42 DM
Datum	Informationen zu den Buchungen	Wert	Lastschrift	Gutschrift	
05.01.	Einzugsservice von Telekom Buchhaltung	05.01.	125,33		
08.01.	Depotgebühren	08.01.	250,00		
15.01.	Gehalt – Januar 2000	15.01.		2.820,50	
15.01.	Tilgungsrate Nr. 546664959	15.01.	840,30		
22.01.2000	Kontostand Girokonto		1.227,75 EUR		2.401,29 DM

a) – Kontoführung aufgrund Lastschrifteinzug der Telekom
   – Belastung von Depotgebühren
   – Gutschrift für Januar-Gehalt
   – Belastung wegen Darlehenstilgung

b) – Beratung bei der Geldanlage
   – Verwaltung der Geldanlage
   – Kreditgewährung

c) Individuelle Beratung, d.h. auf persönliche Bedürfnisse abgestimmt am Schalter; dagegen schnelle Informationsbeschaffung durch online-banking.

44. Stellen Sie die Abteilungsbildung Ihres Ausbildungsbetriebes schaubildlich dar.

Beispiele:

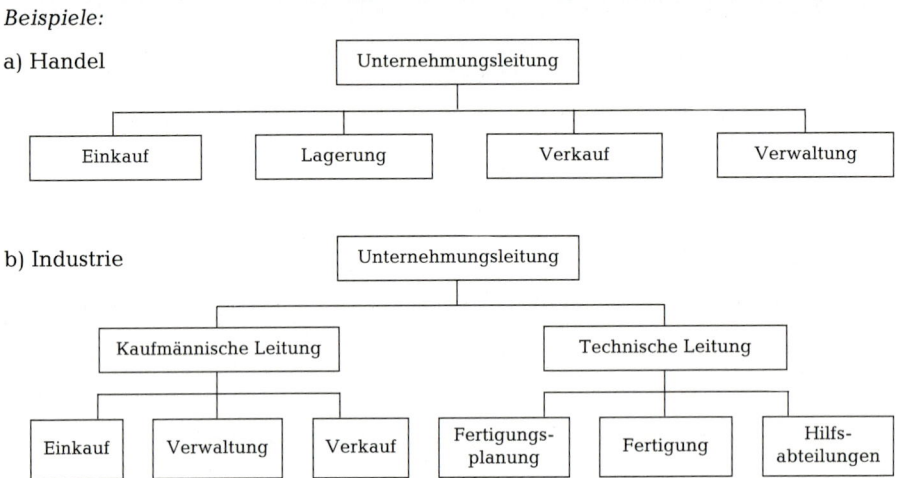

a) Handel

b) Industrie

45. Beschreiben Sie die Tätigkeiten, die in den einzelnen Abteilungen verrichtet werden müssen.

Beispiele:

– *Einkauf:* Bedarfsermittlung, Bezugsquellenermittlung, Bestellung, Lieferungsüberwachung.

– *Lagerung:* Warenannahme, Eingangskontrolle, Einlagerung, Warenpflege, Bearbeitung, Warenausgabe, Lagerbuchführung, Lagerkontrolle.

– *Fertigung:* Fertigungsplanung, Entwicklung, Arbeitsvorbereitung, Kalkulation, Herstellung, Reparatur.

– *Verkauf:* Marketing, Auftragsbearbeitung, Fakturierung, Werbung, Verkaufsförderung, Versand.

– *Verwaltung:* Personalverwaltung, Anlagenverwaltung, Rechnungswesen, Organisation, Finanzverwaltung.

2 Rechtliche Rahmenbedingungen des Wirtschaftens

2.1 Rechtssubjekte

> 1. Welche der folgenden Personen oder Institutionen sind juristische Personen? S. 26
>   a) Sportclub Forchheim e.V.,
>   b) Richter beim Landgericht,
>   c) Stadtsparkasse Mannheim,
>   d) Bundesrepublik Deutschland,
>   e) Vorstandsmitglied einer AG.

Juristische Personen sind:
- Sportclub Forchheim e.V.,
- Stadtsparkasse Mannheim,
- Bundesrepublik Deutschland.

> 2. Sieben Mitglieder eines Vereins werden in das Vereinsregister eingetragen. Welche Auswirkungen hat dies?

Der Verein wird zur juristischen Person, die
- durch Organe handelt,
- einen rechtlich geschützten Namen hat und
- den Gläubigern gegenüber mit dem vereinseigenen Vermögen haftet (d.h. die Mitglieder haften nicht mehr direkt).

> 3. Die 17-jährige Hildegard Gut steht in Ausbildung zur Kauffrau im Groß- und Außenhandel.
>   a) Von der Ausbildungsvergütung stehen ihr monatlich 300 EUR als Taschengeld zur Verfügung. Eines Tages schließt sie mit einem Media-Center einen Kaufvertrag über eine Stereo-Kompakt-Anlage im Wert von 1.900 EUR ab. Wie ist die Rechtslage?
>   b) Ein Onkel hat ihr für diesen Zweck 2.000 EUR geschenkt. Wie ist die Rechtslage?
>   c) Unter welchen Voraussetzungen könnte sie nach Beendigung des Ausbildungsverhältnisses den Betrieb wechseln?
>   d) Unter welchen Voraussetzungen könnte sie das Großhandelsgeschäft des kranken Vaters übernehmen?

a) Die Auszubildende ist minderjährig und deshalb beschränkt geschäftsfähig. Der Kaufvertrag ist aus diesem Grunde bis zur Genehmigung durch die Eltern schwebend unwirksam. Genehmigen die Eltern nicht, ist der Vertrag nichtig. Sind die Eltern verschiedener Meinung, entscheidet das Vormundschaftsgericht.

b) Es muss die Genehmigung der Eltern eingeholt werden, es sei denn, die Eltern waren mit der Schenkung der 2.000 EUR zu diesem Zweck einverstanden.

c) – Hildegard ist noch minderjährig und wechselt nicht den Geschäftszweig: Zustimmung der Eltern ist nicht notwendig, da sie die Zustimmung für diesen Geschäftszweig bereits gegeben haben.

– Hildegard ist noch minderjährig und wechselt den Geschäftszweig: Zustimmung der Eltern ist notwendig.

– Hildegard ist inzwischen volljährig: Sie kann den Betrieb ohne weiteres wechseln.

d) Die Übernahme eines Erwerbsgeschäftes durch Hildegard bedarf der Zustimmung des gesetzlichen Vertreters und der Genehmigung des Vormundschaftsgerichtes.

> **4. Wie ist die Rechtslage in folgenden Fällen?**
>
> **a) Die 15-jährige Christine hat von ihrem Patenonkel als Geschenk ein Fahrrad erhalten. Da die Eltern seit einiger Zeit mit dem Onkel Streit haben, verlangen sie von Christine, das Fahrrad zurückzugeben.**
>
> **b) Der 6-jährige Jörg kauft ohne Wissen der Eltern von seinen Ersparnissen im benachbarten Spielwarengeschäft ein Panzerfahrzeug. Da die Eltern damit nicht einverstanden sind, wollen sie das Spielzeug zurückbringen.**
>
> **c) Die 17-jährige Mitarbeiterin eines Reinigungsunternehmens kündigt ihrem Arbeitgeber. Der Vater will mit einem Schreiben die Kündigung rückgängig machen.**

a) Christine ist *beschränkt geschäftsfähig* Sie kann mit ihrem Onkel einen Vertrag, der ihr nur rechtliche Vorteile bringt, rechtswirksam abschließen. Sie muss das Fahrrad nicht zurückgeben.

b) Jörg ist *geschäftsunfähig*. Es konnte kein Kaufvertrag zustande kommen, da die Willenserklärung des 6-jährigen Jörg nichtig ist. Die Eltern haben das Recht, das Spielzeug zurückzubringen.

c) Die Mitarbeiterin ist grundsätzlich *beschränkt geschäftsfähig,* für diesen Arbeitsvertrag aber *partiell unbeschränkt geschäftsfähig.* Sie kann mit voller Wirksamkeit kündigen. Das Recht zur Kündigung ergibt sich aus der Genehmigung des Vaters für den Abschluss dieses Arbeitsvertrages. Der Vater kann die Kündigung nicht rückgängig machen.

> **5. Onkel Karl schenkt seinem 6-jährigen Neffen Paul ein Bilderbuch und seiner 12-jährigen Nichte Paula 100 EUR.**
>
> **a) Die Eltern von Paul und Paula sind mit der Schenkung nicht einverstanden. Prüfen Sie, ob die Beschenkten trotzdem Eigentum erwerben können.**
>
> **b) Paula hat von ihrem monatlichen Taschengeld in Höhe von 25 EUR im Laufe der Zeit 60 EUR gespart. Sie möchte sich einen Walkman kaufen. Bei ihrem letzten Stadtbummel wurde sie auf ein Gerät aufmerksam, von dem sie sofort begeistert war. Der Verkäufer bot das Gerät zu einem Sonderpreis von 80 EUR an. Paula einigt sich mit dem Verkäufer, die fehlenden 20 EUR in zwei Monatsraten zu je 10 EUR zu bezahlen.**
>
> **Begründen Sie, ob der Kauf gültig ist.**

a) – Die Eltern können das Bilderbuch zurückgeben, da Paul geschäftsunfähig ist.

– An den 100 EUR hat Paula Eigentum erworben, da sie beschränkt geschäftsfähig ist und deshalb Geschenke annehmen kann, die ihr keine rechtlichen Nachteile bringen.

b) Der Kaufvertrag ist schwebend unwirksam, da Ratenkäufe mit Minderjährigen der Genehmigung des Vormundschaftsgerichts bedürfen.

2.2 Rechtsobjekte

1. Stellen Sie fest, um welche Art von Rechtsobjekt es sich handelt.

a) Wohnhaus, b) Forderung, c) Pferd, d) Lizenz.

S. 29

a) Unbewegliche Sache,

b) Recht,

c) Tiere sind besondere Rechtsobjekte, auf welche die gesetzlichen Vorschriften über Sachen anzuwenden sind, soweit nicht Tierschutzbestimmungen entgegen stehen.

d) Recht.

2. Kurt Fröhlich und Ulrich Seitz unterhalten sich. Kurt meint: „Ein Tier muss im Rechtsverkehr wie ein Mensch behandelt werden, denn beide sind Lebewesen." „Aber Tiere kann man doch kaufen und verkaufen wie eine Ware oder ein Patent", entgegnet ihm Ulrich.

Nehmen Sie Stellung zu diesen Aussagen. Beachten Sie dabei die §§ 90 – 103 BGB.

– Kurt hat insoweit Recht, als Tiere nach § 90a, Satz 1 und 2 BGB nicht als Sachen gelten; sie werden durch besondere Tierschutzbestimmungen als Lebewesen behandelt und geschützt.

– Auch Ulrichs Aussage ist grundsätzlich nicht falsch, da nach § 90a, Satz 3 BGB die für Sachen geltenden Vorschriften auch auf Tiere anzuwenden sind, soweit nichts anderes bestimmt ist. Einem Kauf oder Verkauf von Tieren stehen keine Rechtsbestimmungen entgegen. Dabei ist jedoch der Tierschutz zu beachten.

3. Wie ist die jeweilige Rechtslage?

a) Es wird Ihnen Ihr eigenes oder ein entliehenes Fahrrad entwendet. Sie haben den Dieb auf frischer Tat ertappt oder nach zwei Tagen entdeckt.

b) Der Mieter eines Lagerhauses gibt den Raum nicht frei, obwohl der Vermieter rechtzeitig gekündigt hat.

c) Der Mieter macht ohne Erlaubnis des Vermieters bauliche Veränderungen.

a) Wird der Dieb auf frischer Tat ertappt, dann kann man ihm das Fahrrad mit angemessener Gewalt wegnehmen (Selbsthilferecht). Wird der Dieb aber erst später entdeckt, muss man die Herausgabe verlangen bzw. auf Herausgabe klagen (Beseitigung der Besitz- bzw. Eigentumsstörung).

b) Der Vermieter muss eine Räumungsklage einreichen.

c) Da der Mieter nur Besitzer, nicht aber Eigentümer ist, darf er keine baulichen Veränderungen vornehmen. Der Vermieter kann die Beseitigung verlangen, gegebenenfalls kann er klagen.

> **4. Wann und wo geht das Eigentum an einer Ware in folgenden Fällen auf den Käufer über?**
>
> **a) Der Käufer kauft die Ware im Laden und nimmt sie mit (Handkauf).**
>
> **b) Der Verkäufer sendet die Ware dem Käufer am gleichen Platz zu (Platzkauf).**
>
> **c) Verkäufer und Käufer wohnen an verschiedenen Orten und der Verkäufer sendet die Ware per Bahn zu (Versendungskauf).**

a) Mit der Übergabe der Ware im Laden (Einigung + Übergabe).

b) Mit der Übergabe in der Wohnung bzw. im Geschäft des Käufers.

c) Mit der Übergabe der Ware an die Bahn.

> **5. Frau Reich kauft einen Perserteppich gegen sofortige Zahlung.**
>
> **a) Wann würde sie normalerweise das Eigentum erwerben?**
>
> **b) Nach einigen Tagen erhält sie die polizeiliche Aufforderung, den Teppich abzuliefern, da er aus einem Einbruchdiebstahl stamme. Was kann sie bezüglich des Teppichs beziehungsweise des gezahlten Kaufpreises unternehmen?**
>
> **c) Welche Lage ergäbe sich, wenn sie den Teppich von einem „fliegenden" Händler an der Haustür erworben hätte?**
>
> **d) Welche Forderungen ziehen Sie daraus bezüglich Käufen bei „fliegenden" Händlern?**

a) Bei der Übergabe des Teppichs.

b) Sie muss den Teppich herausgeben, da an gestohlenen Sachen kein Eigentum erworben werden kann. Der Händler muss den bezahlten Kaufpreis zurückerstatten.

c) Sie muss den Teppich herausgeben, kann aber den Kaufpreis nicht mehr zurückverlangen, da sie die Anschrift des Händlers nicht kennt.

d) Man sollte solche Dinge nicht an der Haustüre kaufen oder mindestens die Anschrift des „fliegenden" Händlers verlangen.

> **6. Wann werden Sie in folgenden Fällen Eigentümer (Begründung)?**
>
> **a) Sie schließen am 15. Oktober im Computer-Shop einen Kaufvertrag über einen PC mit Zubehör. Sie bezahlen sofort mit EC-Cash. Die Anlage wird erst am 30. Oktober geliefert.**
>
> **b) Sie kaufen am 1. Juni im Fahrradgeschäft ein Rennrad für 1.000 EUR und nehmen es sofort mit. Die Zahlung soll innerhalb eines Monats erfolgen.**

a) Bei Lieferung am 30. Oktober, da erst zu diesem Zeitpunkt die Übergabe des PC erfolgt.

b) Bei Übergabe des Rennrades am 1. Juni, sofern der Verkäufer sich nicht das Eigentum bis zur Zahlung des Kaufpreises vertraglich vorbehalten hat.

7. Die Geschäftsführerin der Kopier- und Textverarbeitungs-GmbH verkauft ihrer Auszubildenden Cornelia Schreiber einen Tintenstrahldrucker, dessen Kaufpreis drei Monate später mit der Ausbildungsvergütung verrechnet werden soll. Noch vor der Zahlung verkauft und übergibt Cornelia den Drucker an ihre Freundin Brigitte.

a) Begründen Sie, wer nach diesen Vorgängen Eigentümerin ist.

b) Wie ist die Situation rechtlich zu beurteilen, wenn Brigitte wusste, dass Cornelia den Drucker noch nicht bezahlt hat?

a) Cornelia Schreiber wurde Eigentümerin des Tintenstrahldruckers durch Einigung und Übergabe, auch wenn der Kaufpreis noch nicht verrechnet war. Das Eigentum geht aber durch Einigung und Übergabe auf Freundin Brigitte über, da Cornelia rechtmäßige Eigentümerin war.

b) Da der Drucker von der Geschäftsführerin der GmbH nicht unter Eigentumsvorbehalt an Cornelia Schreiber verkauft wurde, war diese durch Einigung und Übergabe Eigentümerin geworden, nicht erst mit der Zahlung.

Somit wurde die Freundin Brigitte ebenfalls Eigentümerin durch Einigung und Übergabe. Ihr Wissen darum, dass Cornelia den Drucker noch nicht bezahlt hatte, hat keinen Einfluss auf den Eigentumserwerb.

8. Sie kaufen von einer Bekannten ein Surfbrett. Es stellt sich heraus, dass das Surfbrett von einem Sportgeschäft gemietet war. Wie ist die Rechtslage?

Obwohl die Bekannte an dem gemieteten Surfbrett kein Eigentum erworben hatte, wird der Käufer Eigentümer, sofern er im „guten Glauben" ist, die Verkäuferin sei Eigentümerin.

9. Sie verhandeln mit Frau Weber über den Erwerb eines Grundstücks. Mit Schreiben vom 20. Juni erklärt sich Frau Weber mit dem Verkauf einverstanden. Die Grundstücksauflassung erfolgt am 15. Juli in Anwesenheit beider Vertragspartner vor dem Notar. Gleichzeitig wird die Eintragung der Grundstücksübereignung im Grundbuch beantragt. Am 10. August erfolgt die Umschreibung.

a) Wann fand der rechtswirksame Abschluss des Kaufvertrages statt?

b) Welche Rechte haben Sie dadurch erworben?

c) Wann wurden Sie Eigentümer des Grundstücks?

d) Welche Rechtsstellung haben Sie als Eigentümer des Grundstücks erlangt?

a) Grundstückskaufverträge bedürfen der notariellen Beurkundung (§ 313 Satz 1 BGB). Ein ohne Beachtung dieser Formvorschrift geschlossener Vertrag wird gültig, wenn die Auflassung und die Eintragung in das Grundbuch erfolgen (§ 313 Satz 2 BGB), also am 10. August.

Da eine Auflassung erst erfolgen soll, wenn die notariell beglaubigte Beurkundung über den Grundstückskauf vorliegt, wird der Notar beim Termin der Auflassung am 15. Juli auf Abschluss des notariell beurkundeten Kaufvertrages drängen. Damit würde der Kaufvertrag rechtswirksam schon am 15. Juli geschlossen.

b) Der Käufer hat mit Abschluss des Kaufvertrages den Rechtsanspruch auf Eigentumsübertragung erworben.

c) Für die Eigentumsübertragung ist nicht der Termin des Kaufvertragsabschlusses maßgeblich, sondern der Vollzug von Auflassung und Eintragung im Grundbuch, also der 10. August.

d) Der Eigentümer hat die rechtliche Herrschaft über das Grundstück. Er kann es nutzen, belasten und weiterveräußern, vermieten und verpachten.

2.3 Rechtsgeschäfte

S. 35

1. Auf einem Flohmarkt entdecken Sie eine formschöne alte Kommode. Der Verkäufer verlangt zunächst 250 EUR. Durch Verhandlungsgeschick gelingt es Ihnen, das Möbelstück für 190 EUR zu erwerben. Außerdem vereinbaren Sie, dass die Kommode kostenlos geliefert wird.

   a) Erläutern Sie anhand dieses Falles und allgemein, wie Verträge zustande kommen.

   b) Dieser Kaufvertrag ist ein mehrseitiges Rechtsgeschäft. Nennen Sie weitere Beispiele für mehrseitige und auch für einseitige Rechtsgeschäfte.

a) Allgemein kommen Verträge durch übereinstimmende Willenserklärungen von zwei oder mehreren Personen zustande: Antrag und Annahme.

Im genannten Fall stellte der Verkäufer zunächst einen Antrag auf Abschluss eines Kaufvertrages zum Preis von 250 EUR, der aber nicht angenommen wurde. Ein neuer Antrag zum Kauf des Möbelstückes für 190 EUR einschließlich kostenloser Lieferung wurde angenommen, sodass der Kaufvertrag zu diesen Bedingungen zustande kam.

b) *Beispiele* für
   - *mehrseitige* Rechtsgeschäfte: Mietvertrag, Dienstvertrag, Darlehensvertrag, Gesellschaftsvertrag,
   - *einseitige* Rechtsgeschäfte: Rücktritt, Anfechtung, Kündigung, Testament.

2. Ein Mieter kündigt den Mietvertrag:
   a) Er lässt das Kündigungsschreiben auf seinem Schreibtisch liegen.
   b) Er übergibt das Schreiben rechtzeitig persönlich dem Vermieter.
   c) Er wirft das Kündigungsschreiben rechtzeitig in den Briefkasten des Vermieters, weil sich dieser zurzeit im Urlaub befindet.

   Wie ist die jeweilige Rechtslage?

a) Die Kündigung ist nicht rechtswirksam, da sie nicht in den Herrschaftsbereich des Vermieters gelangt ist (empfangsbedürftige Willenserklärung).

b) Die Kündigung ist rechtswirksam, da sie der Vermieter persönlich empfangen hat.

c) Die Kündigung ist rechtswirksam, da der Briefkasten zum Herrschaftsbereich des Vermieters gehört.

> **3. Begründen Sie, ob folgende Rechtsgeschäfte gültig sind:**
>
> a) Ein maschinenschriftlich abgefasstes und eigenhändig unterschriebenes Testament,
>
> b) ein mündlich abgeschlossener Vertrag über den Verkauf eines Gebrauchtwagens,
>
> c) ein schriftlich abgefasster Vertrag über den Kauf eines Hauses,
>
> d) ein mündlich abgeschlossener Vertrag über die Vermietung eines Wohnhauses für die Dauer von fünf Jahren (vgl. § 566 BGB).

a) Nichtig: Privattestamente müssen handschriftlich abgefasst sein.

b) Rechtswirksam: Für Kaufverträge über bewegliche Sachen besteht Formfreiheit.

c) Nichtig: Grundstückskaufverträge müssen öffentlich beurkundet werden.

d) Nichtig: Wohnungsmietverträge für die Dauer von mehr als einem Jahr müssen schriftlich abgefasst werden.

> **4. Warum kann Formfreiheit nicht für alle Rechtsgeschäfte gelten?**

Formfreiheit kann für bestimmte Rechtsgeschäfte nicht gelten, weil bei diesen Rechtsgeschäften erhöhte Rechtssicherheit, einwandfreie Beweisbarkeit und Schutz vor Leichtfertigkeit notwendig sind.

> **5. Wie ist die Rechtslage in folgenden Fällen?**
>
> a) Ein Waffenschieber schließt einen Kaufvertrag über die Lieferung von Maschinenpistolen ab.
>
> b) Die Jungunternehmerin Carola Unseld erhält von der Firma Computech ein schriftliches Angebot über einen PC neuesten Standes zum Preis von 3.400 EUR. Da ihr das Angebot außerordentlich günstig erscheint, bestellt sie sofort. Kurz darauf erhält sie eine Mitteilung von Computech, dass sich der Sachbearbeiter beim Ausfüllen des Angebotsformulars vertippt hat und der Preis des PC 4.300 EUR beträgt.
>
> c) Der Vorstand eines Kegelclubs hat vor vier Wochen für eine Wochenend-Ausflugsfahrt einen Reisebus bestellt. Der Wetterbericht kündigt am Freitag vor dem Ausflug nasskaltes, regnerisches Wetter an. Der Vorstand möchte deshalb die Bestellung wegen Irrtums anfechten.
>
> d) Bei Inbetriebnahme eines als fabrikneu verkauften Computers stellt der Käufer fest, dass das Gerät bereits als Vorführgerät eingesetzt war.
>
> e) Ein Gastwirt schließt mit einem in der Tageszeitung inserierenden Finanzierungsinstitut einen Kreditvertrag ab, in dem ein Zinssatz von 3 % je Monat festgelegt ist.

a) Kaufvertrag ist nichtig: Verstoß gegen gesetzliches Verbot.

b) Kaufvertrag ist anfechtbar: Irrtum in der Übermittlung.

c) Vertrag ist nicht anfechtbar: Kein Inhaltsirrtum, sondern Motivirrtum.

d) Vertrag ist anfechtbar: Arglistige Täuschung.

e) Kreditvertrag ist nichtig: Verstoß gegen die guten Sitten (Wucherzins 36 % im Jahr) und Ausnutzen einer finanziellen Notlage.

6. Entscheiden und begründen Sie, ob in folgenden Fällen eine rechtsgeschäftliche Willenserklärung vorliegt:

   a) Herr Birk legt einige Lebensmittel auf das Kassenband des Supermarktes.

   b) Die Firma Groß KG schickt eine Anfrage wegen einer Maschine an die Maschinenfabrik Schneider GmbH.

   c) Herr Müller steigt in die Straßenbahn ein.

   d) Die 20-jährige Cornelia verabredet sich mit ihrer Freundin zu einem Kinobesuch.

   e) Cornelia bestellt telefonisch eine Konzertkarte.

   f) Frau Schwarz sagt einer Studentin ein Zimmer ihres Hauses für ein Semester zu.

a) Ja. Schlüssiger (konkludenter) Antrag zum Abschluss eines Kaufvertrages.

b) Nein. Anfrage ist unverbindlich, kein Kaufantrag.

c) Ja. Konkludenter Antrag zum Abschluss eines Beförderungsvertrages (Werkvertrages).

d) Nein. Unverbindliche Verabredung.

e) Ja. Formfreier Antrag zum Abschluss eines Werkvertrages.

f) Ja. Mietvertrag für die Dauer von unter einem Jahr benötigt keine Schriftform.

7. Welche Vertragsarten liegen vor?

   a) Jemand „leiht" bei der Bank 10.000 EUR.

   b) Jemand „leiht" ein Auto und zahlt 0,60 EUR je gefahrenem Kilometer.

   c) Jemand „leiht" ein Buch von einem Freund.

   d) Eine Hausfrau „leiht" bei der Nachbarin 20 EUR zur Bezahlung des Zeitungsgeldes.

   e) Die Kauffrau Steffi Reuther lässt ihren Geschäftswagen reparieren.

   f) Für die Zeit der Reparatur besorgt sich Frau Reuther einen Wagen von der „Autoverleih Klocke & Klober GmbH".

   g) Reuther hilft ihrem Verkäufer Kurz finanziell bei der Anschaffung von Möbeln. Kurz zahlt monatlich 80 EUR zurück.

   h) Für den Umzug stellt Reuther ihrem Angestellten kostenlos den Kleintransporter des Geschäfts zur Verfügung.

   i) Reuther stellt zwei Angestellte ein.

a) Darlehensvertrag

b) Mietvertrag

c) Leihvertrag

d) Darlehensvertrag

e) Werkvertrag oder Werklieferungsvertrag

f) Mietvertrag

g) Darlehensvertrag

h) Leihvertrag

i) Dienstvertrag

> 8. Der 18-jährige Kurt Braun beabsichtigt, einen Gebrauchtwagen zu kaufen. Da er den Kaufpreis nicht in voller Höhe aufbringen kann, will er einen Kredit aufnehmen. Bei Besichtigung des Wagens stellt er fest, dass er noch einige Reparaturen ausführen lassen muss. Außerdem weiß er, dass auch Kosten für Versteuerung und Versicherung des Autos entstehen werden.
>
> **Nennen Sie die Verträge, die Braun in diesem Zusammenhang abschließen muss.**

– Gebrauchtwagenkauf: Kaufvertrag.

– Kreditaufnahme: Darlehensvertrag.

– Reparaturen: Werk- oder/und Werklieferungsvertrag.

– Versicherung: Versicherungsvertrag.

> 9. Die Auszubildende Petra hat vor kurzem ihre Führerscheinprüfung bestanden und sucht nun einen Gebrauchtwagen. In der Zeitung liest sie folgende Annonce: VW Polo Bj. 87, viel Zubehör, 2.000 EUR, Tel. 06 21/25 85 91. Sie vereinbart einen Besichtigungstermin. Da der Wagen nicht ganz ihren Erwartungen entspricht, bietet Petra nur 1.800 EUR. Der Verkäufer will den Wagen aber nicht unter 2.000 EUR hergeben. Nach einigem Hin und Her ist der Verkäufer bereit, den Wagen für 1.900 EUR zu veräußern. Petra zahlt daraufhin den Kaufpreis.
>
> a) Beschreiben Sie, durch welche Willenserklärungen der Kaufvertrag zustande gekommen ist.
>
> b) Bei der nächstfälligen Inspektion stellt sich heraus, dass der Kilometerzähler zurückgedreht worden war. Petra ist nun der Meinung, der Kaufvertrag sei nichtig und sie würde ohne weiteres ihr Geld zurückbekommen. Begründen Sie, ob Petra Recht hat.
>
> c) Um ihrem Verlangen Nachdruck zu verleihen, droht Petra dem Verkäufer vor Gericht zu gehen, wenn sie nicht sofort den Kaufpreis erstattet bekommt. Dieser gibt zurück, dass er sich nicht drohen lasse; außerdem verstoße die Drohung gegen das Gesetz. Beurteilen Sie die Meinung des Verkäufers.

a) Kaufvertrag ist zustande gekommen durch

– das *Angebot* des Verkäufers, den Gebrauchtwagen für 1.900 EUR abzugeben, und

– die *Annahme* seitens der Käuferin (Bereitschaft zur Zahlung).

Die Zeitungsanzeige stellt kein Angebot im rechtlichen Sinne dar, ist nur Anpreisung an die Allgemeinheit.

b) Manipulation am Kilometerzähler ist arglistige Täuschung. Der Kaufvertrag wird durch Anfechtung nichtig.

c) Bei Nichtigkeit des Kaufvertrages infolge Anfechtung hat die Käuferin einen Anspruch auf Erstattung des Kaufpreises. Die Drohung mit dem Gericht ist nicht widerrechtlich.

> 10. Aus welchen Gründen könnte sich ein Autokäufer dafür entscheiden, ein Auto zu mieten anstatt zu kaufen?

Beispiele:

– Der Käufer kann nicht den hohen Kaufpreis aufbringen.

– Der Käufer behält sich vor, den gemieteten Wagen nach kürzerer Zeit gegen einen neueren Wagen auszutauschen.

> **11. Ein Geschäftsmann erwirbt mithilfe eines Kredites eine Maschine. Welche Verträge werden dabei abgeschlossen?**

– *Kaufvertrag* zwischen Autohändler und Geschäftsmann.

– *Darlehensvertrag* zwischen Kreditgeber und Geschäftsmann.

> **12. Der Großhändler Leuze will seine neue Lagerhalle gegen Feuer versichern.**
>
> **a) Wie kann der Vertrag zustande kommen?**
>
> **b) Er erfährt dabei, dass sowohl er als auch das Versicherungsunternehmen nach einem Schadensfall den Vertrag sofort kündigen kann. Warum ist dies so geregelt?**

a) Zustandekommen eines Versicherungsvertrages durch

- *Antrag* des Versicherungsnehmers (Großhändler) und
- *Annahme* durch das Versicherungsunternehmen (schriftliche Annahmeerklärung oder Aushändigung der Versicherungspolice).

b) Kündigungsmöglichkeit durch

- den Versicherungsnehmer, um bei unbefriedigender Schadensregulierung aus dem Vertrag zu kommen,
- den Versicherer, um sich eines hohen Versicherungsrisikos zu entledigen.

2.4 Vertragsfreiheit und Allgemeine Geschäftsbedingungen

S. 38

> **1. Warum gelten einige Bestimmungen des AGB-Gesetzes nur gegenüber Nichtkaufleuten?**

Bei Kaufleuten werden entsprechende Rechtskenntnisse vorausgesetzt. Nichtkaufleute haben nur selten mit AGB zu tun und sollen mangels Rechtskenntnissen besonders geschützt werden.

> **2. Entscheiden Sie, ob folgende Klauseln in den AGB eines Händlers gegenüber Nichtkaufleuten Gültigkeit haben:**
>
> **a) Mängel an der Ware können nur innerhalb von 14 Tagen geltend gemacht werden.**
>
> **b) Vereinbarte Preise gelten nur bei Lieferung innerhalb von zwei Monaten nach Vertragsabschluss.**
>
> **c) Rücktritt vom Kaufvertrag wird als Gewährleistungsanspruch ausgeschlossen.**

a) Ungültig: Die gesetzliche Gewährleistungsfrist von sechs Monaten darf durch AGB nicht verkürzt werden.

b) Unwirksam: Preiserhöhungsfristen in AGB von weniger als vier Monaten sind unwirksam.

c) Unwirksam: Rücktritt und Recht auf Schadenersatz beim Lieferungsverzug können durch AGB nicht ausgeschlossen werden.

> **3. Was kann ein Händler gegenüber einem Nichtkaufmann unternehmen, um Bestimmungen, die in AGB unwirksam wären, rechtswirksam zu vereinbaren?**

Solche Bedingungen muss der Kaufmann mit dem Nichtkaufmann im Kaufvertrag ausdrücklich vereinbaren.

> **4. Die Pauli GmbH, Sanitär- und Heizungsfachbetrieb, legt einem Angebot an Erika Faber – eine private Bauherrin – über die Lieferung von Material zur Sanitärinstallation ihre Allgemeinen Geschäftsbedingungen bei. Frau Faber bestellt zu den Bedingungen des Angebots.**
>   **a) Prüfen Sie mit Hilfe des Gesetzes, ob die AGB Vertragsbestandteil geworden sind.**
>   **b) In den AGB stehen u.a. folgende Klauseln:**
>   – „Bei Nachbesserung im Rahmen von Gewährleistungsansprüchen übernimmt der Kunde die Wege- und Arbeitskosten."
>   – „Reklamationen sind nur innerhalb von 30 Tagen möglich."
>   **Begründen Sie anhand des Gesetzes, ob diese Klauseln wirksam sind.**

a) Nach § 2 AGB-Gesetz werden Allgemeine Geschäftsbedingungen nur dann Vertragsbestandteil, wenn die Pauli GmbH bei Vertragsabschluss
- ausdrücklich auf diese hingewiesen bzw. diese deutlich sichtbar am Ort des Vertragsabschlusses ausgehängt hat
- und die Kundin mit ihrer Geltung einverstanden war.

Da Frau Faber zu den Bedingungen des Angebots bestellt hat, gelten unter den genannten Voraussetzungen grundsätzlich die AGB.

b) Nichtkaufleute wie Frau Faber werden dennoch durch das AGB-Gesetz vor ungünstigen Bedingungen geschützt:
- Die Verpflichtungsklausel zur Übernahme der Wege- und Arbeitskosten durch die Kundin ist nach § 11 Ziffer 10. c) AGB-Gesetz unwirksam.
- Die Vertragsklausel zur Verkürzung der Gewährleistungsfrist (nach § 477 BGB sechs Monate) ist nach § 11 Ziffer 10. f) AGB-Gesetz unwirksam.

3 Die Unternehmung

3.1 Wirtschaftliche Entscheidung bei der Gründung

S. 41

> 1. Nennen Sie Gesichtspunkte, die vor der Gründung einer Unternehmung geklärt sein müssen.

Überlegungen hinsichtlich

- des Geschäftszweiges,
- der Betriebsgröße,
- des Standortes,
- der Unternehmungsform,
- der Kapitalbeschaffung,
- der Kapitalverwendung.

> 2. Die Bedeutung von Standortfaktoren kann sich im Laufe der Jahre verändern. Frühere Standortvorteile können zu Standortnachteilen führen. Zeigen Sie dies am Beispiel einer Unternehmung aus Ihrer Umgebung.

Beispiel: Ein Industrieunternehmen verlegt seinen ursprünglich verkehrsgünstigen Standort wegen fehlender Ausdehnungsmöglichkeiten in das Umland.

> 3. Mitte der neunziger Jahre produzierten die deutschen Automobilhersteller an über 90 Auslandsstandorten in 39 Ländern auf allen fünf Kontinenten. Damit lief jedes dritte Kraftfahrzeug, das von deutschen Herstellern produziert wurde, außerhalb von Deutschland vom Band. Bei den Nutzfahrzeugen entfiel sogar über die Hälfte des gesamten Produktionsvolumens deutscher Hersteller auf Fertigungsstätten außerhalb Deutschlands.
>
> **Beschreiben Sie Gründe, die für die Standortverlagerungen maßgeblich gewesen sein könnten.**

Stattliche Mängel-Liste: Industriestandort Deutschland

Die deutsche Industrie zählt nach wie vor zu den modernsten und leistungsfähigsten der Welt. Allerdings bröckelt das Fundament, auf dem dieser Erfolg gründet. Besonders bei harten Standort-Faktoren wie Arbeitskosten, Maschinenlaufzeiten und Unternehmenssteuern sind deutsche Firmen gegenüber der internationalen Konkurrenz mittlerweile erheblich ins Hintertreffen geraten.

Lange Zeit konnten die Deutschen die Balance aus überdurchschnittlicher Leistungsfähigkeit und hohen sozialen Standards einigermaßen halten. Spätestens seit Anfang der neunziger Jahre ist dieses Verhältnis aber zunehmend in Unordnung geraten. Die wichtigsten Gründe:

1. Umorientierung der Wirtschaftspolitik in den Industrieländern. Viele Partnerländer haben ihre Lehren aus den wirtschaftspolitischen Fehlern der Vergangenheit gezogen: Sie betreiben inzwischen eine ähnlich stabilitätsorientierte Wirtschaftspolitik wie die Deutschen und reformieren ihre Sozialsysteme oft viel entschiedener als die Politik hierzulande.

2. Zunehmende Konkurrenz durch die Schwellenländer. Vor allem die südostasiatischen Newcomer rücken den etablierten Industrieländern immer dichter auf die Pelle: In puncto Qualität brauchen sie den Vergleich mit westlichen Produkten häufig nicht mehr zu scheuen und das bei meist erheblich günstigeren Kosten- und Produktionsbedingungen vor Ort.

3. Neue Wettbewerber unter den Entwicklungsländern. Allen voran die Reformländer aus Mittel- und Osteuropa streben nach wirtschaftlichem Wachstum und besseren Lebensbedingungen: Mit niedrigen Löhnen und preiswerten Massenprodukten machen sie westlichen Firmen vor allem im Niedrigtechnologiebereich das Leben schwer.

So wundert es nicht, dass angesichts der rasanten Umwälzungen in der Weltwirtschaft qualitative Standortfaktoren wie Mitarbeiterqualifikation, hohe Produktqualität und Lieferpünktlichkeit eine immer geringere Rolle spielen. Immer häufiger geben demgegenüber quantitative Standortbedingungen den Ausschlag dafür, ob sich ein Unternehmen vom jeweiligen Standort aus auf dem hart umkämpften Weltmarkt behaupten kann.

Dabei haben Unternehmen am Industriestandort Deutschland fast durchweg besonders schlechte Karten:

Westdeutsche Unternehmen mussten 1995 mit 45,52 DM je Industriearbeiter-Stunde die weltweit höchsten Arbeitskosten verkraften. Gleichzeitig rangierten die Arbeitszeiten mit durchschnittlich 36,4 Wochenstunden und die Maschinenlaufzeiten von im Schnitt 60 Wochenstunden am Ende der internationalen Rangskala. Folge:

Die Lohnstückkosten der deutschen Industrie lagen 1995 fast ein Fünftel höher als bei den übrigen Industrieländern – und das, obwohl deutsche Firmen im Schnitt einen Produktivitätsvorsprung von 15 Prozent behaupteten.

Damit noch nicht genug. Nicht nur der Faktor Arbeit verursacht in Deutschland weit überdurchschnittliche Kosten. Auch beim Umweltschutzaufwand, den Strompreisen und insbesondere den Unternehmenssteuern werden deutsche Betriebe weit stärker zur Kasse gebeten als ihre wichtigsten Wettbewerber. Konsequenz: Bei einem internationalen Vergleich der Nettoumsatzrenditen rangieren die deutschen Unternehmen unter ferner liefen.

Deutsche Firmen erzielten 1995 eine Rendite von 1,5 Prozent – gegenüber 6,9 Prozent in Großbritannien und immerhin 4,5 Prozent in den USA.

Ein Ergebnis, das für das Image des Industriestandortes Deutschland besonders bitter ist. Denn diese Maßzahl informiert als Bündel aller Standortfaktoren schonungslos über die Qualität eines Standortes.

Zu einem ähnlichen Ergebnis kommt auch das International Institute for Management Development (IMD) in Lausanne. Das einmal im Jahr vorgenommene Ranking des IMD gilt als besonders gründlich und vielschichtig: Anhand von 244 Einzelindikatoren prüfen die Schweizer nicht nur sämtliche Industrienationen, sondern auch die MOE-Staaten, die südostasiatischen Schwellenländer sowie die wichtigsten Entwicklungsländer Südamerikas.

Standort Deutschland: Weiter abgestuft Position im Wettbewerbs-Ranking		
	1993	1998
Forschung und Entwicklung	3	3
Finanzsektor	4	7
Infrastruktur	12	7
Internationalisierung	9	8
Gesamt-Ranking	**5**	**14**
Produktivität, Kosten, Management	11	20
Beschäftigung, Erziehung, Humankapital	10	21
Inlandswirtschaft	8	21
Staatsfinanzen, Steuern, Staatseinfluss	10	36

> **4. Die Stadt Biberach, etwa 31.000 Einwohner und 45 Kilometer südlich von Ulm gelegen, weist im Norden ihrer Gemarkung ein neues Gewerbegebiet mit etwa fünf Quadratkilometer Fläche aus. Machen Sie Vorschläge, mit welchen Maßnahmen die Stadt Biberach die Gewerbeansiedlung fördern kann und welche Rolle das Bundesland bzw. der Bund dabei spielen können.**

– Gemeinden: Ausweisung von Gewerbegebieten in Flächennutzungsplänen, Steuervorteile durch geringere Steuerhebesätze bei der Gewerbesteuer, preisgünstige Überlassung von Baugrundstücken.

– Staat: Investitionszuschüsse für die Gewerbeansiedlung in strukturschwachen Gebieten, zinsgünstige Kredite, Steuervorteile.

3.2 Rechtliche Rahmenbedingungen für die Gründung

S. 48

> **1. Erläutern Sie anhand von Beispielen, warum der Grundsatz der Gewerbefreiheit nicht uneingeschränkt gelten kann.**

Schutz der Öffentlichkeit vor Gefährdung des Lebens oder der Gesundheit, z. B. beim Verkauf von Arznei- und Lebensmitteln oder durch die Betreibung gefährlicher Anlagen (Kraftwerke, Papierfabriken),

Schutz der Öffentlichkeit vor Vermögensschäden, z. B. beim Abschluss von Kredit- oder Versicherungsverträgen.

> **2. § 35 der Gewerbeordnung:**
>
> **(1) Die Ausübung eines Gewerbes ist von der zuständigen Behörde ganz oder teilweise zu untersagen, wenn Tatsachen vorliegen, welche die Unzuverlässigkeit des Gewerbetreibenden oder einer mit der Leitung des Gewerbebetriebes beauftragten Person in Bezug auf dieses Gewerbe dartun, sofern die Untersagung zum Schutze der Allgemeinheit oder der im Betrieb Beschäftigten erforderlich ist. Die Untersagung kann auch auf die Tätigkeit als Vertretungsberechtigter eines Gewerbetreibenden oder als mit der Leitung eines Gewerbebetriebes beauftragte Person sowie auf einzelne andere oder auf alle Gewerbe erstreckt werden, soweit die festgestellten Tatsachen die Annahme rechtfertigen, dass der Gewerbetreibende auch für diese Tätigkeiten oder Gewerbe unzuverlässig ist. Das Untersagungsverfahren kann fortgesetzt werden, auch wenn der Betrieb des Gewerbes während des Verfahrens aufgegeben wird.**
>
> **(2) Dem Gewerbetreibenden kann auf seinen Antrag von der zuständigen Behörde gestattet werden, den Gewerbebetrieb durch einen Stellvertreter (§ 45) fortzuführen, der die Gewähr für eine ordnungsgemäße Führung des Gewerbebetriebes bietet.**
>
> **Warum enthält § 35 der Gewerbeordnung eine Generalklausel für die Untersagung der Ausübung eines bereits bestehenden Gewerbes?**

Missbrauch der Gewerbefreiheit kann sich erst während des Betriebes eines Gewerbes ergeben. Die Ausübung des Gewerbes wird wegen der persönlichen Unzuverlässigkeit des Gewerbetreibenden zum Schutze der Allgemeinheit oder der im Betrieb Beschäftigten untersagt. Dies kann in einem Strafverfahren oder durch eine Verwaltungsbehörde verfügt werden.

> **3. Nennen Sie Gründe, warum die Gründung**
> **a) einer Gastwirtschaft genehmigungspflichtig ist,**
> **b) eines Lebensmitteleinzelhandels bzw. einer Drogerie einen Sachkundenachweis erfordert.**

a) – Der Gründer muss nachweisen, dass er in den Grundzüge der für den in Aussicht genommenen Betrieb notwendigen lebensmittelrechtlichen Kenntnisse unterrichtet wurde und mit ihnen vertraut ist.

– Es können von der Errichtung und Inbetriebnahme einer Gastwirtschaft Gefahren für den Betriebsinhaber, Kunden und Nachbarn sowie deren Eigentum oder eine Belästigung entstehen. Mögliche Beeinträchtigungen von Nachbarn sind Gästelärm, Betrieb einer Musikanlage, Gerüche (Küchen- oder Gastraumabluft) oder Lüftungsanlagen (Geräusche, Gerüche).

b) Der Gesetzgeber möchte sich überzeugen, ob der Gründer

– die erforderlichen fachlichen Kenntnisse und Fertigkeiten zum Betreiben eines solchen Gewerbes besitzt,

– Personen, die er beschäftigt, anleiten bzw. beaufsichtigen kann,

– eine sachgerechte Unterrichtung des Erwerbers über die Anwendung und Handhabung der angebotenen Waren und der damit eventuell verbundenen Gefahren erforderlichen fachlichen Kenntnisse gewährleisten kann.

> **4. Nennen Sie betriebliche Anlagen, die sich nach dem Bundes-Immissionsschutzgesetz einem strengeren Genehmigungsverfahren unterwerfen müssen.**

Bundes-Immissionsschutzgesetz

§ 3 Begriffsbestimmungen.

(1) Schädliche Umwelteinwirkungen im Sinne dieses Gesetzes sind Immissionen, die nach Art, Ausmaß oder Dauer geeignet sind, Gefahren, erhebliche Nachteile oder erhebliche Belästigungen für die Allgemeinheit oder die Nachbarschaft herbeizuführen.

(2) Immissionen im Sinne dieses Gesetzes sind auf Menschen, Tiere und Pflanzen, den Boden, das Wasser, die Atmosphäre sowie Kultur- und sonstige Sachgüter einwirkende Luftverunreinigungen, Geräusche, Erschütterungen, Licht, Wärme, Strahlen und ähnliche Umwelteinwirkungen.

(3) Emissionen im Sinne dieses Gesetzes sind die von einer Anlage ausgehenden Luftverunreinigungen, Geräusche, Erschütterungen, Licht, Wärme, Strahlen und ähnliche Erscheinungen.

(4) Luftverunreinigungen im Sinne dieses Gesetzes sind Veränderungen der natürlichen Zusammensetzung der Luft, insbesondere durch Rauch, Ruß, Staub, Gase, Aerosole, Dämpfe und Geruchsstoffe.

(5) Anlagen im Sinne dieses Gesetzes sind

1. Betriebsstätten und sonstige ortsfeste Einrichtungen,

2. Maschinen, Geräte und sonstige ortsveränderliche technische Einrichtungen sowie Fahrzeuge, soweit sie nicht der Vorschrift des § 38 unterliegen, und

3. Grundstücke, auf denen Stoffe gelagert oder abgelagert oder Arbeiten durchgeführt werden, die Emissionen verursachen können, ausgenommen öffentliche Verkehrswege.

(6) Stand der Technik im Sinne dieses Gesetzes ist der Entwicklungsstand fortschrittlicher Verfahren, Einrichtungen oder Betriebsweisen, der die praktische Eignung einer Maßnahme zur Begrenzung von Emissionen gesichert erscheinen lässt. Bei der Bestimmung des Standes der Technik sind insbesondere vergleichbare Verfahren, Einrichtungen oder Betriebsweisen heranzuziehen, die mit Erfolg im Betrieb erprobt worden sind.

(7) Dem Herstellen im Sinne dieses Gesetzes steht das Verarbeiten, Bearbeiten und sonstiges Behandeln, dem Einführen im Sinne dieses Gesetzes das sonstige Verbringen in den Geltungsbereich dieses Gesetzes gleich.

§ 4 Genehmigung

(1) Die Errichtung und der Betrieb von Anlagen, die auf Grund ihrer Beschaffenheit oder ihres Betriebes in besonderem Maße geeignet sind, schädliche Umwelteinwirkungen hervorzurufen oder in anderer Weise die Allgemeinheit oder die Nachbarschaft zu gefährden, erheblich zu beeinträchtigen oder erheblich zu belästigen, sowie von ortsfesten Abfallentsorgungsanlagen zur Lagerung oder Behandlung von Abfällen bedürfen einer Genehmigung. Mit Ausnahme von Abfallentsorgungsanlagen bedürfen Anlagen, die nicht gewerblichen Zwecken dienen und nicht im Rahmen wirtschaftlicher Unternehmungen Verwendung finden, der Genehmigung nur, wenn sie in besonderem Maße geeignet sind, schädliche Umwelteinwirkungen durch Luftverunreinigungen oder Geräusche hervorzurufen.

---

5. Begründen Sie, ob folgende Personen oder Unternehmungen die Kaufmannseigenschaft besitzen:

a) Vorstandsmitglied einer Aktiengesellschaft,

b) Inhaber eines Elektroinstallationsgeschäftes mit zwei Verkaufsfilialen,

c) Prokurist einer Großbank,

d) Inhaber eines Zeitungskiosks,

e) Zwei Landwirte, die gemeinsam eine Hühnerfarm betreiben,

f) Inhaber einer Autovermietung,

g) Forschungsgesellschaft m.b.H.

---

a) Nein. Leitender Angestellter (Handlungsgehilfe). Aktiengesellschaft als juristische Person besitzt Eigenschaft des Formkaufmanns.

b) Ja. Auf Grund der Verkaufsfilialen, die einen in kaufmännischer Weise eingerichteten Geschäftsbetrieb erfordern, § 1 (2) HGB. Da der Geschäftsbetrieb über den Umfang des Kleingewerbes hinausgeht, ist der Inhaber Kaufmann.

Handwerkliche Installationsarbeiten in Gebäuden kann über § 2 HGB zur Kaufmannseigenschaft führen.

c) Nein. Leitender Angestellter (Handlungsgehilfe). Bank erfordert einen kaufmännisch eingerichteten Geschäftsbetrieb, Istkaufmann.

d) Möglich. Kleingewerbetreibender, kann mit der Eintragung ins Handelsregister die Kaufmannseigenschaft als Kannkaufmann (§ 2 HGB) erwerben.

e) Möglich. Wenn die beiden Landwirte einen kaufmännischen Geschäftsbetrieb haben und sich in das Handelsregister eintragen lassen, sind sie Kannkaufleute (§ 2 HGB).

f) Ja. Kaufmännisch eingerichteter Geschäftsbetrieb, Istkaufmann nach § 1 (2) HGB.

g) Ja. GmbH ist Formkaufmann nach § 6 HGB.

> **6. Ein Abschlusszeugnis der Industrie- und Handelskammer enthält die Berufsbezeichnung „Industriekaufmann". Beurteilen Sie diese Bezeichnung nach § 1 HGB.**

Im Sinne des HGB kein Kaufmann. Betreibt kein selbstständiges Handelsgewerbe, sondern ist Handlungsgehilfe (Kaufmännischer Angestellter).

> **7. Vergleichen Sie den § 477 BGB mit dem § 377 HGB. Erläutern Sie, wie sich Nichtkaufleute bzw. Kaufleute beim Eingang einer mangelhaften Lieferung verhalten müssen.**

– Nichtkaufleute müssen nicht unverzüglich prüfen und rügen. Die Rüge kann innerhalb der Gewährleistungsfrist von sechs Monaten vorgenommen werden.
– Kaufleute haben bei einem zweiseitigen Handelskauf die Ware unverzüglich nach Eingang zu prüfen und bei einem Mangel unverzüglich zu rügen.

> **8. Begründen Sie anhand der folgenden Situation, warum am selben Ort jede Firma nur einmal vorkommen darf. Das Reiseunternehmen „Neckermann und Reisen GmbH" existiert seit vielen Jahren am Ort. Der Kaufmann Werner Neckermann eröffnet am selben Ort ein Reisebüro unter dem Namen „Reisebüro Werner Neckermann".**

Ausschließlichkeit der Firma soll Verwechslungen vorbeugen und Täuschungshandlungen verhindern. Damit sollen Wettbewerbsschutz und Rechtssicherheit hergestellt werden (§ 30 HGB).

> **9. Ein Großhändler, der das Kaufhaus Gustav Zeller e. K. belieferte, hat noch Forderungen gegenüber Kaufmann Zeller. Das Kaufhaus wird vom Erwerber Erich Groß unter der alten Firma weitergeführt.**
>   **a) Wovon hängt die Möglichkeit der Weiterführung einer Firma beim Wechsel des Inhabers ab?**
>   **b) Wie wirkt sich die Betriebsveräußerung auf die Sicherheit der Forderungen des Großhändlers aus?**
>   **c) Auf welche Weise können Sie erfahren, wer für die bestehenden Schulden des Kaufhauses haftet?**

a) – Ausdrückliche Einwilligung des bisherigen Eigentümers oder von dessen Erben,
   – genaue Beibehaltung der bisherigen Firma.
b) Erwerber Groß übernimmt nach dem Gesetz die Haftung für die bestehenden Schulden (§§ 25, 26 HGB). Ein Ausschluss der Haftungsübernahme ist vertraglich möglich. Neben Groß haftet Zeller weiterhin für diese Schulden.
c) Bei Ausschluss der Haftungsübernahme:
   – entweder durch briefliche Mitteilung des Erwerbers oder Veräußerers,
   – oder durch Eintragung ins Handelsregister und Bekanntmachung.

> **10. Prüfen Sie, welche der folgenden Eintragungen ins Handelsregister**
>   **a) rechtserzeugende,**
>   **b) rechtsbezeugende Wirkung hat.**
>   – Eintragung der Bauunternehmung Cornelia Riester e. Kfr.,
>   – Eintragung der Münstertäler Fleischwaren AG,
>   – Eintragung der Papiergroßhandlung Seboth GmbH & Co. KG,
>   – Eintragung des Geflügelhofs Landgold-Hähnchen GmbH.

a) *Rechtserzeugende Wirkung:*
- Münstertäler Fleischwaren AG (Formkaufmann)
- Geflügelhof Landgold-Hähnchen GmbH (Formkaufmann)

b) *Rechtsbezeugende Wirkung:*
- Bauunternehmung Cornelia Riester e. Kfr. (Istkaufmann)
- Papiergroßhandlung Seboth GmbH & Co. KG (Personengesellschaft)

> **11. Erläutern Sie, warum Industrie- und Handelskammern empfehlen, vor der Eintragung ins Handelsregister, die vorgesehene Firmenbezeichnung durch die Kammer prüfen zu lassen.**

- Rechtskundige Beratung,
- Vorbeugung der Verwechslung mit Firmen bereits bestehender Unternehmungen am gleichen oder an einem anderen Ort.

> **12. Das Amtsgericht Essen veröffentlicht in regelmäßigen Abständen Informationen unter der Überschrift „Handelsregister". Folgender Auszug liegt vor:**
>
> *Neueintragungen:* HRB 12407 – 14. April 20. *Rexing Fördertechnik GmbH, Essen* (45307, Kleine Schönscheidtstr. 12). Gegenstand des Unternehmens ist die industrielle Fertigung und der Vertrieb von fördertechnischen Anlagen, insbesondere Transportanlagen und Maschinen. Stammkapital: 185.000 EUR. Geschäftsführerin ist Sylvia Rexing, Kauffrau, Essen.
>
> *Veränderungen:* HRB 5537 – 17. April 20..: *Speeck Rohrleitungsbau und Tiefbau GmbH, Essen* (45141, Manderscheidtstr. 92 h). Heinrich Speeck ist nicht mehr Geschäftsführer. Dipl.-Kaufmann Thomas Speeck, Datteln, ist zum Geschäftsführer bestellt.
>
> *Löschungen:* HRB 5448 – 11. April 20..: *Gomolinski Bedachungs-Gesellschaft mit beschränkter Haftung, Essen.* Die Liquidation ist beendet. Die Gesellschaft ist gelöscht.
>
> **Überlegen Sie, aus welchen Gründen das Amtsgericht solche Informationen regelmäßig veröffentlicht und für welche Personengruppen diese Informationen von Wert sein können.**

Um notwendige Informationen zu erhalten, beispielsweise über
- Vertretungsberechtigte einer Unternehmung,
- Beteiligungs- und Haftungsverhältnisse,
- Insolvenz- und Vergleichsanmeldungen.

3.3 Unternehmungsformen

3.4 Personenunternehmungen

> 1. Herr Friedrich Neu erfand ein Übungsgerät für den Freizeitsport, mit dessen Hilfe man wie ein Känguru hüpfen kann. Er möchte dieses Gerät herstellen und vertreiben und gründet zu diesem Zweck eine Einzelunternehmung. Überlegen Sie,
>
>   a) warum Herr Neu die Rechtsform der Einzelunternehmung wählt,
>
>   b) welche Probleme Herrn Neu als Einzelunternehmer erwachsen können,
>
>   c) wie er auf eine rasche Absatzausweitung bzw. Konjunkturschwächen reagieren kann.
>
>   d) Wie kann Hans Eugen Neu firmieren?

S. 61

a) – Alleinige Ausübung der Geschäftsführung und Vertretung, d.h. keine Abhängigkeit von Gesellschaftern.

– Alleinige Verfügung über den Gewinn.

b) – Starke Beanspruchung seiner Arbeitskraft,

– Überforderung in fachlicher Hinsicht (technisch, kaufmännisch) oder hinsichtlich der Führungsaufgaben,

– Kapitalmangel,

– Haftung mit dem Geschäfts- und Privatvermögen.

c) – Bei Absatzausweitung: Erweiterungsinvestitionen erfordern Beschaffung von Fremdkapital oder von Eigenkapital durch Aufnahme eines Gesellschafters,

– Bei Konjunkturschwächen: Krisenanfälligkeit ist wegen geringer Kapitalbasis gerade bei Einzelunternehmungen groß. Personalbeschränkung durch Rationalisierung. Steigerung des Absatzes durch absatzpolitische Maßnahmen, z. B. Diversifikation, Preispolitik.

d) *Beispiele:* Hans Neu e.K., Eugens Freizeitspaß e.K., Neu + Freizeit e.K., Känguru-Sprung e.K.

> 2. Im Betrieb verbreitet sich das Gerücht, der Chef beabsichtige, seine beiden Söhne am Unternehmen zu beteiligen. Die Einzelunternehmung solle in eine Personengesellschaft umgewandelt werden. Teile der Belegschaft begrüßen dies, andere Mitarbeiter äußern Bedenken. Wie können die beiden Gruppen argumentieren?

Argumente für die Umwandlung:

– Bisher allein verantwortlicher Unternehmer kann seine persönliche Arbeitsbelastung abbauen.

– Seine Kräfte werden für unternehmerische Initiativen freigesetzt.

– Künftige Nachfolger werden frühzeitig an die Unternehmertätigkeit herangeführt.

– Junge Unternehmer sind nicht „betriebsblind". Sie können neue Ideen einbringen.

Argumente gegen die Umwandlung:

– Betriebliche (aber auch familiäre) Meinungsverschiedenheiten stören den Betriebsfrieden.

– Wachsende Zuständigkeitsprobleme in der Leitung verursachen in der Belegschaft Unsicherheit hinsichtlich der Entscheidungs- und Weisungsbefugnisse.

3. a) Welchen Problemen steht ein Einzelunternehmer im nachfolgenden Text in Deutschland gegenüber?

   b) Inwieweit hindert die deutsche Mentalität, Risiko zu übernehmen?

   c) In welcher Richtung sollte sich die deutsche Mentalität ändern?

   d) Machen Sie Vorschläge, wie Sie selber dazu beitragen können.

   e) Wie soll der Staat sich verhalten,
      - um die Gründung von Einzelunternehmen zu ermöglichen,
      - um den Spaß am Unternehmersein nicht zu verderben?

Unternehmer sein macht Arbeit – und Spaß,
von Klaus Mangold (Vorstandsvorsitzender von debis)

Ein neuer Hoffnungsträger ist entdeckt: der Existenzgründer. Junge Unternehmen schaffen Arbeitsplätze und gelten als Motor des Strukturwandels. Aber geht die Gesellschaft auch in angemessener Weise mit den neuen Selbstständigen um? Der deutsche Existenzgründer fühlt sich oft hin- und hergerissen: Am Wochenende wird er noch an Messeständen umworben und in den Medien gehegt. Doch schon am Montag kämpft er wieder selbst und ständig wie Don Quijote gegen die Mühlen der Bürokratie – ständig mit der Angst des Versagens im Nacken.

Noch immer sieht sich mancher Existenzgründer nicht in der Lage, ausreichend Kapital für längerfristige Projekte aufzutreiben. Dabei sind die Finanzierungsmöglichkeiten längst besser als ihr Ruf. Gerade in jüngster Zeit stehen neue Wege zum Geld offen – etwa mit Venture Capital. Das Zentrum für Europäische Wirtschaftsforschung urteilte, Deutschland sei dabei, zu einem der interessantesten Venture-Capital-Märkte der Welt zu werden. Noch nie stand innovativen Existenzgründern so viel Geld zur Verfügung wie heute. Allein der Daimler-Chrysler-Venture-GmbH stehen 20 Millionen EUR zur Verfügung, die über einen Zeitraum von vier bis fünf Jahren in Erfolg versprechende Unternehmen investiert werden sollen.

Viele Existenzgründer besitzen einen Aktivposten besonderer Qualität: ihre Idee. Ein cleverer Einfall bietet kapitalschwachen Gründern gerade im Dienstleistungsbereich viele Chancen, da dort die notwendige Ausstattung mit Sachkapital gering ist. Neun von zehn Unternehmen werden heute im Servicesektor gegründet. Der Weg in eine neue Dienstleistungsgesellschaft kann auch den Weg in eine neue Selbstständigen-Gesellschaft ebnen – wenn Schwarzmalerei und Pessimismus nicht das zur Zeit günstige Investitionsklima in Deutschland vergiften.

In Deutschland vermisse ich immer noch Risikokultur und Selbstbewusstsein. Nach Umfragen streben rund 40 Prozent der deutschen Hochschulabsolventen in den öffentlichen Dienst, nicht einmal 15 Prozent wollen ein eigenes Unternehmen gründen. Stattdessen bevorzugen Berufsanfänger eine Karriere à la carte. Die Bereitschaft, Risiken einzugehen, mit Unsicherheiten zu leben und dabei ohne Netz und doppelten Boden zu planen, fehlt in weiten Teilen der Bevölkerung.

Diese deutsche Urangst lässt sich nur indirekt mit der Verbesserung von Rahmenbedingungen bekämpfen. Die Gesellschaft muss Traditionen über Bord werfen. Übertriebene Vorsicht ist keine Tugend. Wer nicht selbstbewusst ist, macht kein Geschäft. Es kann aber auch nicht angehen, dass in Deutschland Scheitern als Charakterschwäche ausgelegt wird. Viele Unternehmer, die es beim ersten Anlauf nicht schaffen, geben entmutigt auf. Wer möchte ein lebenslanges Stigma mit sich herumtragen? In den USA ist das anders: Es ist besser, einmal zu scheitern, als es nie versucht zu haben, lautet dort die Devise – und seien es zwei, drei oder vier Anläufe.

Die Liebe zum Unternehmertum entdeckt der Existenzgründer meist erst auf den zweiten Blick. Wenn er bemerkt, dass Selbstständigsein Spaß macht. Es geht um Freiheit, die Entscheidungskraft, Durchsetzungswillen, Verantwortungsbewusstsein und Kreativität

> zum Maß aller Dinge macht. Eine Freiheit, die keinen Unterschied mehr zwischen Freizeit und Arbeit, zwischen Beruf und Berufung kennt. Eine Freiheit, die Arbeit nicht als lästige Pflichterfüllung betrachtet, sondern als Teil der Selbstverwirklichung. Die Gesellschaft muss lernen, Existenzgründern gerade aus dem Bereich der Dienstleistungen mehr Wertschätzung entgegenzubringen. Es ist uns zu wünschen, dass sich die neue Generation der Selbstständigen für den Spaß am Unternehmertum entscheidet.

a) – Dem Jungunternehmer begegnet wechselnde Anerkennung innerhalb der Gesellschaft; einerseits wird er gefordert, gefördert und umworben, andererseits fühlt er sich alleine gelassen und ihm wird keine Hilfe angeboten.
 – Ausreichend Kapital kann nicht für längerfristige Projekte aufgetrieben werden.
 – Schwarzmalerei und Pessimismus dämpfen oder unterbinden gute Geschäftsideen.
 – In Deutschland gilt Scheitern als Charakterschwäche.
 – Die Gesellschaft bringt den Existenzgründern zu wenig Wertschätzung entgegen.

b) Die deutsche Mentalität ist geprägt durch Sicherheitsdenken und durch gründliches, ordentliches und sauberes Bearbeiten von Vorgängen. Man spricht heute noch von den preußischen Tugenden. Dies Alles widerspricht jeglicher Risikobereitschaft.

c) – Alle Maßnahmen und Verhaltensweisen, die geeignet sind, sowohl ein kalkuliertes, aber auch ein unkalkuliertes Risiko einzugehen, sollten möglich sein.
 – Das Sicherheitsdenken sollte einem innovationsfreundlichen und dem Neuen aufgeschlossenen Denken Platz bieten.
 – Eine Sache sollte nicht deshalb nur abgelehnt oder mit äußerster Zurückhaltung angegangen werden, weil sie neu oder in dieser Form noch nicht da gewesen ist oder noch nicht ausprobiert wurde.
 – Kreativität, Fantasie, „verrückte" Ideen und Toleranz sollten selbstverständliche Bestandteile in der Gesellschaft werden.

d) *Beispiele:*

Die eigenen Fähigkeiten, Möglichkeiten und Chancen erkennen, ausbauen und erweitern, die nötig sind, um im gesellschaftlichen, aber vor allem im beruflichen und wirtschaftlichen Leben bestehen zu können. Dazu gehören im persönlichen Bereich Maßnahmen wie Zivilcourage zeigen, mit offenen Augen durch die Welt gehen, sachliches und kritisches Hinterfragen von Inhalten, einen Standpunkt entwickeln, kein reines Mitläufertum betreiben, etwas aus sich machen, gebotene Chancen nutzen, Eigeninitiative entwickeln.

Für den beruflichen Bereich bzw. den Bereich der wirtschaftlichen Selbstständigkeit kann man sich an den Anforderungen orientieren, die Betriebe als Vorbereitung auf die Selbstständigkeit für wichtig halten:

Umfrage bei 435 Betrieben – Ergebnisse in Prozent	
Kundenorientiertes Verhalten	93
Leistungsbereitschaft	88
Initiative	87
Zielorientiertes und systematisches Handeln	84
Flexibilität	78
Selbstbestimmtheit	76
Entscheidungsfähigkeit	75
Fachkompetenz	74
Belastbarkeit	68
Fähigkeit zur Motivation anderer	59
Durchsetzungsvermögen	54
Risikobereitschaft	52

e) – Das Know-how einer Existenzgründung muss verbessert werden. Die Vermittlung von Gründergeist und der betriebswirtschaftlichen Anforderungen, die sich an Existenzgründer stellen, müssen an Universitäten einen höheren Stellenwert bekommen, z. B. durch Einführung von Existenzgründungsvorlesungen.

Das Thema „Existenzgründung" ist an den deutschen Hochschulen – anders als in den USA und Großbritannien – als Lehr- und Forschungsgebiet wenig verbreitet. Dort ist die Gründung neuer Unternehmen bereits seit den sechziger Jahren ein etabliertes Forschungsgebiet. Hochschulabsolventen als Existenzgründer sind in Deutschland nicht selbstverständlich. Ein möglicher Grund dafür ist, dass Hochschüler während des Studiums kaum oder sehr spät mit dieser beruflichen Alternative konfrontiert werden.

– Das unübersichtliche Nebeneinander verschiedenster Fördermöglichkeiten, mit denen Existenzgründer je nach Branche konfrontiert sind, muss beendet werden. Das Förderangebot muss gestrafft werden und an einer Stelle zur Verfügung gestellt werden.

– Der Risikokapital-Zugang in Deutschland ist verbesserungsfähig. Bestehende Hemmnisse für institutionelle Anleger sollten beseitigt werden.

– Planungs- und Genehmigungsverfahren müssen dringend beschleunigt werden. Dies ist gerade für junge und innovative Unternehmen von großer Bedeutung.

– Mittelständische Unternehmen – und gerade Existenzgründer – werden mit unentgeltlichen bürokratischen Dienstleistungen für den Staat (Abführung von Steuern und Sozialabgaben, Kindergeld-Auszahlung, Statistiken, Ausfüllen von Anträgen etc.) überproportional belastet. Damit der Gründer seine Zeit dem Aufbau seines Unternehmens widmen kann, gehören alle bürokratischen Anforderungen auf den Prüfstand. Es muss nicht alles behördlich geregelt sein.

– Alle Markthemmnisse, die die etablierten Unternehmen gegen Neueinsteiger schützen, müssen beseitigt werden. Dazu gehört insbesondere das Werbeverbot bei den freien Berufen.

– Das Risiko des Scheiterns ist ein Grund für viele, sich gegen die Selbstständigkeit zu entscheiden. Dieses Risiko kann dem potenziellen Gründer niemand abnehmen, schließlich sind mit der Gründung auch Chancen verbunden. Der Schritt in die Selbstständigkeit würde abhängig Beschäftigten mit Kindern leichter fallen, wenn sie für den Fall des Scheiterns wüssten, dass sie nicht alle Ansprüche auf Arbeitslosengeld verlören. Existenzgründern sollte daher auf freiwilliger Basis die Weiterversicherung in der Arbeitslosenversicherung ermöglicht werden.

– Nicht zuletzt hat zu der geringen Bereitschaft, sich selbstständig zu machen, beigetragen, dass das Bild des selbstständigen Unternehmers häufig verzerrt dargestellt worden ist. So wurde in der Vergangenheit an Gymnasien und Hochschulen oft ein negatives Unternehmerbild vermittelt. Der Unternehmer ist oft einseitig als Kapitalist und Ausbeuter dargestellt worden und seltener als ein Motor der wirtschaftlichen Entwicklung. Selbst der Begriff „Arbeitgeber" hatte einen negativen Akzent, obwohl schon die Bezeichnung darauf hindeutet, welche wichtige Bedeutung er für das Funktionieren des Arbeitsmarktes hat. Es ist deshalb kaum überraschend, dass der größte Teil der Hochschulabgänger eine Tätigkeit in abhängiger Beschäftigung anstrebt: Rund 60 Prozent der insgesamt 4,8 Millionen Akademiker sind in den Bereichen öffentliche Verwaltung sowie öffentliche und private Dienstleistungen tätig.

– Auch in allen Bereichen des Bildungswesens ist auf unternehmerische Selbstständigkeit vorzubereiten. So müssen die Lehrpläne der allgemein bildenden Schulen weitaus mehr auf die Vermittlung von ökonomischen Fakten und beruflicher Lebenswirklichkeit ausgerichtet werden. In diesem Zusammenhang können auch Unternehmerpersönlichkeiten vorgestellt werden.

- Die Vorbereitung auf unternehmerische Selbstständigkeit durch die Berufsausbildung ist jedoch nicht nur eine Frage der Inhalte, sondern auch der Kompetenz von Ausbildern und Lehrern. Um die unternehmerischen Fähigkeiten künftiger Fachkräfte zu stärken, müssen sie vielfach auf ihre neue Aufgabe erst vorbereitet werden und vor allen Dingen lernen, die genannten aktivierenden Ausbildungsmethoden verstärkt einzusetzen.
- Noch wichtiger als Einzelmaßnahmen, zudem auf Teilgebieten, ist aber vor allem die Förderung von „spirit of competition", also von Unternehmergeist, der letztlich die Entwicklung von einer Gründerwelle zu einer Gründerkultur sichern wird.

4. Am 7. März 1997 wurde in das Handelsregister Ludwigsburg die Fielmann AG & Co. OHG eingetragen. Erklären Sie die Rechtsverhältnisse.

In dieser Offenen Handelsgesellschaft gibt es zwei persönlich haftende Gesellschafter: die Fielmann Aktiengesellschaft, mit Sitz in Hamburg, und die Fielmann-Optik GmbH, mit Sitz in Hamburg.

Alternativ wäre aber auch denkbar, dass neben der AG eine natürliche Person als zweiter persönlich haftender Gesellschafter auftritt.

5. Zeigen Sie, dass die OHG personenbezogen ist, durch die Beantwortung folgender Fragen:
a) Wie viele Personen können bereits eine OHG gründen?
b) Wer ist zur Geschäftsführung verpflichtet?
c) Wie kann das Vertretungsrecht wahrgenommen werden?
d) Was versteht man unter persönlicher Haftung?
e) Warum ist nach dem Gesetz die Kündigung oder der Tod eines Gesellschafters ein Auflösungsgrund?

a) Zwei Personen.

b) Jeder Gesellschafter, Einzelgeschäftsführungsbefugnis.

c) Jeder Gesellschafter, Einzelvertretungsmacht.

d) Unbeschränkte, direkte (unmittelbare) und primäre Haftung.

e) Wesentlicher Einfluss der einzelnen Gesellschafter auf die Geschäftspolitik; vertrauensvolle Zusammenarbeit der Gesellschafter ist an bestimmte Personen gebunden und kann nicht von vornherein bei den Nachfolgern vorausgesetzt werden.

6. Dem Gesellschafter Sautter wurde die Geschäftsführungsbefugnis durch seine beiden anderen Gesellschafter Reitter und Moll entzogen. Trotzdem kauft Sautter für die OHG einen neuen Geschäftswagen und schließt einen Kreditvertrag über 25.000 EUR ab. Beurteilen Sie die Rechtslage.

Die Geschäftsführungsbefugnis (Innenverhältnis) berechtigt zur Vornahme von Handlungen, die sich die Gesellschafter untereinander zubilligen („rechtliches Dürfen"). Überschreitungen der Geschäftsführungsbefugnisse führt zu Ersatzansprüchen der Gesellschafter untereinander.

Die Vertretungsmacht (Außenverhältnis) berechtigt, im Namen der Gesellschaft Rechtsgeschäfte mit dritten Personen abzuschließen („rechtliches Können"). Es geht also dabei um die rechtsgeschäftliche Wirksamkeit von Geschäften für und gegen die Gesellschaft nach außen.

Das bedeutet, dass Sautter den Kaufvertrag über den Pkw und den Kreditvertrag rechtskräftig für die OHG abgeschlossen hat. Entsteht der OHG aber durch dieses Geschäft Nachteile, können die Mitgesellschafter Sautter in Regress nehmen.

> **7. Warum werden die Kapitalanteile der Gesellschafter einer OHG nicht ins Handelsregister eingetragen?**

Die Kapitalanteile ändern sich ständig

– durch die jährliche Buchung der Gewinn- und Verlustanteile,

– durch Buchung von Privateinlagen oder Privatentnahmen.

> **8. a) Das Eigenkapital einer OHG mit den Gesellschaftern Balle und Marischler beläuft sich auf 125.000 EUR. Dabei entfallen 75.000 EUR auf Balle und 50.000 EUR auf Marischler. Auf welche Art und Weise kann der Gesellschafter Marischler seinen Kapitalanteil um 30.000 EUR erhöhen?**
>
> **b) Welche Auswirkungen hätte diese Kapitalerhöhung hinsichtlich seiner Geschäftsführungsbefugnis und seiner Vertretungsmacht?**

a) Leistung von Privateinlagen; Nichtentnahme von Gewinnanteilen.

b) Keine Wirkungen, solange im Gesellschaftsvertrag keine Änderung getroffen wird.

> **9. Der Kraftfahrzeugmeister Buhl und der kaufmännische Angestellte Ruf beschließen die Gründung einer Großhandlung für Kfz-Bedarf in der Rechtsform einer OHG. Beantworten Sie folgende Fragen (mit Begründung):**
>
> **a) Welche Gründe können Buhl veranlassen, statt einer Einzelunternehmung zusammen mit Ruf eine OHG zu gründen?**
>
> **b) Zur Finanzierung eines Auslieferungslagers beantragte Ruf einen Bankkredit. Zu welchen Überlegungen dürfte die Bank durch die Tatsache gelangen, dass das Schuldnerunternehmen eine OHG ist?**
>
> **c) Wie ist die Rechtslage nach der gesetzlichen Regelung?**
> – **Gesellschafter Ruf kündigt dem Angestellten Berner,**
> – **er gibt schriftlich Anweisungen an die Mitarbeiter der Buchhaltungsabteilung,**
> – **er erteilt einem Angestellten Prokura,**
> – **er unterschreibt einen Überweisungsauftrag an die Hausbank zu Lasten des Kontos der OHG.**

a) – Buhl möchte das Eigenkapital erhöhen.

– Wenn Ruf mit dem Gedanken spielt, selber ein ähnliches Unternehmen zu eröffnen, könnte Buhl einen möglichen Konkurrenten ausschalten.

– Buhl sieht vor allem auch in den kaufmännischen Kenntnissen von Ruf eine Ergänzung der Arbeitskraft und Verteilung der Arbeitslast.

– Buhl möchte das Unternehmerrisiko verteilen.

– In einer OHG mit zwei Gesellschaftern erhöht sich die Kreditwürdigkeit durch Erweiterung der Haftung.

– Buhl hat persönliche Gründe (Alter, Krankheit, Erbfall).

b) Zwei Gesellschafter haften persönlich und gesamtschuldnerisch (solidarisch). Damit besitzen sie eine hohe Kreditwürdigkeit auf Grund der umfassenden Absicherung des Bankkredits.

c) Gesellschafter Ruf ist grundsätzlich allein zur Geschäftsführung befugt und allein zur Vertretung berechtigt. Nur zur Bestellung des Prokuristen hätte er die Zustimmung von Buhl gebraucht.

10. Die im HGB vorgesehene Gewinnbeteiligung ergibt sich aus dem Wesen der OHG.
    a) Warum erhält jeder Gesellschafter 4% seines Kapitalanteils?
    b) Weshalb wird der Restgewinn nach Köpfen verteilt?
    c) Welche Wirkung auf die Verteilung des Gewinns wird der vertragliche Ausschluss eines Gesellschafters von der Geschäftsführung haben?

a) Unterschiedliche Kapitalanteile sollen angemessen verzinst werden.
b) Nach dem Gesetz ist jeder Gesellschafter gleichermaßen zur Mitarbeit verpflichtet und haftet nach den gleichen Grundsätzen.
c) Die geschäftsführenden Gesellschafter werden auf höheren Gewinnanteilen bestehen.

11. Der Kaufmann Andreas Weinert hat im Jahre 1994 ein Unternehmen für Geschäftsausstattungen gegründet und dieses Unternehmen in den vergangenen Jahren stetig vergrößern und ausbauen können.

    Für eine Betriebserweiterung im Jahre 2000 soll die Einzelunternehmung in eine OHG umgewandelt werden. Als Gesellschafter bieten sich sein technischer Mitarbeiter Wolfgang Pschorr und sein Sohn Alexander Weinert an, der soeben sein Ingenieurstudium beendet hat.

    Die Bezeichnung „Geschäftsausstattungen Andreas Weinert" soll in die neue Firma aufgenommen werden.

    Herr Weinert sen. bringt seine Unternehmung (Gebäude, sonstiges Anlagevermögen, Umlaufvermögen) im Wert von 400.000 EUR ein, Pschorr leistet eine Bareinlage von 50.000 EUR und Alexander Weinert stellt seine Arbeitskraft zur Verfügung.

    Die OHG beginnt laut Gesellschaftsvertrag, der am 5. Dezember 1999 abgeschlossen wurde, am 1. Januar 2000; die Eintragung in das Handelsregister erfolgte am 10. Januar 2000.

    a) Welcher Form muss der Gesellschaftsvertrag für diese OHG genügen? Begründen Sie Ihre Antwort.
    b) Prüfen Sie, ob die OHG die vorgesehene Firma übernehmen kann, und begründen Sie Ihre Ansicht.
    c) Der Sohn Alexander Weinert leistet keine Einlage, sondern stellt seine Arbeitskraft zur Verfügung.
       Beurteilen Sie diese Vereinbarung im Gesellschaftsvertrag:
       – im Hinblick auf die Einlagepflicht des OHG-Gesellschafters;
       – in bilanztechnischer Sicht;
       – aus der Sicht der Mitgesellschafter;
       – aus der Sicht der Gläubiger.
    d) Erläutern Sie die Bedeutung der Daten 5. Dezember 1999, 1. Januar 2000 und 10. Januar 2000 im Hinblick auf die Entstehung der OHG.
    e) Führen Sie in einer übersichtlichen Tabelle die Gewinnverteilung für das Jahr 2000, die Verlustverteilung für das Jahr 2001 durch, und geben Sie die Entnahmen der drei Gesellschafter am Ende des Jahres 2000 und 2001 an.

> **Die Gewinn- und Verlustverteilung ist wie folgt geregelt:**
>
> – Jeder Gesellschafter erhält zunächst 6% seines Kapitalanteils; der Rest wird zur Hälfte an Andreas Weinert und zu je einem Viertel an Wolfgang Pschorr und Alexander Weinert verteilt.
> – Außerdem hat Alexander Weinert eine Einlage in der Form zu bewirken, dass er seinen 3.000 EUR übersteigenden Anteil am Reingewinn so lange nicht entnehmen darf, bis sein Kapitalkonto 25.000 EUR erreicht hat.
> – Die Verlustverteilung erfolgt nach Gesetz.
> – Die Gesellschafter Andreas Weinert und Wolfgang Pschorr machen von ihrem Entnahmerecht nach HGB Gebrauch.
> – Im Jahr 2000 erzielte die OHG einen Gewinn von 30.000 EUR.
> – Im Jahr 2001 erzielte die OHG einen Verlust von 7.500 EUR.
> f) Angenommen, der Kapitalanteil von Alexander Weinert ist 2001 negativ geworden. Wie verhält es sich in einem solchen Falle mit dem Entnahmerecht des Gesellschafters?

a) Grundsätzlich schreibt das HGB keine bestimmte Form vor (§ 109 HGB). Da im vorliegenden Fall Gebäude eingebracht werden, bedarf der Vertrag jedoch der notariellen Beurkundung (§ 313 BGB).

b) Nach § 22 HGB kann die bisherige Firma fortgeführt werden. Bedingung: Der bisherige Kaufmann Weinert muss „ausdrücklich einwilligen". Darüber hinaus muss nach § 19 (2), Ziff. 1 HGB die Bezeichnung „Offene Handelsgesellschaft" oder eine allgemein verständliche Abkürzung dieser Bezeichnung in der Firma enthalten sein (OHG, offene HG, oHg).

c) – Nach § 111 HGB besteht in erster Linie eine Verzinsungspflicht von Einlagen; über die Art und Höhe der Einlage ist nichts ausgesagt. Entsprechend dem Wesen einer OHG als Personengesellschaft und der bestehenden Vertragsfreiheit im Innenverhältnis ist eine derartige Vereinbarung möglich.

– Der Kapitalanteil von Alexander Weinert wird in der Gründungsbilanz wie folgt ausgewiesen:

Kapital Alexander Weinert = 0,00 EUR

– Für die Gesellschafter einer OHG hat die vertrauensvolle Zusammenarbeit unter den Gesellschaftern Vorrang vor der Frage der Höhe eines Kapitalanteils.

– Da es eine Haftungsbeschränkung (§ 105 HGB) gegenüber den Gläubigern nicht gibt (unbeschränkt persönliche Haftung), spielt die Höhe der einzelnen Kapitalanlage eine untergeordnete Rolle.

d) 5. Dezember 1999: Das Abschluss-Datum des Gesellschaftsvertrages ist rechtlich ohne Bedeutung. Zu diesem Termin entsteht deshalb die OHG auch nicht nach innen.

1. Januar 2000: Mit diesem Termin entsteht die OHG im Innenverhältnis (§ 105 HGB), da dies so vereinbart wurde.

10. Januar 2000: Im Außenverhältnis entsteht die OHG spätestens mit der Eintragung im Handelsregister (§ 123 (1) HGB), es sei denn, es ergibt sich aus § 123 (2) HGB etwas anderes: Im vorliegenden Falle entstünde die OHG nach außen, wenn sie vor dem 10. Januar 2000 ihre Geschäfte aufnehmen würde.

e) Gewinnverteilung von 30.000 EUR für 2000 nach Gesellschaftsvertrag:

	Kapital zu Beginn des Jahres 2000	Zins 6%	Rest-Verteilung	Gesamt-Gewinn	Entnahme am Ende des Jahres	Kapital am Ende des Jahres 2000
Andreas Weinert	400.000	24.000	1.000	25.000	16.000	409.000
Wolfgang Pschorr	50.000	3.000	1.000	4.000	2.000	52.000
Alexander Weinert	0	0	1.000	1.000	0	1.000
	450.000	27.000	3.000	30.000	18.000	462.000

Verlustverteilung von 7.500 EUR für 2001 nach Gesellschaftsvertrag:

	Kapital zu Beginn des Jahres 2001	Verlust	Entnahme am Ende des Jahres	Kapital am Ende des Jahres 2001
Andreas Weinert	409.000	2.500	16.360	390.140
Wolfgang Pschorr	52.000	2.500	2.080	47.420
Alexander Weinert	1.000	2.500	0	−1.500
	462.000	7.500	18.440	436.060

f) Nach dem Gesellschaftsvertrag darf Alexander Weinert nur dann Privatentnahmen machen, wenn sein Gewinnanteil den Betrag von 3.000 EUR übersteigt. Entnahmen sind nach dem HGB bei einem negativen Kapitalkonto nicht gestattet (§ 122 HGB).

12. Eine OHG erzielt in einem Geschäftsjahr (= Kalenderjahr) einen Reingewinn von 350.800 EUR. Beteiligungsverhältnis der Gesellschafter: A 800.000 EUR, B 600.000 EUR, C 400.000 EUR. Entnahme von A am 18. Oktober 40.000 EUR, Einlage von C am 6. August 60.000 EUR.

Nach dem Gesellschaftsvertrag werden die Kapitalanteile mit 5% verzinst. Entnahmen und Einlagen sind mit 5% Zinsen zu berücksichtigen. Der Restgewinn ist im Verhältnis 5:5:3 zu verteilen. Berechnen Sie die Gewinn- und die neuen Kapitalanteile der Gesellschafter.

Gesellschafter	Kapital-anteil	Vordividende 5 %	Kopf-anteil	Gesamt-gewinn	Neuer Kapitalanteil
A	800.000 − 40.000 760.000	40.000 − 400 39.600	100.000	139.600	899.600
B	600.000	30.000	100.000	130.000	730.000
C	400.000 + 60.000 460.000	20.000 + 1.200 21.200	60.000	81.200	541.200
A + B + C	1.820.000	90.800	260.000	350.800	2.170.800

13. Vervollständigen Sie folgende Tabelle:

	Komplementär Vollhafter	Kommanditist (Teilhafter)
Kontrollrecht		
Recht auf Kapitalentnahme		
Haftung beim Eintritt in die Gesellschaft		
Haftung beim Ausscheiden aus der Gesellschaft		

	Komplementär Vollhafter	Kommanditist (Teilhafter)
Kontrollrecht	Laufendes Kontrollrecht. Kann sich persönlich über die Geschäftslage unterrichten, die Handelsbücher und Papiere der Gesellschaft einsehen und sich daraus eine Bilanz anfertigen.	Nur Anspruch auf Mitteilung des Jahresabschlusses. Er kann ihn durch Einsicht in die Bücher und die Papiere der Gesellschaft nachprüfen.
Recht auf Kapitalentnahme	Jeder Gesellschafter kann bis zu 4 % seines zu Beginn des Geschäftsjahres vorhandenen Kapitalanteils entnehmen.	Er kann die Auszahlung von Gewinnanteilen erst fordern, wenn die vereinbarte Kommanditeinlage gezahlt ist.
Haftung beim Eintritt in die Gesellschaft	Er haftet auch für die bereits bestehenden Verbindlichkeiten der KG.	Er haftet für die bei seinem Eintritt bestehenden Verbindlichkeiten der Gesellschaft bis zur Höhe seiner noch nicht geleisteten, in das Handelsregister eingetragenen Einlage.
Haftung beim Ausscheiden aus der Gesellschaft	Er haftet noch fünf Jahre für die beim Ausscheiden vorhandenen Verbindlichkeiten der Gesellschaft (§ 130, § 159 HGB).	Wird einem Kommanditisten seine Einlage zurückgezahlt, so haftet er den Gläubigern gegenüber noch 5 Jahre für die bei seinem Ausscheiden vorhandenen Verbindlichkeiten in Höhe seiner zurückgewährten Einlage (§ 152, § 172 HGB).

14. Begründen Sie, ob ein Angestellter gleichzeitig Kommanditist

a) in der Unternehmung seines Arbeitgebers,

b) in einer fremden Unternehmung sein kann.

Beide Fälle sind möglich. Als Kommanditist ist er nicht geschäftsführungs- und vertretungsberechtigt. Deshalb ist er nicht behindert in der Erfüllung seiner Pflichten als Angestellter.

15. Auszug aus dem Gesellschaftsvertrag der Riester Labor KG:

„§ 35: Stirbt ein Komplementär, werden eventuell vorhandene Erben nur als Kommanditisten in die KG aufgenommen."

Begründen Sie, warum die Gründer der KG diesen Paragrafen in den Gesellschaftsvertrag aufgenommen haben.

Würde diese Vereinbarung nicht bestehen, hätte der Tod des Vollhafters die Auflösung des Unternehmens zur Folge. Somit wird die Fortführung einer Unternehmung sichergestellt, auch wenn die Erben wegen mangelnden Interesses oder mangelnder Qualifikation nicht als Vollhafter eingesetzt werden können.

16. Ein Kommanditist fordert, dass bei der Gewinnverteilung der Restgewinn nach Köpfen verteilt werden soll. Der Komplementär verweist auf das HGB, in dem es heißt, dass der Restgewinn in einem angemessenen Verhältnis zu verteilen sei. Begründen Sie, warum der Gesetzgeber zu dieser Regelung gegriffen hat.

Kommanditisten sind nicht zur Geschäftsführung verpflichtet. Außerdem ist ihr Verlustrisiko auf die Haftsumme beschränkt. Dies muss bei der Gewinnverteilung zu Gunsten der Komplementäre berücksichtigt werden.

17. Sachverhalt: Peter Stalder gründete 1992 die Peter Stalder Tennishallen. Um mit anderen Tennishallen konkurrenzfähig zu bleiben, stehen umfangreiche Investitionen an. Dazu nahm er gegen Ende des Jahres 2000 seine Tochter Femke als Komplementärin und Alfred Brodt als Kommanditist in das Unternehmen auf. Der Gesellschaftsvertrag für die KG wurde am 1. Dezember 2000 abgeschlossen. Die Eintragung in das Handelsregister erfolgte am 15. Dezember 2000. Die Bilanz der KG zum 31. Dezember 2000 weist zusammengefasst folgende Beträge in EUR aus:

Aktiva		Bilanz zum 31. Dezember 2000	Passiva
Ausstehende Kommanditeinlage	10.000	Kapital Peter Stalder	260.000
Anlagevermögen	1.300.000	Kapital Femke Stalder	350.000
Umlaufvermögen	180.000	Kommanditkapital Brodt	110.000
		Fremdkapital	770.000
	1.490.000		1.490.000

a) Kommanditist Brodt hat bei den Vertragsverhandlungen die Aufnahme seines Namens in die Firma gefordert. Die anderen Gesellschafter lehnen dies ab. Nennen Sie die rechtlichen und wirtschaftlichen Argumente.

b) Erläutern Sie die rechtliche Bedeutung des
   – 1. Dezember 2000 und
   – 15. Dezember 2000 für die Gesellschafter der Unternehmung.

c) Am 18. Februar 2001 fordert ein Lieferer des Unternehmens einen seit einem halben Jahr fälligen Betrag über 12.000 EUR von Kommanditist Brodt. Dieser verweigert die Zahlung mit der Begründung, dass er zum Zeitpunkt der Entstehung der Schuld noch nicht Gesellschafter gewesen sei. Wie ist die Rechtslage?

d) Femke Stalder möchte sich an einer Fitness-Center GmbH beteiligen. Für diesen Zweck will sie 10.000 EUR aus der KG herausziehen. Welcher rechtliche und wirtschaftliche Einwand ist dagegen zu erheben, wenn im Gesellschaftsvertrag darüber nichts vereinbart wurde?

e) Wegen der guten Ertragslage des Unternehmens beabsichtigt Brodt, seinen Gewinnanteil von 65.100 EUR im Unternehmen zu belassen.
   – In welcher Höhe und in welcher Bilanzposition muss der Gewinnanteil des Kommanditisten am Jahresende ausgewiesen werden?
   – Welche rechtlichen Voraussetzungen müssen erfüllt sein, um das gewinnfähige Kommanditkapital zu erhöhen?

f) Angenommen, die KG hätte keinen Gewinn, sondern einen Reinverlust von 68.710 EUR erzielt. Wie hoch wäre der Verlustanteil Brodts, wenn ein Verlust im Verhältnis 2:2:1 verteilt werden soll? Könnte dieser in der Bilanz ausgewiesen werden?

g) Beurteilen Sie folgende Vorgänge:
– Brodt erwirbt bei einem Sportartikelhändler Tennisschläger im Wert von 30.000 EUR für die Sport-Shops in den Tennishallen. Er begründet dies damit, Gesellschafter der Unternehmung zu sein.
– Peter Stalder kauft fünf Ballmaschinen im Wert von 25.000 EUR. Brodt widerspricht dem Kauf mit der Begründung, man beschäftige doch einen Tennislehrer.
– Femke Stalder beabsichtigt, mit liquiden Mitteln der KG aus Spekulationsgründen 50 Aktien eines Automobilwerkes zu kaufen. Ihr Vater, Peter Stalder, dessen Geschäftsführungsrechte nicht beschränkt sind, widerspricht dem Kauf.

a) – *Rechtliches Argument:* Die Firma der KG kann aus Personen-, Sach- oder Fantasienamen bestehen. Darüber hinaus muss die Bezeichnung „Kommanditgesellschaft" oder eine allgemein verständliche Abkürzung dieser Bezeichnung in der Firma enthalten sein (KG, Kges). (HGB § 19 (1), Ziff. 2). Deshalb kann der Name auch eines Kommanditisten in die Firma aufgenommen werden.

– *Wirtschaftliches Argument:* Die Unternehmung ist unter dem Namen Stalder Tennishallen eingeführt und bei der Kundschaft bekannt. Um den wirtschaftlichen Wert zu erhalten, kann deshalb grundsätzlich die ursprüngliche Firma fortgeführt werden (§ 24 HGB – Grundsatz der Firmenbeständigkeit). Nach herrschender Gesetzeslage muss jedoch der Gesellschaftszusatz auf KG abgeändert werden (Grundsatz der Firmenwahrheit): Stalder Tennishallen KG.

b) *Bedeutung der Termine* (Gesellschaftsvertrag, Eintragung ins Handelsregister) *für Gesellschafter:*

– 1. Dezember 2000: Mit dem Abschluss des Gesellschaftsvertrages entsteht die KG im Innenverhältnis; damit zeitlicher Beginn der Rechtsbeziehungen der Gesellschafter untereinander, es sei denn, es wurde ein anderer Termin vereinbart (HGB § 109 i.V.m. § 161 Abs. 2).

– 15. Dezember 2000: Mit der Eintragung entsteht die KG im Außenverhältnis – damit zeitlicher Beginn der Rechtsbeziehungen gegenüber Dritten, es sei denn, sie beginnt ihre Geschäfte schon vorher (HGB § 123 Abs. 1 und 2).

c) *Rechtslage für den Kommanditisten:* Er muss zahlen, denn als Kommanditist haftet er

– für die zum Zeitpunkt seines Eintritts bestehenden Verbindlichkeiten der Gesellschaft (HGB § 173);

– den Gläubigern der Gesellschaft bis zur Höhe seiner noch ausstehenden Einlage unmittelbar (HGB § 171). Der Gläubiger kann also die Zahlung von 10.000 EUR von Brodt verlangen; 2.000 EUR müssen allerdings bei Peter und Frank Stalder geltend gemacht werden.

d) – *Rechtlicher Einwand:* Die Beteiligung an der Fitness-Center GmbH verstößt nicht gegen das gesetzliche Wettbewerbsverbot (HGB § 122).
Da diese Privatentnahme vier Prozent ihres Kapitalanteils (350.000 × 0,04 = 14.000 EUR) nicht übersteigt, ist sie auch von der Zustimmung der übrigen Gesellschafter nicht abhängig (HGB § 122).

– *Betriebswirtschaftlicher Einwand:* Eine Verminderung der Eigenkapitalbasis wäre wegen der bevorstehenden Erweiterungsinvestitionen der KG nicht sinnvoll.

e) *Kommanditist beabsichtigt, Gewinnanteil im Unternehmen zu belassen:*
– Ausweis des Gewinnanteils: Bilanzposition Gewinnanteil
Kommanditist Brodt (sonstige Verbindlichkeiten) = 65.100 EUR.

Rechtliche Voraussetzungen für Erhöhung des Kommanditkapitals:
– Beschlussfassung (Zustimmung) der Komplementäre Peter und Frank Stalder (HGB § 119 Abs. 1).

– Änderung des Gesellschaftsvertrages (HGB §§ 109, 162 Abs. 1).

f) *Verlustanteil des Kommanditisten:* 68.710 EUR : 5 = 13.742 EUR.

Ausweis in der Bilanz:
– auf der Aktivseite als Korrekturposten zur Kommanditeinlage oder
– mit Minuszeichen bei der Kommanditeinlage auf der Passivseite.

g) – Die KG muss die Tennisschläger nicht abnehmen und bezahlen, da der Kommanditist nicht zur Vertretung berechtigt ist (HGB § 170).

– Peter Stalder ist zum Kauf der Ballmaschinen berechtigt; die Kommanditisten haben bei gewöhnlichen Rechtsgeschäften kein Widerspruchsrecht (HGB § 164).

- Der Aktienverkauf wäre für die KG bindend. Femke Stalder als Vollhafterin hat die Vertretungsmacht für alle Rechtsgeschäfte. Im Innenverhältnis haben die Kommanditisten bei außergewöhnlichen Rechtsgeschäften ein Widerspruchsrecht (HGB § 164).

18. In Deutschland gibt es etwa 450.000 GmbH & Co. KGs. Welche Gründe sprechen für diese Unternehmensform?

- Haftungsbeschränkung,
- Nachfolgeregelung ist gesichert,
- Beschaffung von Eigenkapital durch weitere Kommanditeinlagen,
- Beschränkung der Mitbestimmung durch die Arbeitnehmer,
- Gesellschafter kann als Geschäftsführer der GmbH angestellt sein und ist sozialversichert,
- außenstehende Fachleute können Geschäftsführer der GmbH werden.

19. Erklären Sie die Rechtsverhältnisse einer AG & Co. KG.

Eine AG als juristische Person übernimmt die Stellung des Komplementärs. Aktionäre oder andere Personen sind die Kommanditisten.

20. Welche unterschiedliche Rechtsstellung besteht zwischen einem Kommanditisten und einem stillen Gesellschafter?

Kommanditist	Stiller Gesellschafter
Echtes Teilhaberverhältnis mit Merkmalen einer Teilhaberschaft	Langfristiges Gläubigerverhältnis
Kommanditeinlage im Handelsregister eingetragen	Höhe der Einlage tritt nach außen nicht in Erscheinung
Verlustbeteiligung in angemessenem Verhältnis der Anteile bis zur vereinbarten Einlage	Verlustbeteiligung kann vertraglich begrenzt oder ausgeschlossen werden

21. Wodurch unterscheidet sich der stille Gesellschafter von einem Darlehensgläubiger der stillen Gesellschaft?

Stiller Gesellschafter	Darlehensgläubiger
Am Gewinn oder Verlust nach vertraglicher Vereinbarung beteiligt	Zinsanspruch
Kontrollrecht wie Kommanditist	kein gesetzliches Kontrollrecht

22. Vergleichen Sie die Gesellschaft des bürgerlichen Rechts mit der Offenen Handelsgesellschaft in Bezug auf folgende Merkmale:

   a) Zweck,

   b) gesetzliche Regelung,

   c) Firma,

   d) Geschäftsführung und Vertretung,

   e) Ergebnisverteilung.

	Gesellschaft des bürgerlichen Rechts	**Offene Handelsgesellschaft**
a) Zweck	Personenzusammenschluss zu einem beliebigen erlaubten Zweck	Personenzusammenschluss zum Betrieb eines Handelsgewerbes
b) gesetzliche Regelung	Ausschließlich im BGB	BGB und als Handelsgesellschaft auch HGB
c) Firma	Keine	In das Handelsregister eingetragene Firma
d) Geschäftsführung	Grundsätzlich alle Gesellschafter gemeinsam	Einzelgeschäftsführungsbefugnis
d) Vertretung		Einzelvertretungsmacht
e) Ergebnisverteilung	Gleiche Anteile, unabhängig von der Art und Höhe des Beitrages	Abhängigkeit von der Höhe des Kapitalanteils und der Anzahl der Gesellschafter

23. Bis zum Inkrafttreten der Partnerschaftsgesellschaft standen Angehörigen freier Berufe keine spezielle Gesellschaftsform zur gemeinsamen Berufsausübung zur Verfügung. Nur Steuerberater und Wirtschaftsprüfer konnten unter bestimmten Voraussetzungen eine Aktiengesellschaft (AG), Gesellschaft mit beschränkter Haftung (GmbH), Offene Handelsgesellschaft (OHG) oder Kommanditgesellschaft (KG) gründen.

Ein Zusammenschluss von Freiberuflern zum Zwecke der gemeinsamen Berufsausübung war bisher, von den genannten Möglichkeiten abgesehen, nur in Form einer Gesellschaft bürgerlichen Rechts (GbR oder auch BGB-Gesellschaft genannt) möglich.

Beschreiben Sie die Vorteile der Partnerschaftsgesellschaft gegenüber der BGB-Gesellschaft.

Die Partnerschaftsgesellschaft stellt eine besondere Form der Gesellschaft bürgerlichen Rechts dar. Im Vergleich zu dieser bietet sie jedoch einige Vorteile:

– So ist sie im Gegensatz zur BGB-Gesellschaft voll *namensrechtsfähig*. Dies bedeutet, dass der Name der Partnerschaft fortgeführt werden kann, wenn sich der Name des namensgebenden Partners z. B. durch Verehelichung ändert (vgl. § 2 Abs. 2 PartGG i.V.m. § 21 HGB) oder wenn der namensgebende Partner stirbt. Sofern der Partner selbst oder seine Erben einwilligen, ist die Namensfortführung zeitlich unbegrenzt möglich (vgl. § 2 PartGG i.V.m. § 24 Abs. 2 HGB).

– Ferner ist die Partnerschaftsgesellschaft voll *grundbuchfähig*. Grundstücke oder Rechte an Grundstücken, die zum Vermögen der Partnerschaft gehören, können daher unter ihrem Namen in das Grundbuch eingetragen werden. Bei einem Wechsel der Partner ist eine Berichtigung des Grundbuches nicht erforderlich.

– Schließlich ist die Partnerschaftsgesellschaft voll *parteifähig*. Sie kann Partei in jedem Rechtsstreit sein, sogar in einem Prozess mit einem einzelnen Partner.

– Im Vergleich zur Gesellschaft bürgerlichen Rechts bietet die Partnerschaftsgesellschaft auch eine erheblich *höhere Rechtssicherheit*. Da der Partnerschaftsvertrag schriftlich abgeschlossen sein muss (vgl. §§ 3 Abs. 1 PartGG, 126 BGB), sind mündliche Nebenabreden, Ergänzungen und Änderungen nichtig (vgl. § 125 BGB), das heißt, sie können keine Wirksamkeit entfalten. Für die einzelnen Partner bedeutet dies ein höheres Maß an Rechtssicherheit.

– Durch die zwingende Eintragung der beteiligten Partner und der Vertretungsverhältnisse in das Partnerschaftsgesellschaftsregister hat die Partnerschaft im Gegensatz zur BGB-Gesellschaft auch ein *hohes Maß an Publizität*. Die Vertragspartner der Partnerschaft, die auf die Eintragung vertrauen, sind geschützt (vgl. §§ 5 Abs. 2 PartGG, 15 HGB), selbst wenn sich die tatsächlichen Verhältnisse geändert haben.

– Ein besonderer Anreiz für die Gründung der Partnerschaftsgesellschaft liegt in der *Möglichkeit der Haftungskonzentration* auf einen oder mehrere Partner. Das persönliche Einstehen aller Partner für berufliches Fehlverhalten eines einzigen Partners kann ausgeschlossen werden. Dies ist sogar durch vorformulierte Vertragsbedingungen möglich. Diese Möglichkeit kann auch nicht durch das jeweilige Berufsrecht eingeschränkt werden. Hierin liegt ein großer Vorteil gegenüber der Gesellschaft bürgerlichen Rechts.

3.5 Kapitalgesellschaften

1. Begründen Sie, warum sich die Rechtsform der Aktiengesellschaft anbietet, wenn der Eigenkapitalbedarf einer Unternehmung besonders groß ist. | S. 80 |

– Durch die Aufteilung des Grundkapitals ist die Beteiligung einer großen Zahl von Kapitalgebern möglich. Der Erwerb einer Aktie erfordert nur begrenzte finanzielle Mittel. Bei Bedarf können die Aktionäre durch den Aktienverkauf wieder rasch über ihr Kapital verfügen.
– Durch den Verkauf der Aktien über die Banken wird ein breites anonymes Publikum erreicht.

2. Erläutern Sie Merkmale des Aktienrechts, die die Kapitalbezogenheit der AG charakterisieren.

– Hohes Mindestkapital, gestückelt in Aktien,
– Anonymität der Aktionäre,
– größere Zahl von beteiligten Personen,
– Existenz der Unternehmung ist nicht vom Gesellschafterbestand abhängig, keine persönliche Haftung,
– die Kapitalgeber beeinflussen die Bildung der Organe (Wahl des Aufsichtsrates, des Vorstandes),
– gesetzliche Rücklagenbildung,
– Gewinnausschüttung und Stimmrecht nach Kapitalanteilen.

3. Bei der Gründung emittiert eine AG Aktien mit dem kleinstmöglichen Nennbetrag zur Deckung des gesetzlich vorgeschriebenen Mindestkapitals zum Kurse von 3,50 EUR.
   a) Wie groß ist der Nennbetrag einer solchen Aktie?
   b) Wie groß ist der Kurswert dieser Aktie?
   c) Wie viele Aktien wurden ausgegeben?
   d) Dürfte der Nennbetrag der ausgegebenen Aktien auch 25 EUR sein?
   e) Wäre ein Ausgabekurs von 0,50 EUR möglich?

a) 1 EUR,
b) 3,50 EUR,
c) 50.000 Aktien
d) Ja, Nennbetragsaktien müssen auf mindestens 1 EUR, höhere Nennbeträge auf volle 5 EUR lauten.
e) Nein – keine Emission unter pari.

4. Vergleichen Sie die gesetzliche Geschäftsführungsbefugnis und Vertretungsmacht eines OHG-Gesellschafters mit der eines Vorstandsmitglieds einer AG.

OHG Gesellschafter	Vorstandsmitglied einer AG
Einzelgeschäftsführungsbefugnis	Bei mehreren Vorstandsmitgliedern Gesamtgeschäftsführungsbefugnis
Einzelvertretungsmacht	Gesamtvertretungsmacht
Zeitlich unbegrenzt	Vom Aufsichtsrat auf fünf Jahre bestellt, Wiederbestellung zulässig

5. Unter welchen Voraussetzungen kann ein Vorstandsmitglied die AG allein vertreten?

– In der AG gibt es nur ein Vorstandsmitglied.
– In der Satzung wird die Einzelvertretungsmacht festgelegt und im Handelsregister veröffentlicht.

6. Vorstand und Aufsichtsrat einer AG werden auf verschieden lange Zeiten bestellt. Was bezweckt der Gesetzgeber damit?

Zeitlicher Unterschied bewirkt, dass alle Vorstands- und Aufsichtsratsmitglieder nur selten im gleichen Jahr ausgewechselt werden, dadurch soll eine gewisse Kontinuität in der Geschäftspolitik erreicht werden.

7. Die Aktionäre üben in der Hauptversammlung ihr Stimmrecht aus. Welche Stimmzahlen sind erforderlich für

    a) die einfache Mehrheit,

    b) die qualifizierte Mehrheit,

    c) die Sperrminorität?

a) mehr als 50 %
b) 75 %   des bei der Beschlussfassung vertretenen Grundkapitals.
c) mehr als 25 %

8. Der Dividendensatz einer AG beträgt 10 EUR; Nennbetrag des kleinsten Stücks 5 EUR; Stückkurs 200 EUR. Berechnen Sie die effektive Verzinsung (ohne Berücksichtigung von Steuern).

Dividende 10 EUR für eine Kapitalanlage von 200 EUR
200 EUR = 100 %
  10 EUR = x %
effektive Verzinsung = 5 %.

9. Der Jahresabschluss einer AG wurde durch Vorstand und Aufsichtsrat festgestellt. Folgende Werte sind der Schlussbilanz entnommen:

    – Grundkapital   32.000.000 EUR
    – Kapitalrücklage   4.400.000 EUR
    – gesetzliche Rücklage   560.000 EUR
    – andere Gewinnrücklagen   960.000 EUR
    – Verlustvortrag   112.000 EUR

> Der Jahresüberschuss beträgt 4.100.000 EUR. Die Einstellung in die gesetzliche Rücklage erfolgt nach AktG § 150 Abs. 2; den anderen Gewinnrücklagen wollen Vorstand und Aufsichtsrat 800.000 EUR zuführen.
>
> a) Berechnen Sie, ob die AG 9 Cent Dividende auf eine Stückaktie von 1 EUR ausschütten kann.
>
> b) Stellen Sie in einer Übersicht die Positionen des Eigenkapitals dar
> - vor Gewinnverwendung,
> - nach teilweiser Gewinnverwendung und
> - nach vollständiger Gewinnverwendung.

a) Jahresüberschuss 4.100.000 EUR

- Verlustvortrag 112.000 EUR
- Einstellung in gesetzliche Rücklage (entfällt, da Kapitalrücklage und gesetzliche Rücklage größer als 10 % des gezeichneten Kapitals sind.) 0 EUR
- Einstellung in andere Gewinnrücklagen (möglich nach § 58 (2) AktG) 800.000 EUR

Bilanzgewinn 3.188.000 EUR

- 9 % Dividende von 32 Mio. EUR[1]) 2.880.000 EUR

1) Bilanzgewinn / Grundkapital * 100 %

Gewinnvortrag 308.000 EUR

b)

Positionen des Eigenkapitals	Vor Gewinn-verwendung	Nach teilweiser Gewinn-verwendung	Nach vollständiger Gewinn-verwendung
Grundkapital	32.000.000 EUR	32.000.000 EUR	32.000.000 EUR
Kapitalrücklage	4.400.000 EUR	4.400.000 EUR	4.400.000 EUR
Gesetzliche Rücklage	560.000 EUR	560.000 EUR	560.000 EUR
Andere Gewinnrücklagen	960.000 EUR	1.760.000 EUR	1.760.000 EUR
Jahresüberschuss	4.100.000	–	–
Bilanzgewinn	–	3.188.000 EUR	–
Verlustvortrag	112.000 EUR	–	–
Gewinnvortrag	–	–	308.000 EUR

> 10. Das Eigenkapital der AG wurde im Jahresabschluss wie folgt ausgewiesen:
>
> - Gezeichnetes Kapital   12,00 Mio. EUR
> - Kapitalrücklage   16,80 Mio. EUR
> - andere Gewinnrücklagen   0,60 Mio. EUR
> - Gewinnvortrag   0,06 Mio. EUR
>
> Für das Geschäftsjahr wurden Aufwendungen von 85,6 Mio. EUR und Erträge von 87,9 Mio. EUR ermittelt. Vorstand und Aufsichtsrat stellten den Jahresabschluss fest, wobei sich die Gewinnverwendung ausschließlich nach den Vorschriften des Aktiengesetzes richtete.
>
> a) Inwieweit können die Gewinnansprüche der Aktionäre dieser AG bei der Feststellung des Jahresabschlusses durch Vorstand und Aufsichtsrat geschmälert werden?
>
> b) Berechnen Sie den minimalen ganzzahligen Dividendenprozentsatz, den Vorstand und Aufsichtsrat der AG den Aktionären für das Geschäftsjahr anbieten müssen.
>
> c) Ermitteln Sie in übersichtlicher Form den Bilanzgewinn und den neuen Gewinnvortrag.

a) Vorstand und Aufsichtsrat haben nach § 58 (2) Satz 1 AktG einen Ermessensspielraum, ob und in welcher Höhe sie die Gewinnansprüche der Aktionäre schmälern wollen. Sie müssen jedoch die gesetzliche Obergrenze von 50 % des Jahresüberschusses beachten.

b) 10 % siehe auch c)

c)
Erträge	87.900.000 EUR
− Aufwendungen	85.600.000 EUR
Jahresüberschuss	2.300.000 EUR
+ Gewinnvortrag	60.000 EUR
− Einstellung in andere Gewinnrücklagen (50 % von 2,3 Mio. EUR)	1.150.000 EUR
Bilanzgewinn	1.210.000 EUR
−10 % minimale Dividende von 12 Mio. EUR	1.200.000 EUR
Gewinnvortrag	10.000 EUR

11. Aus welchen Gründen verpflichtet man die Aktiengesellschaften zur Veröffentlichung ihres Jahresabschlusses?

Aktionäre, Arbeitnehmer, Gläubiger und die sonstige interessierte Öffentlichkeit sollen sich über die Geschäftsentwicklung der AG informieren können.

12. Begründen Sie, warum eine AG 50 Millionen EUR Rücklagen gebildet hat.

Rücklagen entstehen aus nicht ausgeschütteten Gewinnen. Sie sind deshalb Teile des Eigenkapitals.

Grundkapital sind als nominell fest gebundene Kapitalposten in der Satzung und im Handelsregister festgeschrieben. Jährliche Kapitalveränderungen durch nicht ausgeschüttete Gewinne müssen deshalb auf einem veränderlichen Konto erfasst werden.

13. Sachverhalt: Die Filterwerk GmbH beschäftigt 1.280 Arbeitnehmer. Sie ist Zulieferer für Kraftfahrzeughersteller. Ein Großabnehmer errichtet in den USA eine Niederlassung. Um die günstigen Bedingungen auf diesem überseeischen Markt zu nutzen, beabsichtigt auch das Filterwerk, dort ein Zweigwerk aufzubauen. Der dafür erforderliche Finanzbedarf löst eine Diskussion aus, ob die GmbH in eine AG umgewandelt werden soll.

Nach dem Gesellschaftsvertrag verteilt sich das Stammkapital von 100 Mio. EUR wie folgt auf die Gesellschafter:

- Eva Spieß   72 Mio. EUR
- Kurt Knecht   20 Mio. EUR
- Marcus Kopf   7 Mio. EUR
- Alfred Mohl   1 Mio. EUR

Kurt Knecht und Marcus Kopf sind Geschäftsführer der GmbH mit Einzelvertretungsbefugnis. Für die Gesellschafter besteht nach dem Gesellschaftsvertrag unbeschränkte Nachschusspflicht.

Aufgaben:

a) Führen Sie zwei Gründe an, die in diesem Fall für eine Umwandlung in eine AG sprechen.

b) Kurt Knecht und Marcus Kopf sind gegen eine Umwandlung. Beurteilen Sie, ob beide eine Umwandlung verhindern könnten.

c) Eva Spieß garantiert den beiden Geschäftsführern, dass sie nach der Umwandlung Vorstandsmitglieder der AG werden. Erklären Sie, wer bei einer neu zu gründenden AG den Vorstand bestellt, und überprüfen Sie, ob das Versprechen von Eva Spieß durchsetzbar ist.

d) Alfred Mohl gibt zu bedenken, dass eine Umwandlung dieser GmbH in eine AG eine veränderte Offenlegungspflicht mit sich bringt. Nehmen Sie hierzu Stellung.

e) Trotz der ursprünglichen Bedenken der beiden Geschäftsführer wird am 30. März einstimmig die Umwandlung in eine AG beschlossen. Die Gesellschafter der GmbH bringen ihre Geschäftsanteile als Sachvermögen ein und erhalten Aktien zum Nennbetrag von 1 EUR. Die Hausbank übernimmt zusätzlich Aktien im Nennbetrag von 20 Mio. EUR zuzüglich 10 % Agio. Welche Gründe könnten die Hausbank veranlasst haben, sich an der AG zu beteiligen?

f) Erstellen Sie den Bilanzstatus der AG, wenn am 20. Juni die gesetzlich erforderlichen Mindesteinlagen geleistet werden. An Gründungskosten fielen 1,5 Mio. EUR an.

g) Begründen Sie, warum bei der vorliegenden Gründungsart der Gesetzgeber besonders strenge Prüfungsanforderungen stellt.

h) Die Geschäftsentwicklung der AG verläuft ausgezeichnet. Für dringend notwendige Erweiterungsinvestitionen werden im kommenden Geschäftsjahr flüssige Mittel in Höhe von 70 Mio. EUR (einschließlich Emissionskosten) benötigt.

Der Vorstand will diese Mittel durch Ausgabe weiterer Aktien aufbringen. Er legt daher der Hauptversammlung folgenden Vorschlag zur Abstimmung vor:

– Erhöhung des Grundkapitals zum Jahresbeginn durch Ausgabe junger Aktien.

– Ausgabekurs 5 EUR je 1-EUR-Aktie.

Auf der Hauptversammlung sind 85 % des Grundkapitals anwesend.

Wie viele Stimmen werden für die geplante Kapitalerhöhung benötigt?

i) Aktionär Edelmann besitzt Aktien im Nennbetrag von 29,8 Mio. EUR.

Begründen Sie, ob Edelmann diese Kapitalerhöhung verhindern könnte (rechnerischer Nachweis erforderlich).

a) – Zugang zum Kapitalmarkt (Kapitalbeschaffung durch Emission von Aktien),
 – Risikobegrenzung (die vorhandene Nachschusspflicht fällt weg).

b) Zur Auflösung/Umwandlung sind 75 % des vertretenen Stammkapitals nötig (§ 60 GmbHG). Kurt Knecht und Markus Kopf können dies verhindern, da sie auf Grund ihrer Kapitalanteile zusammen mehr als 25 % der Stimmen besitzen.

c) Bei der Gründung einer AG haben die Gründer den ersten Aufsichtsrat zu bestellen, der wiederum bestellt den ersten Vorstand der AG (§§ 30 und 84 AktG).

Das Garantieversprechen ist insofern durchsetzbar, als Eva Spieß Mehrheits-Aktionärin wird und mittelbar über die Wahl der Aufsichtsratmitglieder Einfluss auf die Zusammensetzung des Vorstands nehmen kann.

d) Für die neu zu gründende AG ergibt sich im Hinblick auf die Offenlegung keine Änderung gegenüber der GmbH. Beide rechnen zu den großen Kapitalgesellschaften, da zwei Merkmale erfüllt sind: Die Bilanzsumme ist größer als 26,89 Mio. DM, und die Beschäftigtenzahl beträgt über 250 (§§ 267 Abs. 3 und 325 HGB)

Merkmale \ Zuordnung	Kleine Kapitalgesellschaften §267 (1) HGB	Mittelgroße Kapitalgesellschaften § 267 (2) HGB	Große Kapitalgesellschaften § 267 (3) HGB
Bilanzsumme	≤ 6,72 Mio. DM	≤ 26,89 Mio. DM	> 26,89 Mio. DM
Umsatzerlöse	≤ 13,44 Mio. DM	≤ 53,78 Mio. DM	> 53,78 Mio. DM
Arbeitnehmer	≤ 50 Arbeitnehmer	≤ 250 Arbeitnehmer	> 250 Arbeitnehmer

Kapital-gesellschaften	Offenlegung					Veröffent-lichungsfrist
	Jahresabschluss			Lage bericht	Einreichung bzw. Bekanntmachung	
	Bilanz	GuV	Anhang			
große	X	X	X	X	Handelsregister und Bundesanzeiger	9 Monate
mittelgroße	X	X	X	X	Handelsregister	9 Monate
kleine	X	—	X	–	Handelsregister	12 Monate

e) – Beteiligung an einem aufstrebenden Unternehmen.
  – Berücksichtigung bei künftigen Neuemissionen, Kreditaufnahmen und Kontoführung.
  – Anlagemöglichkeiten für vermögende Privatkunden.

f)
Aktiva	Bilanzstatus (Mio. EUR)		Passiva
Ausstehende Einlagen auf das gezeichnete Kapital	15,0	Gezeichnetes Kapital	120,0
Wert der eingebrachten GmbH	100,0	Kapitalrücklage	2,0
Bankguthaben	5,5		
Verlustvortrag (Gründungskosten)	1,5		
	122,0		122,0

Errechnung des Bankguthabens:

Mindesteinlage: Agio (10 % v. 20 Mio.)	2,0 Mio. EUR
+ 25 % von 20 Mio.	5,0 Mio. EUR
– Gründungskosten	1,5 Mio. EUR
Bankguthaben	5,5 Mio. EUR

Ein passiver Ausweis der noch ausstehenden Einlagen ist ebenfalls möglich.

g) Bcim Einbringen von Sacheinlagen in die AG besteht die Gefahr der Überbewertung. Verschärfte Prüfungsvorschriften sollen verhindern, dass
  – die Aktionäre, die sich durch den Kauf von Aktien beteiligen, übervorteilt werden,
  – für Gläubiger ein erhöhtes Risiko entsteht.

h) 85 % des Grundkapitals von 120 Mio. EUR = 102 Mio. EUR
  $3/4$-Mehrheit des vertretenen Grundkapitals = 76,5 Mio. EUR
  76,5 Mio. EUR: 1 EUR = 76,5 Mio. Stimmen

i) Sperrminorität > 25 % von 76,5 Mio. EUR
  102 Mio. EUR = 100 %
  29,8 Mio. EUR = x %
  100 % * 29,8 / 102 = 29,2 %
  Ergebnis: Edelmann kann die Kapitalerhöhung verhindern.

14. Erläutern Sie, warum man die Rechtsform der GmbH sowohl bei großen als auch bei kleinen Unternehmungen findet. Nennen Sie einige Beispiele.

Die GmbH ist eine Kapitalgesellschaft, hat aber verwandte Merkmale mit Personengesellschaften:

- Mindestkapital bei der Gründung nur 25.000 EUR,
- Gesellschafter ist häufig Geschäftsführer,
- Einmann-GmbH möglich.

Beispiele für Großbetriebe: Robert Bosch GmbH, Bausparkasse Wüstenrot GmbH.

Beispiele für Kleinbetriebe: Handwerksbetriebe.

15. Welche Sie Merkmale der GmbH, die typisch sind für
   a) Kapitalgesellschaften
   b) Personengesellschaften?

a) – Eigene Rechtspersönlichkeit (juristische Person),
   – beschränkte Haftung,

b) – Errichtung durch eine Person möglich,
   – Mitverwaltungsrecht der Gesellschafter,
   – keine Publizitätspflicht bei Klein- und Mittelbetrieben,
   – geringerer Gründungs- und Verwaltungsaufwand.

16. Die Geschwister Anke, Marion und Dr.-Ing. Volker Braun gründeten 2000 die AQUATERRA Gesellschaft für Umwelttechnikbedarf mbH. Dem Gesellschaftsvertrag vom 10. Juli 2000 ist folgender Auszug entnommen:

§2 Gegenstand des Unternehmens ist, im Bereich Wasser-, Abwasser- und Abfallwirtschaft, die notwendigen Einrichtungen, Gerätschaften und technischen Anlagen anzubieten und zu vertreiben.

§3 Sitz des Unternehmens ist Warthausen.

§4 Das Stammkapital beträgt 1.900.000 EUR.

Stammeinlagen der Gesellschafter sowie Art und Zeitpunkt der Leistung:

Marion Braun 1,0 Mio. EUR als Bareinlage, davon sind 0,2 Mio. EUR sofort zu leisten, der Rest am 14. August 2000.

Anke Braun 0,75 Mio. EUR als Bareinlage, davon 80 % sofort, der Rest am 2. August 2000.

Volker Braun 0,15 Mio. EUR durch notariell beurkundete Übertragung der Rechte an einem Patent auf die GmbH bis zum 25. Juli 2000.

§6 Dr.-Ing. Volker Braun und Dipl.-Kaufmann Uwe Hoch werden zu Geschäftsführern bestellt.

Die Handelsregistereintragung erfolgte am 6. September 2000, die Veröffentlichung der Eintragung zwei Tage später. Alle Gesellschafter erbrachten ihre Einlagen zu den genannten Fristen, Diplom-Kaufmann Hoch ist ein anerkannter Finanzierungsfachmann. In der Gründungsphase waren stets etwa 60 Mitarbeiter beschäftigt.

   a) Die Gesellschafter hatten zunächst erwogen, eine KG zu gründen, entschieden sich aber dann für die Rechtsform der GmbH. Vergleichen Sie in einer Tabelle beide Unternehmungsformen hinsichtlich der

- Form des Gesellschaftsvertrages,
- Geschäftsführung,
- Pflicht zur Bildung eines Aufsichtsrates.

b) Die GmbH sollte nach dem Willen der Gesellschafter unter der Firma „Braun & Hoch Umwelttechnik" in das Handelsregister eingetragen werden.
  - Geben Sie zwei Gründe an, warum der Registerrichter die Eintragung dieser Firma ablehnte.
  - Begründen Sie, warum er auch die Eintragung in das Handelsregister wegen mangelhafter kapitalmäßiger Voraussetzungen Ende Juli 2000 verweigern musste.

c) Volker Braun kaufte am 12. August 2000 ohne Rücksprache mit Hoch im Namen der GmbH drei notwendige Fertigungsmaschinen zum Preis von 120.000 EUR.
  - Bei der Auslieferung am 20. August 2000 verlangte der Lieferer von der Gesellschafterin Marion Braun die volle Bezahlung des fälligen Kaufpreises. Kann der Verkäufer diese Forderung durchsetzen (Begründung)?
  - Könnte der Lieferer seinen Anspruch gegenüber Marion Braun oder gegenüber der GmbH durchsetzen, wenn der Kaufvertrag am 28. September 2000 abgeschlossen und die Zahlung sofort fällig gewesen wäre (Begründung)?

d) Zum 20. September 2000 wurde die Gesellschafterversammlung eingeladen. Die Tagesordnung enthielt folgende Beschlussanträge:
  - Frau Irma Bach, Leipzig, wird zur Prokuristin bestellt,
  - der Sitz des Unternehmens wird von Warthausen nach Riesa verlegt.

  Frau Anke Braun stimmt gegen beide Tagesordnungspunkte. Die Mitgesellschafter stimmen zu. Welche Wirkung hat die Ablehnung?

e) Der Geschäftsführer Hoch ist interessiert, den Geschäftsanteil von Frau Anke Braun zu erwerben.
  - Warum kann der Wert des Geschäftsanteils vom Betrag der Stammeinlage sowohl nach oben als auch nach unten abweichen? Begründen Sie dies jeweils mit einem Argument.
  - Welcher Form bedarf die Übertragung des Geschäftsanteiles von Frau Braun auf Herrn Hoch?

f) Für die Errichtung von Niederlassungen im osteuropäischen Raum muss der Unternehmung weiteres Kapital zugeführt werden. Man diskutiert, ob der Gesellschaftsvertrag um die Einführung einer beschränkten Nachschusspflicht ergänzt oder ob die GmbH in eine Aktiengesellschaft umgewandelt werden soll. Erklären Sie die Vor- und Nachteile, ausgehend vom Standpunkt der einzelnen Gesellschafter.

a)

Merkmale	KG	GmbH
Form des Gesellschafts-Vertrages	Grundsätzlich formfrei	Notarielle Beurkundung
Geschäftsführung	Nur Vollhafter, falls nicht von der Geschäftsführung ausgeschlossen	Geschäftsführer (Gesellschafter oder Dritte)
Pflicht zur Bildung eines Aufsichtsrates	Nein	Nein, nur falls mehr als 500 Mitarbeiter (BetrVG, Anhang zu § 129)

b) *Gründe für die Ablehnung der Eintragung:*
   Bezeichnung „GmbH" fehlt; zwingend, nach GmbH-Gesetz § 4.

   Fehlen kapitalmäßiger Voraussetzung:
   Nach GmbH-Gesetz § 7 ist die erforderliche Mindesteinzahlung bei Marion Braun (25 % von 1,0 Mio. EUR = 0,25 Mio. EUR) mit 0,2 Mio. EUR nicht erfüllt.

c) *Durchsetzung eines Lieferantenanspruchs am 20. August 2000:*
   GmbH ist zu diesem Zeitpunkt (20. August 2000) noch nicht entstanden; konstitutive (rechtserzeugende) Wirkung der Handelsregistereintragung (6. September 2000) gemäß GmbHG § 11 Abs. 1; „Handelndenhaftung" nur durch Volker Braun, gemäß GmbHG § 11 Abs. 2, das heißt, Marion Braun muss nicht zahlen.

   Durchsetzung eines Lieferantenanspruchs am 28. September 2000:
   – Marion Braun muss nicht zahlen, da für Verbindlichkeiten der Gesellschaft den Gläubigern nur das Gesellschaftsvermögen haftet (GmbHG § 13, Abs. 2).
   – GmbH muss nicht zahlen, da bei GmbH Gesamtgeschäftsführung und -vertretung gesetzlich vorgesehen ist (GmbHG § 35 Abs. 2 Satz 2) und der Gesellschaftsvertrag keine abweichende Regelung enthält. Der Kaufvertrag ist „schwebend unwirksam", solange Zustimmung der geschäftsführenden Gesellschafter nicht vorliegt.

d) *Wirkung der Ablehnung von Vorschlägen in der Gesellschafterversammlung:*
   Anke Braun besitzt 15.000 Stimmen, das sind ca. 39 % bei einer Gesamtstimmenzahl von 38.000.
   Gemäß §§ 46 ff. GmbHG ist für den Beschluss der Gesellschafterversammlung einfache Stimmenmehrheit erforderlich, das heißt Anke Braun besitzt weniger als 50 % der Stimmen, sodass die Prokuristin gegen ihren Willen ernannt werden kann.
   Für die Satzungsänderung ist eine 75 %ige Mehrheit erforderlich, sodass Anke Braun die Verlegung des Unternehmenssitzes verhindern kann (GmbHG § 53 Abs. 2 Satz 1).

e) *Abweichung des Wertes des Gesellschaftsanteils von der Stammeinlage:*
   Wert des Geschäftsanteils ist gegenüber dem Betrag der übernommenen Stammeinlage kleiner,

   sofern diese
   – noch nicht voll eingezahlt ist,
   – durch Verluste geschmälert ist, die durch Rücklagen nicht mehr ausgeglichen werden konnten;

   größer, falls nach Volleinzahlung der Stammeinlage
   – offene Rücklagen,
   – stille Rücklagen vorhanden sind.

   Form der Übertragung:
   Notarielle Beurkundung erforderlich (GmbHG § 15 Abs. 3).

f) *Alternativ „beschränkte Nachschusspflicht" oder „Umwandlung in eine AG"*
   Vor- und Nachteile der beschränkten Nachschusspflicht:
   Vorteile: – Einflussnahme auf die Unternehmung bleibt wie bisher erhalten.
              – Geschäftsführer behält seine Leitungs- und Vertretungsfunktion.
              – Es entstehen keine Umwandlungskosten.
   Nachteile: – Die finanziellen Mittel können eventuell nicht aufgebracht werden.

17. Erstellen Sie anhand selbstgewählter Kriterien eine Aufstellung in der die wesentlichen Unterschiede zwischen GmbH und AG enthalten sind.

	GmbH	AG
Gesetzliche Grundlage	GmbH-Gesetz	Aktiengesetz
Firma	Personen-, Sach-, Fantasiefirma oder gemischte Firma mit Bezeichnung „Gesellschaft mit beschränkter Haftung" oder allgemein verständlicher Abkürzung (§ 4)	Personen-, Sach-, Fantasiefirma oder gemischte Firma mit Bezeichnung „Aktiengesellschaft" oder allgemein verständlicher Abkürzung (§ 4)
Mindestkapital	Stammkapital 25.000 EUR (§ 5) (gezeichnetes Kapital)	Grundkapital 50.000 EUR (§ 7) (gezeichnetes Kapital)
Anteil	1. Stammeinlage mindestens 100 EUR (§ 5,1)	1. Nennbetragsaktie mindestens 1 EUR; Stückaktie am Grundkapital in gleichem Umfang beteiligt; anteiliger Betrag des Grundkapitals mindestens 1 EUR (§ 8)
	2. Nur eine Stammeinlage kann bei der Gründung übernommen werden (§ 5,2)	2. Mehrere Aktien können bei Gründung übernommen werden.
	3. Persönliche Bindung; kein börsenmäßiger Verkauf	3. Keine persönliche Bindung; börsenmäßiger Handel
	Notarielle Form des Abtretungsvertrages (§ 15)	Formloser Eigentumsübergang bei Inhaberaktien
Haftung	Für die Verbindlichkeiten der Gesellschaft haftet nur das Gesellschaftsvermögen. Der einzelne Gesellschafter riskiert lediglich die Stammeinlage. Evtl. Nachschusspflicht.	Für die Verbindlichkeiten der Gesellschaft haftet nur das Gesellschaftsvermögen. Der Aktionär riskiert lediglich den Wert seiner Aktie(n).
Geschäftsführung und Vertretung	1. Geschäftsführer 2. Ohne Zeitbeschränkung	1. Vorstand 2. Auf fünf Jahre
Aufsichtsrat	Nur notwendig bei Gesellschaften mit mindestens 500 Arbeitnehmern nach § 129 BetrVG	Immer vorgeschrieben
Gesamtheit der Gesellschafter	1. Gesellschafterversammlung 2. Einberufung durch eingeschriebenen Brief (§ 51) 3. je 50 EUR Geschäftsanteil eine Stimme (§ 47)	1. Hauptversammlung 2. Einberufung der HV bei großer AG durch öffentliche Bekanntmachung 3. Stimmrecht nach Aktiennennbeträgen bei Nennbetragsaktien; bei Stückaktien nach deren Zahl
Jahresabschluss	Keine gesetzliche Rücklage	Gesetzliche Rücklage

3.6 Besondere Gesellschaftsformen

S. 87

1. Suchen Sie Genossenschaften aus den Gelben Seiten. Ordnen Sie diese in die in der Übersicht Seite 84 genannten Genossenschaftsgruppen ein.

Beispiele: Stromberg Kellerei eG – Weingärtnergenossenschaft,
Volksbank eG – Kreditgenossenschaft,
Fleischer-Einkaufs eG – Einkaufsgenossenschaft

2. Begründen Sie, warum man die Genossenschaft nicht zu den Kapitalgesellschaften rechnet.

Genossenschaften sind entstanden aus der Idee der „Selbsthilfe durch Solidarität", mit dem Ziel der Förderung des Erwerbs und der Wirtschaft ihrer Mitglieder. Sie werden, weil ihr Betrieb ursprünglich nicht auf Gewinnerzielung ausgerichtet war, nicht den Kapitalgesellschaften zugerechnet.

3. Hotelier Schnurr ist mit einer Einzahlung von 900 EUR in die Hotel-Einkauf eG eingetreten. Vom Rechnungsergebnis der folgenden Jahre entfielen auf ihn nacheinander ein Verlust von 70 EUR, dann Gewinnanteile von 160 EUR und 200 EUR.

Satzungsgemäß ist die Beteiligung eines Genossen auf höchstens 1.200 EUR festgesetzt. Im Insolvenzfall haftet jeder Genosse mit dem Mindestbetrag, der im Genossenschaftsgesetz bei beschränkter Nachschusspflicht vorgesehen ist. Ermitteln Sie für Herrn Schnurr nach dem neuesten Stand Geschäftsanteil, Geschäftsguthaben, Haftsumme und die Risikosumme.

Einzahlung	900 EUR		Geschäftsanteil	1.200 EUR
– Verlustanteil	70 EUR		Geschäftsguthaben	1.190 EUR
Geschäftsguthaben nach einem Jahr	830 EUR		Haftsumme	1.200 EUR
+ Gewinnanteile	360 EUR			
Geschäftsguthaben = Risikosumme nach 3 Jahren	1.190 EUR		Geschäftsanteil + Haftsumme 1.200 EUR + 1.200 EUR = 2.400 EUR	

4. Der genossenschaftliche Gedanke hat zur Bildung der VVaG geführt.

   a) Welche Gesichtspunkte spielen beim genossenschaftlichen Gedanken eine Rolle?

   b) Beschreiben Sie die sich daraus ergebenen Auswirkungen auf den VVaG.

Versicherungsvereine auf Gegenseitigkeit in ihrer heutigen Form gibt es in Deutschland seit 1821, als Ernst Wilhelm Arnoldi (1778–1841) die heutige Gothaer Versicherungsbank VVaG, damals „Gothaer Feuerversicherungsbank" gründete.

Doch der Gedanke der Gegenseitigkeitsversicherung ist älter. Seine Wurzeln liegen im frühen Mittelalter. Damals bildeten sich sogenannte Schutzgilden, deren Mitglieder bei Eintritt bestimmter Tatbestände einander Unterstützung gewährten. Später bildeten sich die sog. Brandgilden, denen die Viehgilden, Knochengilden (Unfall- und Haftpflichtversicherung), die Windgilden (Sturmversicherung) und zuletzt die Hagelgilden (Hagelversicherung) folgten.

Nach der „Gothaer Feuerversicherung" gründete Arnoldi 1827 die „Gothaer Lebensversicherungsbank". Nach dem Vorbild der Gothaer Gesellschaften gründeten sich in der Folge viele Versicherungsvereine, die nicht nur die Feuer- und Lebensversicherung, sondern auch andere bedeutende Versicherungszweige wie die Hagel- oder Viehversicherung betrieben.

Arnoldi wollte mit den durch Selbsthilfe, Selbstverwaltung und Selbstbestimmung sowie dem genossenschaftlichen Gegenseitigkeitsgedanken geprägten Versicherungsverein den ausländischen, insbesondere englischen, nach erwerbswirtschaftlichen Gesichtspunkten geführten Versicherungen mit ihren hohen Prämien begegnen, die den deutschen Versicherungsmarkt beherrschten. Die Vereine sollten das Versicherungsgeschäft nicht mit der Absicht der Gewinnerzielung betreiben, sondern ihren Mitgliedern möglichst günstigen Versicherungsschutz verschaffen.

3.7 Kooperation und Konzentration

1. Welche Ziele verfolgen Unternehmungen

   a) aus der Automobilbranche bei einem horizontalen Zusammenschluss,

S. 95

> b) aus dem rohstofffördernden und -verarbeitenden Bereich bei einem vertikalen Zusammenschluss,
>
> c) aus dem Versandbereich und dem Lebensmittelbereich bei einem anorganischem Zusammenschluss?

a) – Erhaltung der Konkurrenzfähigkeit,
   – Beschränkung des Wettbewerbs,

b) Sicherung der Beschaffungs- und Absatzbasis,

c) Verminderung der Krisenanfälligkeit durch branchenübergreifende Geschäftstätigkeit.

> 2. Beantworten Sie aufgrund der folgenden Pressenotizen folgende Fragen:
>   – Welche Ziele verfolgen die einzelnen Unternehmen?
>   – Wie werden diese Zusammenschlüsse genannt?
>   – Welche Vor- und Nachteile ergeben sich aus deren Zusammenschluss?
>
> a) „Zwei Automobil-AG wollen bis zum Jahre 2003 gemeinsam ein Elektromobil bauen, das weltweit vertrieben werden soll. An einen Aktienerwerb bei einem beteiligten Unternehmen ist dabei nicht gedacht."
>
> b) „Die Spezialbrot- und Keksfabrik Steinfurt GmbH wird von der Holzofenbrotfabrik Karl Jause & Co. KG, Starnberg, übernommen."
>
> c) „Aus informierten Branchenkreisen verlautet, dass sich ein führendes Unternehmen der Unterhaltungselektronik mit mehr als 50 % an einem anderen Unternehmen der gleichen Branche beteiligen wird."
>
> d) „Mehrere Bauunternehmer werden mit erheblichen Geldbußen belegt, weil sie sich bei der Vergabe öffentlicher Aufträge gegenseitig über ihre Angebotssummen verständigt und gemäß einer Absprache Aufträge zu überhöhten Preisen zugeschoben haben."
>
> e) „Drei Großsaftereien einigen sich, für sämtliche von ihnen hergestellten Säfte die Verkaufspreise einheitlich festzulegen. So soll beispielsweise eine Kiste trüber Apfelsaft (20 Flaschen à 0,33 l) nicht unter 6 EUR abgegeben werden."
>
> f) „Mehrere führende Inline-Skate-Hersteller in Deutschland vereinbaren, dass ab sofort folgende Lieferungs- und Zahlungsbedingungen einheitlich gelten: Lieferung ab Werk des Herstellers, Zahlung innerhalb von 8 Tagen mit 3% Skonto oder 20 Tage netto."
>
> g) „MZ, BMW und Puch beschließen, anstelle der bisher gebauten sechs Hubraumtypen nur noch Zweiradfahrzeuge mit dem Hubraum 125 cm^3, 250 cm^3 und 400 cm^3 zu produzieren."
>
> h) „Einige große Zementwerke in Deutschland legen vertraglich fest, ihre Produkte künftig über eine gemeinsame Verkaufsstelle abzusetzen, die die alleinige Verbindung zu den Kunden übernimmt. Die Kundenabteilungen der Einzelbetriebe werden aufgelöst."
>
> i) „Drei Versicherungsunternehmen vereinbaren, in Zukunft keine Luxus-Sport-Wagen gegen Diebstahl zu versichern."

	Ziele des Zusammenschlusses	Vorteile/Nachteile des Zusammenschlusses	Art des Zusammenschlusses
a)	– Sicherung der Absatzbasis. – Gemeinsame Werbung. – Höhere Erträge durch Beschränkung und Ausschaltung des Wettbewerbs. – Sicherung der Beschäftigung durch Übernahme von Aufträgen, die das Leistungsvermögen und die Finanzkraft einer einzelnen Unternehmung übersteigen würde. – Höherer technischer und wirtschaftlicher Wirkungsgrad durch gemeinsame Entwicklungs- und Forschungsarbeiten. – Größere Wirtschaftlichkeit durch gemeinsame Rationalisierung des Fertigungsverfahren. – Erhaltung der Konkurrenzfähigkeit gegenüber ausländischen Großunternehmen.	**Vorteile:** – Senkung der Preise, wenn die Unternehmen ihre Kostenminderung im Preis weitergeben. – Bessere Versorgung der Verbraucher, wenn Rationalisierungsmaßnahmen mengen- und gütemäßige Leistungssteigerung ermöglichen. – Die außenwirtschaftliche Wettbewerbsfähigkeit wird erhalten oder gestärkt. – Sozialprodukt und Wirtschaftswachstum werden gesichert und damit auch die Einnahmen der öffentlichen Hand. – Imageförderung, da umweltverträgliches Produkt. **Nachteile:** – Die Preise können überhöht sein, sofern kein hinreichender Wettbewerb gegeben ist.	Kooperation
b)	– Sicherung der Absatzbasis. – Höhere Wirtschaftlichkeit durch Beschränkung und Ausschaltung des Wettbewerbs. – Erhaltung der Konkurrenzfähigkeit gegenüber anderen Großunternehmen.	**Vorteile:** – Senkung der Preise, wenn die Unternehmen ihre Kostenminderung im Preis weitergeben. – Bessere Versorgung der Verbraucher, wenn Rationalisierungsmaßnahmen mengen- und gütemäßige Leistungssteigerung ermöglichen. – Größere Übersichtlichkeit des Marktes (Markttransparenz) durch Bereinigung des Produktionsprogramms. – Unternehmen mit Absatzproblemen werden von expandierenden Unternehmen übernommen. Damit können Arbeitsplätze erhalten werden. **Nachteile:** – Durch die Beschränkung des freien Wettbewerbs wird die volkswirtschaftlich erwünschte Leistungsauslese verzögert. – Die Vielfalt des Angebots an Waren wird vermindert.	Vereinigte Unternehmen (Fusion)
c)	– Gemeinsame Werbung. – Höhere Wirtschaftlichkeit durch Beschränkung und Ausschaltung des Wettbewerbs. – Sicherung der Beschäftigung durch Übernahme von Aufträgen, die das Leistungsvermögen und die Finanzkraft einer einzelnen Unternehmung übersteigen würde. – Höherer technischer und wirtschaftlicher Wirkungsgrad durch gemeinsame Entwicklungs- und Forschungsarbeiten. – Größere Wirtschaftlichkeit durch gemeinsame Rationalisierung des Fertigungsverfahrens. – Erhaltung der Konkurrenzfähigkeit gegenüber anderen Großunternehmen.	**Vorteile:** – Senkung der Preise, wenn die Unternehmen ihre Kostenminderung im Preis weitergeben. – Unternehmen mit Absatzproblemen werden von einem expandierenden Unternehmen übernommen. Damit können Arbeitsplätze erhalten werden. – Die außenwirtschaftliche Wettbewerbsfähigkeit wird erhalten oder gestärkt. – Sozialprodukt und Wirtschaftswachstum werden gesichert und damit auch die Einnahmen der öffentlichen Hand. **Nachteile:** – Die Preise können überhöht sein, sofern kein hinreichender Wettbewerb gegeben ist. – Die Vielfalt des Angebots an Waren und Dienstleistungen wird vermindert.	Konzernbildung (Unterordnungskonzern)

	Ziele des Zusammenschlusses	Vorteile/Nachteile des Zusammenschlusses	Art des Zusammenschlusses
d)	– Höhere Erträge durch Beschränkung und Ausschaltung des Wettbewerbs. – Sicherung der Beschäftigung durch gleichmäßige Auftragsverteilung.	**Vorteil:** – Sicherung von Arbeitsplätzen. **Nachteile:** – Die Preise sind überhöht, weil kein hinreichender Wettbewerb gegeben ist. – Durch die Beschränkung des freien Wettbewerbs wird die volkswirtschaftlich notwendige Leistungsauslese verzögert. – Die Vielfalt des Angebots an Waren und Dienstleistungen wird verhindert.	Submissionskartell
e)	– Sicherung der Ertragslage durch Beschränkung und Ausschaltung des Wettbewerbs.	**Vorteil:** – Sicherung von Arbeitsplätzen. **Nachteil:** – Die Preise können überhöht sein, sofern kein hinreichender Wettbewerb gegeben ist.	Preiskartell
f)	– Vereinheitlichung der Lieferungs- und Zahlungsbedingungen. – Verzicht auf Wettbewerb über die Vertragsbedingungen.	**Vorteile:** – Preisvergleich für Kunden leichter. – Vereinfachung der Kalkulation für Unternehmen. **Nachteile:** – Die Vielfalt des Angebots an Konditionen wird vermindert. – Gefahr der Entstehung eines Preiskartells.	Konditionenkartell
g)	– Senkung der Fertigungskosten durch Straffung des Produktionsprogramms.	**Vorteile:** – Kundendienst wird besser. – Preise können gesenkt werden. **Nachteil:** – Die Vielfalt des Angebots an Waren wird vermindert.	Rationalisierungskartell (Spezialisierungskartell)
h)	– Senkung der Vertriebskosten.	**Vorteile:** – Preise können gesenkt werden. – Bessere Versorgung der Verbraucher, wenn Rationalisierungsmaßnahmen mengen- und gütemäßige Leistungssteigerung ermöglichen. – Größere Übersichtlichkeit des Marktes (Markttransparenz) durch Bereinigung des Produktionsprogramms.	Rationalisierungskartell (Syndikat)
i)	– Höhere Erträge durch Beschränkung und Ausschaltung des Wettbewerbs. – Senkung der Kosten.	**Vorteile:** – Sicherung von Arbeitsplätzen. – Versicherungsprämien können gesenkt werden. **Nachteil:** – Die Vielfalt des Angebots an Versicherungsprodukten wird eingeschränkt.	Rationalisierungskartell (Spezialisierungskartell)

3. Die Spektro-Holzbau-AG hat im letzten Jahr die Transport-GmbH gegründet, die ausschließlich für den Vertrieb zuständig ist. Daneben erwarb die AG von der Minerva-Holzgeräte-AG, die im süddeutschen Raum eine führende Stellung innehat, ein weiteres Aktienpaket, sodass sie nun 231 Millionen EUR des insgesamt 460 Millionen EUR ausmachenden Grundkapitals der Minerva-Holzgeräte-AG besitzt.

Die Minerva-Holzgeräte-AG hat in diesem Jahr von der Impuls-Inneneinrichtungs-AG ein Aktienpaket in Höhe von 110 Millionen EUR erworben. Das Grundkapital der Impuls-Inneneinrichtungs-AG beträgt 330 Millionen EUR.

Die Elektrizitäts-AG, die auf Grund von Managementfehlern seit mehren Jahren Verluste produziert, wird durch die Übernahme des gesamten Aktienpakets vor der Insolvenz gerettet. Es wird eine gemeinsame Leitung von Elektrizitäts-AG und Spektro-Holzbau-AG eingerichtet.

Die Krado-Speditions-GmbH wird von der Spektro-Holzbau-AG ebenfalls in ihrer Gesamtheit übernommen.

a) Verschaffen Sie sich durch eine Skizze einen Überblick, welche Beziehungen zwischen den Unternehmen bestehen.

b) Entscheiden Sie, welche Zielrichtungen bei den Zusammenschlüssen zwischen den einzelnen Unternehmen erkennbar sind.

c) Stellen Sie fest, um welche Arten von verbundenen Unternehmen es sich handelt.

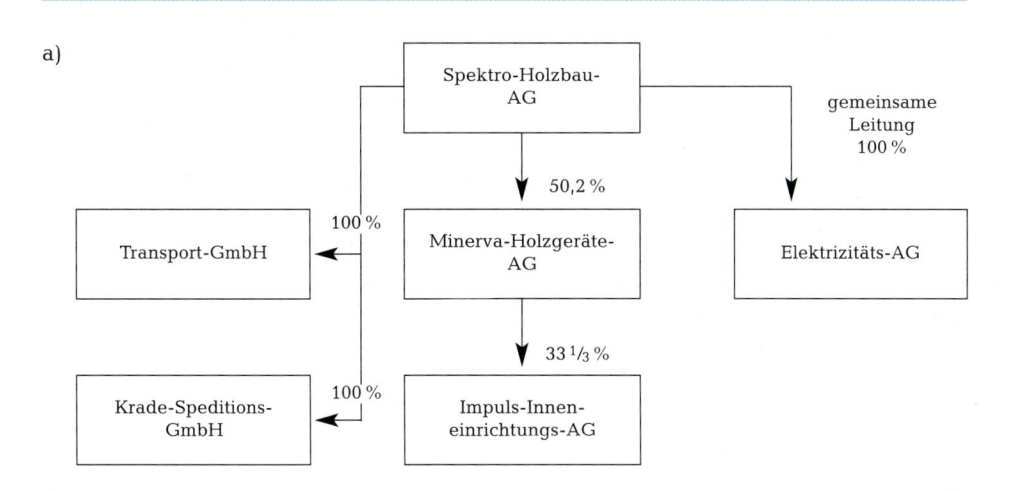

a)

```
                    ┌─────────────────┐
                    │ Spektro-Holzbau-│
           ┌────────│       AG        │────────┐ gemeinsame
           │        └─────────────────┘        │  Leitung
           │                │                  │    100 %
           │         50,2 % │                  ▼
┌──────────────┐   ┌─────────────────┐   ┌──────────────┐
│Transport-GmbH│◄──│ Minerva-Holzgeräte-│  │Elektrizitäts-AG│
└──────────────┘100%│       AG        │   └──────────────┘
                   └─────────────────┘
                           │
                    33 1/3 %│
                           ▼
┌──────────────┐   ┌─────────────────┐
│Krade-Speditions-│◄─│  Impuls-Innen-  │
│    GmbH      │100%│einrichtungs-AG  │
└──────────────┘   └─────────────────┘
```

b)

Spektro-Holzbau-AG / Elektrizitäts- AG	= anorganischer Zusammenschluss
Spektro-Holzbau-AG / Minerva-Holzgeräte-AG	= vertikaler (evtl. horizontaler) Zusammenschluss
Minerva-Holzgeräte-AG / Impuls-Inneneinrichtungs-AG	= vertikaler Zusammenschluss
Spektro-Holzbau-AG / Transport-GmbH	= anorganischer Zusammenschluss
Spektro-Holzbau-AG / Krado-Speditions-GmbH	= anorganischer Zusammenschluss

c)

Spektro-Holzbau-AG / Elektrizitäts-AG	Konzern, Unterordnungskonzern – Muttergesellschaft = Spektro-Holzbau-AG (herrschendes Unternehmen), – Tochtergesellschaft = Minerva-Holzgeräte-AG (beherrschtes Unternehmen)
Spektro-Holzbau-AG / Minerva-Holzgeräte-AG	Konzern, Unterordnungskonzern – Muttergesellschaft = Spektro-Holzbau-AG (herrschendes Unternehmen), – Tochtergesellschaft = Minerva-Holzgeräte-AG (beherrschtes Unternehmen)

Minerva-Holzgeräte-AG / Impuls-Inneneinrichtungs-AG	Konzern, Unterordnungskonzern – Muttergesellschaft = Minerva-Holzgeräte-AG bzw. Spektro-Holzbazu-AG (herrschendes Unternehmen), – Tochtergesellschaft = Impuls-Inneneinrichtung-AG (beherrschtes Unternehmen)
Spektro-Holzbau-AG / Transport-GmbH	Konzern, Unterordnungskonzern – Muttergesellschaft = Spektro-Holzbau-AG (herrschendes Unternehmen), – Tochtergesellschaft = Transport-GmbH (beherrschtes Unternehmen)
Spektro-Holzbau-AG / Krado-Speditions-GmbH	Konzern, Unterordnungskonzern, Trust – Muttergesellschaft = Spektro-Holzbau-AG (herrschendes Unternehmen), – Tochtergesellschaft = Krado-Speditons-AG (beherrschtes Unternehmen)

4. Die Drahtwerke AG und die Stahl AG haben eine Fusion beschlossen.

Aktiva	Zusammengefasste Bilanz der Drahtwerke AG		Passiva
A. Anlagevermögen	13.400.000 EUR	A. Eigenkapital	
B. Umlaufvermögen	6.760.000 EUR	I. Gezeichnetes Kapital	10.200.000 EUR
		IV. Verlustvortrag	2.040.000 EUR
		B. Fremdkapital	12.000.000 EUR
	20.160.000 EUR		20.160.000 EUR

Aktiva	Zusammengefasste Bilanz der Stahl AG		Passiva
A. Anlagevermögen	21.880.000 EUR	A. Eigenkapital	
B. Umlaufvermögen	10.640.000 EUR	I. Gezeichnetes Kapital	15.300.000 EUR
		III. Gewinnrücklagen	
		1. gesetzliche Rücklage	3.200.000 EUR
		2. andere Gewinnrücklagen	1.600.000 EUR
		IV. Gewinnvortrag	20.000 EUR
		B. Fremdkapital	12.400.000 EUR
	32.520.000 EUR		32.520.000 EUR

Für ihre Aktien erhalten die Aktionäre der Drahtwerke AG junge Aktien der Stahl AG. Die Kosten der Fusionierung werden auf 400.000 EUR geschätzt.

a) Es gibt zwei Möglichkeiten der Fusion: „Aufnahme" oder „Neubildung".

– Um welche Form handelt es sich im vorliegenden Fall?

– Aus welchem Grund könnte diese Fusion durchgeführt worden sein?

b) Ein Aktionär der Draht AG besitzt 12 alte Aktien. Wieviele Aktien der Stahl AG erhält er (Rechnerischer Nachweis)?

c) Nennen Sie beispielhaft Kosten, die bei der Fusion anfallen.

d) Stellen Sie die Bilanz des Unternehmens nach der Fusion auf.

e) Begründen Sie, warum man nach der Fusion bei dem jetzt allein existierenden Unternehmen von einem Trust sprechen kann.

a) Die Verschmelzung erfolgt durch die *Aufnahme* der Drahtwerke AG in die Stahl AG. Die Stahl AG ist das wirtschaftlich stärkere Unternehmen.

   Gründe für die Fusion:
   – Die Bilanz der Drahtwerke AG zeigt einen hohen Verlust, der durch Sanierungsmaßnahmen auszugleichen wäre. Diese Maßnahmen konnte die Drahtwerke AG nicht aus eigener Kraft durchführen.
   – Die Stahl AG entledigt sich eines Konkurrenten und vergrößert ihren Marktanteil.
   – Die Stahl AG möchte wachsen und vergrößert auf diese Weise ihre Produktionskapazität.
   – Die Stahl AG verbreitert ihre Produktpalette.

b) Bei einem Bezugsverhältnis von 3:2 erhält der Aktionär der Drahtwerke AG für drei alte Aktien zwei junge Aktien der Stahl AG, also 8 Stück.

c) Gebühren für die notarielle Beurkundung des Verschmelzungsvertrages, Vergütung des Wirtschaftsprüfers, eventuell Druck neuer Aktien, Gebühren für die Eintragung ins Handelsregister, Grunderwerbsteuern, Umtauschkosten wie Anzeigen und Prospekte.

d)

Aktiva	Bilanz der Stahl AG (Beträge in EUR)		Passiva
A. Anlagevermögen	35.280.000 EUR	A. Eigenkapital	
B. Umlaufvermögen	17.400.000 EUR	I. Gezeichnetes Kapital	22.100.000 EUR
		II. Kapitalrücklage	960.000 EUR
		III. Gewinnrücklagen	
		1. gesetzliche Rücklage	3.200.000 EUR
		2. andere Gewinnrücklagen	1.600.000 EUR
		IV. Gewinnvortrag	20.000 EUR
		B. Rückstellungen	400.000 EUR
		C. Sonstiges Fremdkapital	24.400.000 EUR
	52.680.000 EUR		52.680.000 EUR

Erläuterungen:
– Wenn sich das neue Grundkapital zum alten im Verhältnis 2:3 verhalten soll, muss das Grundkapital der Drahtwerke AG um 3.400.000 EUR (10.200.000 DM / 3) vermindert werden. Dieser Betrag stellt zugleich einen Fusionsertrag für die Stahl AG dar. Davon die Rückstellungen und Verluste der Drahtwerke AG in Höhe von 2.040.000 EUR abgezogen, ergibt 960.000 EUR als Buchgewinn aus der Fusion, die in die Kapitalrücklage gebucht werden.
– Für die Fusionskosten wird eine Rückstellung gebildet. Nach § 249 HGB dürfen Rückstellungen für ungewisse Verbindlichkeiten und drohende Verluste aus schwebenden Geschäften gebildet werden. Im vorliegenden Falle handelt es sich bei den Fusionskosten um Schulden, die wohl ihrem Grunde, nicht aber ihrer Höhe und dem Zeitpunkt ihrer Fälligkeit nach bekannt sind.

e) Die Stahl AG kann nach der Verschmelzung als Trust bezeichnet werden, weil die Drahtwerke AG ihre rechtliche und wirtschaftliche Selbstständigkeit aufgegeben hat. Sie ist ein Betrieb des Trust geworden. Es ist ein einziges Unternehmen entstanden.

5. Vervollständigen Sie folgende Übersicht.

Unternehmenszusammenschluss / Selbstständigkeit	Kartell	Konzern	Vereinigte Unternehmen
Rechtliche	beibehalten	beibehalten	aufgegeben
Wirtschaftliche	teilweise aufgegeben	aufgegeben (einheitliche Leitung)	aufgegeben

6. Welche Vor- und Nachteile hat ein Beherrschungsvertrag für die beteiligten Unternehmen?

	herrschendes Unternehmen	beherrschtes Unternehmen
Vorteile	– Ausdehnung des wirtschaftlichen Einflusses, – Einschränkung der Konkurrenz, – größere Marktanteile, – Weisungsermächtigung.	– Sicherung der wirtschaftlichen Existenz, – Erhaltung von Arbeitsplätzen.
Nachteile	– Erweiterung der Verantwortung.	– Verlust der wirtschaftlichen Selbstständigkeit, – Weisungsgebundenheit.

7. Begründen Sie, warum die Gefahr der Entstehung von Überkapazitäten durch einen Konzern in höherem Maße als durch ein Kartell vermieden werden kann.

Im Konzern einheitliche Leitung. Deshalb Begrenzung der Produktionsmengen eher möglich.

8. Erläutern Sie die Bedeutung des Wettbewerbs für die marktwirtschaftliche Ordnung.

Er ist ein Wesensmerkmal der Marktwirtschaft. Der Wettbewerb sorgt für

– bestmögliche Ausnutzung der Produktionsmöglichkeiten (Lenkungsfunktion),

– Ausweitung dieser Produktionsmöglichkeiten (Fortschrittsfunktion),

– Kontrolle und Beschränkung wirtschaftlicher Macht,

– bestmögliche Versorgung der Verbraucher.

9. Begründen Sie, welche Zielsetzungen der Kooperation und Konzentration volkswirtschaftlich erwünscht bzw. nicht erwünscht sind.

Erwünschte Wirkungen:

– Preissenkung durch Kostenminderung,

– bessere Versorgung durch Rationalisierung,

– größere Markttransparenz,

– außenwirtschaftliche Wettbewerbsfähigkeit,

– bei Wirtschaftswachstum höhere Steuereinnahmen,

– Erhaltung von Arbeitsplätzen.

Nicht erwünschte Wirkungen:

– Wettbewerbsminderung,

– Gefahr überhöhter Preise,

– keine Leistungsauslese,

– Verringerung der Angebotsvielfalt,

– Behinderung des technischen Fortschritts.

10. Warum ist der Grundsatz des Kartellverbots an mehreren Stellen des Kartellrechts durchbrochen? Begründen Sie dies an den Beispielen der anmelde- und genehmigungspflichtigen Kartelle.

– Bei anmeldepflichtigen Kartellen nur Missbrauchsaufsicht, sofern die Wettbewerbsbeschränkung nicht gravierend ist (Beispiel: Typenkartell von zwei Herstellern von Kühlschränken).

- Bei genehmigungspflichtigen Kartellen zunächst Verbot. Genehmigungen werden nur aus volkswirtschaftlichen Erwägungen erteilt, um z. B. Unternehmungszusammenbrüche durch Strukturveränderungen zu verhindern und Arbeitsplätze zu erhalten (Beispiele: Kohlebergbau, Stahlindustrie).

> **11. Aus einer Tageszeitung Ende der 90er Jahre:**
>
> ### Kartellamt untersagt Elefantenhochzeit am Bau
>
> **Hochtief darf Beteiligung an Holzmann nicht erhöhen –
> Essener Konzern will vor Gericht gehen**
>
> Berlin (btw) – Der Baukonzern Hochtief AG, Essen, darf seine Beteiligung am Konkurrenten Phillipp Holzmann AG, Frankfurt, nicht aufstocken. Das Bundeskartellamt hat die geplante Erhöhung der Anteile von 20 auf 35 Prozent untersagt. Die beiden Unternehmen zusammen, Holzmann als Nummer eins und Hochtief als Nummer zwei der deutschen Baubranche würden eine marktbeherrschende Stellung bei Großbauten erlangen, erklärte Dieter Wolf, der Präsident des Bundeskartellamtes am Donnerstag in Berlin. Hochtief, eine Tochtergesellschaft des Stromkonzerns RWE, hat bereits angekündigt, den Beschluss des Kartellamtes vor dem zuständigen Berliner Kammergericht anzufechten. Das Argument des expansionswilligen Baukonzerns: Selbst mit einem addierten Jahresumsatz von mehr als 20 Mrd. DM (Holzmann zwölf Mrd. DM, Hochtief acht Mrd. DM), hätten die beiden Spitzenreiter nur geringen Anteil am deutschen Baumarkt mit seinen über 500 Mrd. Umsatz pro Jahr.
>
> Diesem Argument konnten die Kartellwächter in Berlin nicht folgen. Gestützt auf Unterlagen von Philipp Holzmann, dessen Vorstandschef Lothar Mayer den Zusammenschluss unter allen Umständen verhindern will, machen die Wettbewerbshüter eine Gegenrechnung auf. Sie betrachten nur Großprojekte, also Bauten, die mehr als 50 Mill. DM kosten. Auf diesem Sektor findet sich, so haben die Beamten des Kartellamtes ermittelt, nur noch ein Dutzend Firmen, die in der Lage sind, solche Projekte zu planen und durchzuführen. Hier hätten Holzmann und Hochtief einen Marktanteil von 34 Prozent erreicht. Und das ist nach dem Gesetz gegen Wettbewerbsbeschränkungen eine marktbeherrschende Stellung; daher jetzt die Untersuchung. Wenn das Kartellamt nämlich der 35-Prozent-Beteiligung zustimmt, kann Hochtief weitere Anteile ohne neue Prüfung durch die Wettbewerbsbehörde kaufen. Und mit reichlich 40 Prozent wäre nach Ansicht der Kartellwächter die Beherrschung perfekt.
>
> **a)** Begründen Sie mithilfe des GWB (§ 35), warum die geplante Erhöhung der Beteiligung der Hochtief AG beim Konkurrenten Philipp Holzmann AG dem Kartellamt gemeldet werden musste.
>
> **b)** Formulieren Sie die Begründung des Kartellamtes, die Beteiligungserhöhung zu untersagen. Gehen Sie in diesem Zusammenhang auch auf den Begriff der Marktbeherrschung ein.

a) Nach § 35 GWB ist der Zusammenschluss von Unternehmen dem Bundeskartellamt unverzüglich anzuzeigen, wenn die beteiligten Unternehmen insgesamt im letzten vor dem Zusammenschluss endenden Geschäftsjahres weltweit Umsatzerlöse von mehr als einer Milliarde Deutsche Mark und mindestens ein beteiligtes Unternehmen im Inland Umsatzerlöse von mehr als fünfzig Millionen Deutsche Mark erzielt haben.

Als Zusammenschluss im Sinne dieses Gesetzes gelten folgende Tatbestände: Erwerb von Anteilen an einem anderen Unternehmen, wenn die Anteile allein oder zusammen mit sonstigen, dem Unternehmen bereits gehörenden Anteilen 25 % des Kapitals oder der Stimmrechte des anderen Unternehmens oder 50 % des Kapitals oder der Stimmrechte des anderen Unternehmens erreichen.

b) Das Bundeskartellamt hat der Hochtief AG, Essen, (Hochtief) untersagt, ihren Anteil an der Philipp Holzmann AG, Frankfurt am Main, (Holzmann) von 20 % auf 35 % der Aktien zu erhöhen, weil zu erwarten ist, dass durch das angemeldete Zusammenschlussvorhaben eine marktbeherrschende Stellung der Hochtief entsteht.

Aus der Begründung des Bundeskartellamtes:

Hochtief ist mit zahlreichen Beteiligungsgesellschaften im In- und Ausland schwerpunktmäßig im Baugeschäft tätig. Hauptaktionär der Hochtief ist die RWE Aktiengesellschaft.

Holzmann ist die Obergesellschaft des Holzmann-Konzerns, der über wesentliche Beteiligungen im In- und Ausland in den Geschäftsbereichen „Allgemeine Bautätigkeit", „Verkehrswege und Baustoffgewinnung" sowie „Energie- und Umwelttechnik" tätig ist. Gesellschafter von Holzmann sind die Deutsche Bank mit über 25 %, Hochtief mit 20 %, die Bank für Gemeinwirtschaft mit 10 % und die Commerzbank mit 5 %, der Rest ist Streubesitz.

Nach den Feststellungen des Bundeskartellamtes gibt es einen Markt für technisch, organisatorisch und finanziell anspruchsvolle Großprojekte der Bauwirtschaft im Inland, deren Durchführung nur durch die entsprechenden Kapazitäten und Ressourcen von Großunternehmen gewährleistet ist und deren Auftragswert mindestens 50 Mio. DM beträgt.

Auf dem Markt für Großprojekte würde Hochtief durch den Erwerb von weiteren 15 % der Anteile an Holzmann eine überragende Marktstellung erhalten. Nach den Feststellungen des Bundeskartellamtes würde der gemeinsame Marktanteil von Hochtief/Holzmann auf diesem Markt bei 34 % liegen und damit den Bereich für die gesetzliche Vermutung einer Marktbeherrschung erreichen. Der Marktanteil von Hochtief/Holzmann wäre mehr als doppelt so hoch wie der des nächstgrößten Wettbewerbers (Walter-Gruppe) und höher als die zusammengefassten Anteile der nächstgrößten fünf Wettbewerber. In den Bereichen Hochhausbau (über 200 Meter), Kühlturmbau und Tunnelbau (mit Schildvortrieb) würde die Anbieterstruktur deutlich verengt werden.

Darüber hinaus würde die an den Marktanteilen gemessen überragende Marktstellung der Zusammenschlussbeteiligten durch ihre im Vergleich zu den Wettbewerbern überragenden finanziellen Ressourcen abgesichert werden. Die aus dem Zusammenschluss sich ergebenden Synergieeffekte würden den Unternehmensbereich „Bau" und „Entsorgung" des RWE-Konzerns stärken; RWE wäre durch die vielfältigen konzerninternen Verflechtungen wie kein anderes Unternehmen in der Lage, auf jedem Sektor des Baugeschehens präsent zu sein.

Die überragende Marktstellung der am Zusammenschluss beteiligten Unternehmen folgt auch aus ihrer Einbindung in ein weitgespanntes Beteiligungs- und Beziehungsgeflecht zu anderen Unternehmen.

Schließlich ist auch die gesetzliche Marktbeherrschungsvermutung des § 19 Abs. 2 Nr. 2 Gesetz gegen Wettbewerbsbeschränkungen für Zusammenschlüsse besonders großer Unternehmen erfüllt. Sie greift ein, wenn ein Unternehmen einen Marktanteil von mindestens einem Drittel besitzt oder eine Gesamtheit von Unternehmen aus drei oder weniger Unternehmen besteht, die zusammen einen Marktanteil von 50 % erreichen oder aus fünf oder weniger Unternehmen besteht, die zusammen einen Marktanteil von $2/3$ erreichen. Ist nach zusammenfassender Würdigung aller für die wettbewerbsrechtliche Beurteilung des Zusammenschlusses relevanten Gesichtspunkte die Entstehung einer marktbeherrschenden Stellung nicht auszuschließen, so ist zu vermuten, dass die Untersagungsvoraussetzungen vorliegen; verbleibende Zweifel über die Entstehung der Marktbeherrschung gehen zu Lasten der Unternehmen.

Marktbeherrschung:

Marktbeherrschung wird vermutet, wenn z. B. ein einzelnes Unternehmen für eine bestimmte Art von Waren oder Dienstleistungen einen Marktanteil von mindestens $33^{1}/_{3}$ % oder eine Gesamtheit von Unternehmen aus drei oder weniger Unternehmen besteht, die zusammen einen Marktanteil von 50 % erreichen oder aus fünf oder weniger Unternehmen besteht, die zusammen einen Marktanteil von $2/3$ erreichen (§ 19 GWB).

> 12. In den letzten Jahren sind viele Klein- und Mittelbetriebe des Einzelhandels verkauft oder aufgegeben worden.
>
>   a) Nennen Sie mögliche Ursachen.
>   b) Welche Auswirkungen hatte dies auf die Verbraucher?
>   c) Wie versuchen noch existierende Kleinbetriebe des Einzelhandels diese Entwicklung zu überleben?
>   d) Welche Maßnahmen ergreift der Staat, um den Mittelstand zu fördern?
>   e) Aus welchen Gründen tut er dies?

a) Mangelnde Wettbewerbsfähigkeit gegenüber Großbetrieben; mangelnde Anpassung an veränderte Marktsituation; Konzentration in vielen Einzelhandelsbranchen, vor allem im Bereich des Lebensmitteleinzelhandels, beim Textil- und Schuhwareneinzelhandel, im Möbelhandel, im Elektrogeräte- und Media-Handel.

b) Bei entsprechender Mobilität Ausnutzung von Preisvorteilen; Unterversorgung in einzelnen Wirtschaftsräumen.

c) Anschluss an Einkaufsgenossenschaften oder an eine freiwillige Kette mit einem Großhändler.

d) Mittelstandsförderung durch zinsgünstige Kredite, Steuervergünstigungen.

e) Förderung des Wettbewerbs; Schaffung und Erhaltung von Arbeitsplätzen; Ausgleich in der Einkommens- und Vermögensbildung.

> 13. Auf welche Weise kann wirtschaftliche Macht zu politischer Macht führen?

– Beeinflussung politischer Mandatsträger (Lobbyismus),

– Abhängigkeit politischer Parteien von Spenden,

– Abhängigkeit einer Kommune vom Steueraufkommen eines Großbetriebes.

3.8 Not leidende Unternehmung

3.9 Liquidation der Unternehmung

> 1. Welche Auswirkungen hat der Zusammenbruch eines Unternehmens S. 107
>
>   a) für die Volkswirtschaft,   c) für die Gläubiger,
>   b) für die Belegschaft,   d) für den Eigentümer?

a) Die Vorlieferer können selbst in Zahlungsschwierigkeiten geraten. Die öffentliche Hand und Sozialversicherungsträger haben Einnahmeausfälle zu verkraften.

b) Die Arbeitnehmer verlieren ihren Arbeitsplatz. Die Einhaltung privater Verpflichtungen (Abzahlung von Schulden) ist dadurch gefährdet.

c) Lieferer und Kreditgeber müssen einen Teil ihrer Forderungen abschreiben, evtl. können sie ihren eigenen Verpflichtungen nicht mehr nachkommen.

d) Die Existenzgrundlage des Unternehmers ist zerstört. Evtl. bleiben ihm noch jahrelange Zahlungsverpflichtungen.

2. Wodurch kann der Mangel an flüssigen Mitteln verursacht werden?

- Innerbetriebliche Ursachen wie Mangel an Kapital, technische Überalterung der Anlagen u.a.
- Außerbetriebliche Ursachen wie Rückgang der Konjunktur und der Zahlungseingänge.

3. Nennen Sie je zwei Gründe für die Krise der Unternehmung, bei denen der Unternehmer die Krise
   a) verschuldet hat,   **b) nicht verschuldet hat.**

a) Fehler in der Unternehmensführung; entzieht zu viel Kapital für sich.

b) Kapitalverlust durch Insolvenz eines Großkunden, Änderung der Verbrauchergewohnheiten.

4. Das Vermögen der Klammer KG beträgt 500.000 EUR. Entscheiden Sie, welche Maßnahmen zu ergreifen sind, wenn die Schulden
   a) 200.000 EUR,   **c) 900.000 EUR betragen.**
   b) 500.000 EUR,
   Begründen Sie Ihre Entscheidung.

a) Eine Sanierung ist auf Kosten der Eigentümer möglich. Das Eigenkapital von 300.000 EUR wird um die Schulden vermindert.

b) In diesem Fall müssen auch die Gläubiger ein Opfer tragen. Durch einen Insolvenzplan könnte das Bestehen der Klammer KG ermöglicht werden.

c) Bei dieser Schuldenhöhe ist nur das Insolvenzverfahren oder die Liquidation denkbar. Die Klammer KG wird aufgelöst.

5. Erläutern Sie, wie eine Sanierung in den verschiedenen betrieblichen Bereichen durchgeführt werden kann.

Durch Rationalisierung und Neubesetzung in der Unternehmensleitung, evtl. durch Zuführung von neuem Kapital oder Abstoßen von Betriebsteilen, die mit Verlust arbeiten.

6. Was ist der Unterschied zwischen einer Bilanz mit Jahresfehlbetrag und einer Bilanz mit Überschuldung?

In einer Bilanz mit Jahresfehlbetrag ist nur ein Teil des Eigenkapitals aufgezehrt, bei der Überschuldung das ganze Eigenkapital.

7. Warum gibt es bei der Personenunternehmung keine Bilanz mit Jahresfehlbetrag?

Weil die jährlichen Verluste sofort mit dem Eigenkapital verrechnet werden.

8. Warum kann ein Personenunternehmen bei Überschuldung trotzdem weitergeführt werden?

Weil die Gesellschafter auch mit ihrem Privatvermögen haften.

9. Zu wessen Lasten geht die Sanierung einer Unternehmung?

Zu Lasten der Eigentümer.

10. In welchen Bilanzposten wird ein Verlust ausgewiesen

  a) bei Personengesellschaften,

  b) bei Aktiengesellschaften?

a) Bei Personengesellschaften kein Ausweis, da der Verlust mit dem Eigenkapital verrechnet wird.

b) Bei der AG auf der Aktivseite als Verlustvortrag.

11. Die Bilanz einer AG hat folgende Positionen: Vermögen 8 Mio. EUR, Schulden 10 Mio. EUR, gezeichnetes Kapital 3 Mio. EUR, Jahresfehlbetrag 5 Mio. EUR.

  a) Erstellen Sie die Bilanz und analysieren Sie diese.

  b) Entscheiden Sie, welche Maßnahme zu treffen ist.

  c) Angenommen, die Schulden würden nur 6 Mio. EUR betragen. Für welche Maßnahmen könnten Sie sich dann entscheiden?

a)

	Schulden 10
Vermögen 8	
nicht durch EK gedeckter Fehlbetrag 2	
	Gezeichnetes Kapital 3
	– Jahresfehlbetrag 5

Die Verluste übersteigen das Eigenkapital, die Schulden sind größer als das Vermögen. Bei Überschuldung kann keine Sanierung mehr durchgeführt werden.

b) Es muss die Eröffnung des Insolvenzverfahrens beantragt werden.

c)

	Schulden 6
Vermögen 8	Gezeichnetes Kapital 3
	– Jahresfehlbetrag 5

In diesem Fall ist eine Sanierung noch möglich durch Rückkauf und Vernichtung eigener Aktien, durch Zuzahlungen der Aktionäre oder durch Auflösung von Rücklagen u.a.

12. Anton Abele hat beim zuständigen Insolvenzgericht Antrag auf Eröffnung des Insolvenzverfahrens über das Vermögen des Hans Müller e.K. gestellt.

  a) Von welchen formellen Voraussetzungen ist die Eröffnung des Insolvenzverfahrens abhängig?

  b) Was kann Hans Müller dagegen tun?

a) Abele muss sein rechtliches Interesse am Insolvenzverfahren nachweisen und seine Forderung sowie den Grund zur Verfahrenseröffnung glaubhaft machen.

b) Vorlage eines Insolvenzplanes, über den die Gläubiger abstimmen. Bei Zustimmung wird das Insolvenzverfahren aufgehoben. Hans Müller kann wieder über die Insolvenzmasse frei verfügen.

13. Über das Vermögen des Antiquitätenhändlers Preschel e.K. wurde das Insolvenzverfahren eröffnet. Vor der Eröffnung hatte Preschel einen „Biedermeier-Sekretär" für 10.000 EUR unter Eigentumsvorbehalt gekauft. Der Verkäufer verlangt Erfüllung während der Insolvenzverwalter die Ablehnung der Erfüllung anstrebt. Wie ist die Rechtslage?

Der Verkäufer des Sekretärs hat noch das Eigentumsrecht und ist für seine Forderung aussonderungsberechtigt. Der Insolvenzverwalter kann die Aushändigung des Sekretärs nicht ablehnen. Sollte dieser bereits gutgläubig weiterverkauft sein, ist der Eigentumsvorbehalt erloschen und der Lieferer hat nur eine gewöhnliche Forderung. In diesem Fall kann der Insolvenzverwalter die Erfüllung durch Bezahlung von 10.000 EUR ablehnen.

14. Melden Sie beim Insolvenzgericht Ihre Forderung an Peter Winter e.K., Schillerstr. 19, 49074 Osnabrück, in Höhe von 1.627 EUR für die am 6. März 20.. unter Eigentumsvorbehalt gelieferte Ware an. Bitten Sie um Aussonderung, wenn dies noch möglich ist.

Brieftext: Wie wir aus den Veröffentlichungen des Handelsregisters ersehen, hat die Peter Winter e.K., Schillerstr. 19, 49074 Osnabrück, das Insolvenzverfahren beantragt.

Wir haben diesem Unternehmen am 6. März 20.. Waren im Wert von 1.627 EUR unter Eigentumsvorbehalt geliefert. Wir bitten Sie, die Ware auszusondern, sofern dies noch möglich ist. Sollte die Ware bereits verkauft sein, melden wir die 1.627 EUR zusätzlich 9 % Zinsen bis zur Eröffnung des Insolvenzverfahrens als gewöhnliche Forderung an.

15. Begründen Sie, warum der Gesetzgeber zwischen Insolvenzverfahren und Insolvenzplan unterscheidet.

Je nach der vorliegenden Situation ist es sinnvoller für die Beteiligten, die notleidende Unternehmung weiterzuführen oder aufzulösen. Beide Möglichkeiten erfordern eine spezielle rechtliche Regelung.

16. Welche Vorteile bietet der Insolvenzplan a) dem Schuldner, b) dem Gläubiger?

a) Das Verfügungsrecht des Schuldners über sein Vermögen bleibt erhalten.

b) Es könnte sein, dass bei der Auflösung des Betriebes des Schuldners für wertvolle Vermögensteile nur Bruchteile des wirklichen Wertes erzielt werden, sodass der Gläubiger sich mit wesentlich weniger begnügen müsste. Bei einer finanziellen Erholung des Schuldners kann dieser ein wichtiger und treuer Kunde bleiben.

17. Welchen wirtschafts- und gesellschaftspolitischen Sinn haben die gesetzlichen Vorschriften über den Insolvenzplan?

- *Wirtschaftspolitisch:* Ein Betrieb, der unverschuldet in Not geraten ist, wird erhalten und damit auch volkswirtschaftliches Vermögen.
- *Gesellschaftspolitisch:* Arbeitsplätze werden erhalten.

18. Egon Franke e.K. schreibt seinem Lieferer Jakob Fischer OHG, Bahnhofstr. 3, 99224 Amberg, dass er vor zwei Tagen beim zuständigen Amtsgericht einen Antrag auf die Durchführung eines Insolvenzplanes gestellt habe. Franke verspricht, 50 % seiner bestehenden Schuld binnen eines Jahres zu bezahlen; er bittet um Zustimmung zu diesem Insolvenzplan und stellt in Aussicht, auch künftig bei Fischer zu kaufen und mit Skonto zu bezahlen.

Schreiben Sie diesen Brief Frankes und begründen sie, wodurch diese missliche Lage entstanden ist.

Brieftext:

Vor zwei Tagen musste ich beim Amtsgericht Antrag auf Durchführung eines Insolvenzplanes stellen.

Wie Sie wissen, habe ich mein Geschäft im Zentrum der Stadt. Durch die Altstadtsanierung sind meine Umsätze erheblich zurück gegangen. Erst wurden im Sommer vergangenen Jahres die Gas- und Wasserleitungen erneuert; dann wurde mit der Einrichtung der Fußgängerzone begonnen. Durch den frühzeitig einsetzenden Winter mussten die Arbeiten unterbrochen werden, sodass die Fußgängerzone erst nach Ostern fertig gestellt werden konnte.

Diese Gründe haben dazu geführt, dass über Monate mein Geschäft schwer zu erreichen war. Deshalb ist der Umsatz stark zurück gegangen, während die Kosten unverändert hoch blieben.

Aus diesem Grunde kann ich vorübergehend meine Verpflichtungen nicht mehr in vollem Umfang erfüllen. Ich biete Ihnen Zahlung von 50 % Ihrer Forderungen an mich an. Diese Leistung soll innerhalb eines Jahres erfolgen.

Ich bitte Sie, diesem Insolvenzplan zuzustimmen, da wir schon viele Jahre miteinander in guten Geschäftsbeziehungen stehen. Inzwischen ist mein Geschäft durch die Fußgängerzone zu einem beliebten Einkaufsziel geworden, sodass ich Ihnen in Zukunft wieder größere Aufträge zukommen lassen kann, die ich dann mit Skontoabzügen pünktlich bezahlen werde.

Sie würden mir sehr helfen, wenn Sie meinem Vorschlag zustimmen könnten.

19. Der Gesetzgeber hat neben dem Insolvenzplan auch die Restschuldbefreiung eingeführt. Begründen Sie diese Maßnahme.

So wie der Insolvenzplan die Chance zu einer finanziellen Erholung bietet, ermöglicht die Restschuldbefreiung einen Neubeginn ohne Schulden, allerdings sind „7 Jahre Wohlverhalten" zu überstehen.

20. Der Gesetzgeber regelt den Bankrott im Strafgesetzbuch und nicht in der Insolvenzordnung. Begründen Sie dies.

Beim Bankrott handelt es sich um fahrlässig oder vorsätzlich herbeigeführten Zusammenbruch, bei dem die Gläubiger wissentlich geschädigt werden. Dieser Tatbestand wird mit Freiheitsstrafen geahndet.

4 Menschliche Arbeit im Betrieb

4.1 Leitende und ausführende Arbeiten

S. 111

1. Wodurch unterscheiden sich Eigentümer- und Auftragsunternehmer?

- Der Eigentümerunternehmer leitet das Unternehmen als Inhaber oder Teilhaber, bringt das Kapital auf und übernimmt das Risiko.
- Der Auftragsunternehmer leitet das Unternehmen als Angestellter (Manager).

2. Warum kommt der Arbeitsteilung bei der Leitungsfunktion große Bedeutung zu?

Weil ein Unternehmer allein kaum allen Anforderungen, die an Führungskräfte gestellt werden, erfüllen kann.

3. Entwerfen Sie ein Anforderungsprofil für Personen, welche mit Leitungsaufgaben betraut sind.

- Fachkompetenz: Fachkönnen / Fachwissen,
- Methodenkompetenz: Lern- und Arbeitsmethoden, z. B. logisches Denken, Entscheidungsfähigkeit, selbstständiges Lernen, Begründungs- und Bewertungsfähigkeit,
- Personal- und Sozialkompetenz: Personale Verhaltensweisen, z. B. Kommunikationsfähigkeit, Fairness, Einsatzbereitschaft, Kooperationsfähigkeit, Verantwortungsfähigkeit, Selbstständigkeit.

4. Warum werden immer mehr Mitarbeiter im Angestelltenverhältnis beschäftigt?

Das Schwergewicht in den Betrieben verlagert sich immer mehr von den rein ausführenden Arbeiten zu den planenden, organisierenden und überwachenden Tätigkeiten. Es werden daher immer mehr Arbeitnehmer mit hoher Qualifikation notwendig.

4.2 Mitarbeiter und Mitarbeiterinnen

S. 113

1. Welche Unter- und Obergrenze ist bei der Probezeit eines Auszubildenden zu beachten?

Mindestens ein Monat, maximal drei Monate.

2. Die Auszubildende Maria Müller besucht die Berufsschule von 7:50 bis 12:10 Uhr (fünf Unterrichtsstunden). Muss sie nachmittags wieder im Betrieb sein?

Ja. Denn nach dem Jugendarbeitsschutzgesetz müsste sie mehr als 5 Unterrichtsstunden in der Schule sein, damit sie nachmittags nicht mehr arbeiten müsste.

3. Die Auszubildenden Peter und Isabel haben vor fünf Monaten bei der Firma Waggon AG einen Berufsausbildungsvertrag als Industriekaufmann/-frau abgeschlossen. Auf Grund persönlicher Differenzen mit dem Ausbilder möchte Peter sobald als möglich die Ausbildung bei der Firma Roth AG fortsetzen. Der Ausbilder der Waggon AG ist jedoch mit dem Wechsel nicht einverstanden.

   a) Beurteilen Sie, ob Peter den Ausbildungsbetrieb wechseln kann.

   b) Isabel stellt erst jetzt fest, dass ihr der Beruf Industriekauffrau nicht liegt. Sie beabsichtigt, eine Ausbildung als Diätköchin zu beginnen. Kann sie in den neuen Ausbildungsberuf wechseln?

   Begründung.

a) Nein, da die Probezeit von drei Monaten abgelaufen ist, kein Berufswechsel vorliegt und kein beiderseitiges Einverständnis gegeben ist.

b) Ja, da das Ausbildungsziel geändert wird. Zu beachten ist jedoch eine Kündigungsfrist von vier Wochen.

4. Nach bestandener Abschlussprüfung hat der 19-jährige Kurt Weber bereits eine Woche in seinem Ausbildungsbetrieb weiter gearbeitet. Als er nun beim Chef um Urlaub nachsucht, blickt der ihn überrascht an und sagt: „Ja, was machen denn Sie noch in unserem Betrieb? Ihre Ausbildungszeit ist doch beendet, und ich habe Sie nicht als Mitarbeiter eingestellt." Wie ist die Rechtslage?

Da er stillschweigend weiterbeschäftigt wurde, ist ein Arbeitsverhältnis auf unbestimmte Zeit begründet worden.

1. Karin ist Mitarbeiterin in der Personalabteilung der Alu GmbH, in der 120 Personen beschäftigt sind. Karin hat im Rahmen ihres Sachgebietes verschiedene Fragen zu klären und Aufgaben zu erfüllen. [S. 117]

   a) Karin soll prüfen, ob in die neu abzuschließenden Arbeitsverträge mit den kaufmännischen Angestellten folgende Klausel aufgenommen werden kann:

   „Bei der Kündigung durch den Betrieb ist eine Kündigungsfrist von zwei Wochen einzuhalten; die Kündigung kann zum Monatsende ausgesprochen werden. Ansonsten gelten die gesetzlichen Bestimmungen."

   Beurteilen Sie unter rechtlichen Gesichtspunkten, ob die Übernahme dieser Klausel in die Angestelltenverhältnisse möglich ist.

   b) Ferner soll Karin prüfen, ob einzelne Angestelltenverträge in Zukunft um ein vertraglich vereinbartes Wettbewerbsverbot ergänzt werden könnten.

   Entscheiden Sie aus der Sicht der Alu GmbH, in welchem Fall dies sinnvoll wäre.

   Worauf müsste bei der inhaltlichen und formalen Gestaltung dieser vertraglichen Vereinbarung geachtet werden? (drei Gesichtspunkte)

   c) Karin hat eine fristgerechte Kündigung auf das Jahresende eines seit 4 Jahren beschäftigten angestellten Mitarbeiters vorzubereiten. Der zu entlassende Mitarbeiter ist einer von vier in der Alu GmbH beschäftigten Lkw-Fahrer. Die Alu GmbH hat den Fuhrpark aus Kostengründen auf drei eigene Lkw abgebaut. Der Mitarbeiter gilt als nicht besonders fleißig.

> **Wann muss die Kündigung dem Mitarbeiter spätestens zugegangen sein?**
>
> **Mit welchen Argumenten kann sich der Mitarbeiter gegen diese Kündigung wehren?**

a) Verkürzung der gesetzlichen Kündigungsfrist (vier Wochen zum 15. oder Monatsende) auf zwei Wochen zum Monatsende nicht möglich.

b) Wenn der Angestellte Kenntnisse erwirbt, die er nach dem Ausscheiden nicht bei Konkurrenten verwerten soll.

   Voraussetzung für die Gültigkeit des vertraglichen Wettbewerbsverbots:
   – Schriftform,
   – Verbotsdauer max. zwei Jahre,
   – keine wesentliche Berufserschwernis,
   – Vereinbarung Karenzentschädigung bei Minderverdienst.

c) Ein Monat vor Jahresende (30. November)

Der Mitarbeiter ist seit mehr als sechs Monaten im Betrieb, somit gilt der Schutz vor sozial ungerechtfertigter Kündigung: evtl. soziale Gesichtspunkte nicht ausreichend berücksichtigt bzw. die Kündigung ist betrieblich nicht unbedingt notwendig bzw. der Mitarbeiter könnte an anderer Stelle weiter beschäftigt werden.

> **2. In Arbeitsverträgen werden vereinbart:**
>
> **a) Eine zweijährige Kündigungsfrist für beide Teile auf Jahresende.**
>
> **b) Kündigungsfrist für den Angestellten drei Monate auf Quartalsende – für den Arbeitgeber gesetzliche Kündigungsfrist.**
>
> **c) Ein Gehalt, das 5 % über den Bestimmungen des Tarifvertrages liegt. Es soll zwei Jahre gleich bleiben, unabhängig von weiteren tariflichen Vereinbarungen.**
>
> **d) Der Arbeitgeber ist berechtigt, den Arbeitsvertrag fristlos zu kündigen, falls der Angestellte der Gewerkschaft beitritt.**
>
> **Welche dieser Vereinbarungen gelten, welche nicht? Begründen Sie Ihre Entscheidung.**

a) Gültig. Die Frist ist für beide Teile gleich und eine Verlängerung jederzeit möglich.

b) Nicht gültig. Die Frist darf für den Arbeitnehmer nicht länger als für den Arbeitgeber sein.

c) Gültig, wenn Arbeitgeber oder Arbeitnehmer nicht tarifgebunden sind. Sind beide tarifgebunden und werden die Gehälter um mehr als 5 % erhöht, so ist das Gehalt um mindestens die Differenz zu erhöhen.

d) Ungültig. Gilt nicht als wichtiger Grund. Jedermann ist berechtigt, einer Gewerkschaft beizutreten (individuelle Koalitionsfreiheit gemäß Art. 9 GG).

S. 122
> **1. Bankangestellter Rieten, Leiter der Kreditabteilung mit der Handlungsvollmacht, Kredite bis zu 20.000 EUR zu gewähren, sichert dem Kaufmann Schäfer in einer mündlichen Verhandlung einen Kredit von 50.000 EUR zu. Ist die Bank an diese Zusicherung gebunden?**

Die Bank ist an die Zusicherung ihres Abteilungsleiters gebunden, wenn Schäfer von der Einschränkung nichts wusste.

> **2. Sie sind bei der Firma Drescher OHG, Ravensburg, beschäftigt. Dem Angestellten Hans Klose soll ab 1. September Handlungsvollmacht erteilt werden. Er soll berechtigt sein, zusammen mit einem Prokuristen zu handeln. Schreiben Sie den Brief an Klose.**

Sehr geehrter Herr Klose,

nachdem Sie über sieben Jahre in unserer Verkaufsabteilung als Sachbearbeiter tätig sind, ernennen wir Sie zum 1. September zum stellvertretenden Leiter dieser Abteilung.

Zum gleichen Zeitpunkt erteilen wir Ihnen allgemeine Handlungsvollmacht in der Weise, dass Sie jeweils mit einem Prokuristen gemeinsam handeln können.

Wir hoffen und wünschen, dass Sie noch viele Jahre bei uns im Betrieb tätig sein werden.

> **3. Erarbeiten Sie die Unterschiede, die zwischen Prokura und allgemeiner Handlungsvollmacht bestehen.**

Handlungsvollmacht: Ermächtigt zur Vornahme aller gewöhnlichen Rechtsgeschäfte dieses Handelsgewerbes.

Prokura: Ermächtigt zur Vornahme aller gewöhnlichen und außergewöhnlichen Rechtsgeschäfte irgendeines Handelsgewerbes.

> **4. Prokurist Hermann vom Hauptgeschäft entzieht dem Angestellten Schwarz, der Prokura für die Filiale hat, diese Vollmacht. Gleichzeitig erteilt er Frau Stein, bisher Abteilungsleiterin im Hauptgeschäft, Prokura und dem Angestellten Pietsch allgemeine Handlungsvollmacht. Sind diese Handlungen rechtswirksam?**

Ein Prokurist kann weder Prokura erteilen noch entziehen; allgemeine Handlungsvollmacht kann er jedoch erteilen und entziehen.

> **5. Mehrere Angestellte der Walter AG, Tübingen, fielen in den letzten Jahren durch herausragende Leistungen auf. Die Geschäftsleitung beschließt deshalb, diesen Mitarbeitern mehr Verantwortung zu übertragen. So heißt es unter anderem:**
> - **Herr Müller erhält für den Bereich Einkauf Vollmacht.**
> - **Frau Franke wird Einzelprokura erteilt, wobei jegliche Verträge, die den Rahmen von 100.000 EUR übersteigen, von der Geschäftsleitung genehmigt werden müssen.**
>
> **a) Erläutern Sie die oben genannten Vollmachten und beurteilen Sie die Ausgestaltung der Prokura.**
> **b) Selbst mit Prokura darf Frau Franke bestimmte Rechtshandlungen überhaupt nicht vornehmen. Geben Sie vier solcher Rechtshandlungen an.**

a) Herr Müller hat eine Artvollmacht erhalten. Er ist damit befugt, alle gewöhnlichen Rechtshandlungen für den Bereich Einkauf zu tätigen.

Frau Franke kann für die Unternehmung grundsätzlich alle gewöhnlichen und außergewöhnlichen Rechtshandlungen im Außenverhältnis verbindlich abschließen. Im Innenverhältnis muss sie jedoch die genannten Begrenzungen einhalten. Hält sie sich nicht an diese Grenzen, wird sie evtl. schadensersatzpflichtig.

Die Beschränkungen wirken sich nur im Innenverhältnis aus.

a) Grundstücke verkaufen oder belasten,
Steuererklärungen, Bilanz unterschreiben,
Gesellschafter aufnehmen,
Prokura erteilen.

> 6. Prokurist Peter Jung ist 35 Jahre alt und seit 20 Jahren bei der Firma Pietsch in Augsburg tätig. Er leitet nunmehr die Abteilung Verkauf. Jung möchte sich selbstständig machen und zum 30. Juni kündigen.
>
>   a) Wann muss Jung spätestens kündigen?
>
>   b) Wann müsste gekündigt werden, wenn Pietsch das Arbeitsverhältnis zum 30. Juni auflösen wollte?
>
>   c) Wie hätte Pietsch verhindern können, dass Jung sofort nach seinem Ausscheiden ein Konkurrenzunternehmen gründet?
>
>   d) Wann erlischt die Vollmacht von Jung?
>
>   e) Jung gewährt einem Kunden am 20. Juni einen Sonderrabatt von 30%. Ist Pietsch an diese Zusage gebunden?

a) Am 2. Juni.

b) Am 28./29. Februar.

c) Durch die Vereinbarung eines Wettbewerbsverbotes auf höchstens zwei Jahre.

d) Mit dem Ausscheiden von Jung am 30. Juni.

e) Ja, diese Zusage liegt im Rahmen der Vollmacht.

4.3 Ordnung und Rechtsschutz der betrieblichen Arbeit

S. 125

> 1. Erkundigen Sie sich, welche Inhalte nach dem Nachweisgesetz ein Arbeitsvertrag enthalten muss.

§ 2 Nachweispflicht. In der Niederschrift sind mindestens aufzunehmen:

- Die Namen und die Anschrift der Vertragsparteien,
- der Zeitpunkt des Beginns des Arbeitsverhältnisses,
- bei befristeten Arbeitsverhältnissen: die vorhersehbare Dauer des Arbeitsverhältnisses,
- der Arbeitsort,
- eine kurze Beschreibung der vom Arbeitnehmer zu leistenden Tätigkeit,
- die Zusammensetzung und die Höhe des Arbeitsentgelts,
- die vereinbarte Arbeitszeit,
- die Dauer des jährlichen Erholungsurlaubs,
- die Fristen für die Kündigung des Arbeitsverhältnisses,
- ein in allgemeiner Form gehaltener Hinweis auf die Tarifverträge, Betriebs- und Dienstvereinbarungen, die auf das Arbeitsverhältnis anzuwenden sind.

> 2. Welche Aufgaben hat die Betriebsvereinbarung?

Sie ist die Vereinbarung zwischen dem Betriebsrat und dem Arbeitgeber eines Betriebes und regelt z. B. Beginn und Ende der täglichen Arbeitszeit, Pausen und Urlaubsplan.

> 3. Warum räumen die Arbeitgeber den nicht organisierten Arbeitnehmern die gleichen Lohn- und Arbeitsbedingungen ein wie den organisierten?

Würden sie die nicht organisierten Arbeitnehmer schlechter stellen, so würden sie diese animieren, der Gewerkschaft beizutreten.

> **4.** Im Wirtschaftsteil der Tageszeitung liest Katja: „Bei den Tarifverhandlungen um einen neuen Manteltarifvertrag sind die Sozialpartner noch zu keiner Einigung gekommen. Beobachter sprechen bereits von Überlegungen über einen Streik."
>
> **a)** Erklären Sie die Begriffe: Manteltarifvertrag und Sozialpartner.
>
> **b)** Außer den Manteltarifverträgen gibt es noch einen anderen Tarifvertrag. Wie unterscheidet er sich inhaltlich und in seiner Geltungsdauer von Manteltarifverträgen?
>
> **c)** Im Zusammenhang mit Tarifverhandlungen fällt oft der Begriff „Tarifautonomie". Erklären Sie diesen Begriff.
>
> **d)** Unter welchen Voraussetzungen gilt der Tarifvertrag für alle Arbeitnehmer und Arbeitgeber einer Branche?

a) Manteltarifvertrag: Tarifvertrag, der die allgemeinen Arbeitsbedingungen wie Arbeitszeit, Urlaub u.ä. einheitlich festlegt.

Sozialpartner: Partner (Arbeitgeberverbände und Gewerkschaften), die unabhängig einen Tarifvertrag aushandeln.

b) Lohn- und Gehaltstarifverträge: in ihnen werden Lohnsätze und Gehälter nach verschiedenen Tarifen vereinbart; sie haben i.d.R. eine kürzere Geltungsdauer als Manteltarifverträge.

c) Tarifautonomie: Sozialpartner verhandeln ohne Einmischung durch den Staat.

d) Wenn der Tarifvertrag durch den zuständigen Landesminister für allgemeinverbindlich erklärt wurde.

> **5.** Beurteilen Sie folgende Fälle:
>
> **a)** In einem Einzelarbeitsvertrag vereinbaren Arbeitgeber und Arbeitnehmer, dass der Angestellte auf den Urlaub verzichtet, dafür aber 10 % Gehalt über dem Tarifvertrag erhält.
>
> **b)** Ein Unternehmer verspricht jedem Arbeitnehmer, der nicht in der Gewerkschaft ist, einen um 50 EUR höheren Verdienst.
>
> **c)** Eine Gewerkschaft verlangt in Tarifverhandlungen eine Sonderzahlung von 150 EUR für Gewerkschaftsmitglieder.

a) Nach dem Bundesurlaubsgesetz hat jeder Arbeitnehmer einen Mindestanspruch auf 24 Urlaubstage. Dieser Anspruch kann einzelvertraglich nicht ausgeschlossen werden.

b) Nicht erlaubt. Gewerkschaftsmitglieder würden benachteiligt (Diskriminierungsverbot – GG Art. 9 III, Satz 2).

c) Nicht erlaubt. Gewerkschaftsmitglieder würden bevorzugt (s.o.).

> **1.** Schlagen Sie im Grundgesetz nach, was man unter „Koalitionsfreiheit" versteht. S. 129

Das Recht, sich in Vereinen und Verbänden frei zusammenzuschließen (Parteienbildung).

> **2.** Bereiten Sie mithilfe einer Internetrecherche zum Thema Arbeitslosigkeit eine Podiumsdiskussion vor, in der Argumente aus der Sicht der Arbeitgeber und der Gewerkschaften ausgetauscht werden. Die Podiumsdiskussion soll mit einer Situationsbeschreibung auf Grund aktueller Statistiken (http://www.statistik-bund.de) eingeleitet werden. Bilden Sie hierzu Gruppen (Arbeitgeber und Gewerkschaften), die unterschiedliche Aufgaben lösen sollen.

Gruppe Arbeitgeber:

- Finden Sie heraus, welche Gründe für Arbeitslosigkeit der Arbeitgeberverband Gesamtmetall (http://www.gesamtmetall.de) anführt.
- Stellen Sie die Maßnahmen dar, durch welche die Arbeitslosigkeit aus Sicht des Verbandes verringert werden kann.
- Vertreten Sie die Position des Verbandes in der Podiumsdiskussion.

Gruppe Gewerkschaften:

- Finden Sie heraus, welche Gründe für die Arbeitslosigkeit der Deutsche Gewerkschaftsbund (http://www.dgb.de) anführt.
- Stellen Sie die Maßnahmen dar, durch welche die Arbeitslosigkeit aus Sicht des DGB verringert werden kann.
- Vertreten Sie die Position des DGB in der Podiumsdiskussion.

Beispiel:

Arbeitslosenstatistik Ende März 2000

	Bundesgebiet	Alte Bundesländer	Neue Bundesländer
Arbeitslose	4.149.975	2.690.674	1.450.301
Arbeitslosenquote	10,6 %	8,6 %	18,9 %
Offene Stellen	535.612	466.656	68.956

Gruppe Arbeitgeber:

- Vorschlag zur Berücksichtigung der differenzierten Konjunktur.
- Flexibilisierung des Weihnachtsgeldes auf betrieblicher Ebene d.h. Mitarbeiter in guten Zeiten am Unternehmenserfolg beteiligen, während in schlechten Zeiten das Weniger beim Weihnachtsgeld durch ein Mehr an Arbeitsplatzsicherheit in angemessener Weise ausgeglichen würde.
- Dosierte Lohnerhöhungen, sodass die Wettbewerbsfähigkeit der Unternehmen nicht gefährdet ist und das wirtschaftliche Wachstum auf einer breiten Basis steht.
- Moderne Arbeitszeitgestaltung wie z. B.:
  - Schichtsystem mit kurzzyklischen Schichtwechseln.
  - Vier-Schicht-System mit Sechs-Stunden-Schichten ohne Pausen.
  - Gleitzeit im Drei-Schicht-System.
  - Rahmenarbeitszeit mit Disposition durch Mitarbeiter und Führungskraft.
  - Rahmenarbeitszeit mit eigenverantwortlicher Disposition durch den Mitarbeiter.
  - Kundenorientierte Funktionszeiten mit Zeitautonomie der Mitarbeiter.

Gruppe Gewerkschaften:

- Konsequenter Abbau der 1,8 Mrd. bezahlten Überstunden.
- Ausbildungsplätze schaffen.
- Arbeit fair verteilen.
- In Zukunftsbranchen investieren.
- Gerechter Anteil am Gewinn für Arbeitnehmer.

3. Nach gescheiterten Tarifverhandlungen stehen die Gewerkschaften vor der Notwendigkeit, zur Durchsetzung ihrer Forderungen eine Urabstimmung durchzuführen und einen Streik auszurufen. Für den Fall eines Streiks drohen die Arbeitgeber mit Aussperrung. Stimmen aus dem Kreis der Arbeitnehmer werden laut: „Streik ist Notwehr, Aussperrung ist Terror."

   a) Erklären Sie die unterschiedlichen Begriffe.

   b) Nehmen Sie Stellung zu der oben wiedergegebenen Aussage der Arbeitnehmer aus der Sicht beider Tarifpartner.

   c) Seit einigen Jahren bevorzugen die Gewerkschaften den Schwerpunktstreik. Erläutern Sie zwei Vorteile dieser Streikvariante.

   d) Welche volkswirtschaftlichen Auswirkungen können mit hohen Lohn- und Gehaltssteigerungen verbunden sein?

   e) Welche Gründe sprechen für angemessene Lohn- und Gehaltserhöhungen?

   f) Zur Beendigung eines lang währenden Arbeitskampfes wird der Arbeitsminister aufgefordert, die Lohnerhöhung endlich festzusetzen. Nehmen Sie aus arbeitsrechtlicher Sicht dazu Stellung.

a) Urabstimmung: Vor Beginn des Streiks müssen sich 75 % der betroffenen Gewerkschaftsmitglieder für den Streik aussprechen.

Streik: Planmäßige und gemeinsame Niederlegung der Arbeit innerhalb eines Betriebes oder einer Branche.

Aussperrung: Verweigerung der Arbeitsmöglichkeit für alle Arbeitnehmer, also der streikenden und auch der arbeitswilligen.

b) Arbeitnehmersicht: – Arbeitnehmer am kürzeren Hebel (abhängig vom Arbeitgeber).
   – Arbeitsniederlegung = einziges Druckmittel der Arbeitnehmer.
   – „Terror", weil Arbeitswilligen Arbeit und Verdienst verweigert wird.

   Arbeitgebersicht: Den Arbeitnehmern wird zwar der Streik zugestanden; die Arbeitgeber sehen die Aussperrung jedoch als legitime Gegenwehr an, da ohnehin nicht gearbeitet werden kann (Produktionsstillstand) und „unproduktive" Lohnkosten anfallen würden.

c) Streikkasse schonen, dadurch längere Streikzeit möglich; geringer Einsatz – große Wirkung.

d) – Kostensteigerungen führen zu Preiserhöhungen – Inflationsgefahr (Lohn-Preis-Spirale).
   – Internationale Konkurrenzfähigkeit evtl. gefährdet (Standort Deutschland in Gefahr).
   – Arbeitsplätze werden evtl. wegrationalisiert.

e) – Anpassung an gestiegenes Preisniveau, Erhaltung des Lebensstandards.
   – Einkommenserhöhung – Nachfrage steigt – Konjunktur wird angekurbelt.
   – Höherer Leistungsanreiz.
   – Evtl. besseres Betriebsklima.

f) In einer Demokratie darf der Staat nicht in die Tarifverhandlungen eingreifen (Tarifautonomie).

1. Warum wird in Betrieben mit über 300 Beschäftigten eine bestimmte Zahl von Betriebsräten von der Berufstätigkeit freigestellt?

Weil es in größeren Betrieben so viele Aufgaben der Mitwirkung und Mitbestimmung gibt, die sich nicht nebenher lösen lassen.

> **2. Welchen Zweck hat die Bildung einer Einigungsstelle?**

Bei Meinungsverschiedenheiten ersetzt ihre Entscheidung die Einigung zwischen Arbeitgeber und Betriebsrat.

> **3. In einer Betriebsratssitzung werden Personalprobleme diskutiert. Beurteilen Sie die Rechtslage und begründen Sie ihre Entscheidung.**
>
> **a) Herr Frohweis, 28 Jahre alt, bewirbt sich um einen Platz auf der Wahlliste zum Betriebsrat.**
>
> **Er ist am Wahltag hier vier Monate beschäftigt.**
>
> **b) Als Herr Kräftig zum Betriebsrat kandidiert, kündigt ihm der Arbeitgeber, weil er befürchtet, dass Kräftig als Betriebsrat Unruhe in den Betrieb bringen würde.**
>
> **c) Nach der Auslagerung der Buchhaltung wird dem Bilanzbuchhalter Ahlers mitgeteilt, dass er von nun an in der Abteilung Verkauf mit einem um 300 EUR geringeren Gehalt beschäftigt sei.**

a) Er kann sich nicht bewerben, da er keine sechs Monate im Betrieb ist.

b) Kandidaten zur Wahl des Betriebsrates stehen unter besonderem Kündigungsschutz.

c) Die Art der Tätigkeit ist im Dienstvertrag festgelegt und kann nicht willkürlich geändert werden. Das ist nur mit einer Änderungskündigung möglich.

> **4. Um Entlassungen zu vermeiden, will der Betrieb Kurzarbeit einführen.**
>
> **a) In welcher Form ist der Betriebsrat zu beteiligen?**
>
> **b) Welche Vorteile hat die Einführung der Kurzarbeit**
>
> **– für den Arbeitnehmer,**
>
> **– für den Arbeitgeber?**

a) Der Betriebsrat muss zustimmen (Mitbestimmungsrecht).

b) – Der Arbeitnehmer behält seinen Arbeitsplatz bei einer verhältnismäßig kleinen Verdiensteinbuße.

 – Der Arbeitgeber kann hohe Lagerbestände abbauen und behält seinen Facharbeiterstamm.

> **5. Welche Einrichtungen ermöglichen die Mitbestimmung im Betrieb**
>
> **a) bei Personalgesellschaften,**
>
> **b) bei Kapitalgesellschaften?**

a) Betriebsrat

b) Betriebsrat, Aufsichtsrat und Vorstandsmitglied (Arbeitsdirektor).

> **6. Ein Betrieb, der 1.950 Arbeitnehmer hat, vergibt eine ganze Anzahl von Aufträgen als Lohnaufträge an andere Unternehmen weiter, obwohl er die Mittel für eine Betriebsvergrößerung hätte. Welche Gründe könnte die Unternehmensleitung für diese Maßnahme haben?**

Die Unternehmensleitung befürchtet, dass die gute Auftragslage nicht von Dauer ist. Ist der Betrieb eine Kapitalgesellschaft, könnte die Erweiterung die Zahl der Beschäftigten über 2.000 steigen lassen; für den Aufsichtsrat wird statt einem Drittel der Mitglieder nun die Hälfte von der Belegschaft gewählt.

> 1. Ein Mitarbeiter, dem gekündigt wurde, droht mit einer Kündigungsschutzklage bis zur letzten Instanz.
>   a) Welches Gericht ist für diese Klage sachlich und örtlich zuständig?
>   b) Die Klage des Arbeitnehmers wird in 1. Instanz abgewiesen. Welche weiteren gerichtlichen Schritte kann er noch unternehmen?
>   c) Welche Streitigkeiten machen Ihrer Ansicht nach den Hauptanteil der Verhandlungen vor den Arbeitsgerichten aus?

S. 137

a) sachlich: Arbeitsgericht

örtlich: das für den Beschäftigungsort zuständige Arbeitsgericht

b) 2. Instanz: Berufung oder Beschwerde beim Landesarbeitsgericht

3. Instanz: Revision oder Rechtsbeschwerde beim Bundesarbeitsgericht.

c) Beispiel: Streitigkeiten wegen Kündigung.

> 2. Aus welchen Gründen ist der Kündigungsschutz berechtigt?

Dadurch sollen Menschen geschützt werden, die

– einen Teil ihres Lebens im Betrieb verbracht haben,

– aus sozialen Gründen besonders schutzbedürftig sind.

Sie sollen das Gefühl haben, dass sie sozial gerecht behandelt werden.

> 3. Für welche Arbeitnehmer gilt ein besonderer Kündigungsschutz? Wie sieht dieser Kündigungsschutz jeweils aus?

Betriebsratsmitglieder und Jugendvertreter: Während Amtszeit und innerhalb eines Jahres, danach nicht kündbar. Ausnahme: Fristlose Kündigung bei wichtigem Grund.

Werdende Mütter: Während der Schwangerschaft bis 4 Monate nach Entbindung. Während Erziehungsurlaub bis 3 Jahre nach der Geburt.

Schwerbehinderte: Hauptfürsorgestelle muss der Kündigung zustimmen.

Auszubildende: Nach der Probezeit unkündbar. Ausnahme: Fristlose Kündigung bei wichtigem Grund.

Langjährige Angestellte: 1/2/3/4/5/6/7 Monate zum Monatsende, wenn ab dem 25. Lebensjahr mindestens 2/5/8/10/12/15/20 Beschäftigungsjahre.

> 4. Welche Kündigungsfristen muss ein Arbeitgeber beachten?
>   a) 27-jähriger Angestellter, seit zehn Jahren im Betrieb,
>   b) 32-jähriger Angestellter, seit fünf Jahren im Betrieb,
>   c) 32-jähriger Angestellter, seit 14 Jahren im Betrieb,
>   d) 35-jähriger Angestellter, seit elf Jahren im Betrieb,
>   e) 58-jähriger Angestellter, seit 38 Jahren im Betrieb,
>   f) 30-jährige Angestellte, die Mitglied des Betriebsrates ist,

> g) Auszubildender während der Probezeit,
>
> h) Auszubildender nach der Probezeit.

a) Ein Monat auf Monatsende

b) zwei Monate auf Monatsende

c) zwei Monate auf Monatsende

d) vier Monate auf Monatsende

e) sieben Monate auf Monatsende

f) Unkündbar (Ausnahme: fristlos / wichtiger Grund)

g) Fristlos / wichtiger Grund

h) Unkündbar (Ausnahme: wichtiger Grund)

> **5.** Welchen Schutz bietet das BetrVG bei Entlassungen wegen Rationalisierungsmaßnahmen?

Der Betriebsrat kann widersprechen, die Kündigung ist zwar nicht aufgehoben, das Arbeitsgericht muss entscheiden.

Der Betriebsrat hat ein Mitwirkungsrecht bei der Aufstellung eines Sozialplanes, wenn Betriebsstellen stillgelegt werden.

4.4 Entlohnung der betrieblichen Arbeit

S. 145

> **1.** Bei Auseinandersetzungen um die Lohntarife kann das Argument der „Lohn-Preis-Spirale" eine Rolle spielen.
>
> a) Erläutern Sie diesen Begriff und erläutern Sie den Zusammenhang zwischen Löhnen und Preisen.
>
> b) Wie können die Auswirkungen von Lohnsteigerungen auf die Preise aufgefangen werden?

a) Lohnerhöhungen werden von den Betrieben als Grund für Preiserhöhungen angeführt; die Gewerkschaften verlangen dann wieder höhere Löhne, weil die Preise gestiegen sind.

b) – Betriebswirtschaftlich: Löhne sind für den Betrieb Kosten, die in die Preise einkalkuliert werden. Werden diese Kostensteigerungen in anderen Bereichen oder zu Lasten des Gewinns aufgefangen, brauchen die Preise nicht zu steigen.

– Volkswirtschaftlich: Lohnsteigerungen steigern das Masseneinkommen und damit eventuell die Nachfrage, Preiserhöhungen sind möglich. Wird das Angebot entsprechend erhöht oder die Einkommenssteigerung gespart, so werden Preiserhöhungen vermieden.

> **2.** Erläutern Sie die Notwendigkeit der Arbeitsbewertung.

Man benötigt sie zur leistungsgerechten Entlohnung und als Grundlage für die richtige Auswahl der Arbeitskräfte.

3. In einer Unternehmung werden folgende Entlohnungsformen angewendet: Zeitlohn, Gehalt und Leistungslohn.

   a) Erläutern Sie die Unterschiede zwischen den Entlohnungsformen.

   b) Nennen Sie jeweils zwei Vorteile, die die Entlohnung nach Zeitlohn bzw. Leistungslohn für den Arbeitnehmer hat.

   c) Welche Voraussetzungen müssen gegeben sein, damit eine Tätigkeit im Leistungslohn abgerechnet werden kann.

   d) In der Dreherei beträgt der Minutenfaktor in einer Lohngruppe 0,30 EUR (60-Minuten-Stunde). Für die Bearbeitung eines Werkstücks sind 12 Minuten vorgegeben. Ein Arbeiter bearbeitet im Durchschnitt 7 Stück pro Stunde.

   – Wie hoch ist der Grundlohn?
   – Wieviel EUR verdient der Arbeiter in der Stunde?
   – Wieviel EUR erhielte der Arbeiter für ein bearbeitetes Werkstück gutgeschrieben, wenn die Lohnabrechnung in der Form eines Geldakkords erfolgen würde?

a) Gehalt: fester monatlicher Betrag eines Angestellten.

   Zeitlohn: monatlich wechselnder Betrag der Arbeiter je nach geleisteter monatlicher Arbeitszeit (Stundenlohnbasis).

   Leistungslohn: monatlich wechselnder Betrag der Arbeiter auf Basis von Akkordrichtsatz, Stückzahl und Zeit- oder Geldsatz.

b) Vorteile Zeitlohn: kein Zeitdruck, einfache Berechnung, bessere Qualität ...

   Vorteile Leistungslohn: leistungsgerecht, exakte Kalkulationsgrundlage ...

c) Gleichartige Tätigkeiten, sich wiederholende Tätigkeiten, Arbeitstempo beeinflussbar, Leistung muss messbar sein.

d) – Grundlohn = Minutenfaktor 0,30 EUR / Min × 60 Min = 18,00 EUR

   – Bruttolohn / Stunde = 7 Stück × 12 Min / Stück × 0,30 EUR / Min = 25,20 EUR

   – Stückgeldakkordsatz = Bruttolohn / Stückzahl
   = 18 EUR / 5 Stück
   = 3,60 EUR / Stück

4. Am Jahresende überlegt sich die Geschäftsleitung der BLW Präzisionsschmiede AG, ob aufgrund eines überaus guten Geschäftsjahres die Belegschaft am Unternehmenserfolg beteiligt werden sollte.

   a) Welche Gründe könnte die BLW Präzisionsschmiede AG haben, ihre Mitarbeiter am Unternehmenserfolg zu beteiligen?

   b) Für welche Form der Gewinnbeteiligung würden Sie sich entscheiden? Begründen Sie Ihre Antwort.

   c) Warum müsste man eigentlich von einer Gewinn- oder Verlustbeteiligung sprechen?

   d) Erläutern Sie, warum für die Arbeitgeber die Gewinnbeteiligung in der Form der Kapitalbeteiligung besonders interessant ist.

a) Bindung der Arbeitnehmer an den Betrieb; Motivationssteigerung: mehr Leistung; Verbesserung des Betriebsklimas; mehr Identifikation.

b) *Beispiel:* Für die individuelle Gewinnbeteiligung spricht, dass der Arbeitnehmer seinen Anteil kennt.

c) Wenn die Arbeitnehmer am Erfolg eines Unternehmens beteiligt sein wollen, dann können sie sich nicht nur am positiven Erfolg beteiligen und den negativen ausschließen.

d) Weil bei dieser Form der Gewinnanteil der Arbeitnehmer in dem Unternehmen verbleibt und somit kein unmittelbarer Mittelabfluss eintritt.

5. Bei den sozialen Leistungen spricht man häufig vom „Zweiten Lohn". Erläutern Sie diesen Satz.

Weil die sozialen Leistungen (Lohnnebenkosten) über 81 % der Bruttolöhne ausmachen.

6. Welche der sozialen Aufwendungen werden nicht von allen Mitarbeitern als soziale Leistung empfunden?

Indirekte, soziale Leistungen wie Erholungsheime, Aufenthaltsräume, Sportanlagen, betriebliche Kindergärten, Lehrgänge, Büchereien.

5 Leitung der Unternehmung

5.1 Zielsetzung

> 1. In einer Jugendgruppe werden Sie beauftragt, ein Ferienlager zu leiten. Beschreiben Sie anhand dieses Falles die Führungsaufgaben Zielsetzung, Planung, und Organisation.

S. 148

Zielsetzung: Festlegung des Zielortes, der Teilnehmerzahl, des Zeitraumes und des Zeitpunktes für das Ferienlager.

Planung: Vorausschauende Überlegungen hinsichtlich des Verkehrsmittels bei An- und Abreise, der Verpflegung, Erstellung von Tagesprogrammen.

Organisation: Buchung bei den Quartiergebern am Zielort, Vertragsabschluss mit einem Verkehrsunternehmen, Information der Teilnehmer, Einzug der Fahrtkosten, Besorgung von Sport- und Spielgeräten.

> 2. Erstellen Sie in Gruppenarbeit jeweils ein Zielsystem für folgende Unternehmen:
>   a) Der Küchenmeister Grün beabsichtigt, sich selbstständig zu machen. Seine Überlegungen zielen darauf ab, ein Speiserestaurant in Citylage zu gründen. Kulinarische Spezialitäten: Vegetarische Gerichte.
>   b) Der IT-Fachmann Charly Braun gründet einen Computershop als Einzelunternehmer. Standort in der Nähe eines großen beruflichen Schulzentrums.
>   c) Nach Ablegung der Meisterprüfung beabsichtigen zwei Möbelschreiner, eine Möbelfertigung aufzunehmen, welche Wohnmöbel aus natürlichen Rohstoffen (einheimisches Holz, organisches Polstermaterial) verarbeitet.

Ziele	Aufgabe a)	Aufgabe b)	Aufgabe c)
Wirtschaftliche Ziele			
– *Leistungsziele*	Hohe Produktqualität bei den Nahrungsmitteln.	Erwerb eines hohen Marktanteils durch den Standortvorteil.	Einzelanfertigung für anspruchsvolle Kunden durch Verwirklichung neuer Ideen im Möbeldesign.
– *Erfolgsziele*	Senkung der Fixkosten durch Spezialisierung. Gleichmäßige Auslastung der Kapazität. Angemessener Gewinn.	Rationalisierung mit systematischem DV-Einsatz. Hoher Umsatz mit Lehrern und Schülern. Hoher Gewinn.	Durch Exklusivangebot angemessenes Umsatzvolumen. Hohe Rendite durch gehobenes Preisniveau.
– *Finanzziele*	Liquiditätsreserve für günstigen Einkauf.	Sicherung der Eigenkapitalbasis.	Bildung von Rücklagen.
Soziale Ziele	Förderung der gesunden Ernährungsweise.	Preiswertes DV-Zubehör für Schulen.	Erhaltung traditioneller Handwerksarbeit.
Ökologische Ziele	Ausschließliche Verarbeitung von Bio-Produkten.	Rücknahme und Übernahme der Entsorgung des Verpackungsmaterials. Verkauf von „Bio-PCs".	Kein Raubbau an ausländischen Edelhölzern.

5.2 Planung

1. „Wer plant, handelt zielstrebiger. Wer nicht plant, ist ein Verschwender." Suchen Sie nach Beispielen aus Ihrem Erfahrungsbereich, um diese Behauptung zu begründen.

Ein Jugendlicher teilt sein monatliches Taschengeld ein. Ein fester Betrag wird davon für die Anschaffung eines Heimcomputers angespart.

Ein Lehrer erstellt einen Stoffverteilungsplan für das Schuljahr.

Ein Bauleiter fertigt für die Herstellung einer Fabrikhalle einen Netzplan, um den Termin für die Bauübergabe garantieren zu können.

Kauf von Waren auf Abruf als Großauftrag zu günstigeren Preisen.

2. Warum bemüht man sich, die Planung rechenbar zu machen?

Je exakter und damit zuverlässiger die Pläne ausgearbeitet sind, um so wirtschaftlicher können die Produktionsfaktoren eingesetzt werden.

3. Netzpläne sind Planungs-, aber auch Organisations- und Kontrollinstrumente. Begründen Sie diese Feststellung.

Planungsinstrument: Mit dem Netzplan wird der Prozessablauf gründlich vorbereitet.

Organisationsinstrument: Die Netzplandaten schaffen Vorgaben zur Steuerung des Projektablaufs.

Kontrollinstrument: Auf der Grundlage des Netzplanes sind Termine, Kosten und Kapazitätsauslastung überwachbar.

4. Der Abteilungsleiter Einkauf beauftragt die Abteilung Organisation, für seine Tätigkeiten einen Netzplan zu erstellen. Begründen Sie, warum die Organisatoren diesen Auftrag ablehnen werden.

Für ständig anfallende Routinearbeiten, z. B. Bestellung vornehmen, Bücher führen, Zahlungen abwickeln, lässt sich kein Anfangs- und Endzeitpunkt festlegen. Dies ist nur typisch für die Projektarbeit.

5. Bei der Herstellung eines Getriebes entsteht für die einzelnen Arbeitsvorgänge folgender Zeitaufwand (ATg = Arbeitstage; Ft = Folgetätigkeit):

Vorgang	Beschreibung	ATg	Ft	Vorgang	Beschreibung	ATg	Ft
A	Konstruktion	10	B, E, G, H	G	Herstellung der Wellen	1,8	K
B	Modellbau für Gehäuse	3	C	H	Drehen der Zahnräder	0,8	I
C	Gießen des Gehäuses	0,2	D	I	Fräsen der Zahnräder	0,9	J
D	Vorarbeiten am Gehäuse	0,5	K	J	Härten der Zahnräder	0,3	K
E	Beschaffung der Lager	2	F	K	Montage	1,3	-
F	Prüfung der Lager	0,3	K				

a) Zeichnen Sie den Netzplan, und bestimmen Sie den kritischen Weg sowie die Pufferzeiten.
b) Welche Wirkungen haben:
   – die auftretenden Pufferzeiten,
   – eventuell auftretende Verzögerungen auf dem kritischen Weg?
c) Setzen Sie in das Netzplanbeispiel (Seite 151) Kalendertage ein. Der Vorgang A soll am ersten Werktag des kommenden Monats beginnen. Wann ist das Projekt bei jeweils fünf Arbeitstagen in der Woche fertiggestellt?

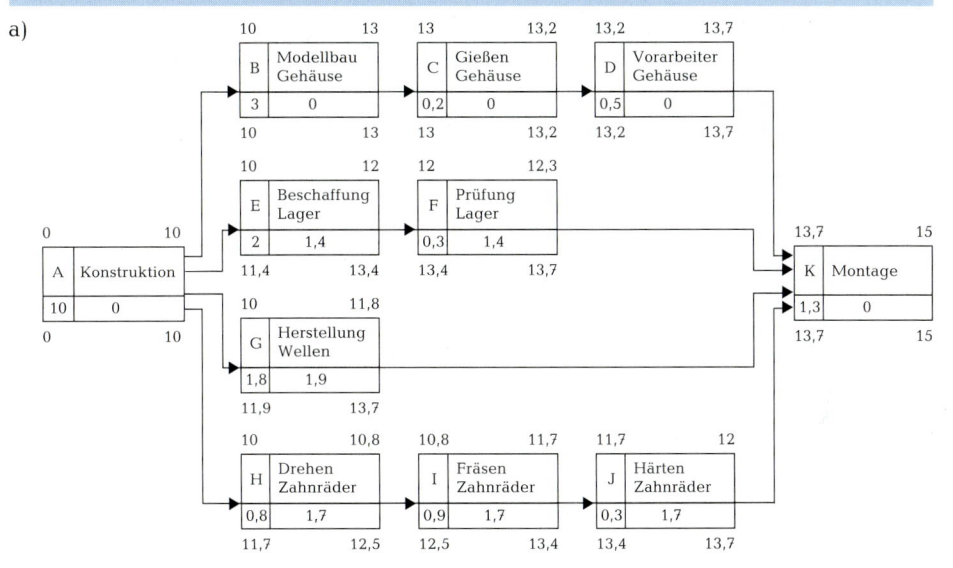

a)

Kritischer Weg: A–B–C–D–K.

b) **die auftretenden Pufferzeiten,**
   Der zeitliche Spielraum durch Pufferzeiten ermöglicht es, den kostengünstigsten Zeitpunkt für die Erledigung einer Teilaufgabe zu wählen.
   eventuell auftretende Verzögerungen auf dem kritischen Weg?
   – Verlängerung der Herstellungsdauer für das Projekt.
   – Verschiebung der nachfolgenden Vorgänge.

c) *Beispiel:* Beginn des Vorganges A am Montag, dem 1. September.
   Letzter Arbeitstag für Vorgang J (nach 44 Arbeitstagen) am Donnerstag, dem 30. Oktober.

5.3 Organisation

S. 164

Tag der offenen Tür – Chaos im „verschlossenen" Betrieb

(aw) – Wendlingsburg – Es sollte ein wichtiger Tag mit großer Außenwirkung werden. Beim erstmals durchgeführten Tag der offenen Tür der Handtmeyer Maschinenfabrik GmbH am vergangenen Sonntag waren interessierte Mitbürger, aber vor allem auch zukünftige Auszubildende für den gewerblichen und kaufmännischen Bereich eingeladen, um sich zu informieren, ins Gespräch zu kommen und den größten Arbeitgeber im Umkreis kennen zu lernen.

„So etwas habe ich noch nie erlebt." So das zerknirschte Urteil des Geschäftsführers Rolf Luderköhl. Seine Aussage bezieht sich auf eine Veranstaltung, bei der nichts geklappt hat. Nur 40 % der Ausbilder waren anwesend, die Ausbildungsstätten wie Werkstätten oder Büros nicht alle zugänglich, fehlende Informationsschilder ließen viele

> Besucher irritiert im Betrieb herumirren, auf Grund von Lieferproblemen der Druckerei waren die Informationsbroschüren nicht auslegbar und der von außen angeheuerte Küchenmeister musste in der Kantine nach zwei Stunden schließen, weil zu wenige Mittagessenportionen bereitgestellt waren.
>
> Bei der Nachbesprechung macht der Geschäftsführer seine Sekretärin und den Werkstattleiter den Hauptvorwurf für das Misslingen. Schließlich seien sie ihm direkt unterstellt. Beide wehren ab und erklären, dass sie überhaupt nicht zuständig gewesen seien.

1. a) Analysieren Sie den obigen Artikel und beschreiben Sie die aufgetretenen Probleme.

b) Machen Sie Lösungsvorschläge, damit sich dieses Chaos kein zweites Mal wiederholt.

c) Schildern Sie anhand persönlicher Erlebnisse aus dem privaten und beruflichen Alltag, wie Vorhaben wegen mangelhafter Organisation gescheitert sind

a) – Der Tag der offenen Tür, an den hohe Erwartungen gestellt wurden, ist gründlich danebengegangen.
 – Es waren nicht alle Ausbilder anwesend.
 – Nicht alle Räume des Betriebes, die vorgesehen waren, konnten betreten und damit besichtigt werden.
 – Eine schlechte Ausschilderung im Betrieb ließ die Gäste ziellos umherirren.
 – Auf Grund von Lieferproblemen der Druckerei waren Informationsbroschüren nicht rechtzeitig im Betrieb und konnten von den Besuchern nicht mitgenommen werden.
 – Es waren zu wenig Mittagessenportionen vorbereitet, sodass Besucher in der Kantine abgewiesen werden mussten.

b) Beispiele: – Klare Aufgabenzuteilung,
 – eindeutige Absprachen, wer, was, wann, wo macht,
 – von externen Beteiligten Auftragsbestätigung geben lassen,
 – Aufgaben und Tätigkeiten delegieren,
 – verantwortungsbewusste und zuverlässige Mitarbeiter koordinieren.

c) *Beispiele:*
 – aus dem privaten Bereich: Beim Tennisturnier herrschten chaotische Verhältnisse, weil der Sportwart keine Turnierregeln festgelegt hat und der Zeitplan nicht eingehalten wird. Teilnehmer ziehen verärgert ihre Meldung zurück. Das Turnierergebnis wird verfälscht. Es entspricht nicht der Leistungsstärke der Spieler.
 – aus dem beruflichen Bereich: Ein Kunde benötigt dringend ein Ersatzteil. Wegen mangelhafter Lagerorganisation kann man das Teil nicht kurzfristig liefern. Der Kunde ist verärgert und bricht die Geschäftsverbindung ab.

2. Aussage über zwei Mitarbeiter in einem Unternehmen:
 – „Herr Nusser ist ein reines Organisationsgenie, aber ihm fehlt jegliches Improvisationstalent."
 – „Herr Nassal ist ein Improvisationsgenie, aber von Organisation versteht er gar nichts."

a) Begründen Sie, welcher Mitarbeiter für eine Organisationsabteilung geeigneter erscheint.

b) Warum werden auch bei zweckmäßigster Organisation eines Betriebes Improvisationen notwendig sein?

a) Beide Mitarbeiter nehmen „Extrempositionen" ein und sind daher in reiner Form beide in erster Linie ungeeignet. Eine Mischung aus beiden Positionen wäre günstiger. Allerdings sprechen sich konservativ eingestellte Unternehmen eher für den klassischen reinen Organisator, also Herrn Nusser, aus, während in Bereichen von Kreativität, Innovation und unkonventionellen Wegen Herr Nassal den Vorzug bekäme.

b) – Notwendigkeit von Provisorien, weil endgültige Regelungen nicht realisierbar sind.
   – Eintritt unvorhersehbarer Ereignisse.
   – Ständige Veränderungen der Ausgangsbedingungen.
   – Erhaltung der Elastizität im Betriebsablauf.

3. Stellen Sie Beispiele der Aufgabengliederung
   a) aus dem Vertriebsbereich,
   b) aus dem Personalbereich dar.

a)

Gliederungsmerkmale	Gliederungsbeispiele
Objekte	Herren-, Damen-, Kinderkleidung
Verrichtungen	Disponieren, Verkaufen, Versenden
Phasen	Verkaufsplanung, Verkaufsrealisation, Verkaufskontrolle
Rangstufen	Verkaufsleiter/in, Versandleiter, Verkäufer, Packer

b)

Gliederungsmerkmale	Gliederungsbeispiele
Objekte	Technischer Bereich: Arbeiter, technische Angestellte, gewerbliche Auszubildende, Praktikanten Kaufmännischer Bereich: Kaufmännische Angestellte, kaufmännische Auszubildende, Praktikanten
Verrichtungen	Bedarfsplanung, Einstellung, Versetzung, Entlassung
Phasen	Personalplanung, Personalbeschaffung, Erfolgskontrolle der Personalbeschaffung
Rangstufen	Personalleiter, Sachbearbeiter/in im Personalbüro

4. Bei der Gliederung nach Rangstufen können Teilaufgaben Ausführungs- oder Entscheidungscharakter haben.
   Zeigen Sie am Beispiel der Einstellung eines leitenden Angestellten,
   a) welche Entscheidungen dabei zu treffen sind,
   b) welche ausführenden Arbeiten dabei anfallen.

Beispiele:

a) Gehaltshöhe, Probezeit, Kündigungsfrist, Urlaubsdauer.

b) Anlegung einer Personalakte, Ausstellung eines Werksausweises.

5. Beschreiben Sie die einzelnen Arbeitsabschnitte der Organisation, die bis zur Stellenbeschreibung zu erledigen sind.

1. *Arbeitsabschnitt:* Aufgabengliederung (Aufgabenanalyse).
2. *Arbeitsabschnitt:* Erstellung von Aufgabengliederungsplänen und Funktionendiagrammen.
3. *Arbeitsabschnitt:* Stellenbildung durch Zusammenfassung von Teilaufgaben (Aufgabensynthese).
4. *Arbeitsabschnitt:* Formulierung von Stellenbeschreibungen.

6. Organisatoren empfehlen die Verwendung sowohl von Funktionendiagrammen als auch von Stellenbeschreibungen. Vergleichen Sie beide Organisationsmittel.

	Funktionendiagramm	Stellenbeschreibung
Inhalt	Zeigt, ob eine vollständige und überschneidungsfreie Aufgabenverteilung vorliegt.	Zeigt die Notwendigkeit der Zuordnung der Arbeit auf einen Arbeitsplatz.
Übersichtlichkeit	Die Matrix- oder Tabellendarstellung ermöglicht einen raschen Überblick über die Aufgabenverteilung.	Die verbale Darstellung erschwert den Überblick.

7. Entwerfen Sie die Stellenbeschreibung für den Leiter/die Leiterin der Organisationsabteilung nach folgenden Angaben: Der Stelleninhaber ist dem Leiter der Hauptabteilung kaufmännische Verwaltung unterstellt. Ihm unterstehen die Leiter der Abteilungen Aufbau- und Ablauforganisation und zwei Sekretärinnen. Der Abteilungsleiter Aufbauorganisation vertritt ihn.

Der Stelleninhaber erarbeitet mit allen zuständigen Stellen eine mittelfristige Planung der Aufbau- und Ablauforganisation. Er erlässt Organisationsrichtlinien. Gemeinsam mit der EDV-Abteilung arbeitet er Projekte aus, die auf EDV-Anlagen übernommen werden sollen.

Zielsetzung der Stelle ist eine zweckmäßige Organisations- und Informationsstruktur der Unternehmung in Aufbau und Ablauf.

Der Inhaber der Stelle sollte eine wirtschaftswissenschaftliche Hochschulausbildung, außerdem praktische Erfahrungen auf den Gebieten Organisation und Datenverarbeitung besitzen. Wesentliche Eigenschaften sind Kooperationsfähigkeit und der Wille, im Team zu arbeiten.

	Stellenbeschreibung
1. Bezeichnung der Stelle:	Leiter/Leiterin der Organisationsabteilung
2. Vorgesetzter	Leitung der kaufmännischen Verwaltung
3. Unterstellte Mitarbeiter:	Leiter der Abteilung Aufbauorganisation, Leiter der Abteilung Ablauforganisation, zwei Sekretärinnen
4. Stellvertretung:	Leiter der Abteilung Aufbauorganisation
5. Ziele der Stelle:	Gestaltung und Überwachung einer zweckmäßigen Organisations- und Informationsstruktur der Unternehmung im Aufbau und Ablauf.
6. Aufgaben:	Erarbeitung einer mittelfristigen Planung der Aufbau- und Organisationsstruktur mit allen zuständigen Stellen. Erlass von Organisationsrichtlinien. Ausarbeitung von Projekten, die auf der EDV-Anlage zu erstellen sind.
7. Anforderungen:	Wirtschaftswissenschaftliche Hochschulausbildung; Praktische Erfahrung auf den Gebieten Organisation und Datenverarbeitung. Kooperationsfähigkeit und Wille zur Teamarbeit.

8. Begründen Sie, warum sowohl die Besetzung von Stellen als auch die Festlegung von Stellvertretungen auf Dauer anzulegen sind.

– Einarbeitungszeit verursacht Kosten.

– Fluktuation auf einer Stelle verhindert Stetigkeit der Aufgabenerfüllung.

– Stelleninhaber als auch Stellvertreter können Informationen austauschen. Im Vertretungsfalle verläuft die Arbeitsübergabe reibungsloser.

9. Erstellen Sie einen Betriebsgliederungsplan für Ihren Ausbildungsbetrieb.

a) Der Betriebsgliederungsplan zeigt die Abteilungen eines Betriebes und ihre Zuordnungen.

b) *Beispiel eines horizontalen Betriebsgliederungsplanes:*

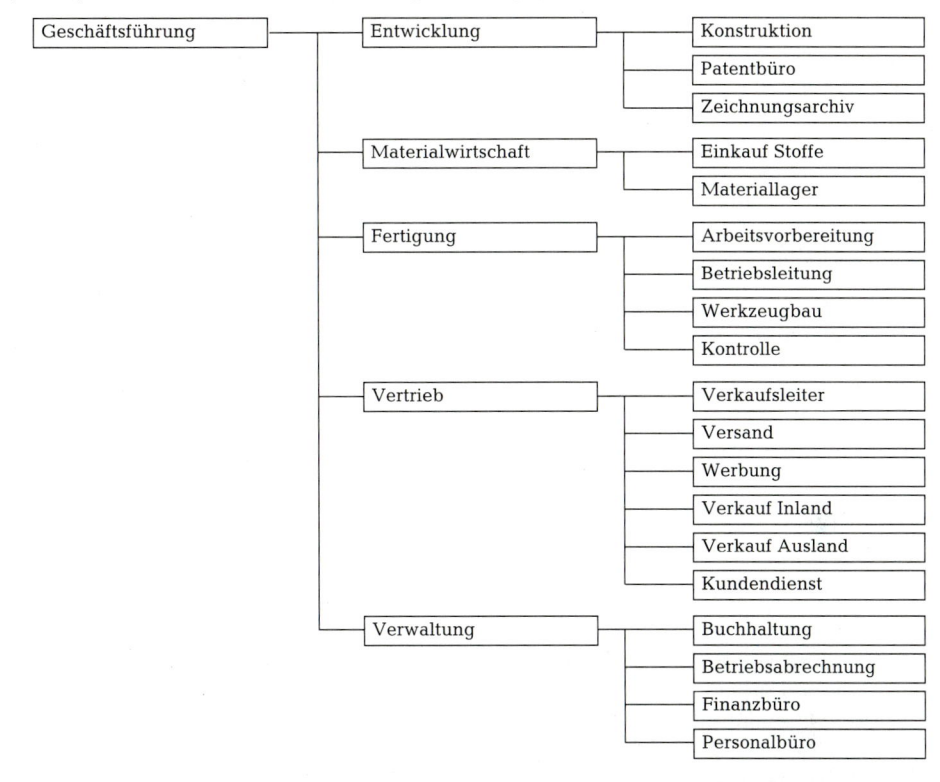

```
Geschäftsführung ─┬─ Entwicklung ─────────┬─ Konstruktion
                  │                       ├─ Patentbüro
                  │                       └─ Zeichnungsarchiv
                  │
                  ├─ Materialwirtschaft ──┬─ Einkauf Stoffe
                  │                       └─ Materiallager
                  │
                  ├─ Fertigung ───────────┬─ Arbeitsvorbereitung
                  │                       ├─ Betriebsleitung
                  │                       ├─ Werkzeugbau
                  │                       └─ Kontrolle
                  │
                  ├─ Vertrieb ────────────┬─ Verkaufsleiter
                  │                       ├─ Versand
                  │                       ├─ Werbung
                  │                       ├─ Verkauf Inland
                  │                       ├─ Verkauf Ausland
                  │                       └─ Kundendienst
                  │
                  └─ Verwaltung ──────────┬─ Buchhaltung
                                          ├─ Betriebsabrechnung
                                          ├─ Finanzbüro
                                          └─ Personalbüro
```

10. a) Welche organisatorischen Vor- und Nachteile sind beim Einliniensystem mit der Anweisung „der Dienstweg ist einzuhalten" verbunden?

   b) Beurteilen Sie diese Vorschrift aus der Sicht des „Vorgesetzten" und des „Untergebenen".

a) Vorteile:
   – Eindeutige Über- und Unterordnungsverhältnisse,
   – verhindert Kompetenzstreitigkeiten und sich widersprechende Instanzen,
   – Verantwortung ist klar geregelt.

   Nachteile:
   – Überlastung der Führungskräfte,
   – Schwerfälligkeit wegen Länge des Anweisungsweges,
   – eventuelle Verfälschung der Informationen durch Zwischeninstanzen,
   – Ausfall des Vorgesetzten kann Störungen hervorrufen,
   – Stellen der gleichen Stufe können nur auf dem Umweg über höhere Instanzen Kontakt aufnehmen.

b) Vorgesetzter:
   – Alleinige Entscheidungskompetenz,
   – klare Kompetenzen hinsichtlich Anweisungsempfang und Anweisungserteilung,
   – Anlaufstelle für alle Informationen,
   – starke Arbeitsbelastung.

   Untergebener:
   – Empfängt Anweisungen nur von seinem Vorgesetzten,
   – handelt ausschließlich gemäß diesen Anweisungen.

11. Gliedern Sie den Arbeitsablauf für den Gesamtprozess „Bearbeitung eingehender Warenlieferungen".

Anleitung: Teilprozesse sind die Bearbeitung des Schriftgutes (Lieferschein, Frachtbrief, Rechnung) und die Warenannahme (Auspacken, Prüfen, Einlagern).

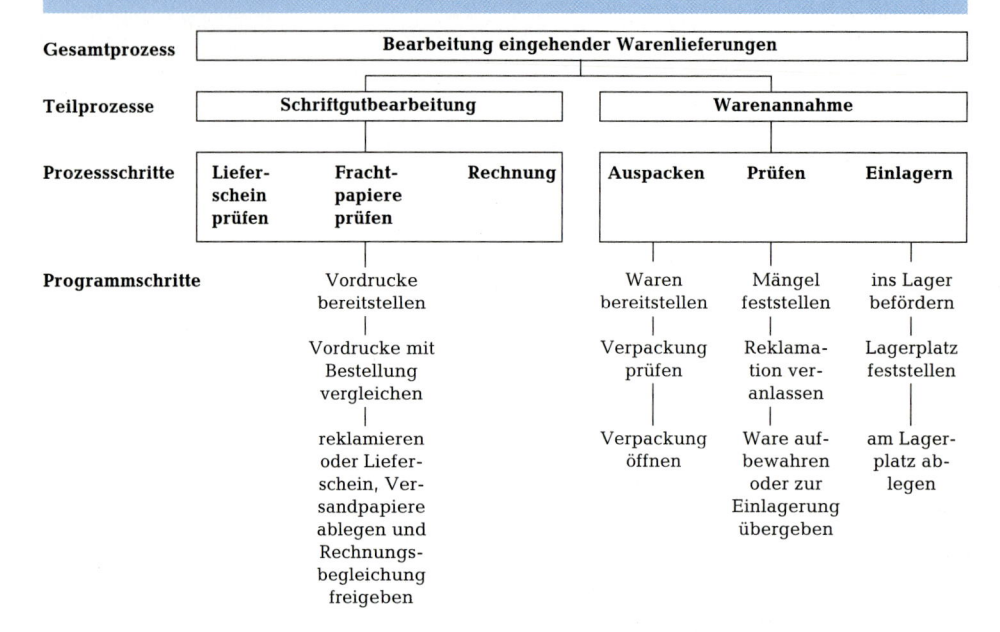

Gesamtprozess	Bearbeitung eingehender Warenlieferungen	
Teilprozesse	Schriftgutbearbeitung	Warenannahme
Prozessschritte	Lieferschein prüfen / Frachtpapiere prüfen / Rechnung	Auspacken / Prüfen / Einlagern
Programmschritte	**Lieferschein prüfen:** Vordrucke bereitstellen → Vordrucke mit Bestellung vergleichen → reklamieren oder Lieferschein, Versandpapiere ablegen und Rechnungsbegleichung freigeben	**Auspacken:** Waren bereitstellen → Verpackung prüfen → Verpackung öffnen **Prüfen:** Mängel feststellen → Reklamation veranlassen → Ware aufbewahren oder zur Einlagerung übergeben **Einlagern:** ins Lager befördern → Lagerplatz feststellen → am Lagerplatz ablegen

12. Ordnen Sie die Begriffe Arbeitszeitstudie, Arbeitsreihenfolge, Terminüberwachung, Zeitmessung und Verkettung von Teilarbeiten den Tätigkeitsbereichen Zeitfolge-, Zeitdauer- und Zeitpunktbestimmung zu.

Zeitfolgenbestimmung	Zeitdauerbestimmung	Zeitpunktbestimmung
– Arbeitsreihenfolge	– Arbeitszeitstudie	– Terminüberwachung
– Verkettung von Teilarbeiten	– Zeitmessung	

13. Beurteilen sie das Großraumbüro

  a) aus der Sicht des Unternehmers,

  b) aus der Sicht des arbeitenden Menschen.

a) Vorteile:
  – Baukosten je Arbeitsplatz sind niedriger,
  – Verkürzung von Transportwegen und damit Verbesserung der Kommunikation,
  – Flexibilität bei der räumlichen Gestaltung durch einfachere Umgruppierung von Arbeitsplätzen,
  – Gemeinsame Nutzung von Arbeitsmitteln (Kopiergerät, Drucker),
  – Bessere Kontrollmöglichkeiten durch Vorgesetzte und Mitarbeiter.

Nachteile:
  – Störgeräusche beeinträchtigen die Konzentrations- und Leistungsfähigkeit,
  – Gespräche mit Besuchern müssen im Großraum oder in besonderen Besucherzimmern stattfinden.

b) Vorteile:
  – Bessere Kontakte zu den Kollegen,
  – Arbeitszusammenhänge sind leichter erkennbar,

- Rangunterschiede, die in der Ausgestaltung von Räumen zum Ausdruck kommen, werden geringer.

Nachteile:
- Geringer Spielraum für individuelle Gestaltung des Arbeitsplatzes,
- physische und psychische Belastung durch höheren Geräuschpegel,
- Gefühl des ständigen Beobachtetseins belastet den individuellen Arbeitsrhythmus.

14. Vergleichen Sie die Stellenbeschreibung (Seite 156) mit der Arbeitsanweisung (Seite 165). Welche unterschiedliche Bedeutung haben diese Organisationsmittel?

Stellenbeschreibung	Arbeitsanweisung
Hilfsmittel der Aufbauorganisation bei der Stellenbildung.	Hilfsmittel der Ablauforganisation bei der Gestaltung des Arbeitsprozesses.
Beschreibung des Arbeitsumfanges, Kompetenzen und Verantwortung einer Stelle.	Beschreibung der Reihenfolge des Arbeitsablaufs einer Stelle.
Grundlage für die Stellenbesetzung und Stellenbewertung (Entlohnung).	Grundlage für den Stelleninhaber zur Vermeidung von Arbeitsfeldern (Einarbeitung).

15. Ihnen liegt folgendes System der Umweltverantwortlichkeit eines Unternehmens vor. Erklären Sie die unterschiedlichen Aufgaben der Aufbau- und Ablauforganisation.

System der Umweltverantwortlichkeit	Vorstandsvorsitzende/Fachvorstände	Führungsteams/Entscheidungsträger	Operative Teams/Bereiche	Umweltarbeitsgruppen	Umweltnetzwerk	Umweltkoordination	Qualitätssteuerung	Einkaufssteuerung/Import	Rechtsabteilung	Sicherheit	Werbung/Presse
Festlegung der Umweltpolitik	●										
Festlegung/Korrekturen der Umweltziele	●	●									
Festlegung der Umweltprogramme, Zielkorrekturen/Sonderprogramme, Umsetzung		●	●								
Projektbezogene Unterstützung der Funktionsbereiche und der Standortverantwortlichkeiten				●		●	●	●			
Vorbereitung umweltrelevanter Entscheidungen/Kontakt zu externen Know-how-Trägern				●	●	●	●	●	●	●	
Erstellen von Anforderungsprofilen			●			●	●				
Umweltberatung						●	●				
Umwelt-Controlling: Managementsystem	●	●				●					
Umwelt-Controlling: Einhaltung der Anforderungsprofile		●	●			●	●				
Umwelt-Controlling: Einhaltung von gesetzlichen Vor-/schriften/Sicherheitsanforderungen		●				●				●	●
Lieferantenaudit		●	●				●				
Kommunikation intern					●	●					●
Kommunikation extern						●		●	●		●
Information an die Umweltkoordination	●	●	●	●	●		●	●	●	●	●

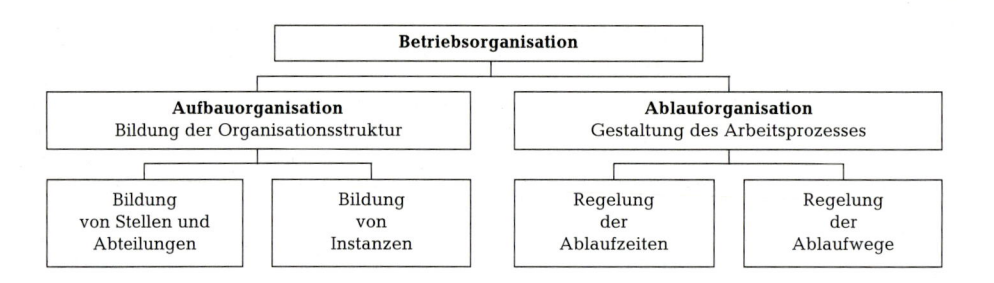

```
                    Betriebsorganisation
          ┌─────────────────┴─────────────────┐
     Aufbauorganisation                 Ablauforganisation
 Bildung der Organisationsstruktur   Gestaltung des Arbeitsprozesses
   ┌─────────┴─────────┐               ┌─────────┴─────────┐
   Bildung          Bildung          Regelung          Regelung
 von Stellen und     von               der               der
   Abteilungen     Instanzen        Ablaufzeiten      Ablaufwege
```

5.4 Kontrolle und Revision

5.5 Rechenschaftslegung und Repräsentation

1. Inwiefern unterscheiden sich Kontrolle und Revision hinsichtlich des Zeitpunktes und des Inhalts?

	Kontrolle	Revision
Zeitpunkt	Fortlaufende Überwachung.	Nachträgliche Überwachung.
Inhalt	Erstreckt sich auf Arbeitsleistungen, Betriebsmittel, Waren, Stoffe und Erzeugnisse.	Erstreckt sich auf die Planung, Organisation, Arbeitsdurchführung und Rechenschaftslegung hinsichtlich deren Richtigkeit und Ordnungsmäßigkeit.

2. „Vertrauen ist gut, Kontrolle ist besser." Beurteilen Sie diese Aussage.

Vertrauen fördert Leistungsbereitschaft und Betriebsklima. Kontrollen verhindern Vertrauensmissbrauch.

Beispiel: Die Delegation (Übertragung) von Aufgaben basiert auf dem Vertrauen in die Leistungsfähigkeit und Leistungsbereitschaft eines Mitarbeiters. Trotzdem ist eine Leistungsüberwachung langfristig notwendig.

3. Erläutern Sie die Rechenschaftslegung des Vorstandes einer AG gegenüber Aufsichtsrat und Hauptversammlung.

– Gegenüber *Aufsichtsrat:* Regelmäßige Berichterstattung über die Geschäftslage (mindestens vierteljährlich).
– Gegenüber *Hauptversammlung:* Vorlage von Jahresabschluss und Geschäftsbericht; Pflicht zur Auskunft an Aktionäre.

4. Auch Einzelunternehmer sind zur Rechenschaftslegung verpflichtet. Geben Sie dafür Beispiele.

Beispiele: Rechenschaft über die Einkünfte aus Gewerbebetrieb gegenüber dem Finanzamt (Steuerbilanz, Steuererklärung); gegenüber dem Gericht im Vergleichs- oder Insolvenzfalle; gegenüber Kreditgebern.

5. Nennen Sie Repräsentationsaufgaben für die obere Leitungsebene.

Vertretung der Unternehmung gegenüber Gemeinden, Staat, Wirtschaftsverbänden, Berufsorganisationen, Lieferern, Kunden.

6. Wodurch unterscheiden sich die Repräsentationsaufgaben eines Geschäftsführers von denen eines Abteilungsleiters?

Der *Geschäftsführer* vertritt das gesamte Unternehmen.

Der *Abteilungsleiter* vertritt nur seinen Funktionsbereich.

5.6 Logistik

1. Beschreiben Sie den Umfang von logistischen Leistungen. S. 176

Logistische Leistungen umfassen die Anlieferung

- der gewünschten Produkte,
- in der geeigneten Menge,
- in der erforderlichen Qualität,
- zur rechten Zeit, am richtigen Ort,
- zu möglichst geringen Kosten,
- an den richtigen Empfänger.

Dabei spielt es keine Rolle, ob es sich um zu beschaffende Rohstoffe/Handelswaren oder abzusetzende Fertigprodukte handelt.

2. Skizzieren Sie den Güter- und Informationsfluss von der Rohstoffbeschaffung bis zum Verbraucher bei der industriellen Fensterproduktion.

Güterfluss: Rohstoffe wie Holz, Glas, Lacke werden vom Lieferanten mit unterschiedlichen Verkehrsmitteln zum Beschaffungslager des Produktionsbetriebes transportiert, dort zwischengelagert bis die einzelnen Stoffe bei der Produktion benötigt werden. Der Durchlauf der Rohstoffe/halbfertigen Produkte hängt von der mengenmäßigen und zeitlichen Kapazität der Produktionsmittel ab. Nach Fertigstellen der Fenster werden sie entweder in das Fertigproduktlager gebracht oder direkt zum Endverbraucher/Handwerksbetrieb.

Informationsfluss: Der Informationsfluss ist zuerst dem Güterfluss gegenläufig: Vom Absatzmarkt kommen die Informationen über Menge und Zeitpunkt der Lieferung der Fertigprodukte. Über die Fertigungssteuerung gehen die Informationen zur Beschaffungsstelle, die anhand von Abfragen im Beschaffungslager den optimalen Bestellzeitpunkt und die optimale Bestellmenge ermittelt. Anschließend gehen die Informationen zu den einzelnen Lieferanten. Wenn daraufhin der Güterfluss einsetzt, wird dieser von den Informationen begleitet (z.B. Sendungsverfolgung) bzw. die Informationen eilen dem Güterfluss voraus (z.B. Meldung über Eintreffen der Rohstoffe).

3. „Die Pelikan AG verzeichnet eine erhebliche Gewinnsteigerung, seit sie die komplette Bewirtschaftung des Zentrallagers in Hannover-Anderten an ein anderes Unternehmen abgegeben hat", betont Pelikan-Geschäftsführer Söhnke Boysen.

Begründen Sie, welche betrieblichen Leistungsbereiche zur Gewinnsteigerung bei der Pelikan AG beigetragen haben könnten.

- Innerbetrieblicher Transport von der Produktion ins Zentrallager: Der eigene Fuhrpark kann dadurch verkleinert oder aufgegeben werden.
- Kommissionierung für die Endkunden im Zentrallager.

- Serviceleistungen des Industriebetriebes werden übertragen, z.B. Gravuren.
- Steigerung der Lieferqualität.
- Lagerverwaltung.
- Transportüberwachung.

4. Beschreiben Sie die Teilsysteme der Logistik.

- Beschaffungslogistik: Bereitstellung der benötigten Produktionsfaktoren mit Vorratshaltung bzw. ohne Vorratshaltung im Just-in-time-Verfahren.
- Produktionslogistik: Versorgung der Produktionsprozesse mit den notwendigen Produktionsfaktoren.
- Distributionslogistik: Bereitstellung der produzierten Güter, um die vorhandene bzw. erwartete Nachfrage zu befriedigen.
- Entsorgungslogistik: Entsorgung von Leergut, Reststoffen und Abfall.

5. Untersuchen Sie, in welchen Abteilungen Ihres Ausbildungsbetriebs logistische Aufgaben erfüllt werden.

Beispiele: Beschaffung, Produktion, Versand, Absatz, Lager.

6. Beschreiben Sie die Aufgabe der Versandlogistik.

Aufgabe der Versandlogistik ist es, die produzierten Güter in der richtigen Art und Menge, zur rechten Zeit am richtigen Ort bereitzustellen, um den Bedarf der Kunden optimal und kostengünstig zu decken. Dabei werden unterschiedliche logistische Leistungen erbracht, je nachdem, ob für den anonymen Markt oder als Auftragsfertigung produziert wird.

Bei der Auftragsfertigung werden logistische Leistungen hinsichtlich der Lieferart, der Liefermenge, des Lieferortes und der Lieferzeit erbracht, um Kundenwunsch und Wirtschaftlichkeit der Auftragserfüllung in Einklang zu bringen.

Bei der Produktion für den anonymen Markt wirkt die Logistik an der zielgerichteten Gestaltung des Marktes mit, um sofort auf Nachfrageänderungen reagieren zu können.

7. Untersuchen Sie in Ihrem Ausbildungsbetrieb, inwieweit die Versandlogistik bereits vor Auftragsannahme mit einbezogen wird.

Beispiele:
- Endprodukt wird in fertigem Zustand oder zerlegt geliefert.
- Lieferung erfolgt als Gesamt- oder Teillieferung,
- Entscheidung über Transportmittel.

8. Suchen Sie Beispiele für Zusatzleistungen, die Industriebetriebe für ihre Kunden übernehmen können.

Beispiele:
- Preisauszeichnung,
- Verpacken in Verkaufsverpackungen/Aufmachungen,
- Fakturierung, Inkasso, Mahnwesen,
- Zusammenstellung von Aktionspaketen.

9. Ein Industriebetrieb überträgt einem logistischen Dienstleister Lagerung, Umschlag und Transport der Produkte. Wägen Sie Vor- und Nachteile ab.

Vorteile:
- Mögliche Kostensenkung, da bisherige Fixkosten zu variablen Kosten werden.
- Spezialisten für Lagerung und Transport führen diese Arbeiten aus.
- Konzentration auf die eigentlichen Kernfelder des Industriebetriebes.

Nachteile:
- Abhängigkeit vom Dienstleister,
- evtl. langfristige Vertragsbindung und deshalb mangelnde Flexibilität.

6 Warenbeschaffung

6.1 Bedarfs- und Bezugsquellenermittlung

S. 184

1. Stellen Sie fest, wer in Ihrem Betrieb zuständig ist für die Beschaffung von
   a) Arbeitskräften,
   b) Grundstücken und Gebäuden,
   c) Fahrzeugen und
   d) Waren.

a) *Beispiele:* Unternehmensleitung, Personalabteilung, Filialleitung.

b) *Beispiele:* Unternehmensleitung, Anlagenverwaltung, Filialleitung.

c) *Beispiele:* Unternehmensleitung, Abteilungsleitung, Filialleitung.

d) *Beispiele:* Unternehmensleitung, Einkaufsabteilung, Abteilungsleitung, Filialleitung.

2. Bei welchen Waren spielt die soziale Schichtung und Kaufkraft des Kundenkreises eine Rolle für den Sortimentsaufbau eines Handelsbetriebes?

Beispiele:
- Kleidung: Billige Massenkonfektion – teure Modellstücke;
- Lebensmittel: Gängige Verbrauchsware – differenzierte Feinkost;
- Möbel: Preiswerte Aufbaumöbel – kostspielige Luxusausstattung.

3. In einem Großhandelsbetrieb wird bei der Beschaffung einer Warensorte mit folgenden Bedingungen gerechnet:

   Ein 3-Monats-Bedarf beträgt 6.000 Stück. Listenpreis 10 EUR je Stück. Der Lieferer gewährt bei einer Abnahme von 2.000 Stück 3%, bei einer Abnahme von 4.000 Stück 5%, bei einer Abnahme von 6.000 Stück 10% Mengenrabatt.

   Der Transport kostet bei drei Bestellvorgängen 2.850 EUR, bei eineinhalb Bestellvorgängen 2.550 EUR, bei einem Bestellvorgang 2.250 EUR.

   Die Bestellkosten (Bedarfs- und Bezugsquellenermittlung, Bestellung, Lieferungsüberwachung) betragen je Bestellvorgang 150 EUR. Die täglichen Lagerhaltungskosten belaufen sich auf 0,025 EUR je Stück.

   Wegen der Rabattstaffel wird die Bestellung in Einheiten von 2.000, 4.000 oder 6.000 Stück in Erwägung gezogen. Berechnen Sie die optimale Bestellmenge!

Fall	I	II	III
Bestellmenge	2.000 Stück	4.000 Stück	6.000 Stück
Bestellvorgänge	3	1,5	1
Beschaffungskosten			
Rechnungspreis	= 60.000	= 60.000	= 60.000
abzüglich Rabatt	= 1.800	= 3.000	= 6.000
Einkaufspreis	= 58.200	= 57.000	= 54.000
Transportkosten	= 2.850	= 2.550	= 2.250
Bestellkosten	= 450	= 225	= 150
Beschaffungskosten	= 61.500	= 59.775	= 56.400
Lagerhaltungskosten $\left(k \times \frac{M}{2} \times t\right) \times$ Anzahl der Lagerperioden	$(0{,}025 \times 1.000 \times 30)$ $\times 3$ = 2.250	$(0{,}025 \times 2.000 \times 60)$ $\times 1{,}5$ = 4.500	$(0{,}025 \times 3.000 \times 90)$ $\times 1$ = 6.750
Summe: Beschaffungs- und Lagerhaltungskosten für 6.000 Stück	= 63.750	= 64.275	= 63.150

Im vorangegangenen Beispiel wäre die optimale Bestellmenge bei 6.000 Stück (Fall III mit einem Bestellvorgang).

4. **Warum bestellen Textilgeschäfte die Sommerartikel meist schon im Herbst des vorangehenden Jahres?**

Textilfabriken legen die Musterkollektionen so frühzeitig vor, dass entsprechend den Bestellmengen während des Winters produziert und bis Frühjahr geliefert werden kann.

5. **Warum decken Privathaushalte ihren Bedarf an Heizmaterial möglicherweise bereits im Sommer?**

Günstige Sommerpreise, weil allgemein eine geringere Nachfrage im Sommer besteht.

6. **Ein Großhändler erhielt von zwei verschiedenen Lieferern ein Angebot für die gleiche Warensorte zu folgenden Bedingungen:**

	Angebot A	Angebot B
Rechnungspreis (netto)	1.000 EUR	1.000 EUR
Rabatt	5%	3%
Skonto	2%	2%
Bezugskosten	44 EUR	frei Haus

Am Absatzmarkt kann die Ware für 1.600 EUR (netto) verkauft werden. Der Großhändler rechnet mit einer Handelsspanne von 40% (siehe Abschnitt 6.7.1).

a) Ermitteln Sie die Preisobergrenze für den Einkauf.

b) Welches Angebot müsste bei sonst gleichen Bedingungen den Zuschlag erhalten?

a) 1.600 EUR minus 40 % Handelsspanne = 960 EUR Bezugspreis (Obergrenze).

b)

	Angebot A		Angebot B	
Rechnungspreis		1.000,00		1.000,00
– Rabatt	5%	50,00	3%	30,00
– Skonto	2%	19,00	2%	19,40
+ Bezugskosten		44,00		0,00
Bezugspreis		**975,00**		**950,60**

Angebot B müsste den Zuschlag erhalten. Es ist das günstigere Angebot und liegt unter der Preisobergrenze.

> **7. Stellen Sie fest, welche Waren Ihres Betriebes bei einer ABC-Analyse in die Wertklasse A gehören würden.**

Beispiele: Güter, deren Anteil am wertmäßigen Gesamteinsatz (Menge × Bezugspreis) jeweils *mindestens 10%* ausmacht.

> **8. Eine Großhandlung hat bei einer bestimmten Ware einen Jahresbedarf von 100.000 Stück. Der Einstandspreis der Ware beträgt 12,50 EUR je Stück. Unabhängig von der Bestellmenge fallen bei jeder Bestellung fixe Kosten in Höhe von 40,00 EUR an. Der Lagerkostensatz (Lagerhaltungskosten × 100 / durchschnittlicher Lagerbestand) liegt bei 16%.**
>
> Im Rahmen der Beschaffungsplanung muss entschieden werden, wie oft die Ware während des Jahres bestellt werden soll. Werden die 100.000 Stück auf einmal bestellt, fallen 40,00 EUR bestellfixe Kosten und 100.000 EUR Lagerhaltungskosten (100.000 / 2 × 12,50 × 0,16) an. Die kostengünstigste Bestellmenge ist dann erreicht, wenn die Summe aus Beschaffungs- und Lagerhaltungskosten am niedrigsten ist (optimale Bestellmenge).
>
> a) Bei welcher Bestellmenge ist für die genannten Daten die Summe aus Beschaffungskosten und Lagerhaltungskosten am niedrigsten?
>
> b) Wodurch sind die Mehrkosten bedingt
> – bei höheren Bestellmengen,
> – bei niedrigeren Bestellmengen?
>
> c) Für die Bestellmengen 400, 800, 1.200, 1.600, 2.000, 2.400, 2.800, 3.200, 3.600, 4.000 Stück sollen
> – die Beschaffungskosten,
> – die Lagerhaltungskosten,
> – die Gesamtkosten
>
> grafisch in einem Koordinatensystem dargestellt werden (Y-Achse: Kosten, X-Achse: Bestellmenge). Wie lässt sich die optimale Bestellmenge grafisch bestimmen?
>
> d) Wie ändert sich die optimale Bestellmenge jeweils gegenüber der Ausgangssituation, wenn
> – der Jahresbedarf auf 110.000 Stück steigt,
> – der Einstandspreis auf Grund eines Liefererrabatts auf 11,25 EUR sinkt,
> – die bestellfixen Kosten auf 55,00 EUR steigen,
> – der Lagerkostensatz auf 20% steigt?
> Erläutern Sie diese Veränderungen.

a)

Jahresbedarf M = 100.000 Stück Bestellmenge x Stück	Anzahl der Beschaffungsvorgänge $\frac{M}{x}$	Beschaffungskosten			Lagerhaltungskosten $\frac{x}{2} \cdot p \cdot \frac{Lks}{100}$ EUR	Gesamtkosten (Summe der Beschaffungs- und Lagerhaltungskosten) EUR
		Einstandspreis p · x EUR	Bestellfixe Kosten $f \cdot \frac{M}{x}$ EUR	insgesamt EUR		
400	250	5.000	10.000	15.000	400	15.400
540	185	6.750	7.407,4	14.157,4	540	14.697,4
541	185	6.762,5	7.393,7	14.156,2	541	14.697,2
542	185	6.775	7.380	14.155	542	14.697
543	184	6.787,5	7.366,5	14.154	543	14.697
544	**184**	**6.800**	**7.352,9**	**14.152,9**	**544**	**14.696,9**
545	183	6.812,5	7.339,5	14.152	545	14.697
800	125	10.000	5.000	15.000	800	15.800
1.200	83	15.000	3.333	18.333	1.200	19.533
1.600	63	20.000	2.500	22.500	1.600	24.100
2.000	50	25.000	2.000	27.000	2.000	29.000
2.400	42	30.000	1.667	31.667	2.400	34.067
2.800	36	35.000	1.429	36.429	2.800	39.229
3.200	31	40.000	1.250	41.250	3.200	44.450
3.600	28	45.000	1.111	46.111	3.600	49.711
4.000	25	50.000	1.000	51.000	4.000	55.000

Ergebnis: Die optimale Bestellmenge liegt im Bereich von 540 bis 545 Stück (544 Stück).

b) Ursachen für die Mehrkosten

– bei *höheren* Bestellmengen: Die Steigerung der Einstandspreise und der Lagerhaltungskosten ist stärker als die Einsparung bestellfixer Kosten.

– bei *niedrigeren* Bestellmengen: Der Anstieg der bestellfixen Kosten ist stärker als die Einsparung der Einstandspreise und der Lagerhaltungskosten.

c)

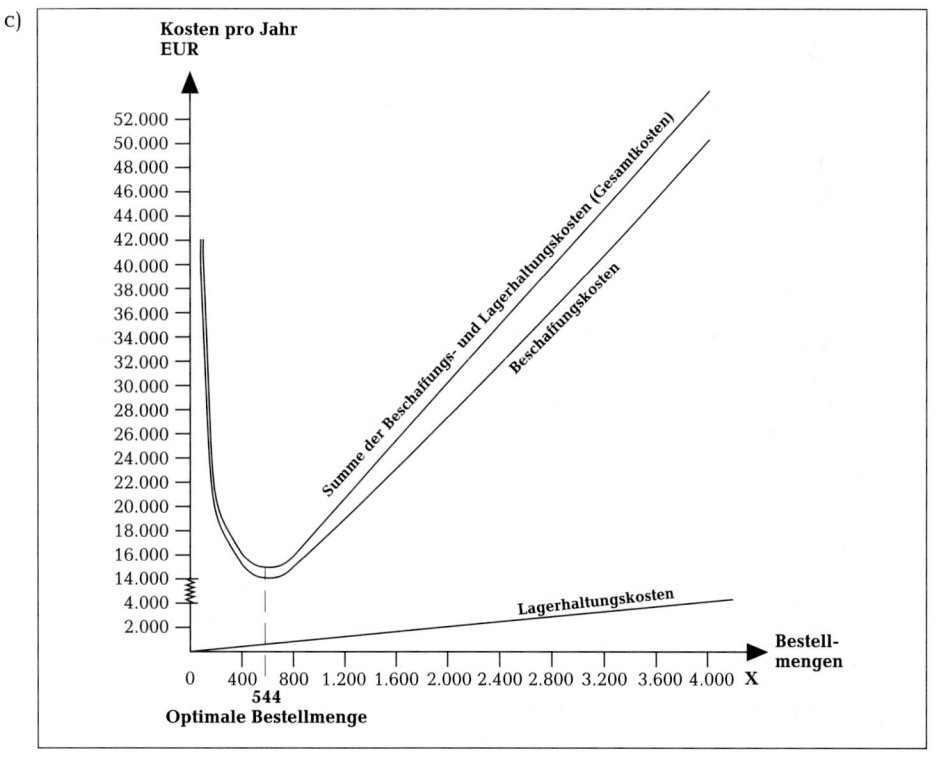

d) – Optimale Bestellmenge bei 110.000 Stück Jahresbedarf:

Bestell-menge	Anzahl der Be-schaffungs-vorgänge	Beschaffungskosten			Lager-haltungs-kosten	Gesamt-kosten
		Einstands-preis	Bestellfixe Kosten	insge-samt		
Stück		EUR	EUR	EUR	EUR	EUR
544	202	6.800	8.088	14.888	544	14.432
560	196	7.000	7.857	14.857	560	15.417
569	193	7.113	7.733	14.846	569	15.415
570	**193**	**7.125**	**7.719**	**14.844**	**570**	**15.414**
571	193	7.138	7.706	14.844	571	15.415
580	190	7.250	7.586	14.836	580	15.416

Ergebnis: Die optimale Bestellmenge erhöht sich von 544 auf 570 Stück.

Begründung: Ein höherer Jahresbedarf würde bei gleichbleibenden Bestellmengen mehr Beschaffungsvorgänge auslösen. Dadurch würden die bestellfixen Kosten sprunghaft ansteigen. Durch höhere Bestellmengen werden die Zahl der Bestellvorgänge und damit die bestellfixen Kosten niedriger gehalten.

– Optimale Bestellmenge bei Einstandspreis 11,25 EUR:

Bestell-menge	Anzahl der Be-schaffungs-vorgänge	Beschaffungskosten			Lager-haltungs-kosten	Gesamt-kosten
		Einstands-preis	Bestellfixe Kosten	insge-samt		
Stück		EUR	EUR	EUR	EUR	EUR
544	184	6.120	7.353	13.473	490	13.963
560	179	6.300	7.143	13.443	504	13.947
567	176	6.379	7.055	13.434	510	13.944
568	176	6.390	7.042,3	13.432,3	511,2	13.943,5
569	**176**	**6.401,3**	**7.029,8**	**13.431,1**	**512,1**	**13.943,2**
570	175	6.413	7.018	13.431	513	13.944

Ergebnis: Die optimale Bestellmenge erhöht sich von 544 auf 569 Stück.

Begründung: Ein niedrigerer Einstandspreis vermindert das rechnerische Gewicht der variablen Beschaffungskosten und auch der Lagerhaltungskosten. Durch höhere Bestellmengen lässt sich die Anzahl der Bestellvorgänge und damit auch das Gewicht der bestellfixen Kosten vermindern, sodass die Gesamtkosten sinken.

– Optimale Bestellmenge bei bestellfixen Kosten von 55 EUR:

Bestell-menge	Anzahl der Be-schaffungs-vorgänge	Beschaffungskosten			Lager-haltungs-kosten	Gesamt-kosten
		Einstands-preis	Bestellfixe Kosten	insge-samt		
Stück		EUR	EUR	EUR	EUR	EUR
544	184	6.800	10.110	16.910	544	17.454
630	159	7.875	8.730	16.605	630	17.235
637	157	7.962,5	8.634,2	16.596,7	637	17.233,7
638	**157**	**7.975**	**8.620,69**	**16.595,69**	**638**	**17.233,69**
639	156	7.987,5	8.607,2	16.594,7	639	17.233,7
640	156	8.000	8.594	16.594	640	17.234

Ergebnis: Die optimale Bestellmenge erhöht sich von 544 auf 638 Stück.

Begründung: Höhere bestellfixe Kosten erfordern einen Ausgleich durch eine geringere Zahl von Bestellvorgängen bei jeweils größeren Bestellmengen.

– Optimale Bestellmenge bei einem Lagerkostensatz von 20 %:

| Bestell-menge | Anzahl der Be-schaffungs-vorgänge | Beschaffungskosten | | | Lager-haltungs-kosten | Gesamt-kosten |
| | | Einstands-preis | Bestellfixe Kosten | insge-samt | | |
Stück		EUR	EUR	EUR	EUR	EUR
544	184	6.800	7.353	14.153	680	14.833
530	189	6.625	7.547,2	14.172,2	662,5	14.834,7
538	186	6.725	7.434,94	14.159,94	672,5	14.832,44
539	**186**	**6.737,5**	**7.421,15**	**14.158,65**	**673,75**	**14.832,4**
540	185	6.750	7.407,41	14.157,41	675	14.832,41
545	183	6.812,5	7.339,45	14.151,95	681,25	14.833,2

Ergebnis: Die optimale Bestellmenge vermindert sich von 544 auf 539 Stück.

Begründung: Bei höheren Lagerhaltungskosten muss der Lagerbestand verringert, d.h. es müssen die jeweiligen Bestellmengen und damit die Lagerzugänge kleiner gehalten werden.

9. Begründen Sie, welche Daten einer Bezugsquellendatei für die Auswahl eines Lieferanten von besonderer Bedeutung sind.

Warenarten, Preise, Liefer- und Zahlungsbedingungen, Erfahrungen. Sie sind Grundlagen für eine Entscheidung bei der Bestellung.

10. Ein Handelsbetrieb führt seine Waren überwiegend aus Ostasien ein.

    a) Welche Risiken ergeben sich daraus für den Betrieb?

    b) Wie könnte diesen Risiken im Rahmen der Sortiments-, Mengen-, Zeit- und Bezugsquellenplanung begegnet werden?

a) Unsicherheit laufender Lieferbereitschaft, Lieferfristen, Transportrisiko, Preisrisiko, Qualitätsrisiko, Wechselkursrisiko, politisches Risiko.

b) Risiko*streuung* (Bezugsquellenstreuung), vertragliche Risiko*begrenzung* (Kauf auf Abruf, günstiger Erfüllungsort, Vertragsstrafe), *Eigenvorsorge* durch Lagerhaltung.

6.2 Zustandekommen des Kaufvertrages

1. Die Vinifera Handels GmbH, Kehl, führt in- und ausländische Weine. Für das 4. Quartal wird mit einem Bedarf von 50.000 l Beaujolais Primeur gerechnet.

   Der GmbH liegt ein Angebot der Weinagentur Sauer, Heilbronn, vor. Die Geschäftsleitung wünscht weitere Angebote.

   a) Warum will die Geschäftsleitung weitere Angebote einholen?

   b) Welche Informationsquellen können zur Ermittlung weiterer Lieferer herangezogen werden?

S. 194

a) Die Einholung weiterer Angebote ermöglicht eine Auswahl durch Angebotsvergleich (Qualitäts-, Preis-, Terminvergleich).

b) Informationsquellen:
   – Adressbücher: Branchenadressbücher, Telefonbücher (gelbe Seiten), Telefax- und Telexverzeichnisse;
   – Bezugsquellenübersichten, Lieferantenverzeichnis der Industrie- und Handelskammern;

- Adressenverlage: Adresslisten, fertige Adressen;
- Fachzeitschriften: Anzeigenteil;
- CD-ROM: Produktinformationen von Lieferern;
- Internet: Präsentationen von Produkt- und Sortimentsangeboten durch Lieferanten;
- Messen und Ausstellungen;
- Marktforschungsinstitute;
- Geschäftsfreunde, Banken, Auskunfteien;
- Werbebriefe, Angebote, Prospekte, Kataloge;
- Berichte von Reisenden und Vertretern.

2. Warum gibt ein Kaufmann seinen Kunden häufig freibleibende Angebote ab?

Verkäufer will die Angebotsbindung *offen* halten, d.h. die Lieferung überhaupt oder die Preise bzw. die Lieferungs- und Zahlungsbedingungen. Dadurch können mehr Angebote erteilt werden als maximal Kunden beliefert werden könnten.

3. Wie kann sich der Lieferer verhalten, der kurz nach Absendung seines brieflichen Angebotes erfährt, dass der Preis für die angebotene Ware gestiegen ist?

Widerruf mittels Telefon, Telefax, Telex, E-Mail. Rückruf des (eingeschriebenen) Angebotsbriefes.

4. Der Weingroßhändler Karl Lang e.K., Mainz, macht dem Kunden Fritz Kaiser, Kassel, ein schriftliches Angebot von Flaschenwein zu 3,50 EUR für eine Flasche, bei Abnahme von mindestens 100 Flaschen zu 3,00 EUR. Der Brief wird am 20. Mai zur Post gegeben.

a) Kaiser antwortet auf das Angebot überhaupt nicht. Welche rechtliche Wirkung ergibt sich daraus?

b) Da am 30. Mai keine Bestellung vorliegt, verkauft Lang die Ware anderweitig. Am 31. Mai trifft von Kaiser eine Bestellung ein. Wie ist die Rechtslage?

c) Aus dem Poststempel und dem Briefdatum ergibt sich, dass Kaiser seinen Bestellbrief am 23. Mai abends zur Post gegeben hat. Die Zustellung ist offensichtlich durch die Post verzögert worden. Wie wird sich Lang verhalten?

d) Am 22. Mai bestellt Kaiser 40 Flaschen Wein zu 3,00 EUR für eine Flasche. Wie stellt sich Lang dazu?

e) Lang, dessen Angebot am 20. Mai abgesandt wurde, kann noch am selben Tag die Ware günstiger an einen anderen Kunden verkaufen. Was tut er?

a) Angebot *erlischt*.

b) Da das Angebot vor Eintreffen der Bestellung erloschen war, kommt ein Kaufvertrag *noch nicht* zustande. Bestellung ist neuer Antrag.

c) Lang ist trotz rechtzeitiger Absendung der Bestellung *nicht* an sein Angebot gebunden. Er muss Kaiser aber unverzüglich davon benachrichtigen, dass sich die Post verspätet hatte.

d) Angebotsbedingungen wurden durch die Bestellung abgeändert. Vertrag kommt *nicht* zustande. Bestellung ist neuer Antrag.

e) *Widerruf* des Angebotes; er muss spätestens mit dem Angebot beim Kunden eintreffen. Widerruf könnte jedoch Kunden verärgern.

> **5. Lohnt sich bei der Zahlungsbedingung „Zahlung innerhalb 10 Tagen mit 3 % Skonto oder 60 Tagen netto Kasse" die Aufnahme eines Bankkredits zu 12 %? Begründen Sie Ihre Entscheidung.**

Für 50 Tage frühere Bezahlung innerhalb der Skontofrist können 3 % Skonto einbehalten werden. Das entspricht einem Jahreszins von $\frac{3 \times 360}{50}$ % = 21,6 %.

Es ist zinsgünstiger (21,6 % minus 12 % = 9,6 % Zinsgewinn), für diese Zeit den Bankkredit zu nehmen, um mit Skontoabzug bezahlen zu können.

> **6. Einem Kunden sind drei Angebote gemacht worden:**
> - **4.160 EUR ab Werk, Ziel zwei Monate, bei Barzahlung 2 % Skonto,**
> - **4.200 EUR frei Haus, Ziel zwei Monate netto, oder Kasse innerhalb von 14 Tagen mit 1 % Skonto,**
> - **4.128 EUR ab Station netto Kasse.**
>
> **Welches Angebot ist das günstigste Angebot, wenn für Fracht 96 EUR, für An- und Zufuhr je 32 EUR zu rechnen sind?**

		1. Angebot		2. Angebot	3. Angebot
Angebotspreis		4.160,00		4.200,00	4.128,00
– Skonto	2 %	83,20	1 %	42,00	0,00
+ Anfuhr		32,00		0,00	0,00
+ Fracht		96,00		0,00	96,00
+ Zufuhr		32,00		0,00	32,00
Bezugspreis		**4.236,80**		**4.158,00**	**4.256,00**

Ergebnis: Das 2. Angebot mit dem höchsten Angebotspreis (4.200 EUR) ist für den Kunden das günstigste.

> **7. Das Unternehmen Schäfer & Co. KG, Textilgroßhandlung, ..., unterbreitet dem Bekleidungshaus Wilhelm Kaufmann e.K., ..., auf die vorausgegangene Anfrage vom ... ein Angebot nach beiliegendem Musterbuch und Preisliste. Die Preise verstehen sich ab Werk einschließlich Verpackung. Lieferung innerhalb sechs Wochen nach Auftragseingang möglich. Zahlung zwei Monate nach Rechnungserteilung ohne Abzug, innerhalb 14 Tagen mit 3 % Skonto. Eine Auswahl von Stoffproben liegt bei.**
>
> **Verfassen Sie das Angebotsschreiben. Weisen Sie dabei besonders auf die Güte der Stoffe und der Verarbeitung hin.**

Brieftext: Wir danken für Ihre Anfrage vom ... und unterbreiten Ihnen hiermit das gewünschte Angebot nach beiliegendem Musterbuch. Damit Sie sich von der ausgezeichneten Qualität unserer Stoffe überzeugen können, legen wir eine Auswahl von Stoffproben bei. Außerdem garantieren wir eine einwandfreie Verarbeitung der Stoffe. Die Preise laut angefügter Preisliste verstehen sich ab Werk einschließlich Verpackung. Wir sind in der Lage, Sie innerhalb sechs Wochen nach Auftragseingang zu beliefern. Unsere Zahlungsbedingungen lauten: Zahlung innerhalb zwei Monaten nach Rechnungserteilung ohne Abzug, innerhalb von 14 Tagen mit 3 % Skontogewährung. Wir hoffen, bald Ihren Auftrag zu erhalten.

> 8. a) Was bedeuten die Höchstpunktzahlen in der Entscheidungsbewertungstabelle zur Liefererauswahl?
>
> b) Angenommen der Lieferer B fällt aus. Welche zusätzlichen Entscheidungskriterien würden Sie zur Entscheidung zwischen Lieferer A und C heranziehen (Bild, Seite 189)?

a) Höchstmögliche Gewichtung der Entscheidungskriterien entsprechend ihrer Bedeutung für den beschaffenden Betrieb.

b) *Beispiele:* Langjährige Geschäftsbeziehungen, eventuell bei früheren Lieferungen gemachte gute Erfahrungen, Verhalten bei Reklamationen (Kulanzverhalten), Standortnähe, Größe des Geschäftes, Ruf (Image), Auskünfte.

> 9. In der Verkaufsabteilung der Techno AG geht eine Bestellung ein, die sich auf ein vor geraumer Zeit abgegebenes Angebot bezieht. Der Auszubildende Rührig veranlasst ohne Rücksprache mit seinem Vorgesetzten die Lieferung.
>
> a) Der Vorgesetzte des Azubi ist, sobald er von diesem Vorgang erfährt, sehr verärgert. Er hätte die Bestellung abgelehnt. Welche Gründe sind dafür denkbar?
>
> b) Angenommen der Kunde der Techno AG hätte seine Bestellung widerrufen wollen. Welche Ursachen könnten hierfür infrage kommen? Erläutern Sie außerdem die Möglichkeiten und Grenzen des Widerrufs.
>
> c) Wieso kam in obigem Fall ein rechtswirksamer Kaufvertrag zustande, obwohl keine Bestellungsannahme erfolgte?
>
> d) Bilden Sie Beispiele, in denen eine Bestellungsannahme für das Entstehen des Kaufvertrages erforderlich ist.

a) *Denkbare Gründe:*

- Das Angebot war freibleibend; der Vorgesetzte wollte sich die Lieferungsentscheidung vorbehalten.
- Die Bedingungen in der Bestellung wichen von den Angebotsbedingungen ab, waren ungünstiger.
- Der Vorgesetzte hat über den Besteller ungünstige Auskünfte erhalten (Zahlungsmoral, Zahlungsschwierigkeiten).

b) *Beispiele für Widerrufsursachen:*

- Der Kunde hat nach der Bestellung ein noch günstigeres Angebot von einem anderen Lieferer erhalten.
- Der Geschäftsverlauf hat sich beim Kunden rückläufig entwickelt, sodass er die Lieferung nicht mehr benötigt.

Da eine Bestellung erst wirksam wird, wenn sie dem Lieferer zugegangen ist, kann sie bis zum Eintreffen beim Empfänger widerrufen werden. Der Widerruf muss möglichst vor, spätestens gleichzeitig mit der Bestellung beim Lieferer eingehen.

Eine briefliche Bestellung könnte also per Telefon, Telefax, E-Mail oder Telex widerrufen werden.

c) Das Angebot war unbefristet und verbindlich. Die Bestellung entsprach den Bedingungen des Angebotes.

d) *Beispiele:*

- Der Bestellung war kein Angebot vorausgegangen.
- Ein der Bestellung vorausgegangenes Angebot war unverbindlich.

- Eine Angebotsfrist war bei der Bestellung abgelaufen.
- Die Angebotsbedingungen wurden in der Bestellung abgeändert (Preis, Lieferungs- und Zahlungsbedingungen).

10. Nehmen Sie Stellung zu der Behauptung, durch die Anfrage eines Kunden und ein darauf folgendes Angebot des Lieferers komme ein Kaufvertrag zustande.

Behauptung stimmt *nicht*. Anfragender ist an seine Anfrage rechtlich *nicht* gebunden. Angebot bedarf der Annahme.

11. Die Textilgroßhandlung Rosa Landwehr e.K., Breite Straße 2, 36039 Fulda, erwartet größere Absatzmöglichkeiten für Skianzüge. Sie erkundigen sich bei der Textilfabrik Günter Holk OHG, Wilhelmstraße 1, 34117 Kassel, nach den derzeitigen Mustern, Preisen, Lieferungs- und Zahlungsbedingungen. Um Vertreterbesuch wird gebeten.

Entwerfen Sie den Brieftext.

Brieftext: Für die kommende Saison erwarten wir Absatzmöglichkeiten in größerem Umfang für Skianzüge aller Art. Wir sind deshalb an einem Angebot von Ihnen interessiert. Veranlassen Sie bitte den Besuch Ihres Vertreters, damit er uns Ihre neueste Musterkollektion vorlegt und Ihre derzeitigen Preise sowie Lieferungs- und Zahlungsbedingungen mitteilt.

12. In welchem Falle gilt die Bestellung beim Vertragsabschluss
   a) als Antrag,
   b) als Annahme?

a) Bestellung gilt als *Antrag*, wenn
   - kein Angebot vorausging,
   - ein unverbindliches Angebot vorausging,
   - die Bestellung inhaltlich mit dem vorausgegangenen Angebot nicht übereinstimmt,
   - die Bestellung nach Ablauf einer Angebotsfrist eingeht.

b) Bestellung gilt als *Annahme*,
   - wenn sie auf ein verbindliches Angebot folgt,
   - wenn sie rechtzeitig (innerhalb einer Angebotsfrist) eingeht,
   - wenn sie inhaltlich mit dem Angebot übereinstimmt.

13. Ein Hobby-Gärtner erhält von einem Solinger Stahlwarenhändler unbestellt eine Heckenschere zugesandt. Im Begleitschreiben wird mitgeteilt, dass die Schere bezahlt werden müsse, falls sie nicht binnen 14 Tagen zurückgeschickt werde. Der Empfänger ist an der Heckenschere nicht interessiert, legt sie zu den übrigen Gartengeräten und vergisst sie. Nach vier Wochen erhält er eine Mahnung.
   a) Ist der Empfänger mit der Heckenschere ordnungsgemäß verfahren?
   b) Muss er den Kaufpreis bezahlen?
   c) Wer hat den Schaden zu tragen, wenn die Schere wie die übrigen Gartengeräte durch Regenwasser infolge eines Unwetters verrostet ist?

a) Ja, er hat sie so aufbewahrt, wie er üblicherweise mit seinen Gartengeräten verfährt.
b) Nein; es besteht keine Rücksendungs-, sondern nur eine Aufbewahrungspflicht.
c) Der Stahlwarenhändler.

14. Wie verhalten Sie sich, wenn Ihnen unbestellt eine Sendung Postkarten mit der schriftlichen Bitte ins Haus geschickt wird, für die Sendung umgehend 10 EUR zu bezahlen oder die Postkarten zurückzuschicken?

Weder Rücksendungs- noch Zahlungspflicht. Nur Aufbewahrungspflicht (Bereithaltung zur Abholung).

15. Begründen Sie, weshalb der Kaufvertrag ein zweiseitig verpflichtendes Rechtsgeschäft ist.

Durch den Kaufvertrag werden *Verkäufer und Käufer* verpflichtet:

– Verkäufer zu vertragsmäßiger und rechtzeitiger Lieferung,

– Käufer zur Annahme und Zahlung.

16. Stellen Sie dar, unter welchen Voraussetzungen ein Kaufvertrag ordnungsgemäß erfüllt ist.

– Für den *Verkäufer*, wenn er den Kaufgegenstand mangelfrei und rechtzeitig übertragen und den Kaufpreis angenommen hat;

– für den *Käufer*, wenn er den Kaufgegenstand angenommen und den Kaufpreis rechtzeitig bezahlt hat.

17. Sie kaufen im Fachgeschäft einen Motorroller. Stellen Sie dar, welche Vorgänge dabei

  a) zum Vertragsabschluss führen,

  b) zur Vertragserfüllung gehören.

a) Angebot und Bestellung (Auftrag) bzw. Bestellung (Auftrag) und Bestellungsannahme (Auftragsbestätigung).

b) Übergabe und Annahme des Mopeds, Zahlung und Annahme des Kaufpreises.

18. In welchen Fällen ist ein Kaufvertrag zustande gekommen?
  a) Durch schriftliche Bestellung auf ein mündlich erteiltes Angebot.
  b) Durch Bestellung per Telefax auf ein freibleibendes Angebot.
  c) Durch Bestellung auf ein unverbindliches Angebot.
  d) Durch Bestellung und Bestellungsannahme.
  e) Durch Annahme eines befristeten Angebotes nach Ablauf der Angebotsfrist.

a) – Ja, sofern die schriftliche Bestellung noch *während* des Verkaufsgesprächs aufgenommen wird (z. B. auf Bestellvordruck bei einem Ladenkauf).

  – Nein, wenn die schriftliche Bestellung erst *nach Beendigung* des Verkaufsgesprächs erfolgt.

  Die Form von Angebot und Bestellung ist unerheblich.

b) Nein. Bestellung auf freibleibendes Angebot ist erst ein Antrag, der noch der Annahme bedarf.

c) Nein. Bestellung auf unverbindliches Angebot ist erst ein Antrag, der noch der Annahme bedarf.

d) Ja, Bestellung ist ein Antrag, der durch die Bestellungsannahme zum Vertragsabschluss führt.

e) Nein. Die Annahme eines befristeten Angebotes muss vor Ablauf der Angebotsfrist erfolgen.

> **19. Begründen Sie, ob folgende Behauptungen richtig oder falsch sind:**
>
> **a) Jeder Partner beim Kaufvertrag ist sowohl Schuldner als auch Gläubiger.**
>
> **b) Bei der Zusendung unbestellter Ware bewirkt Stillschweigen des Empfängers immer, dass ein Kaufvertrag zustande kommt.**
>
> **c) Durch die Anfrage eines Kunden und ein darauf folgendes Angebot des Lieferers kommt ein Kaufvertrag zustande.**

a) Richtig

	Verkäufer ist	Käufer ist
Schuldner	der Lieferung	der Zahlung
Gläubiger	der Zahlung	der Lieferung

b) Falsch
  - Nur wenn der Empfänger der unbestellten Ware ein *Kaufmann mit* bestehender Geschäftsverbindung ist, gilt sein Stillschweigen als Annahme, sofern die Zusendung unbestellter Ware branchen- oder geschäftsüblich ist.
  - Ist der Empfänger ein *Privatmann* oder ein *Kaufmann ohne* bestehende Geschäftsverbindung, so gilt Stillschweigen als Ablehnung.

c) Falsch. Die Anfrage ist rechtlich unverbindlich und stellt keine auf Vertragsabschluss gerichtete Willenserklärung dar. Das Angebot ist daher erst der Antrag, welcher der Annahme durch eine Bestellung bedarf.

> **20. Das Unternehmen Eugen Lederer e.K. hat heute vormittag von der Pfitzer Tontechnik KG, mit der es bisher keine Geschäftsverbindungen pflegte, unbestellt zehn Paar Kopfhörer zugesandt bekommen. Die Pfitzer Tontechnik KG bittet um Rücksendung bei Nichtabnahme.**
>
> **Welche Pflichten obliegen dem Unternehmen Lederer in diesem Falle (Begründung)?**

Die Zusendung unbestellter Ware ist ein Angebot. Da Lederer mit Pfitzer bislang keine geschäftlichen Beziehungen hatte, gilt sein Stillschweigen als Ablehnung des Antrages.

Lederer ist weder zur Ablehnung des Angebotes noch zur Rücksendung bei Nichtabnahme verpflichtet. Er muss die Kopfhörer mit der Sorgfalt eines ordentlichen Kaufmannes aufbewahren und Pfitzer zur Verfügung halten.

Wenn Lederer die Kopfhörer weiterveräußert oder in Gebrauch nimmt, gilt dies als Annahme des Angebotes. Der Kaufvertrag ist dann zustande gekommen. Lederer muss in diesem Fall die Kopfhörer bezahlen.

6.3 Inhalt des Kaufvertrages

S. 205

1. Jemand kauft von einer Ware 400 kg (Reingewicht) zu 180 EUR für 100 kg. Die Verpackung wiegt 10 kg, ihr Selbstkostenwert ist 24 EUR. Über welche Beträge lautet die Rechnung, wenn vereinbart ist

   a) Preis vom Reingewicht einschließlich Verpackung,

   b) Preis vom Reingewicht ausschließlich Verpackung,

   c) brutto für netto?

a) Bedingung: Reingewicht einschließlich Verpackung:

   400 kg mal 1,80 EUR = 720 EUR.

b) Bedingung: Reingewicht ausschließlich Verpackung:

   720 EUR + 24 EUR Verpackung = 744 EUR.

c) Bedingung: Rohgewicht einschließlich Verpackung:

   410 kg mal 1,80 EUR = 738 EUR.

2. Zu welchem Preis muss ein Verkäufer eine Ware, die ab Lager 600,00 EUR kostet, anbieten, wenn das Rollgeld für An- und Abfuhr je 20,00 EUR und die Bahnfracht 43,90 EUR beträgt?

   a) ab hier,   b) frei dort,   c) frei Haus?

	a) ab hier	b) frei dort	c) frei Haus
Preis ab Lager	600,00	600,00	600,00
Anfuhr	20,00	20,00	20,00
Bahnfracht	0,00	43,90	43,90
Zufuhr	0,00	0,00	20,00
Angebotspreis	**620,00**	**663,90**	**683,90**

3. Auf eine Bestellung vom 1. April erfolgt die Lieferung am 15 April. Wann ist bei den verschiedenen Zahlungsbedingungen der Rechnungsbetrag fällig (Bild Seite 200)?

Zahlungsbedingungen	Fälligkeit zur Zahlung
Zahlung bei Bestellung	1. April
Anzahlung	1. und 15. April
Zahlung im Voraus	bis spätestens 15. April
netto Kasse gegen Rechnung	bei Rechnungserteilung
gegen bar	15. April
gegen Nachnahme	bei Vorzeigen der Nachnahme
Abzahlung in 4 Monatsraten	15. April, 15. Mai, 15. Juni, 15. Juli
Ziel 1 Monat, innerhalb von 30 Tagen	15. Mai
Ziel 2 Monate und 3 Monate Valuta	15. September
zahlbar in 2 Monaten mit 2 % Skonto	15. Juni mit 2 % Skonto
Ziel 2 Monate oder Kasse innerhalb 14 Tagen mit 1 % Skonto	15. Juni ohne Skontoabzug oder 29. April mit 1 % Skonto
Ziel 3 Monate gegen Wechsel	Wechselverfalltag 15. Juli.

4. Machen Sie die dem Bild, Seite 203, entsprechende Aufstellung, wenn durch Kaufleute vertraglich „Erfüllungsort für beide Teile Stuttgart" vereinbart ist.

„Erfüllungsort für beide Teile Stuttgart"								
Lieferung					Zahlung			
Erfüllungsort	Gerichtsstand	Gefahr trägt	Kosten trägt		Erfüllungsort	Gerichtsstand	Gefahr trägt	Kosten trägt
		Verkäufer ●		Verkäufer in Düsseldorf			▲ Verkäufer ▲	
Stuttgart		▼	▼	Käufer in Stuttgart	Stuttgart			● Käufer

5. **Auf dem Bahntransport vom Verkäufer in Frankfurt zum Käufer in Osnabrück kommt die Ware abhanden. Der Käufer verweigert die Zahlung des Kaufpreises mit der Begründung, dass im Kaufvertrag die Lieferung „frei Bahnhof Osnabrück" vereinbart war und demzufolge der Verkäufer für das Abhandenkommen hafte. Wie ist die Rechtslage?**

Die Vertragsklausel „frei Bahnhof" bezieht sich auf die Versandkosten, nicht auf den Gefahrübergang. Wenn der gesetzliche Erfüllungsort gilt, erfolgt der gesetzliche Gefahrübergang beim Versendungskauf mit Auslieferung der Ware an die Bahn; der Käufer trägt das Verlustrisiko auf dem Bahntransport. Eventuell Schadenersatzpflicht der Bahn.

6. **Ein Großhändler liefert mit Rechnung vom 15. September einem Einzelhändler vertragsgemäß 50 Spankörbe Pflaumen zu je 10 kg. Preis 120 EUR je 100 kg brutto für netto. Zahlungsbedingungen: In 10 Tagen 3% Skonto, in einem Monat netto Kasse.**

   a) **Der Kunde zahlt am 25. September mit Zahlschein 582 EUR. Wie beurteilen Sie diese Zahlung?**

   b) **Wie ist der Sachverhalt, wenn der Kunde von der Rechnung 30 EUR abzieht, da Stichproben ergeben haben, dass die Körbe bei 10 kg Gesamtgewicht nur 9,5 kg Pflaumen enthielten?**

a) Zahlung bis 25. September mit Skontoabzug:

   500 kg mal 1,20 EUR = 600 EUR minus 3% Skonto = 582 EUR. Geldschuld mit Absendung am 25. September *erfüllt*.

b) Vertragsbedingung „brutto für netto". Abzug *nicht* berechtigt; Verpackungsgewicht ist wie das Warengewicht zu bezahlen.

7. **Warum ist auch beim Verkauf unter Eigentumsvorbehalt die Zuverlässigkeit des Käufers zu überprüfen?**

Eigentumsvorbehalt *erlischt*, wenn der Käufer die Ware vor Bezahlung weiterveräußert, verarbeitet, verbraucht. Dann kommt Herausgabe der Ware nicht mehr in Frage; es kann nur noch die Zahlung gefordert werden.

> **8. Welche besonderen Vorteile erwachsen gegenüber der gesetzlichen Regelung dem Verkäufer oder dem Käufer, wenn sie ihren Wohnsitz als „Erfüllungsort und Gerichtsstand für beide Teile" vereinbaren?**

– Ist der Geschäftssitz des Verkäufers Erfüllungsort, muss der *Käufer* im Falle eines Gerichtsverfahrens wegen der Zahlung Zeit und Fahrtkosten zum Gerichtsort am Geschäftssitz des Verkäufers aufwenden.

– Ist der Geschäftssitz des Käufers Erfüllungsort, muss der *Verkäufer* Gefahr und Kosten des Transports übernehmen und im Falle eines Gerichtsverfahrens wegen der Lieferung Zeit und Fahrtkosten zum Gerichtsort am Geschäftssitz des Käufers aufwenden.

> **9. Welche Bedeutung hat der Vermerk auf der Rechnung: „Ich sende Ihnen für Ihre Rechnung und auf Ihre Gefahr"?**

Rechnung ist *nicht* Bestandteil des Vertrags*abschlusses;* Rechnungsvermerk hat also keine besondere Bedeutung.

> **10. Zwei Geschäftsleute schließen einen Kaufvertrag ohne besondere Angabe von Vertragsinhalten. Wie ist der Vertrag zu erfüllen bezüglich**
>
>   **a) Warenqualität,**
>
>   **b) Verpackungskosten,**
>
>   **c) Versandkosten,**
>
>   **d) Lieferzeit,**
>
>   **e) Zahlungszeit,**
>
>   **f) Erfüllungsort?**

a) Bei Gattungsware ist *Ware mittlerer Art und Güte* zu liefern.

b) Kosten der Schutz- und Versandverpackung sind *vom Käufer* zu tragen.

c) Kosten der Versendung sind ab Versandunternehmen *vom Käufer* zu tragen.

d) Verkäufer kann *sofort* liefern; Käufer kann *sofortige* Lieferung verlangen.

e) Verkäufer kann *sofortige* Zahlung verlangen.

f) Grundsätzlich der Wohnsitz bzw. die gewerbliche Niederlassung des *Schuldners*

   – bei *Lieferung:* Wohn- oder Geschäftssitz des *Verkäufers,*

   – bei *Zahlung:* Wohn- oder Geschäftssitz des *Käufers.*

> **11. Ein Angebot gibt über die Qualität der Ware keine Auskunft. Welche Qualität ist zu liefern, wenn wir auf Grund des Angebotes bestellen?**
>
>   **a) Ware beliebiger Qualität,**
>
>   **b) Ware bester Qualität,**
>
>   **c) Ware mittlerer Qualität,**
>
>   **d) Ware niedrigster Qualität,**
>
>   **e) Qualität nach Ermessen des Lieferers.**

c) Richtig. Nach § 243 (1) BGB und § 360 HGB ist *Ware mittlerer Art und Güte* zu liefern.

12. Welche Beförderungsklausel in einem Angebot ist für den Käufer am günstigsten?

a) Ab Lager,

b) frei Waggon,

c) frachtfrei,

d) ab Bahnhof hier,

e) unfrei.

Käufer muss folgende Kosten tragen					
	Anfuhr	Verladung	Fracht	Entladung	Zufuhr
a)	x	x	x	x	x
b)	–	–	x	x	x
c)	–	–	–	x	x
d)	–	x	x	x	x
e)	–	x	x	x	x

Ergebnis: Fall c) ist für den Käufer am günstigsten.

13. Was bedeutet die Lieferbedingung „frei", wenn die Ware durch die Bahn versandt wird?

a) Lieferung frei Empfangsbahnhof,

b) Lieferung frei Versandbahnhof,

c) Lieferung frei Grenzbahnhof,

d) Lieferung ab Werk,

e) Lieferung frei Haus.

a) Richtig. Lieferung frei Empfangsbahnhof.

14. In einem Kaufvertrag wird die Versandbedingung „unfrei" vereinbart. Welche der folgenden Aussagen ist (sind) richtig?

a) Der Verkäufer übernimmt alle Versandkosten.

b) Der Käufer trägt die Versandkosten ab Versandbahnhof.

c) Der Verkäufer trägt die Anfuhrkosten zum Versandbahnhof.

d) Der Käufer trägt nur die Zufuhrkosten ab Empfangsbahnhof.

e) Der Käufer muss alle Versandkosten tragen.

a) Falsch. Verkäufer übernimmt nur die Anfuhrkosten.

b) Richtig: Käufer trägt Verlade-, Fracht-, Entlade- und Zufuhrkosten.

c) Richtig.

d) Falsch.

e) Falsch. Die Anfuhrkosten trägt noch der Verkäufer.

15. Welche Bedeutung hat die Klausel „Erfüllungsort und Gerichtsstand für beide Teile ist der Geschäftssitz des Lieferers"?

   a) Der Lieferer trägt die Gefahr der Verschlechterung der Ware auf dem Wege zum Käufer.

   b) Die Ware ist zum Ort des Käufers zu liefern.

   c) Die Ware ist am Ort des Lieferers dem Käufer persönlich auszuhändigen.

   d) Die Gefahr geht am Ort des Lieferers auf den Käufer über.

   e) Die Geldschulden werden Holschulden.

a) Falsch. Der Käufer trägt die Gefahr.

b) Falsch. Keine Aussage über den Ort der Auslieferung.

c) Falsch. Keine Aussage über den Ort der Aushändigung.

d) Richtig. Erfüllungsort hat abgeleitete Bedeutung für den Gefahrübergang.

e) Falsch. Geldschuld ist Schickschuld.

16. Der Elektrofachhändler Berger e. K., Ulm, hat bei der Elektrogroßhandlung Stark KG, Konstanz, mit Telefax 10 Stehlampen Modell „Nordlicht" zum Preis von je 650 EUR bestellt. Weitere Vereinbarungen wurden nicht getroffen.

   a) Stark beauftragt einen Transportunternehmer mit der Auslieferung der Lampen. Wer muss die Transportkosten tragen (Begründung)?

   b) Die Lampen wurden bei der Stark KG transportsicher verpackt. Wer muss die Verpackungskosten übernehmen (Begründung)?

   c) Beim Transport werden zwei Lampen infolge unsachgemäßen Verladens trotz ordnungsgemäßer Verpackung erheblich beschädigt. Muss Berger die Lampen abnehmen, bezahlen und den Schaden tragen (Begründung)?

a) Es gilt die gesetzliche Regelung (§ 448 BGB). Danach hat die Kosten der Versendung nach einem anderen als dem Erfüllungsort der *Käufer*, in diesem Fall also Berger zu tragen.

b) Die Kosten der Versandverpackung sind Kosten der Abnahme und als solche nach der gesetzlichen Regelung vom *Käufer*, also von Berger zu tragen (§ 448 BGB).

c) Hat die Stark KG bei der Auswahl des Transportunternehmers die erforderliche Sorgfalt angewandt, trägt sie kein Verschulden.

   Der *schuldige Teil*, der Transportunternehmer, muss für den Schaden einstehen.

   Berger muss den Tatbestand erfassen, die Lampen abnehmen, bezahlen und den Schaden beim Transportunternehmer geltend machen.

17. Welche Aussage über den gesetzlichen Erfüllungsort ist richtig?

   a) Der gesetzliche Erfüllungsort des Lieferers und des Kunden stimmen überein.

   b) Der gesetzliche Erfüllungsort wird vom Verkäufer bestimmt.

   c) Der gesetzliche Erfüllungsort ist der Ort, an dem der jeweilige Schuldner seinen Wohn- bzw. Geschäftssitz hat.

   d) Der gesetzliche Erfüllungsort kann nur vom Schuldner bestimmt werden.

   e) Der gesetzliche Erfüllungsort gilt auch dann, wenn ein vertraglicher Erfüllungsort vereinbart wurde.

a) Falsch. Gesetzlicher Erfüllungsort ist der jeweilige Wohnsitz bzw. die gewerbliche Niederlassung des Schuldners (§ 269 BGB). Lieferer und Kunde haben unterschiedliche Wohnsitze bzw. Niederlassungen.

b) Falsch. Der gesetzliche Erfüllungsort ist im Gesetz geregelt.

c) Richtig.

d) Falsch.

e) Falsch. Es besteht Vertragsfreiheit. Die gesetzliche Regelung gilt nur subsidiär, d.h. in zweiter Linie, wenn keine vertragliche Regelung besteht.

6.4 Arten des Kaufes

1. Stellen Sie bei folgenden Fällen fest, ob ein bürgerlicher Kauf oder ein Handelskauf vorliegt:

   a) Ein Schüler verkauft seinen Gameboy an einen Mitschüler.

   b) Ein Geschäftsmann kauft in der Apotheke für sich Beruhigungspillen.

   c) Ein Großhändler kauft in einem Schreibwarengeschäft einige Kartons Briefumschläge.

   d) Eine Bank kauft aus Privatbesitz eine Münzsammlung auf.

   e) Die Gemeindeverwaltung kauft bei einem Förster einen Weihnachtsbaum.

S. 210

a) Bürgerlicher Kauf;

b) einseitiger Handelskauf;

c) zweiseitiger Handelskauf;

d) einseitiger Handelskauf;

e) bürgerlicher Kauf (einseitiger Handelskauf, wenn der Förster die Kaufmannseigenschaft erworben hatte).

2. Welche grundsätzliche Bedeutung hat die Unterscheidung zwischen bürgerlichem Kauf und Handelskauf?

– Rechtsgrundlage für den bürgerlichen Kauf ist *nur* das BGB.

– Rechtsgrundlage für den Handelskauf ist *primär* das HGB, *sekundär* das BGB.

3. In welchen Fällen handelt es sich um einen zweiseitigen Handelskauf?

   a) Ein Angestellter verkauft einem Kollegen einen gebrauchten Fotoapparat.

   b) Eine Fabrikantin kauft für den privaten Weinkeller bei einer Winzergenossenschaft 500 Flaschen Wein.

   c) Die staatliche Berufsschule kauft bei einem Elektrofachgeschäft ein Videogerät.

   d) Ein Lebensmittel-Filialunternehmen kauft bei der Großbäckerei GmbH Holzofenbrot.

   e) Eine Auszubildende kauft in einem Fachgeschäft einen Hosenanzug.

a) Bürgerlicher Kauf.

b) Einseitiger Handelskauf.

c) Einseitiger Handelskauf.

d) Zweiseitiger Handelskauf.

e) Einseitiger Handelskauf.

> **4.** Um welche Arten von Kaufverträgen handelt es sich in folgenden Fällen:
>
> a) Privatmann A hat mit Kunsthändlerin B einen Kaufvertrag abgeschlossen über ein Picasso-Gemälde.
>
> b) Eine Lebensmittelgroßhändlerin hat mit der Südmilch AG einen Kaufvertrag abgeschlossen über 500 kg Süßrahmbutter, lieferbar in Teilmengen.
>
> c) Eine Elektrogroßhandlung hat mit einer Glühlampenfabrik einen Kaufvertrag über 10.000 Stück Glühlampen abgeschlossen, mit dem Zusatz, dass bis zum 15. des nächsten Monats die verschiedenen Wattstärken angegeben werden.
>
> d) Um einen günstigen Mengenrabatt zu erhalten, kauft die Elektrogroßhandlung 200 Stück Gefrierschränke, kann aber aus räumlichen Gründen nur 50 Stück lagern.
>
> e) Eine Großkellerei verschickt an ihre Privatkunden kostenlos Probeflaschen des neuesten Jahrgangs; einige Kunden bestellen.
>
> f) Der Teppichhändler Munz legt der Prokuristin Stütz einen Berberteppich für eine Woche ins Wohnzimmer, damit diese beurteilen kann, ob der Teppich in das Zimmer passt.

a) – Einseitiger Handelskauf.
  – Nicht vertretbare Sache: Stückkauf.

b) – Zweiseitiger Handelskauf.
  – Teillieferungskauf.

c) – Zweiseitiger Handelskauf.
  – Bestimmungskauf (Spezifikationskauf).

d) – Zweiseitiger Handelskauf.
  – Kauf auf Abruf.

e) – Einseitiger Handelskauf.
  – Kauf nach Probe.

f) – Einseitiger Handelskauf.
  – Kauf auf Probe.

> **5.** Zwei Berufsschüler unterhalten sich vor der bevorstehenden Klassenarbeit über den Kaufvertrag. Nehmen Sie Stellung zu folgenden Äußerungen und begründen Sie Ihre Antworten:
>
> a) Ein Angebot kann nur widerrufen werden, wenn der Widerruf spätestens einen Tag nach dem Angebot beim Käufer eintrifft.
>
> b) Kaufverträge sind nur gültig, wenn sie schriftlich abgeschlossen werden.
>
> c) Wenn im Kaufvertrag keine Vereinbarung über die Beförderungskosten getroffen wird, sind diese vom Käufer und vom Verkäufer je zur Hälfte zu tragen.
>
> d) Wer Ware auf Probe kauft, muss diese behalten und bezahlen, wenn er sie in Gebrauch genommen hat.
>
> e) Wer eine unbestellt zugesandte Ware in Gebrauch nimmt, muss sie bezahlen.
>
> f) Beim Bestimmungskauf bestimmt der Verkäufer, welche Warenqualität er liefern möchte.

a) Falsch. Widerruf muss vor, spätestens gleichzeitig mit dem Angebot beim Käufer eintreffen.
b) Falsch. Kaufverträge können grundsätzlich formfrei abgeschlossen werden (Ausnahme z.B. Grundstückskaufverträge).
c) Falsch. Nach der gesetzlichen Regelung sind die Kosten der Versendung nach einem anderen Ort als dem Erfüllungsort vom Käufer zu tragen.
d) Falsch. Der Verkäufer überlässt beim Kauf auf Probe den Kaufgegenstand dem Käufer für eine bestimmte Zeit zum Ausprobieren und Prüfen; der Gegenstand kann also auch in Gebrauch genommen werden.

   Lässt der Käufer jedoch die Probefrist ohne ausdrückliche Ablehnung oder Rückgabe des Kaufgegenstandes vorübergehen, so wird sein Stillschweigen als Annahme des Angebotes gewertet. Er muss die Ware behalten und bezahlen.
e) Richtig. Ingebrauchnahme gilt als Annahme des Angebotes.
f) Falsch. Nicht der Verkäufer, sondern der Käufer behält sich das Recht auf Spezifizierung vor. Kommt allerdings der Käufer mit der Erfüllung der Bestimmungspflicht in Verzug, so kann der Verkäufer statt des Käufers die Spezifikation vornehmen. Der Verkäufer muss die von ihm vorgenommene Bestimmung dem Käufer mitteilen und ihm zugleich eine angemessene Frist zur Vornahme einer anderweitigen Spezifikation setzen. Wird eine solche innerhalb dieser Frist vom Käufer nicht vorgenommen, so ist die vom Verkäufer getroffene Bestimmung maßgebend (§ 375 HGB).

6. Unterscheiden Sie den Kauf auf Probe vom Kauf nach Probe.

– Kauf *auf* Probe: Kauf mit Rückgaberecht des Käufers innerhalb einer vereinbarten oder angemessenen Frist.
– Kauf *nach* Probe: Kauf auf Grund einer Probe oder eines Musters; die Eigenschaften der Probe oder des Musters gelten als zugesichert. Bei wesentlicher Abweichung gegebenenfalls Schadenersatz wegen Nichterfüllung.

7. Welche Vorteile bietet der Spezifikationskauf für Käufer und Verkäufer?

– Vorteil für den *Käufer*: Er braucht nicht schon bei Vertragsabschluss zu spezifizieren, kann den Gang der Geschäfte abwarten oder Lagerkosten sparen.
– Vorteil für den *Verkäufer*: Hat die Sicherheit eines größeren Abschlusses, kann Rohstoffbeschaffung und Fertigung längerfristig planen, Teilfertigung unter Umständen schon vor der Spezifikation durchführen.

8. Wodurch unterscheiden sich der Kauf auf Abruf und der Spezifikationskauf?

– Beim *Kauf auf Abruf* ist für den Käufer die Entscheidung über die genauen *Liefertermine* offen gehalten,
– beim *Spezifikationskauf* die Entscheidung über die genaue *Ausführung der Ware*.

9. Durch welche Vertragsvereinbarung wird ein Kauf zum Fixkauf?

Durch die Fixklausel „am ... fix" oder „am ... fest".

10. Wie ist ein Nichtkaufmann vor den Folgen eines unüberlegten Ratenkaufes geschützt?

– Vertragsabschluss bedarf der schriftlichen Willenserklärung.
– Vertragsurkunde muss den Bar- und Teilzahlungspreis sowie Betrag, Zahl und Fälligkeiten der Teilzahlungen und den effektiven Jahreszins enthalten.
– Käufer kann seine Willenserklärung innerhalb einer Woche schriftlich widerrufen.
– Verkäufer muss den Käufer über dessen Widerrufsrecht deutlich belehren; Belehrung ist vom Käufer gesondert zu unterschreiben.

11. Unterscheiden Sie Versendungskauf und Fernkauf.

– *Versendungs*kauf: Erfüllungsort ist der Ort des Verkäufers.
– *Fern*kauf: Erfüllungsort ist ein anderer als der Ort des Verkäufers, z.B. der Ort des Käufers.

6.5 Werk- und Werklieferungsvertrag

S. 212

1. Wie nennt das Gesetz die Vertragspartner beim Werk-, Werklieferungs- und Dienstvertrag?

Vertragspartner beim

– *Werkvertrag*: Unternehmer und Besteller (§ 631 BGB),
– *Werklieferungsvertrag*: Unternehmer und Besteller (§ 651 BGB),
– *Dienstvertrag*: Arbeitgeber und Arbeitnehmer (§ 611a BGB).

2. Wodurch unterscheiden sich
  a) Werkvertrag und Werklieferungsvertrag,
  b) Werkvertrag und Dienstvertrag?

a) – Werkvertrag: Stoff für das Werk wird *vom Besteller* gestellt.
   – Werklieferungsvertrag: Stoff für das Werk wird *vom Unternehmer* gestellt.
b) – Werkvertrag: Unternehmer verpflichtet sich *zum Erfolg* seiner Tätigkeit.
   – Dienstvertrag: Unternehmer verpflichtet sich nur zu seiner Tätigkeit, *nicht zu deren Erfolg*.

3. Nennen Sie Werk- und Werklieferungsverträge des täglichen Lebens.

a) Beispiele für
   – *Werkverträge*: Herstellung einer Sache, zu der der Besteller den Stoff liefert (Maßanzug), Veränderung einer Sache (Reparatur, Reinigung), erfolgsorientierte Dienstleistung (Anfertigung eines Gutachtens, chemische Untersuchung eines Stoffes, Haarschnitt beim Friseur).
   – *Werklieferungsvertrag*: Herstellung einer Sache, zu der der Unternehmer den Stoff liefert (Lieferung eines kalten Buffets durch den Fleischer).

4. a) Welche Rechte hat der Käufer eines Werkes bei mangelhafter Lieferung?

b) Wodurch unterscheiden sich diese Rechte von den Rechten aus mangelhafter Lieferung bei der Erfüllung des Kaufvertrages?

a) Rechte des Bestellers:
- *Nachbesserung* (Beseitigung des Mangels) nach § 633 (2) BGB.
- Nach Fristsetzung *Wandelung* (Rückgängigmachung des Vertrages) oder *Minderung* (Herabsetzung der Vergütung) nach § 634 BGB.

b) – Das Recht auf Nachbesserung ist beim Kaufvertrag gesetzlich nicht vorgesehen, kann aber vertraglich vereinbart werden.

   Nach neuer Rechtsprechung muss beim Autokauf der Käufer bis zu 3-mal eine Nachbesserung gegen sich gelten lassen.

- Die Rechte auf Wandelung oder Minderung erfordern keine Fristsetzung. Sie können bei Vorliegen eines Mangels nach Mängelrüge sofort verlangt werden (§ 462 BGB).
- Beim Gattungskauf kann der Käufer statt Wandelung oder Minderung eine mangelfreie Ersatzlieferung verlangen (§ 480 BGB).
- Fehlt der gelieferten Ware eine zugesicherte Eigenschaft oder wurde ein Mangel arglistig verschwiegen, kann der Käufer statt Wandelung oder Minderung Schadenersatz wegen Nichterfüllung verlangen (§ 463 BGB).

5. Was bedeutet das Recht auf Nachbesserung beim Werkvertrag?

Bei mangelhafter Herstellung des Werkes kann der Besteller vom Unternehmer im Rahmen der Sachmängelhaftung grundsätzlich *nur* Nachbesserung (Beseitigung des Mangels) verlangen. Anspruch auf Wandelung oder Minderung besteht nur, wenn Nachbesserung nicht möglich ist, verweigert oder nicht innerhalb einer gesetzten Frist vorgenommen wird.

6. Um welche Vertragsarten handelt es sich in folgenden Fällen:

a) Eine Frau lässt sich beim Friseur Dauerwellen legen.

b) Eine Schülerin ist als Babysitterin tätig.

c) Ein Hausbesitzer bestellt bei einem Schreiner einen Einbauschrank.

a) Werkvertrag oder Werklieferungsvertrag.

b) Dienstvertrag.

c) Werkvertrag oder Werklieferungsvertrag.

7. Der Berufsschüler Franz Maier nimmt vor der Abschlussprüfung Nachhilfeunterricht. Trotzdem besteht er die Prüfung nicht. Begründen Sie, ob er das Nachhilfehonorar zurückfordern kann.

Nachhilfeunterricht beruht auf einem Dienstvertrag. Die Dienstleistung wird *ohne Rücksicht auf Erfolg* zugesagt.

Ergebnis: Maier kann das Honorar nicht zurückfordern.

6.6 Lieferungsüberwachung

S. 214

1. Stellen Sie fest, wie in Ihrem Ausbildungsbetrieb die Liefer- und Zahlungstermine überwacht werden.

Beispiele: Terminkalender, Bestellbuch, Bestellkartei mit Reitern, Ablage der Auftrags- oder Rechnungsdurchschläge in Terminmappen oder Terminordnern; EDV-Überwachung.

2. Welche rechtliche Bedeutung haben

   a) die Überwachung der Lieferfristen,

   b) die Prüfung des angelieferten Materials,

   c) die Prüfung der Eingangsrechnungen?

a) *Terminliche* Eingangskontrolle, damit der Lieferer bei nicht rechtzeitiger Lieferung, sofern erforderlich, durch Mahnung in Verzug gesetzt werden kann und Rechte aus dem Lieferungsverzug geltend gemacht werden können.

b) *Sachliche* Eingangskontrolle, damit bei vorliegenden Mängeln innerhalb der Gewährleistungspflicht Mängelrüge erhoben und Gewährleistungsrechte geltend gemacht werden können.

c) *Rechnungs*kontrolle, damit eventuelle Abweichungen von den Vertragsvereinbarungen (Menge, Art, Preis, Lieferungs- und Zahlungsbedingungen) nachgewiesen werden können.

3. Welche Bedeutung hat die Tatbestandsaufnahme bei der Abnahme mangelhafter Ware?

Als Beweis zum Geltendmachen der Rechte aus der Sachmängelhaftung.

4. Innerhalb welcher Frist muss ein Kaufmann nach der gesetzlichen Regelung eine Ware auf Vollständigkeit und Mängel hin überprüfen?

   a) Innerhalb von drei Tagen.

   b) Innerhalb von acht Tagen.

   c) Innerhalb eines Monats.

   d) Unverzüglich.

   e) In keiner vorgeschriebenen Frist.

d) Richtig. Beim zweiseitigen Handelskauf besteht unverzügliche Prüfungspflicht (§ 377 HGB).

5. Welche Bedeutung hat der Rechnungseingangsstempel?

Eventuelle Grundlage für die Ermittlung der Zahlungsfrist.

6. Welche Fehler können in einer Eingangsrechnung gefunden werden?

- *Sachliche* Fehler bezüglich Warenart, -qualität, -menge, -preis, Lieferungs- und Zahlungsbedingungen.
- *Rechnerische* Fehler bezüglich Gesamtpreis, Umsatzsteuer, Bezugskosten, Nachlässen.

7. Welche wirtschaftliche Bedeutung hat eine sorgfältige Überwachung der Zahlungstermine?

Überwachung der Zahlungstermine,
- um gegebenenfalls Frist für Skontoabzug einhalten zu können,
- um durch rechtzeitige Zahlung Folgen eines Zahlungsverzuges (Verzugszinsen) zu vermeiden.

6.7 Preisberechnung (Kalkulation)

1. Beim Kauf einer Ware fallen folgende Beträge an: S. 221

Listenpreis 4.750 EUR; Lieferskonto 3 %; Bezugsfracht 192,50 EUR; Handlungskostenzuschlag 25 %, Gewinnsatz 5 %, Kundenskonto 2 %, Kundenrabatt 10 %.

Berechnen Sie anhand dieser Angaben

a) den Bezugspreis,   b) den Nettoverkaufspreis der Ware.

a) Listenpreis	4.750,00 EUR
– Lieferskonto 3 %	142,50 EUR
Bareinkaufspreis	4.607,50 EUR
+ Bezugskosten	192,50 EUR
Bezugspreis	**4.800,00 EUR**
b) Bezugspreis	4.800,00 EUR
+ Handlungskosten 25 %	1.200,00 EUR
Selbstkosten	6.000,00 EUR
+ Gewinnzuschlag 5 %	300,00 EUR
Barverkaufspreis	6.300,00 EUR
+ Kundenskonto 2 % i.H.	128,57 EUR
Zielverkaufspreis	6.428,57 EUR
+ Kundenrabatt 10 % i.H.	714,29 EUR
Nettoverkaufspreis	**7.142,86 EUR**

2. Kalkulieren Sie für eine Großhandlung für Kfz-Zubehör den Nettoverkaufspreis eines Satzes Winterreifen. Der Listenpreis des Lieferers beträgt 135 EUR, er gewährt 7 % Treuerabatt und bei Zahlung innerhalb von 10 Tagen 3 % Skonto. Die anteiligen Anlieferungskosten betragen 19 EUR. Die Großhandlung kalkuliert mit 20 % Handlungskosten, 18 % Gewinnzuschlag, 5 % Kundenrabatt und 2 % Kundenskonto.

Rechnungspreis (netto)	135,00 EUR
– Liefererrabatt 7 %	9,45 EUR
Zieleinkaufspreis	125,55 EUR
– Liefererskonto 3 %	3,77 EUR
Bareinkaufspreis	121,78 EUR
+ Bezugskosten	19,00 EUR
Bezugs- oder Einstandspreis	140,78 EUR
+ Handlungskosten 20 %	28,16 EUR
Selbstkosten	168,94 EUR
+ Gewinnzuschlag 18 %	30,41 EUR
Barverkaufspreis	199,35 EUR
+ Kundenskonto 2 % i.H.	4,07 EUR
Zielverkaufspreis	203,42 EUR
+ Kundenrabatt 5 % i.H.	10,71 EUR
Nettoverkaufspreis	214,13 EUR

3. Nennen Sie die Aufwendungen, die mithilfe des Handlungskostenzuschlags verrechnet werden.

– Personalkosten (Löhne, Gehälter, Sozialkosten),

– Abschreibungen und Mieten,

– Kommunikationskosten (darin Büromaterial, Werbekosten),

– Fuhrparkkosten und Betriebssteuern.

4. Nach welchen Gesichtspunkten wird der Gewinnprozentsatz in der Handelskalkulation vom Unternehmer festgesetzt?

Der Unternehmer möchte durch den Gewinn erhalten

– einen Unternehmerlohn als Vergütung für seine Arbeitstätigkeit,

– einen Zins für das im Geschäft angelegte Eigenkapital,

– einen eigentlichen Unternehmergewinn zur Deckung des allgemeinen Unternehmerrisikos und als Entgelt für die eigentliche unternehmerische Leistung.

Das Streben des Unternehmers nach Unternehmerlohn lässt sich nur erfüllen, wenn die Konkurrenzlage auf dem Markt eine entsprechend hohe Preisfestsetzung zulässt.

5. Wozu dienen dem Handelsunternehmen Kalkulationszuschlag, Handelsspanne sowie Kalkulationsfaktor?

Kalkulationszuschlag und Kalkulationsfaktor dienen zur raschen Ermittlung des Nettoverkaufspreises bei bekanntem Bezugspreis

– durch Aufschlag des Kalkulationszuschlages auf den Bezugspreis oder

– durch Multiplikation des Bezugspreises mit dem Kalkulationsfaktor.

Handelsspanne und Kalkulationsfaktor verwendet man für die rasche Ermittlung des aufwendbaren Bezugspreises bei bekanntem Nettoverkaufspreis, der entweder durch die Konkurrenz oder durch vertikale Preisbindung vorgegeben ist. Der Bezugspreis wird dabei ermittelt

– durch Abschlag der Handelsspanne vom Nettoverkaufspreis oder

– durch Division des Nettoverkaufspreises durch den Kalkulationsfaktor.

6. Der Bezugspreis einer Ware ist 400 EUR. Ihr Nettoverkaufspreis beläuft sich auf 640 EUR. Berechnen Sie den Kalkulationszuschlag, die Handelsspanne und den Kalkulationsfaktor.

Kalkulationszuschlag $= \dfrac{\text{Gesamtzuschlag}}{\text{Bezugspreis}} \times 100\,\% = \dfrac{640 - 400}{400} \times 100\,\% =$ **60 %**

Handelsspanne $= \dfrac{\text{Gesamtzuschlag}}{\text{Bezugspreis}} \times 100\,\% = \dfrac{640 - 400}{640} \times 100\,\% =$ **37,5 %**

Kalkulationsfaktor $= \dfrac{\text{Netto-VP}}{\text{Bezugspreis}} = \dfrac{640}{400} =$ **1,6**

7. Warum ist der Kalkulationszuschlag stets höher als die Handelsspanne?

Es handelt sich um dieselbe Differenz, bezogen aber auf einen anderen Grundwert.

Beispiel:

Bezugspreis	100 EUR	50 von 100 = 50 %	*Kalkulationszuschlag*
+ Rohgewinn	50 EUR		ist *größer* als
= Netto-VP	150 EUR	50 von 150 = 33¹/₃ %	*Handelsspanne*

Der Rohgewinn ist im Verhältnis zum niedrigeren Bezugspreis prozentual höher als im Verhältnis zum höheren Verkaufspreis.

8. Stellen Sie fest, bei welchen Sachgütern und Dienstleistungen in Deutschland behördliche Preisfestsetzungen bestehen, und versuchen Sie, die Ursachen dafür zu ergründen.

Behördliche Preisfestsetzungen bestehen bei

- staatlichen und kommunalen Gebühren und Tarifen, z. B. Passausstellungsgebühr, Grundbuchgebühr.
- allen Gütern, wo die Europäische Union (EU) die Erzeugerpreise festsetzt, z. B. Preise für landwirtschaftliche Grundprodukte wie Milch, Getreide, Futtermittel.

Ursachen für die behördliche Preisfestsetzung sind

- der Grundsatz der Gleichheit und sozialen Gerechtigkeit für alle,
- im zweiten Falle die Notwendigkeit, dass sich die der EU angeschlossenen Staaten schützen müssen vor gegenseitiger ruinöser Konkurrenz, die sich auf Grund der unterschiedlichen Beschäftigung und Wohlstandsstruktur, der Bodenschätze, des Klimas und der landwirtschaftlichen Anbau- und Ertragsmöglichkeiten der Mitgliederstaaten leicht ergeben kann.

9. Die Festlegung des Verkaufspreises für ein neu entwickeltes Produkt hat im Betrieb zu einer hitzigen Diskussion geführt: Der Konstrukteur plädiert für einen Preis von mindestens 200 EUR, der Verkaufsleiter für einen Preis von höchstens 150 EUR.

Wer wird wohl seine Ansicht durchsetzen?

- Der Konstrukteur fordert im Preis neben einem angemessenen Gewinn vor allem Selbstkostendeckung. Langfristig ist dies auch eine berechtigte Forderung.
- Der Verkaufschef berücksichtigt die Marktlage: Neuartige Luxusprodukte können mit hohen Einführungspreisen auf den Markt gebracht werden. Neuen Variationen von Produkten, die mit vielen anderen Produkten in Konkurrenz stehen, muss durch nied-

rige Einführungspreise der Weg zum Markt freigemacht werden. Der Verkaufsleiter sieht im niedrigen Preis das notwendige Mittel, um das neue Produkt überhaupt am Markt einzuführen und um Marktanteile zu erringen. Er wird für einen höheren Preis erst plädieren, wenn sich das Produkt bewährt hat wird und von den Abnehmern dringend verlangt wird.

10. Die Angabe der Bruttoverkaufspreise ist im Einzelhandel vorgeschrieben. Welche Bedeutung hat diese Preisangabe für den Verbraucher?

Klare, wahre und sofort überschaubare Preisangaben ermöglichen und erleichtern dem Verbraucher *vor dem Kauf* einen exakten Preisvergleich. Sie schützen ihn vor Übervorteilung und sind damit Grundlage für einen verbraucherfreundlichen Wettbewerb.

11. Eine Cash-and-Carry-Großhandlung wird in einen Verbrauchermarkt umgewandelt. Überlegen Sie, ob und gegebenenfalls was sich an der Preisauszeichnung dieses Betriebes ändert.

Die Cash-and-Carry-Großhandlung musste die Waren ohne Umsatzsteuer, also mit Nettoverkaufspreisen auszeichnen. Der Verbrauchermarkt verkauft an Endverbraucher. Alle Waren müssen nun mit Umsatzsteuer, also mit Bruttoverkaufspreisen ausgezeichnet werden.

12. Nennen Sie die Vorteile der Preisauszeichnung mittels EAN-Code oder OCR-Code

   a) für den Kunden,   **b) für den Handelsbetrieb.**

a) Der mit dem Preis und der Warenbezeichnung ausgedruckte Kassenzettel ist für den Kunden informativer als eine reine Preisauflistung.

b) – Das Abtasten ersetzt das Eintippen, der Kassiervorgang wird fehlerfrei.
   – Die Datenspeicherung ermöglicht einen jederzeitigen Überblick über die Umsatzhöhe und Umsatzstruktur. Die automatische Feststellung der Lagerbewegungen rationalisiert die Beschaffung.
   – Die Preisauszeichnung kann mit einer Diebstahlsicherung in der Weise kombiniert werden, dass Waren mit an der Kasse nicht abgetastete Etiketten beim Verlassen des Geschäfts ein Signal auslösen.
   – Bei Preisänderungen werden nur Änderungen der Computereingabe und der Regalauszeichnung notwendig; die Änderung des Preises von einzelnen Artikel entfällt.

13. Welche Folgen würden sich für einen Betrieb und seine Kunden ergeben, wenn die Waren nicht mehr ausgezeichnet werden müssten?

Im Betrieb müssten alle Beschäftigten die Preise auswendig lernen oder ständig Preislisten mit sich führen oder mobile Dateien abrufen.

Die Kunden könnten ohne besondere Auskunft keine Preisvergleiche ziehen, würden sich womöglich durch den Zwang zur persönlichen Auskunftseinholung belästigt fühlen und würden wahrscheinlich in diesem Betrieb nicht mehr einkaufen.

Es könnte ein unkontrollierbarer unlauterer Wettbewerb stattfinden.

> **14. Eine Ware kostet ohne Umsatzsteuer (netto) 154 EUR. Zu welchem Preis muss sie ausgezeichnet werden**
>
> **a) im Großhandelsbetrieb,**   **b) im Einzelhandelsbetrieb?**

a) Auszeichnungspreis   154,00 EUR

b) – bei 16 % USt: 154,00 EUR   – bei 7 % USt: 154,00 EUR
                       + 24,64 EUR   + 10,78 EUR
   Auszeichnungspreis   178,64 EUR   Auszeichnungspreis   164,78 EUR

6.8 Störungen bei der Erfüllung des Kaufvertrages

> **1. Der Nichtkaufmann ist bei mangelhafter Lieferung als Kunde gesetzlich besser gestellt als der Kaufmann.** (S. 237)
>
> **a) In welchen Bestimmungen kommt dies zum Ausdruck?**
> **b) Begründen Sie diese unterschiedliche Rechtsstellung.**

a) – Der Nichtkaufmann muss die Ware nicht unverzüglich prüfen. Er muss auch nicht unverzüglich rügen, sondern kann die Reklamation innerhalb der Gewährleistungspflicht vornehmen.

– Bei Mehrlieferung ist er nur zur Zahlung der bestellten Ware verpflichtet.

b) – Beim Nichtkaufmann werden nicht die weit reichenden Rechtskenntnisse vorausgesetzt.

– Vom Nichtkaufmann wird nicht die organisierte Eingangskontrolle und nicht die Erfahrung beim Prüfen der Ware erwartet.

> **2. Begründen Sie rechtlich und wirtschaftlich, welche Gewährleistungsansprüche Sie in folgenden Fällen geltend machen:**
>
> **a) Ein Reifenhändler liefert runderneuerte Reifen als fabrikneu. Nach einiger Zeit löst sich eine Reifendecke und es entsteht ein Verkehrsunfall, bei dem das Fahrzeug stark beschädigt wird.**
>
> **b) Ein gelieferter Mantelstoff hat grobe Webfehler, sodass er für die Weiterverarbeitung nicht mehr verwendet werden kann. Ein anderer Lieferer könnte schnell und preisgünstig liefern.**
>
> **c) Das Furnier eines gelieferten Schrankes ist an der Vorderseite stark beschädigt. Der Möbelhändler kann keinen gleichartigen Schrank liefern.**
>
> **d) Zwei von fünf gelieferten Büroschränken haben leichte Kratzer im Furnier der Seitenwände.**

a) *Schadenersatz* (z. B. Reparaturkosten, Wertminderung), da ein Mangel arglistig verschwiegen wurde (Reifen waren nicht fabrikneu).

b) *Wandelung*, d. h. Rückgängigmachung des Vertrages, da schnelle und preisgünstige Lieferung durch den anderen Lieferer vorteilhaft ist.

c) *Wandelung*, d. h. Rückgängigmachung des Vertrages, damit man den Schrank bei einem anderen Lieferer bestellen kann.

d) *Preisnachlass*, da die Büroschränke trotz der leichten Kratzer genutzt werden können.

3. Die Stahlhandel GmbH, ..., hat vor 10 Tagen auf ihre Bestellung vom ... von der Walzwerk AG, ..., eine Lieferung von 10 t Qualitätsstahl der Güte St 50 erhalten. Eine inzwischen durchgeführte Qualitätsprüfung ergab, dass der gelieferte Stahl von geringerer Elastizität ist als das mit dem Angebot überreichte Muster. Er ist für den Abnehmer unbrauchbar. Das Gutachten, in dem die Qualitätsabweichung festgestellt ist, wird mitgeschickt. Das ungeeignete Material wird zur Verfügung gestellt.

Verfassen Sie termingerecht und mit den erforderlichen Angaben eine Mängelanzeige; teilen Sie darin dem Lieferer das beanspruchte Recht mit.

Brieftext: Auf unsere Bestellung vom ... erhielten wir von Ihnen am ... 10 t Qualitätsstahl der Güte St 50. Eine inzwischen durchgeführte Qualitätsprüfung ergab, dass der Stahl von geringerer Elastizität ist als die mit dem Angebot überreichte Materialprobe. Der Stahl ist für unseren Abnehmer deshalb nicht verwendbar. Das Gutachten über die Qualitätsabweichung liegt bei. Wir stellen das ungeeignete Material zur Verfügung und bitten Sie, uns unverzüglich 10 t Stahl der Güte St 50 zu liefern, welcher dem übersandten Muster entspricht. Falls die Ware nicht bis spätestens ... bei uns eintrifft, können wir unseren Abnehmer nicht mehr beliefern. Wir werden in diesem Falle Schadenersatz verlangen, da dem von Ihnen gelieferten Stahl eine zugesicherte Eigenschaft fehlt.

4. Der Fertighaushersteller Carl Platz GmbH & Co. KG hat auf Grund eines Angebotes der Gunda Hinrichsen KG, Holzgroßhandel und Holzimport, Nut- und Federbretter aus nordischer Fichte bestellt und inzwischen erhalten. Bei der Eingangskontrolle wurde festgestellt, dass die Bretter zu astreich sind (Äste von 5 cm Durchmesser) und ein Teil der Bretter rissig ist. Die Länge der Risse liegt zwischen der zwei- und dreifachen Brettbreite. Nach den „Tegernseer Gebräuchen" für den Holzhandel dürfen mittelgroße Äste höchstens einen Durchmesser von 4 cm haben und die Risse höchstens die eineinhalbfache Brettbreite aufweisen.

Was wird der Sachbearbeiter unternehmen?

Unverzüglich *Mängelrüge* erteilen. Dann *Wahlrechte* geltend machen:
- *Wandelung*, d.h. Rückgängigmachung des Vertrages, wenn die Bretter bei einem anderen Lieferer zu erhalten sind, oder
- *mangelfreie Ersatzlieferung* verlangen.

5. Beim Kauf eines Gebrauchtwagens wird dem Käufer der Eindruck vermittelt, dass an dem Fahrzeug noch keine wesentlichen Reparaturen vorgenommen wurden. Nach zwei Jahren wird der Motor defekt. Es stellt sich heraus, dass die Ventile bereits einmal eingeschliffen worden waren.

Besteht noch Sachmängelhaftung?

Bei arglistig verschwiegenen Mängeln besteht eine dreißigjährige Verjährungsfrist. Der Käufer kann also zwei Jahre nach dem Kauf noch Sachmängelhaftung geltend machen.

6. Die Druckerei Rohrhuber KG, München, erhält von der Papierfabrik Koller GmbH, Stuttgart, ein freibleibendes Angebot über 100.000 Stück Katalogpapier im Gesamtwert von 17.400 EUR.

a) Wie kommt in diesem Fall ein Kaufvertrag zustande?

b) Welche Pflichten hat die Druckerei Rohrhuber aus diesem Vertrag?

> c) Bei Überprüfung der Ware wird festgestellt, dass 30.000 Stück der Katalogblätter leichte Farbfehler haben.
> – Welche Art von Mangel liegt vor?
> – Welche Gewährleistungsansprüche (Rechte) würden Sie als Käufer geltend machen? Begründen Sie Ihre Entscheidung.

a) Da das Angebot freibleibend ist, kommt der Kaufvertrag *durch Bestellung und Auftragsbestätigung* oder *durch Bestellung und Lieferung* zustande.

b) Die Druckerei Rohrhuber hat die Verpflichtungen, die *Ware anzunehmen* und den *Kaufpreis* rechtzeitig *zu bezahlen.*

c) – Sachmangel: Mangel in der Güte (Qualitätsmangel).
 – Mangelfreie Ersatzlieferung für die fehlerhaften Blätter, da es sich um Gattungsware handelt. Wenn die Farbfehler unerheblich sind, eventuell auch Minderung (Herabsetzung des Kaufpreises).

> 7. Der Küchengerätehersteller Fink & Co. OHG, 52076 Aachen, lieferte auf Grund der Bestellung vom 6. April 20.. seinem langjährigen Kunden, der Haushaltswarengroßhandlung Rebholz KG in 41564 Kaarst, am 11. Mai 20.. 160 verschiedene Kochtöpfe. Am 13. Mai teilt Frau Rebholz der Fink & Co. telefonisch mit, dass bei der Prüfung der Warensendung folgender Mangel festgestellt wurde:
> 15 Kochtöpfe weisen starke Lackschäden auf, sodass sie unverkäuflich sind.
> a) Welche Rechte stehen der Rebholz KG nach dem Gesetz zu?
> b) Begründen Sie, von welchem Recht Sie im vorliegenden Fall Gebrauch machen würden.
> c) Entwerfen Sie den Text des Briefes, den Sie im vorliegenden Fall schreiben würden.

a) Gesetzliche Gewährleistungsrechte des Käufers (§§ 462, 480 BGB):
 – Wandelung (Rücktritt vom Vertrag),
 – Minderung (Preisnachlass),
 – mangelfreie Ersatzlieferung (Umtausch).

b) – *Ersatzlieferung mangelfreier Waren* (mit Rücksicht auf die langjährige Geschäftsbeziehung), da die gelieferten Kochtöpfe selbst mit Preisnachlass nicht verkäuflich sind.
 – *Wandelung,* wenn zu befürchten ist, dass auch die Ersatzlieferung nicht mangelfrei ist.

c) *Brieftext*: Auf Grund unserer Bestellung vom 6. April 20.. erhielten wir von Ihnen am 11. Mai 20.. 160 Kochtöpfe. Wie ich Ihnen schon telefonisch mitteilte, weisen 15 der gelieferten Töpfe starke Lackschäden auf. Da diese Kochtöpfe unverkäuflich sind, bitte ich um schnelle Ersatzlieferung. Die beanstandete Ware stellen wir Ihnen zur Verfügung.

> 8. Begründen Sie, warum der Lieferer beim Annahmeverzug nicht für Fahrlässigkeit haftet.

Hätte der Käufer die Ware angenommen, wäre sie gar nicht mehr im Haftungsbereich des Lieferers.

> **9. Worin liegt die Besonderheit des Notverkaufes?**

Der Notverkauf ist nur bei leicht verderblicher Ware möglich und muss vorher nicht angedroht werden.

> **10. Hiebler & Stoll OHG, Wuppertal, haben sich auf den Innenausbau von Repräsentationsräumen spezialisiert. Am 2. Mai 20.. wird an die Gemeinschaftspraxis Dr. Rist und Dr. Weber, Solingen, eine maßgefertigte Einbauschrankwand termingerecht geliefert, Auftragswert 18.000 EUR. Dr. Rist verweigert die Annahme mit dem Hinweis, sein Kollege sei vor 10 Tagen bei einem Autounfall ums Leben gekommen. Er selbst beabsichtige einen Ortswechsel und sei deswegen an der Lieferung nicht mehr interessiert.**
>
> **a) Liegt in diesem Fall Annahmeverzug vor? (Begründung)**
>
> **b) Welche Rechte stehen der Hiebler & Stoll OHG im Falle eines Annahmeverzuges zu?**
>
> **c) Welches Recht würden Sie im vorliegenden Fall beanspruchen? (Begründung)**
>
> **d) Stoll schlägt vor, von dem Vertrag zurückzutreten und Dr. Rist auf Abnahme zu verklagen. Wie beurteilen Sie diesen Vorschlag?**
>
> **e) Hiebler möchte einen Selbsthilfeverkauf durchführen lassen.**
>
> **– Beschreiben sie den Ablauf eines Selbsthilfeverkaufs.**
>
> **– Halten Sie einen Selbsthilfeverkauf in diesem Fall für sinnvoll? (Begründung)**

a) Es liegt Annahmeverzug vor, da der Käufer die rechtzeitig gelieferte Ware nicht annimmt.

b) – Einlagerung der Ware,
  – Selbsthilfeverkauf,
  – Klage auf Abnahme,
  – Rücktritt vom Vertrag oder Schadenersatz wegen Nichterfüllung, wenn der Käufer die Ware schuldhaft nicht entgegengenommen hat.

c) Auf Abnahme klagen, da die Schrankwand eine Spezialanfertigung ist.

d) Rücktritt vom Vertrag und Klage ist nicht möglich, da Stoll nur auf Grund eines bestehenden Vertrages klagen kann.

e) – Androhung mit Fristsetzung,
  Mitteilung des Termins und des Versteigerungsortes,
  Mitteilung des Ergebnisses an den Kunden und Abrechnung.
  – Ein Selbsthilfeverkauf ist nicht sinnvoll, da es sich bei der Schrankwand um eine Spezialanfertigung handelt und bei einer Versteigerung kaum ein Käufer gefunden werden könnte.

> **11. Harry Meier kauft einen Kasten Mineralwasser. Da er sehr durstig ist, nimmt er einen kräftigen Schluck direkt aus der Flasche. Durch einen Produktionsfehler beim Hersteller „Pro-Wasser-AG" befinden sich Glassplitter in der Flasche, die beim Schluckvorgang zu schweren inneren Verletzungen führen. Es entstehen hohe Krankenhauskosten.**
>
> **Erläutern Sie, warum in diesem Fall die Rechte aus der Sachmängelhaftung Harry Meier nicht weiterhelfen, sondern er nur mittels des Produkthaftungsgesetzes eine Entschädigung für erlittene Schmerzen und Ersatz der Heilbehandlungskosten einklagen kann.**

Der Fehler des Produktes hat eine *Schädigung der Person* verursacht, nicht des Produktes selbst. Die Produkthaftung trifft auch den Zulieferer der Flaschen.

> **12.** Der Fuhrunternehmer Müller e.K. teilt der Garngroßhandlung Flick & Weber KG, …, mit, dass die Kundin Marianne Heimerdinger e.K., Hirschstraße 3, 89077 Ulm, eine Sendung von 15 Paketen nicht abgenommen hat. Die Ware lagert beim Fuhrunternehmer.
>
> **Fragen Sie als Angestellter der Flick & Weber KG bei der Ulmer Kundin nach ihren Gründen. Teilen Sie ihr die Rechtsfolgen einer ungerechtfertigten Annahmeverweigerung und der Einlagerung mit.**

Brieftext: Der von uns beauftragte Transportunternehmer Müller teilte uns mit, dass Sie die Sendung von 15 Paketen mit Garn trotz ordnungsgemäßer Lieferung nicht abgenommen haben. Bitte teilen Sie uns Ihre Gründe für die Annahmeverweigerung mit. Wir machen darauf aufmerksam, dass die Einlagerung der Firma Müller auf Ihre Kosten und Gefahr erfolgt. Falls wir bis … keine Nachricht von Ihnen erhalten bzw. Sie bis zu diesem Zeitpunkt die Ware nicht abgenommen haben, werden wir das Garn für Ihre Rechnung versteigern lassen.

> **13.** Worin liegt die Besonderheit beim Lieferungsverzug, sofern es sich um einen Fixkauf unter Kaufleuten handelt?

– Sofortige Mitteilung, falls Erfüllung des Vertrages noch gewünscht wird.
– Rücktritt vom Vertrag ohne Nachfrist und ohne Rücksicht auf Verschulden möglich.

> **14.** Welches Recht würden Sie beim Lieferungsverzug in Anspruch nehmen, wenn
>
>   a) inzwischen eine Preissenkung bei der bestellten Ware eingetreten ist,
>
>   b) die Ware eine Sonderanfertigung für Sie ist,
>
>   c) die Ware ein Saisonartikel ist,
>
>   d) die Ware nach Ablauf der Nachfrist anderweitig teurer beschafft werden musste?

a) Nach einer Nachfrist vom Vertrag zurücktreten.

b) Erfüllung und Schadenersatz verlangen.

c) Verspätete Lieferung hat keinen Sinn mehr, deshalb ohne Nachfrist vom Vertrag zurücktreten oder, falls ein Schaden entstanden ist, Schadenersatz wegen Nichterfüllung verlangen.

d) Lieferung ablehnen und Schadenersatz fordern: Preisunterschied + zusätzliche Kosten.

> **15.** Begründen Sie, warum beim Lieferungsverzug auch für Zufall gehaftet werden muss.

Bei rechtzeitiger Lieferung wäre der Zufall nicht wirksam geworden.

> **16.** Die Süsswaren-Großhandlung Magda Vogt e.K., …, hatte für das Ostergeschäft bei der Schokoladenfabrik Feldmann & Co. OHG, …, 2.000 Stück Schokolade-Osterhasen Marke „Gustav", Katalog Nr. 24, und 5.000 Packungen gefüllte Ostereier, Katalog Nr. 78, zur Lieferung nach der Weihnachtssaison bestellt. Auftragsbestätigung vom … liegt vor. Da bis Ende Januar die Lieferung nicht erfolgte und bereits Rückfragen von Einzelhandelskunden einlaufen, soll der Lieferer mit angemessener Nachfrist gemahnt werden.
>
> **Verfassen Sie das Mahnschreiben. Weisen Sie darin auch auf mögliche Verzugsfolgen hin.**

131

Brieftext: Für das Ostergeschäft bestellte ich bei Ihnen 2.000 Stück Schokolade-Osterhasen Marke „Gustav", Katalog Nr. 24, und 5.000 Packungen gefüllte Ostereier, Katalog Nr. 78, zur Lieferung nach der Weihnachtssaison. Ihre Auftragsbestätigung vom 10. Dezember liegt vor. Bis heute aber haben Sie nicht geliefert. Es laufen bereits Rückfragen unserer Kunden ein. Deshalb bitte ich Sie, mir die Ware bis spätestens 5. Februar zu senden. Falls die Ware bis zu diesem Zeitpunkt nicht eingetroffen ist, werde ich diese kurzfristig anderweitig besorgen. Die dabei entstehenden Mehrkosten müsste ich Ihnen weiterberechnen.

17. Schreiben Sie wegen einer ausstehenden Lieferung einen Brief mit folgender Gliederung:

   a) Hinweis auf die Fälligkeit der Lieferung, also auf den nicht rechtzeitig ausgeführten Auftrag.

   b) Auswirkung auf unseren Betrieb: Gefährdung der Erfüllung unserer Verpflichtungen unseren Kunden gegenüber, Verminderung des Sortiments wegen ausgebliebener Sendung.

   c) Nachfrist, soweit eine solche infrage kommt.

   d) Hinweis auf die Rechte, die von uns bei Überschreiten der Nachfrist geltend gemacht werden können.

Brieftext: Die am …bestellten 150 Herrenanzüge verschiedener Modelle und Größen sind noch nicht eingetroffen, obwohl die Lieferung bis spätestens …zugesagt war. Wir können bereits den Wünschen unserer Kunden nicht mehr voll nachkommen, da sich unser Sortiment wegen der ausgebliebenen Sendung merklich vermindert hat. Bitte schicken Sie uns die Ware bis spätestens … Falls sie bis zu diesem Zeitpunkt nicht bei uns eintrifft, werden wir versuchen, gleichartige Anzüge anderweitig zu beschaffen. Für den entstandenen Schaden müssten wir Sie dann haftbar machen.

18. Sie erhalten wegen Lieferungsverzugs einen Brief Ihres Kunden. Verfassen Sie das Antwortschreiben nach folgender Gliederung:

   a) Bitte um Entschuldigung,

   b) Angabe der Gründe, die zum Lieferungsverzug geführt haben (hoher Auftragsanfall in Stoßzeiten, Personalausfall, Produktionsschwierigkeiten des Herstellers, Lieferrückstände).

   c) Angaben darüber, ob die Lieferung innerhalb der Nachfrist möglich ist.

Brieftext: Wir bedauern, dass wir die für das Ostergeschäft bestellten Waren noch nicht liefern konnten. Wegen des frühen Ostertermins in diesem Jahr kam es bei unserem Lieferanten zu einem Auftragsstau. Die Lieferschwierigkeiten sind aber inzwischen behoben. Sie werden deshalb die Waren innerhalb der gesetzten Nachfrist erhalten. Wir bitten, die eingetretene Verzögerung zu entschuldigen.

19. Vergleichen Sie die Rechte des Vertragspartners beim Lieferungsverzug und beim Zahlungsverzug.

Lieferungs- und Zahlungsverzug sind beide, rechtlich gesehen, Schuldnerverzug (§§ 286, 326 BGB). Deshalb haben sowohl der Gläubiger der Lieferung als auch der Gläubiger der Zahlung die gleichen Wahlrechte:

– Erfüllung des Vertrages,
– Erfüllung und Schadenersatz,
– Rücktritt vom Vertrag,
– Schadenersatz wegen Nichterfüllung.

> **20. Nennen Sie Gründe, warum eine gut funktionierende Forderungsüberwachung für die Unternehmung wichtig ist.**

– Erhaltung der Zahlungsbereitschaft,
– Vermeidung von Zinsverlusten.

> **21. Eine Forderung ist fällig. Schreiben Sie die Mahnungen.**
> **1. Mahnung:** Angabe der Höhe und des Fälligkeitsdatums des Rechnungsbetrags. Erinnerung an die Zahlung und Bitte um Überweisung.
> **2. Mahnung:** Begründung der Notwendigkeit der wiederholten Mahnung durch den Hinweis auf die eigenen Zahlungsverpflichtungen und auf die hohen Kreditkosten bei Aufnahme von Krediten.
> **3. Mahnung:** Ausdruck der Enttäuschung über das Verhalten des Kunden. Verständnis für Zahlungsschwierigkeiten und Bereitschaft zu neuen Zahlungsvereinbarungen. Hinweis auf den Einzug durch Postnachnahme.

Brieftext 1. Mahnung: Sicher ist es Ihnen entgangen, dass die Rechnung über 1.650 EUR, fällig am …, noch nicht beglichen ist. Wir bitten Sie, den Betrag möglichst umgehend zu überweisen.

Brieftext 2. Mahnung: Trotz unserer Zahlungserinnerung vom … haben Sie den Betrag von 1.650 EUR, fällig am …, noch nicht bezahlt. Wir bitten noch einmal um sofortige Überweisung, da wir selbst dringende Zahlungsverpflichtungen haben und die Aufnahme eines Kredites mit hohen Kosten verbunden ist.

Brieftext 3. Mahnung: Wir sind sehr enttäuscht darüber, dass Sie den längst fälligen Betrag von 1.650 EUR trotz wiederholten Mahnens noch nicht beglichen haben. Falls Sie sich in Zahlungsschwierigkeiten befinden, sind wir bereit, mit Ihnen neue Zahlungsvereinbarungen zu treffen. Sollten wir von Ihnen bis … keine Nachricht erhalten haben, werden wir den Betrag einschließlich der gesetzlichen Verzugszinsen gemäß § 288 (1), 1 BGB durch Postnachnahme einziehen lassen.

> **22. Die Lebensmittelgroßhandlung Gebr. Esser OHG, …, hatte mit Rechnung vom … an die Einzelhändlerin Marta Groß e.K., …, Ware über 1.235 EUR geliefert. Der Betrag ist seit zwei Monaten zur Zahlung fällig. Zwei Mahnungen vom … und … waren ohne Wirkung geblieben.**
> **a)** Verfassen Sie eine letzte außergerichtliche Mahnung. Anfang nächsten Monats haben Gebr. Esser OHG selbst größeren Zahlungsverpflichtungen durch fällige Wechsel und infolge Steuerterminen nachzukommen. Androhung eines Mahnbescheids.
> **b)** Nach Ablauf von 14 Tagen ist noch keine Zahlung eingegangen. Stellen Sie auf einem Formularsatz den Antrag auf Erlass eines Mahnbescheids. Neben der Hauptforderung sollen Verzugszinsen, Kosten der außergerichtlichen Mahnung und andere Auslagen geltend gemacht werden.

a) *Brieftext:* Sie haben zwei Mahnungen vom … und … nicht beachtet, obwohl der Betrag von 1.235 EUR seit über zwei Monaten zur Zahlung fällig ist. Anfang nächsten Monats haben wir selbst größere Zahlungen für fällige Wechsel und Steuerverpflichtungen zu leisten. Bitte überweisen Sie deshalb endlich den Betrag zuzüglich 9 % Verzugszinsen seit dem … bis spätestens … Sollte diese Mahnung wieder ohne Wirkung bleiben, werden wir die Zustellung eines gerichtlichen Mahnbescheids veranlassen.

b) Bilder „Mahnbescheid" (siehe Seiten 134 und 135).

Antrag auf Erlass eines Mahnbescheids

– Nur für Gerichte, die die Mahnverfahren maschinell bearbeiten. –

Datum des Antrags: 01-02-15

Wichtig: Bitte lesen Sie zunächst die Hinweise zu diesem Vordruck. Die Hauptforderung ist mit einer aus dem Hinweisblatt zu entnehmenden Katalog-Nr. zu bezeichnen.

Antragsteller

Spalte 1 — 1 = Herr, 2 = Frau

Spalte 2 — Weiterer Antragsteller
Bei mehreren Antragstellern: Es wird versichert, dass der in Spalte 1 Bezeichnete bevollmächtigt ist, die weiteren zu vertreten.
1 = Herr, 2 = Frau

Spalte 3 — Nur Firma, juristische Person u. dgl. als Antragsteller
3 = nur Einzelfirma   4 = nur GmbH u. Co. KG   sonst. Rechtsform

Vollständige Bezeichnung: **Gebrüder Esser OHG**
Fortsetzung von Zeile 9: **Konservenfabrik**
Straße, Hausnummer: **Robert-Koch-Straße 11**
Postleitzahl: **89081**   Ort: **Ulm**

Gesetzlicher Vertreter

Antragsgegner

Spalte 1 — 1 = Herr, 2 = Frau

Spalte 2 — Weiterer Antragsgegner — Antragsgegner sind Gesamtschuldner
1 = Herr, 2 = Frau

Spalte 3 — Nur Firma, juristische Person u. dgl. als Antragsgegner
3   3 = nur Einzelfirma   4 = nur GmbH u. Co. KG   sonst. Rechtsform

Vollständige Bezeichnung: **Marta Groß e.K.**
Fortsetzung von Zeile 24: **Lebensmitteleinzelhändlerin**
Straße, Hausnummer: **Memminger Straße 110**
Postleitzahl: **89231**   Ort: **Neu-Ulm**

Gesetzlicher Vertreter
3   Nr. der Spalte, in der die Vertretene bezeichnet ist

Bitte die nächste Vordruckseite beachten!

Bezeichnung des Anspruchs

I. Hauptforderung – siehe Katalog in den Hinweisen –

Katalog-Nr.	Rechnung/Aufstellung/Vertrag oder ähnliche Bezeichnung	Nr. der Rechng./des Kontos u. dgl.	Datum bzw. Zeitraum vom	bis	Betrag EUR
43	Rechnung	98-650	00-11-15		1.235,00

Postleitzahl – Ort als Zusatz bei Katalog-Nr. 19, 20, 90 — Ausl. Kz. — Vertragsart als Zusatz bei Katalog-Nr. 28 — -Vertrag

Sonstiger Anspruch – nur ausfüllen, wenn im Katalog nicht vorhanden – mit Vertrags-/Lieferdatum/Zeitraum vom ... bis ...

Fortsetzung von Zeile 36 — Betrag EUR

Nur bei Abtretung oder Forderungsübergang:
Früherer Gläubiger – Vor- und Nachname, Firma (Kurzbezeichnung) — Datum — Postleitzahl Ort — Seit diesem Datum ist die Forderung an den Antragsteller abgetreten/auf ihn übergegangen. — Ausl. Kz.

IIa. Laufende Zinsen

Zeilen-Nr. der Hauptforderung	Zinssatz %	oder % über Basiszinssatz	1 = jährl. 2 = mtl. 3 = tägl.	Betrag*, nur angeben, wenn abweichend vom Hauptforderungsbetrag	Ab Zustellung des Mahnbescheids, wenn kein Datum angegeben, ab oder vom	bis
32	9		1		01-02-15	

IIb. Ausgerechnete Zinsen / III. Auslagen des Antragstellers für dieses Verfahren

Gemäß dem Antragsgegner mitgeteilter Berechnung für die Zeit

vom	bis	Betrag EUR	Vordruck/Porto Betrag EUR	Sonstige Auslagen Betrag EUR	Bezeichnung
00-12-15	01-02-15	18,50			

IV. Andere Nebenforderungen

Mahnkosten Betrag EUR	Auskünfte Betrag EUR	Bankrücklastkosten Betrag EUR	Inkassokosten Betrag EUR	Sonstige Nebenforderung Betrag EUR	Bezeichnung

Ein streitiges Verfahren wäre durchzuführen vor dem

1 = Amtsgericht
2 = Landgericht
3 = Landgericht – KfH
6 = Amtsgericht – Familiengericht
8 = Sozialgericht

1	Postleitzahl	Ort
	89073	Ulm

[x] Im Falle eines Widerspruchs beantrage ich die Durchführung des streitigen Verfahrens.

Prozessbevollmächtigter des Antragstellers

Ordnungsgemäße Bevollmächtigung versichere ich.

1 = Rechtsanwalt   4 = Herr, Frau
2 = Rechtsanwälte   5 = Rechtsanwältin
3 = Rechtsbeistand   6 = Rechtsanwältinnen

1	Betrag	Bei Rechtsanwalt und Rechtsbeistand: Anstelle der Post- und Telekompauschale des § 26 BRAGO werden die nebenstehenden Auslagen verlangt, deren Richtigkeit versichert wird.		Der Antragsteller ist nicht zum Vorsteuerabzug berechtigt.

Vor- und Nachname
Dr. Rolf Braun

Straße, Hausnummer – bitte kein Postfach! –
Neue Straße 25

Postleitzahl	Ort	Ausl. Kz.
89073	Ulm	

Bankleitzahl	Konto-Nr.	bei der/dem
630 500 00	301657	Sparkasse Ulm

Von Kreditgebern (auch Zessionar) zusätzlich zu machende Angaben bei Anspruch aus Vertrag, für den das Verbraucherkreditgesetz gilt:

Zeilen-Nr. Hauptforderung	Vertragsdatum	Effektiver Jahreszins	Zeilen-Nr. Hauptforderung	Vertragsdatum	Effektiver Jahreszins	Zeilen-Nr. Hauptforderung	Vertragsdatum	Effektiver Jahreszins

Geschäftszeichen des Antragstellers/Prozessbevollmächtigten

**An das
Amtsgericht Stuttgart
– Mahnabteilung –**

Ich beantrage, einen Mahnbescheid zu erlassen und in diesen die Kosten des Verfahrens aufzunehmen.
Ich erkläre, dass der Anspruch von einer Gegenleistung

[x] abhängt, diese aber bereits erbracht ist.   [ ] nicht abhängt.

Unterschrift des Antragstellers/Vertreters/Prozessbevollmächtigten

Dr. Braun (Unterschrift)

70154 Stuttgart
Postleitzahl, Ort

23. Entscheiden Sie, ob bei folgenden Zahlungsbedingungen eine Mahnung erforderlich ist, um den Schuldner in Verzug zu setzen:

   a) „Zahlbar innerhalb von 14 Tagen ab Rechnungsdatum."

   b) „Zahlbar bis spätestens 31. Oktober 2001."

   c) „Handwerkerrechnung, deshalb sofort zahlbar."

a) Mahnung nach § 284 BGB nicht erforderlich, da Geldforderungen 30 Tage nach Fälligkeit und Zugang der Rechnung zu begleichen sind.

b) Mahnung nicht erforderlich, da ein kalendermäßig bestimmter Zahlungstermin vorliegt.

c) Mahnung nach § 284 BGB nicht erforderlich, da Geldforderungen 30 Tage nach Fälligkeit und Zugang der Rechnung zu begleichen sind.

24. Die Holl OHG, Mannheim, schuldet der Eisenmann KG, Ludwigshafen, 17.000 EUR aus einem Kaufvertrag, in dem über Erfüllungsort und Gerichtsstand nichts vereinbart wurde.

   Welches Gericht (Gerichtsort, Gerichtsart) ist zuständig

   a) für die Beantragung des Mahnbescheids,

   b) für die Einreichung der Klage?

   c) Welche Vorzüge hat das gerichtliche Mahnverfahren gegenüber dem Klageverfahren?

   d) Was könnte einen Gläubiger veranlassen, einen Schuldner sofort zu verklagen, statt zunächst einmal einen Mahnbescheid zu beantragen?

a) Im Allgemeinen muss der Antrag auf Erlass eines Mahnbescheids beim Amtsgericht gestellt werden, in dessen Bezirk der Gläubiger seine geschäftliche Niederlassung hat. In Baden-Württemberg werden aber alle Mahnbescheide zentral bearbeitet, und dafür ist das Amtsgericht Stuttgart zuständig.

b) Landgericht Mainz, da bei Klage ab 10.000 DM das Landgericht des Erfüllungsortes bzw. Gerichtsstandes zuständig ist.

c) Der Gläubiger kann das gerichtliche Mahnverfahren immer an dem für ihn zuständigen Amtsgericht beantragen. Das gerichtliche Mahnverfahren ist außerdem einfacher, schneller und weniger kostspielig.

d) Der Gläubiger wird sofort klagen, wenn er mit Sicherheit annimmt, dass der Schuldner Widerspruch gegen einen Mahnbescheid erheben würde.

25. Möbelhersteller Beier GmbH & Co. KG in Heidelberg lieferte an den Einzelhändler Fröhlich GmbH in Frankfurt Sitzgarnituren im Wert von 68.000 EUR. In den Zahlungsbedingungen wurde Folgendes vereinbart: „Zahlbar netto bis spätestens 18. November 2000." Die Rechnungsstellung erfolgte am 18. Oktober 2000.

   a) Wie kann die Beier GmbH & Co. KG ihre Außenstände überwachen?

   b) Prüfen Sie, ob sich die Fröhlich GmbH am 20. November 2000 in Zahlungsverzug befindet.

   c) Welche Rechte kann die Beier GmbH & Co. KG geltend machen, falls Zahlungsverzug eingetreten ist?

a) Außenstände können überwacht werden durch
   – Offene-Posten-Liste (Debitorenliste) als DV-Ausdruck,
   – Kontenkarten der Debitorenbuchhaltung als Terminkartei.
   – Ablage von unbezahlten Ausgangsrechnungen in Terminmappen oder Terminordnern.

b) Da der Zahlungstermin kalendermäßig bestimmt ist (18. November 2000), befindet sich die Fröhlich GmbH am 20. November im Zahlungsverzug.

c) Die Beier GmbH & Co. KG kann Zahlung und Ersatz des Verzugsschadens (Verzugszinsen für zwei Tage) verlangen. Sie kann außerdem wahlweise vom Vertrag zurücktreten und die Sitzgarnituren zurücknehmen, sofern diese unter Eigentumsvorbehalt geliefert wurden.

> **26. Warum werden gepfändete Gegenstände versteigert und nicht einfach dem Gläubiger ausgehändigt?**

Der Wert der gepfändeten Gegenstände steht meistens nicht fest. Bei der Versteigerung können die Gegenstände einen Minder- oder Mehrerlös erbringen.

> **27. Welche der folgenden Vermögensgegenstände der Schuldnerin Maximiliane Moldering, technische Angestellte, kann der Gerichtsvollzieher pfänden: Schmuck 1.000 DM, Kostüm 100 DM, Stereoanlage 1.000 DM, Farbfernseher 2.500 DM, PC 2.000 DM, Kaffeemaschine 80 DM?**

Pfändbar: Schmuck, Stereoanlage (eventuell Austauschpfändung), Farbfernseher, evtl. PC. Die dem persönlichen Gebrauch oder Haushalt dienenden Gegenstände (Kostüm, Kaffeemaschine) und die zur Fortsetzung der Erwerbstätigkeit notwendigen Sachen (evtl. PC) sind nicht pfändbar.

> **28. Warum sieht der Gesetzgeber vor, dass gewisse Gegenstände aus dem Eigentum des Schuldners sowie Mindestbeträge seines Arbeitseinkommens nicht pfändbar sind?**

Der Schuldner benötigt diese Gegenstände bzw. einen Mindestbetrag seines Einkommens als Existenzminimum.

> **29. Wie hoch ist der pfändbare Betrag bei einem verheirateten Arbeitnehmer mit drei Kindern, dessen monatliches Einkommen 3.716 DM beträgt?**

Nettoeinkommen monatlich		3.716,00 DM
− unpfändbarer Grundbetrag 1.209 + 468 + 3 × 351		2.730,00 DM
Mehrverdienst		986,00 DM
− $3/_{10}$ für Arbeitnehmer	295,80 DM	
− $2/_{10}$ für Ehefrau	197,20 DM	
− $3/_{10}$ für drei Kinder	295,80 DM	788,80 DM
pfändbarer Betrag		197,20 DM

Nach den amtlichen Lohnpfändungstabelle werden 194,00 DM gepfändet.

6.9 Verjährung

> **1. Wann verjähren die Forderungen in folgenden Fällen?**
>
> a) Herr Braun hat am 15. Mai 2000 von seiner Geschäftskollegin ein gebrauchtes Mountainbike für 350 EUR gekauft.
>
> b) Frau Kaiser hat ein neues Fahrrad in dem Fahrradgeschäft ihres Wohnortes für 880 EUR gekauft. Die Rechnung war am 15. Dezember 1999 fällig.

> c) Eine Fahrradhandlung hat in der Fabrik Fahrräder für 12.680 EUR gekauft. Die Rechnung war am 25. Mai 2000 fällig.
>
> d) Frau Kaiser (Fall b) erhielt aus persönlichen Gründen am 30. Januar einen Zahlungsaufschub bis 30. Juni 2000.
>
> e) Die Fahrradhandlung aus Fall c leistete am 10. Januar 2001 eine Teilzahlung.

a) 15. Mai 2030 (30-jährige Verjährungsfrist, Beginn am Tag der Entstehung des Anspruchs).

b) 31. Dezember 2001 (zweijährige Verjährungsfrist, Beginn am Ende des Jahres, in welchem der Anspruch entstanden ist).

c) 31. Dezember 2004 (vierjährige Verjährungsfrist, Beginn am Ende des Jahres, in welchem der Anspruch entstanden ist).

d) 31. Mai 2002 (zweijährige Verjährungsfrist wird um die Zeit der Stundung verlängert).

e) 10. Januar 2005 (Unterbrechung; Verjährungsfrist beginnt von neuem zu laufen, aber nur, wenn ein Vollstreckungsbescheid beantragt wurde).

> 2. Der Kunde Späth hat nach langer Zeit dem Lieferer Schöller eine Schuld in Höhe von 2.500 EUR beglichen, die, wie er hinterher bemerkt, bereits verjährt war. Jetzt will er diesen Betrag mit einer neuen Verbindlichkeit gegenüber Schöller aufrechnen.
>
> **Wie ist die Rechtslage?**

Verjährung bedeutet nicht Erlöschen der Forderung, sondern Verlust der gerichtlichen Durchsetzbarkeit, d.h. die Forderung konnte durch Späth beglichen werden. Er kann jetzt seine Zahlung nicht mehr zurückfordern, auch nicht in Form einer Aufrechnung.

> 3. Sie sind Mitarbeiter der Süddeutschen Electronic GmbH, Stuttgart, die elektronische Steuerungen herstellt. Den Verkäufen der Unternehmung liegen folgende Vertragsverbindungen zugrunde:
>   – Lieferbedingungen: gesetzliche Regelung,
>   – Zahlungsbedingungen: 2 % Skonto innerhalb 10 Tagen oder 45 Tage Ziel,
>   – Erfüllungsort und Gerichtsstand: gesetzliche Regelung.
>
>   Am 25. November 2000 (dieses Datum ist zu beachten) haben Sie nachstehende Außenstände nach folgenden Kriterien zu bearbeiten:
>   – Hat der Kunde rechtzeitig bezahlt?
>   – Hat der Kunde den richtigen Betrag bezahlt?
>
>   Begründen Sie in jedem Fall Ihre Entscheidung. Falls Sie Unregelmäßigkeiten feststellen, beschreiben Sie, welche Maßnahmen Sie ergreifen werden.
>
>   a) Koch & Köhler OHG, Nussloch, Rechnung Nr. 389
>   vom 28. September 2000   3.890 EUR
>
>   b) Agathe Hochadel KG, Krumbach, Rechnung Nr. 451
>   vom 8. November 2000   2.500 EUR
>
>   Dieser Kunde sandte uns mit Poststempel 23. November 2000 einen Verrechnungsscheck über 2.450 EUR, der heute bei uns eingegangen ist.

c) Peter Reichel GmbH, Oberkochen, Rechnung Nr. 284
   vom 23. April 1996   2.576 DM
   1. Mahnung 28. Juni 1996,
   2. Mahnung 15. Juli 1996,
   3. Mahnung 30. Juli 1996,
   4. Postnachnahme vom 30. August 1996 ohne Ergebnis.
   Die Forderung ist seither aus nicht bekannten Gründen
   übersehen worden.

d) Maschinenbau AG, Neckarwestheim, Rechnung Nr. 369
   vom 15. September 2000   5.600 EUR
   Der Kunde rügte eine nicht einwandfreie Montage. Die
   Nachbesserung erfolgte am 15. Oktober 2000 zur Zufrieden-
   heit des Kunden.

e) Waltraud Ehrhardt, Heidelberg, Rechnung Nr. 465
   vom 11. November 2000   5.400 EUR
   Dem heute eingegangenen Kontoauszug unserer Bank liegt
   u.a. eine Überweisung von Waltraud Ehrhardt in Höhe von
   5.292 EUR bei, die lt. Eingangsstempel am 24. November 2000
   bei unserer Hausbank eingegangen ist.

a) Rechnung seit 13. November fällig: 1. Mahnung veranlassen.

b) Skontofrist überschritten; Kulanzentscheidung, ob diese Restforderung angemahnt werden soll.

c) Mahnbescheid beantragen, da sonst die Forderung am 31. Dezember 2000 verjährt.

d) Zahlungsziel verlängert sich um die Nachbesserungsfrist, also bis zum 30. November. Am 25. November ist der Kunde also noch nicht im Verzug.

e) Bis zum 21. November durfte Skonto abgezogen werden. Der Betrag ging am 24. November bei der Hausbank ein. Geht man von einer Bearbeitungszeit zwischen den Banken von drei bis fünf Tagen aus, hat Ehrhardt die Überweisung seiner Bank am Erfüllungsort rechtzeitig übergeben. Der Skontobetrag ist gerechtfertigt.

7 Lagerhaltung

S. 254

> 1. Beim Textilhaus Müller e.K. sind Artikel der Damen- und Herrenoberbekleidung zu beschaffen. An den Planungen und Entscheidungen hinsichtlich der zu bestellenden Gesamtmenge sind Mitarbeiter der Abteilungen Einkauf und Lager beteiligt. Schwierig ist, die möglichst optimale Warenmenge zu beschaffen.
>
>   a) Erörtern Sie die Notwendigkeit der Lagerhaltung.
>
>   b) Beschreiben Sie je zwei Folgen
>
>   – einer zu großen Bestellmenge
>   – einer zu kleinen Bestellmenge.

a) Lagerhaltung sichert dem Unternehmen gleichmäßige Beschäftigung (Lieferfähigkeit, Kundenbedienung), wenn die Anlieferung der benötigten Rohstoffe oder Waren Schwankungen ausgesetzt ist, die auf Ernte, Lieferzeit, Verkehrsstörungen, Streiks beruhen und nicht durch andere Maßnahmen verhindert werden können, wie z. B. Terminabsprache, Liefergarantien.

b) Folgen einer *großen* Bestellmenge können sein

- hohe Lagerkosten,
- Gefahr des Veraltens (Ladenhüter) und damit eventuell verbunden sind Verkäufe mit Verlust, wenn Sonderrabatte gegeben werden müssen, um die Waren rechtzeitig abzustoßen,
- hohes, gebundenes (totes) Kapital.

Folgen einer *kleinen* Bestellmenge können sein

- Kundenverlust auf Grund eines zu geringen Angebotes,
- aufwendige und kostenintensive Nachbestellungen,
- geringere Lieferantenrabatte,
- höhere Einkaufspreise.

> 2. Die Großmarkt GmbH besitzt zehn Supermärkte im norddeutschen Raum, die alle vom Zentrallager in Minden beliefert werden. Im Sortiment befinden sich neben Frischwaren wie z.B. Obst, Gemüse, Milch und Käse auch Lebensmittelkonserven, Tiefkühlkost und Wein. Das Angebot an Non-Food-Artikeln wie z.B. Reinigungsmitteln, Kosmetikartikeln und Haushaltsgeräten hat man im letzten Jahr vergrößert. Die Einlagerung erfolgt nach dem Prinzip der chaotischen Lagerung.
>
>   a) Erläutern Sie vier Aufgaben der Lagerhaltung am Beispiel der Großmarkt GmbH.
>
>   b) Nennen Sie Vorzüge, die für die zentrale Lagerung sprechen.
>
>   c) Zeigen Sie an drei Artikeln der Großmarkt GmbH, was unter artgerechter Lagerung zu verstehen ist.
>
>   d) Beschreiben Sie das Prinzip der chaotischen Lagerung. Geben Sie dabei Voraussetzungen, Vor- und Nachteile an.
>
>   e) Erläutern Sie die grundsätzlichen Unterschiede der Lagerung im Zentrallager und in den Supermärkten.
>
>   f) Beschreiben Sie mögliche Folgen, wenn bei der Großmarkt GmbH die Eingangskontrolle mangelhaft durchgeführt wird.

a) Für die Großmarkt GmbH erfüllt die Lagerhaltung folgende Aufgaben:
   - Sicherung der Versorgung der zehn Filialen im norddeutschen Raum mit einem ausreichend breiten und tiefen Sortiment,
   - Überbrückung von saisonalen Schwankungen in der Güterproduktion bei Obst und Gemüse in den unterschiedlichen Anbaugebieten,
   - Ausnutzung von Vorteilen des Großeinkaufs für alle Filialen gemeinsam (Mengenrabatte),
   - Wertsteigerung durch die Lagerung bei Wein und Käse.

b) Durch die zentrale Lagerung ergeben sich Vorzüge durch
   - Preisnachlässe durch Zentraleinkauf (Mengenrabatte), die an die Kunden weitergegeben werden können,
   - kostengünstigere Anschaffung *eines* Zentrallagers als Anschaffung von zehn kleineren dezentralen Lagern und dadurch rationellerer Einsatz von Förderfahrzeugen im Zentrallager,
   - dadurch sind weniger Personal
   - sowie geringere Bestände nötig.

c) Obst, Gemüse und Milch müssen gekühlt gelagert werden; Tiefkühlkost in entsprechenden Tiefkühllagerräumen; Wein wird bei längerer Lagerdauer liegend gelagert, um ein Austrocknen der Korken zu verhindern; Reinigungsmittel müssen getrennt von den Lebensmitteln aufbewahrt werden.

d) Bei der chaotischen Lagerung wird ein beliebiger leerer Platz mit der nächsten Lieferung belegt. Dies setzt allerdings voraus, dass die Waren gleiche Abmessungen haben bzw. mit Lademitteln (z.B. Paletten) gleiche Abmessungen geschaffen werden, sowie ein (rechnergestütztes) automatisiertes Ordnungssystem, um die optimale Lagerplatzvergabe zu erreichen.

Vorteil dieser Lagerungsart ist die optimale Lagerplatzvergabe, denn dadurch wird weniger Lagerraum benötigt, was wiederum die Kosten senkt.

Das „Gleichmachen" der Abmessungen durch Ladehilfsmittel kann je nach Abmessungen der Einzelstücke dazu führen, dass Lagerplatz „verschenkt" wird. Weitere Nachteile treten ein, wenn z.B. die Energieversorgung und damit das Ordnungssystem ausfällt.

e)
   - Zentrallager: einfache Einrichtung, sachliche Anordnung, zweckmäßiger Zugriff für Lagerpersonal.
   - Supermarkt: Verkaufsraum ist das Hauptlager; Lagerung nach Verkaufsgesichtspunkten (Präsentation, Reihenfolge, verbrauchsgerechte Verpackung, bequemer Zugriff für Kunden).

f)
   - Mängel werden unter Umständen nicht entdeckt, Beanstandungen und Rückgabe nicht möglich.
   - Gefahr für die bereits lagernden Güter, z.B. bei Obst, Gemüse durch Verbreitung von Ungeziefer.
   - Kundenreklamation, wenn mangelhafte Ware weiterverkauft wird.

3. Das Warenangebot des Einzelhandelsunternehmens Sportmode-Bayer e.K. umfasst alle gängigen Sortimentsbereiche des Sportfachhandels. Neben den Verkaufsräumen besitzt das Sportgeschäft keine weiteren Lagerräume. Herr Bayer hat bereits vor einigen Jahren entschieden, die jährliche Inventur am 28. Februar des jeweiligen Jahres durchzuführen.

a) Begründen Sie mit zwei Argumenten, warum sich Herr Bayer dazu entschlossen hat.

> **b)** Beschreiben Sie die Besonderheiten dieser Inventurart.
>
> **c)** Grenzen Sie die Stichtagsinventur von der permanenten Inventur ab.
>
> **d)** Erörtern Sie, ob für das Einzelhandelsunternehmen eine stichprobenartige Bestandserfassung sinnvoll wäre.

a) – Niedrige Warenbestände, da Wintergeschäft vorüber.
 – Relativ ruhige Zeiten, da Weihnachts- und Wintergeschäft vorüber und Sommergeschäft noch nicht angelaufen.

b) Die Bestandsaufnahme erfolgt innerhalb der ersten zwei Monate nach dem Bilanzstichtag unter Berücksichtigung der Ein- und Ausgänge zwischen Zähltag und Bilanzstichtag = nachverlegte körperliche Bestandsaufnahme.

c) – *Stichtagsinventur:* Zum Ende des Geschäftsjahres, Verlegung möglich. Stopp aller Lagerbewegungen.
 – *Permanente Inventur:* Zu beliebigen Zeiten im Laufe des Jahres; in Teilbereichen des Lagers möglich; ständiger Vergleich zwischen Ist- und Sollbestand und Aufklärung der Differenzen. Dadurch ist am Ende des Geschäftsjahres der Buchbestand als tatsächlicher Bestand anzusehen.

d) Stichprobenartige Bestandserfassung ist nur sinnvoll, wenn es sich um Massenartikel mit geringem Wert handelt, die in Verkaufsverpackungen (Kartons) gelagert werden. Bei einem Geschäft des Sportfachhandels treffen diese Voraussetzungen i.d.R. nicht zu, sodass die stichprobenartige Erfassung nicht sinnvoll wäre.

> **4.** Die Maschinenfabrik Walz & Co. KG verbraucht in der Fertigung pro Tag 120 Bolzen aus Spezialstahl. Die Lieferzeit des Herstellers beträgt 14 Tage. Als eiserner Bestand wird der fünffache Tagesverbrauch auf Lager gehalten.
>
> **a)** Unterscheiden Sie Lieferzeit und Beschaffungszeit.
>
> **b)** Berechnen Sie den Meldebestand.
>
> **c)** Nennen Sie zwei Gründe, warum die Maschinenfabrik einen eisernen Bestand hält.
>
> **d)** In welchem Zeitpunkt wird im Lager der Höchststand an Bolzen erreicht und welche Stückzahl umfasst dieser Bestand, wenn die optimale Bestellmenge 2.400 Stück beträgt?
>
> **e)** Beschreiben Sie Möglichkeiten, Grenzen und Auswirkungen, wenn der Mindestbestand herabgesetzt werden soll.

a) *Lieferzeit* ist der Zeitraum zwischen Bestellung und Eingang der Ware, während bei der *Beschaffungszeit* zur Lieferzeit i.e.S. die Zeit für den internen Bestellvorgang sowie die Zeit für die interne Warenannahme und Warenprüfung hinzukommen.

b) MB = (A × T) + R = 120 × 14 + 5 × 120 = 2.280 Stück

c) Verbrauch schwankt; mögliche Transport- und/oder Lieferschwierigkeiten; fehlerhafte Stücke

d) Der *Höchstbestand* wird nach Eintreffen der bestellten Bolzen erreicht; er beträgt Bestellmenge plus eiserner Bestand = 2.400 + 600 = 3.000 Stück.

e) *Möglichkeiten:* Guter Lieferservice (Pünktlichkeit), mehrere Lieferer in der Nähe.
Grenzen: Täglicher Verbrauch × Lieferzeit in Tagen.
Auswirkungen: Geringere Kapitalbindung; kleinere Lager; unter Umständen Engpässe.

5. Laut einer Veröffentlichung in der Fachzeitschrift des Getränkeverbandes beträgt die Umschlagshäufigkeit für Fruchtsäfte im Branchendurchschnitt 10. Für einen Vergleich der eigenen Umschlagshäufigkeit mit dem Branchendurchschnitt liegen folgende Werte für das vergangene Halbjahr vor:

Anfangsbestand: 300 Kästen
Endbestand: 200 Kästen
Zugänge: 1.800 Kästen
Durchschnittlicher Einstandspreis: 8,00 EUR/Kasten

a) Ermitteln Sie die Umschlagshäufigkeit für Fruchtsäfte und vergleichen Sie das Ergebnis mit dem Branchendurchschnitt.

b) Begründen Sie, ob folgende Maßnahmen zu einer Verbesserung der Umschlagshäufigkeit führen werden:
   - Sonderverkäufe,
   - häufigere, aber kleine Bestellungen,
   - Einstellung der Werbung.

a) durchschnittlicher Lagerbestand $= \dfrac{AB + EB}{2} = \dfrac{300 + 200}{2} = 250$ Kästen à 8,00 EUR = 2.000 EUR

Wareneinsatz = Zugänge + Bestandsminderung = 1.800 Kästen + 100 Kästen
= 1.900 × 8,00 = 15.200 EUR

Umschlagshäufigkeit $= \dfrac{\text{Wareneinsatz}}{\text{durchschn. Lagerbestand}} = \dfrac{15.200}{2.000} = 7,6$

Im Vergleich zum Branchendurchschnitt ist die eigene Umschlagshäufigkeit schlechter.

b) Durch *Sonderverkäufe* und durch *häufige, aber kleine Bestellungen* steigt die Umschlagshäufigkeit; diese Maßnahmen führen zu einer Verbesserung; die *Einstellung der Werbung* kann dazu führen, dass die Umschlagshäufigkeit sinkt, sich also verschlechtert.

6. Eine Wirtschaftlichkeitsprüfung ergab, dass im Beschaffungs- und Lagerbereich die Kosten zu hoch sind. Als Konsequenz soll das Lagerwesen effektiver organisiert werden.

   a) Nennen Sie sechs Kostenarten, die im Lager entstehen.

   b) Aus der Lagerbuchhaltung liegen folgende Informationen vor:

   Anfangsbestand: 320.000 EUR
   12 Monatsendbestände: 4.360.000 EUR
   Umsätze zu Einstandspreisen: 1.296.000 EUR

   Berechnen Sie folgende Lagerkennziffern:
   - durchschnittlicher Lagerbestand,
   - Umschlagshäufigkeit,
   - durchschnittliche Lagerdauer,
   - Lagerzinssatz bei einem Jahreszinssatz von 12,6 %.

   c) Für die Umorganisation des Lagerwesens liegen folgende Empfehlungen vor:
   - Das System der chaotischen Lagerhaltung soll eingeführt werden.
   - Ein Teil der Waren soll fremd gelagert werden. Hierfür sind folgende Daten bekannt:
     - Kosten bei Fremdlagerung: 3,50 EUR/Stück
     - Kosten bei Eigenlagerung: 64.000 EUR fix + 1,50 EUR pro Stück.
   - Es soll vermehrt auf Streckengeschäfte umgestellt werden.
   Beurteilen Sie die einzelnen Empfehlungen.

a) Personalkosten, Versicherungskosten, Abschreibungen, Miete, Energiekosten, Zinsen u.ä.

b)
- durchschn. Lagerbestand $= \dfrac{320.000 + 4.360.000}{13} = 360.000$ EUR

- Umschlagshäufigkeit $= \dfrac{1.296.000}{360.000} = 3,6$

- durchschn. Lagerdauer $= \dfrac{360}{3,6} = 100$ Tage

- Lagerzinssatz $= \dfrac{12,6 \times 100}{360} = 3,5\ \%$

c)
- *Chaotische Lagerung*: Dadurch kommt es zu einer Optimierung der Lagerkapazitätsauslastung, da die Einlagerung EDV-gesteuert an geeignete freie Plätze vorgenommen wird; allerdings muss u.U. die EDV-Anlage beschafft werden.

- *Eigen- und Fremdlagerung:*
  3,50 x = 64.000 + 1,50 x
  2,0 x = 64.000
  x = 32.000

  Bis zu einer Lagermenge von 32.000 Stück lohnt sich die Fremdlagerung; darüber hinaus gehende Lagermengen sollten im eigenen Lager gelagert werden.

- *Streckengeschäft:* Eine Kostensenkung ist möglich, da die Waren direkt vom Lieferanten zum Kunden gehen; es fallen keine eigenen Lager- und Frachtkosten mehr an.

7. Die Getränkegroßhandlung Rebstock OHG in Beutelsbach möchte in das lukrative Geschäft mit „Beaujolais Primeur" einsteigen, der jährlich Mitte November auf den Markt kommt und für zwei Monate gute Umsätze verspricht. Da dieser Artikel aber nur vorübergehend im Sortiment ist, überlegt sich die Geschäftsleitung, den Wein in einem nahe gelegenen Lagerhaus einzulagern.

An Kosten fallen an:
- bei Eigenlagerung: fixe Lagerkosten 4.000 EUR

                         variable Lagerkosten 0,50 EUR/Karton
- bei Fremdlagerung: 3,00 EUR/Karton

a) Wägen Sie Vor- und Nachteile dieser beiden Lagerarten ab.

b) Nennen Sie je drei typische fixe bzw. variable Lagerkosten.

c) Führen Sie den rechnerischen Nachweis für die Lagermenge durch, ab der sich die Eigenlagerung lohnt.

a)
- *Vorteile des Eigenlagers:*
  – Zugriff jederzeit möglich,
  – Bearbeitung der Lagergüter erleichtert,
  – Spezialbehandlung durch eigenes Fachpersonal,
  – keine Zeitverzögerung durch Abholung.

- *Vorteile des Fremdlagers:*
  – Benutzung von Spezialeinrichtungen auch bei geringen Mengen möglich,
  – keine Investitionskosten für Gebäude und Lagereinrichtungen,
  – keine Leerkosten für nicht belegte Lagerflächen,
  – Lagerhalter erledigt die Lagerverwaltung (Überwachung, Ein- und Auslagern, Buchhaltung).

b) – *typische fixe Lagerkosten:* Gebäudeversicherung, Abschreibung, Personalkosten.
   – *typische variable Lagerkosten:* Energiekosten, Instandhaltungskosten, Lagerzinsen.

c) Kritische Lagermenge: $4.000 + 0{,}50\,x = 3\,x$
   $4.000 = 2{,}5\,x$
   $\dfrac{4.000}{2{,}5} = x$
   $1.600 = x$

Ab einer Menge von 1.600 Kartons lohnt sich die Eigenlagerung.

8. Der Warenbestand eines Handelsbetriebes betrug zu Beginn eines Geschäftsjahres 220.000 EUR, am Ende des Jahres 260.000 EUR. Im Verlauf des Jahres wurde für 2.200.000 EUR eingekauft. Der Verkaufsumsatz betrug 2.570.000 EUR.

   a) Ermitteln Sie den Wareneinsatz.
   b) Wie hoch war der durchschnittliche Lagerbestand?
   c) Wie groß war die Umschlagshäufigkeit des Warenlagers?
   d) Ermitteln Sie die durchschnittliche Lagerdauer.
   e) Welcher Lagerzinszuschlag wäre bei der Kalkulation der Waren zu berücksichtigen, wenn für ein Darlehen zur Finanzierung der Lagerinvestitionen 9 % Zinsen zu entrichten wären?

a) 220.000 + 2.200.000 = 2.420.000 abzüglich 260.000 = 2.160.000 EUR

b) $\dfrac{220.000 + 260.000}{2} = 240.000$ EUR

c) 2.160.000 : 240.000 = 9mal

d) 360 : 9 = 40 Tage

e) $\dfrac{9\,\% \times 40}{360} = 1\,\%$

8 Warenabsatz

8.1 Beschaffung von Marktinformationen durch Marktforschung

> **1.** Suchen Sie nach Beispielen für Maßnahmen, die
> a) Markterkundung, c) Marktanalyse,
> b) Marktforschung, d) Marktbeobachtungen darstellen.

a) *Markterkundung*: Unsystematische Beschaffung von Informationen aller Art über das Marktgeschehen.
Beispiel: Ein Möbelhändler informiert sich in Gesprächen bei Lieferern und Kunden nach dem Eindruck, den er mit seinem Geschäft und seinen Mitarbeitern macht. Zu dem selben Zweck besucht er gerne Konkurrenzgeschäfte, um die Kaufatmosphäre auf sich wirken zu lassen.

b) *Marktforschung*: Systematische Beschaffung von Marktinformationen mit wissenschaftlichen Methoden.
Beispiel: Der Möbelhändler beauftragt seine Verkäufer, die Kunden zu befragen, warum sie das Geschäft verlassen, ohne etwas gekauft zu haben.

c) *Marktanalyse*: Feststellung der momentanen Situation und deren Beurteilung.
Beispiel: Eine Fahrradfabrik führt in der Bevölkerung eine Befragung durch und beurteilt die Aussichten, einen City-Tretroller auf den Markt zu bringen.

d) *Marktbeobachtung*: Feststellung der Marktveränderungen und Aufspüren von Entwicklungstendenzen.
Beispiel: Die Fahrradfabrik befragt über mehrere Jahre hinweg die Abnehmer ihrer Produkte, wie sie mit ihrem Fahrradmodell zufrieden seien, welche Veränderungen sie wünschen würden und ob sie wieder dasselbe Modell kaufen würden.

> **2.** Geben Sie die Gefahren an, die in der Aufstellung einer Marktprognose stecken.

Die Entwicklung in der Zukunft kann nur geschätzt werden. Wichtige Einflussfaktoren werden vernachlässigt, andere werden überbewertet. Die auf der Prognose aufbauende Planung ist zu langfristig angelegt und damit unsicher. Investitionsentscheidungen auf Grund der Prognose können sich bei tatsächlich anderen Entwicklungen als Fehlinvestitionen erweisen.

> **3.** Was versucht die Unternehmung mithilfe der Marktforschung zu erfahren?

Sie versucht, Antwort vor allem auf folgende Fragen zu erhalten:

– Mit welcher Konkurrenz hat man es zu tun?
– Wie ist die Entwicklung der Kaufkraft?
– Wie teilt sich die Bevölkerung auf nach Altersklassen, Geschlecht, Erwerbstätigkeit etc.?
– Welche Neigungen und Kaufgewohnheiten sind vorherrschend?

- Welche Artikel können heute, welche in Zukunft verkauft werden?
- Aus welchen Motiven werden diese Artikel verlangt?
- Welcher Vertriebsweg ist der geeignetste?

> **4. Entwerfen Sie einen Fragebogen, mit dem Sie die Erfahrungen der Abnehmer eines Ihrer Produkte erfragen, um gegebenenfalls neue Absatzstrategien vorzubereiten.**

Beispiel für die Formulierung des Fragebogens über die Margarine Sana Soft:

a) Wie kamen Sie zu Sana Soft?

b) Seit wann kaufen Sie Sana Soft?

c) Welche Margarine verwendeten Sie vorher?

d) Welche Eigenschaft von Sana Soft schätzen Sie besonders?

e) Welche Eigenschaft vermissen Sie an Sana Soft?

f) Wozu verwenden Sie Sana Soft?

g) Mit welchen Worten würden Sie Sana Soft weiterempfehlen?

h) Mit welchem Werbeslogan für Sana Soft möchten Sie an unserem Preisausschreiben teilnehmen? (1. Preis: 1 Einkaufsflitzer, dessen Kofferraum über 1.000 Sana Soft-Becher fasst, Einsendeschluss: 1. November).

8.2 Produktgestaltung

> **1. Eine Küchenmöbelfabrik stellt seit Jahren schon die Küchenzeile „Perfekta Grün" her: Korpus aus Pressholz mit Fronten aus Holzlaminat-Furnier.** S. 262
>
> **Welche Maßnahmen der Produktgestaltung wurden von der Küchenmöbelfabrik in den folgenden Fällen vorgenommen:**
>
> **a) Seit neuem wird aufgrund des zunehmenden Konkurrenzdruckes und der wachsenden ökologischen Vorstellungen der Kundschaft die Küchenzeile auf Wunsch auch aus Vollholz angeboten: „Team 2000" mit Korpus und Fronten aus gewachsenem Holz verschiedener einheimischer Bäume (Eiche, Buche, Ahorn und Fichte).**
>
> **b) Da sich Fichte und Eiche nicht bewährten, konzentrierte man sich nach einigen Monaten bei „Team 2000" auf Ahorn und Buche.**
>
> **c) Aus Gründen modernen Marketings wird das Modell „Team 2000" umbenannt in „Cuccina Naturale".**
>
> **d) Trotz steigender Ansprüche des Marktes wird die Standardausführung der „Perfekta Grün" vor allem für das Marktsegment „Junges Wohnen" wegen des günstigen Preises mit gutem Erfolg verkauft und daher unverändert weiterproduziert.**
>
> **e) Um die Kapazitäten trotz des zunehmend gesättigten Marktes für Küchenmöbel auszulasten, werden Monocords hergestellt: 2 m große Schallkästen aus Eiche oder Buche mit beidseitig angebrachten Saiten für eine sanfte Behandlung von psychisch Kranken mithilfe von Klängen.**

a) Produktvariation,

b) Produktelimination,

c) Benennung,

d) Produktbeständigkeit,

e) Produktinnovation.

> **2. Überlegen Sie einen Erfolg versprechenden Namen für ein neues Automodell, ein Waschmittel, eine Margarine.**

Auto: Rasant, Solido. Waschmittel: Blanka, Pura. Margarine: Sonnengold, Rahmin.

8.3 Sortimentsgestaltung

> **1. Beschreiben Sie die Sortimentsstruktur**
> **a) eines Tabakwarenhändlers,**
> **b) eines Lebensmittelhändlers,**
> **c) eines Geschäftes für Holz und moderne Baustoffe.**

S. 264

a) Schmal und tief; Randsortiment: Theaterkarten, Zeitschriften, Lotto- und Toto-Annahme.

b) Breit und tief; Randsortiment: Non food wie Geschirr, Sets für Fondue oder Feuerzangenbowle.

c) Breit und flach: Randsortiment: Schleif- und Bohrmaschinen, Stichsägen.

> **2. Nennen Sie typische Beispiele für ein Randsortiment**
> **a) einer Metzgerei,**
> **b) eines Blumengeschäftes,**
> **c) eines Schuhgeschäftes.**

a) Brötchen, Gemüsekonserven, Senf.

b) Geschenkartikel, Kerzen.

c) Gürtel, Handtaschen.

> **3. Nennen Sie Beispiele aus Industrie und Handel für**
> **a) Diversifikation,**
> **b) Differenzierung,**
> **c) Spezialisierung.**

a) Autofabrik übernimmt eine Textilfabrik, Tankstelle richtet eine Raststätte ein.

b) Motorradfabrik bietet mehr Modelle an, Schuhhändler verkauft nun auch Berg-, Sport-, Wander- und Kletterschuhe.

c) Spirituosengeschäft führt nur französische Getränke.

4. Die BASF AG in Ludwigshafen verkauft den Unternehmensbereich Pharmaprodukte. Um was für eine absatzpolitische Maßnahme handelt es sich dabei?

Sortimentsbereinigung und Produktelimination.

8.4 Preis- und Konditionenpolitik

1. Auf einer Rechnung steht: Die Zahlung erfolgt in 30 Tagen netto Kasse, bei Zahlung innerhalb von 10 Tagen mit 2 % Abzug.

Um welche Art von Preisnachlass handelt es sich?

S. 266

Preisnachlass wegen vorzeitiger Zahlung, also Skonto.

2. Unterscheiden Sie Rabatt, Skonto und Bonus.

- *Rabatt:* Preisnachlass wegen großer Abnahmemenge, Kundentreue, Barzahlung u.a.
- *Skonto:* Preisnachlass für Zahlung vor Fälligkeit.
- *Bonus:* Nachträglicher, von der abgenommenen Menge abhängiger Preisnachlass.

3. Halten Sie Mindestabnahmemengen und Mindermengenzuschläge für eine ungerechte Benachteiligung der Kleinabnehmer? Begründen Sie Ihre Ansicht.

Die Auftragsbearbeitungskosten sind bei Kleinaufträgen verhältnismäßig hoch. Deshalb ist es gerechtfertigt, Mindestabnahmemengen in kundenfreundlicher Höhe oder Mindermengenzuschläge in angemessenem Ausmaß festzulegen.

4. Erläutern Sie die Vorteile der Preisdifferenzierung für beide Vertragspartner.

Verkäufer: Umsatz, Gesamtgewinn und Marktanteil sind größer, bessere Kapazitätsausnutzung.

Käufer: Finanzschwache Käufer haben die Gelegenheit, zu ermäßigtem Preis zu kaufen. Mehrangebot und verstärkte Konkurrenz der Anbieter gewährleisten eine bessere Güterversorgung und eine größere Auswahl.

8.5 Absatzwerbung

1. Besorgen Sie sich in der Presse eine Public-Relations-Anzeige und eine Werbeanzeige.

Welche Unterschiede stellen Sie fest?

S. 275

- *Public-Relations-Anzeige:* Ein Produkt der Unternehmung wird nicht genannt oder steht zumindest ganz im Hintergrund. Geworben wird für die Unternehmung als Ganzes. Der Leser soll sich ein vorteilhaftes Image von der Unternehmung als zukunftsorien-

tierter und für die ganze Volkswirtschaft nützlicher Wirtschaftsbereich, Machtfaktor und Arbeitgeber bilden.
- *Werbeanzeige:* Es wird ganz gezielt für ein Produkt, eine Produktgruppe oder das ganze Sortiment geworben. Der Nutzen für den Käufer und die Preiswürdigkeit stehen im Vordergrund. Zweck ist der Kauf von Produkten durch den Leser.

> **2. Werbeanzeigen werden zunehmend als Public-Relations-Anzeigen gestaltet. Nennen Sie den Grund hierfür.**

Die direkte materielle Absicht „Du sollst kaufen!" ist dem Umworbenen lästig. Viel eleganter und sympathischer wirkt die Darstellung des Werbenden als volkswirtschaftlich effizienter Betrieb, als Arbeitgeber und als Anbieter nützlicher, vom Verbraucher gewünschter Produkte.

> **3. Nehmen Sie Stellung zu der Behauptung „Werbung verteuert die Ware".**

Werbung verursacht Kosten und lässt die Gesamtkosten steigen. Gute Werbung führt aber zu einer Umsatzsteigerung. Sofern der Umsatz durch die Werbung stärker gestiegen ist als die Kosten, ist eine Preissenkung möglich. Werbung muss also nicht unbedingt die Ware verteuern.

> **4. Inwiefern verschafft die Absatzwerbung dem Kunden eine bessere Marktübersicht?**

Durch die Werbung erfährt der Kunde meist erst, dass es die betreffenden Artikel überhaupt gibt, sodass er sie beachten und mit Konkurrenzprodukten vergleichen kann.

> **5. Überlegen Sie jeweils die Folgen, wenn einzelne Grundsätze der Werbung nicht beachtet werden.**

- *Unwahre Werbung:* Ein enttäuschter Kunde wird wohl nicht mehr zu überzeugen sein, auch nicht bei inzwischen verbesserten Produkten.
- *Verantwortungslose Werbung:* Ruf der Unternehmung als fairer Geschäftspartner wird nachhaltig leiden.
- *Unklare Werbung:* Die Werbebotschaft, die nicht verstanden wird, wird vom Umworbenen nicht aufgenommen.
- *Unwirksame Werbung:* Diese steigert nur die Kosten, nicht den Umsatz.
- *Unwirtschaftliche Werbung:* Kosten steigen schneller als die Erlöse, die Werbung lohnt sich nicht.

> **6. Immer mehr Betriebe lassen ihre Werbung durch eine Werbeagentur durchführen. Welche Gründe sprechen für**
>
> **a) die Eigenwerbung,**
>
> **b) die Werbung durch eine Werbeagentur,**
>
> **c) die Gemeinschaftswerbung?**

a) Gezielte Werbung für ein bestimmtes Produkt, für das eigene Geschäft oder für eine Abteilung desselben nach betriebsindividuellen Vorstellungen verspricht einen guten Werbeerfolg.

b) Die Werbeaktion erfolgt durch geschulte Werbespezialisten. Vermeidung von Betriebsblindheit. Den hohen Kosten für die Werbeagentur steht die Einsparung bei den eigenen Werbeaktivitäten gegenüber.

c) Werbung für verschiedene Produkte mehrerer Unternehmungen nach überbetrieblichen Gesichtspunkten. Geringere Kosten für die einzelne Unternehmung.

7. „Anzeigenlesen ist wie Schaufensterbummeln". In welchen Punkten sehen Sie eine Übereinstimmung der Zeitungs- mit der Schaufensterwerbung?

Eine Vielzahl von Produkten rückt in das Gesichtsfeld. Beide Werbemittel können schnell gestaltet und auf besondere Ereignisse, z.B. den ersten Schneefall abgestellt werden.

8. Auf welche Werbeaktionen sprechen Sie als Verbraucher positiv, auf welche negativ an?

– *Positiv:* Auf informative, dezente, humorvolle, interessante Werbung.
– *Negativ:* Auf nicht informative, geschmacklose, stupide und langweilige Werbung.

9. Erklären Sie die Besonderheiten der Markenartikelwerbung hinsichtlich
  a) des Veranstalters,
  b) des Inhalts,
  c) des Streuweges,
  d) des Streukreises,
  e) der Werbemittel.

a) Werbender ist der Hersteller, nicht der Händler.

b) Eigenschaften, Qualität und Richtpreis des Artikels, kurze Texte.

c) Massenmedien, z.B. Funk, Fernsehen, Illustrierte.

d) Verbraucher wird direkt angesprochen.

e) Spots, Annoncen, Preisausschreiben, Vorführungen.

10. In welcher Konjunkturphase sind besonders umfangreiche Werbemaßnahmen erforderlich? Welche Probleme ergeben sich daraus für die Werbefinanzierung?

Bei rückläufiger Konjunktur. Hohe Werbekosten in Zeiten finanzieller Anspannung.

11. Warum sollte einer Werbeaktion immer eine Zielgruppenbestimmung vorangehen?

Damit sich die Werbung nicht verzettelt, sondern dass bei der Wahl der Werbemittel und Werbeinhalte gezielt auf diese Gruppen eingegangen wird, damit optimale Werbewirksamkeit trotz begrenzten Werbeetats erzielt wird.

12. Warum erfolgt eine Werbeplanung in der Regel bereits mehr als ein Jahr vor der Werbekampagne?

Reservierung der Werbemittel beim Werbeträger, Sendezeit bei der Rundfunk- bzw. Fernsehanstalt, Annoncenplatzierung beim Zeitungsverlag, Abfassung des Werbetextes, Gestaltung des Werbefilms, Test auf Wirksamkeit, Organisation der Werbekampagne, Bereitstellung und Verteilung der Finanzmittel.

13. Warum muss die Werbeaktivität einer Unternehmung auf ihre Wirkung und Wirtschaftlichkeit hin untersucht werden?

Unwirksame und unwirtschaftliche Werbung bringen nicht den möglichen Erfolg, evtl. sogar Verlust; daher laufende Kontrolle des Werbeerfolgs, nötigenfalls sofortige Korrekturmaßnahmen, unter Umständen sogar vorzeitige Beendigung der Werbekampagne.

14. Warum ist in der Marktwirtschaft ein Gesetz gegen den unlauteren Wettbewerb notwendig?

Rigoroser Kampf um Marktanteile beseitigt schwächere Konkurrenten. Gefahr der Monopolbildung mit der Möglichkeit, hohe Preise zu verlangen ohne entsprechende Gegenleistung.

15. Nennen Sie Werbeaussagen, die gegen die guten Sitten verstoßen.

Beispiele:

a) „10 % des Samstags-Umsatzes geht an die Kinder von Bosnien" (Nötigung zum Einkauf).

b) „Einmal bei Elektro-Schmidt gekauft und nie wieder!" (Anschwärzen der Konkurrenz).

16. Wie ist der Slogan nach UWG zu beurteilen?
  a) „Der Kassenabschnitt ist gleichzeitig Ihre persönliche Losnummer".
  b) „Alles muss raus – stauben Sie ab".
  c) „Preisknüller wegen Aufgabe der Spielwaren".

a) Unlauter, da nur die Käufer an der Verlosung teilnehmen, Nötigung zum Kauf.

b) Unlauter, da Vorspiegelung eines gewaltigen Preisvorteils.

c) Unlauter, da Ausverkauf nur erlaubt ist bei Aufgabe des ganzen Geschäftsbetriebs.

17. Welche Maßnahmen stehen dem Mitbewerber zur Verfügung, um sich gegen unlauteren Wettbewerb zu schützen?

Abmahnung, Klage auf Unterlassung, Schadenersatz.

8.6 Absatzwege

8.7 Absatzhelfer

S. 279

1. Nennen Sie Vor- und Nachteile des direkten Vertriebsweges gegenüber dem indirekten.

Vorteile: Einflussmöglichkeiten auf Absatzgeschehen, enger Kundenkontakt, keine Handelsspanne oder Provision an Händler bzw. Absatzhelfer.

Nachteile: Hohe Kosten für den Aufbau des Vertriebsnetzes und Einrichtung von Verkaufsfilialen, Unternehmer muss sich selbst um den gesamten Absatz kümmern.

2. Ein junger Angestellter steht vor der Entscheidung, ob er eine ausgeschriebene Stelle als Reisender oder Vertreter übernehmen soll. Wägen Sie Vor- und Nachteile gegeneinander ab.

	Reisender	Vertreter
Vorteile	durch Fixum gesichertes Einkommen, hat meist erschlossenes Verkaufsgebiet.	hohes Maß an Unabhängigkeit, Möglichkeit eines hohen Verdienstes bei großem Arbeitseinsatz, kann mehrere Unternehmungen vertreten.
Nachteile:	weisungsgebunden; bei zu hohem Verdienst Gefahr der Gebietsteilung	kein gesichertes Einkommen, bei hohem Einkommen Gefahr der Kündigung; muss meist unerschlossene Verkaufsgebiete übernehmen.

3. Wann wird der Betrieb einen Reisenden, wann einen Handelsvertreter einsetzen?

In unerschlossenen Verkaufsgebieten werden Vertreter, in erschlossenen Verkaufsgebieten Reisende eingesetzt, weil letztere dann kostengünstiger arbeiten.

4. Ein Reisender erhält 3% Provision, ein Fixum von 1.800 EUR und monatlich 1.200 EUR Spesenersatz; die Personalnebenkosten betragen 60 % des Fixums. Ein Vertreter erhält 5 % Provision. Berechnen Sie, ab welchem Monatsumsatz es sich lohnt, einen Reisenden einzustellen.

$$\frac{3x}{100} + 1.800 + 1.080 + 1.200 = \frac{5x}{100}$$

$$4.080 = \frac{2x}{100}$$

$$204.000 \text{ EUR} = x$$

Bei einem Monatsumsatz von 204.000 EUR sind die Kosten gleich. Bei einem höheren Umsatz lohnt es sich, einen Reisenden einzustellen.

5. Warum kann der Kommissionär das Selbsteintrittsrecht nur bei Waren mit einem Markt- oder Börsenpreis ausüben?

Sonst bestünde die Möglichkeit, dass er einen für sich günstigen Preis festsetzt und damit seinen Auftraggeber benachteiligt.

6. Warum überlässt der Kommittent dem Kommissionär häufig ein Kommissionslager?

Der Kommissionär kann rascher liefern, die Kunden können die Ware in Augenschein nehmen.

7. Warum kann der Handelsmakler von beiden Vertragsparteien Courtage verlangen?

Weil er die Interessen beider Parteien vertreten muss und in deren Auftrag tätig ist.

8.8 Andere absatzpolitische Instrumente

S. 280

1. Nennen Sie die verkaufsfördernden Maßnahmen Ihres Erfahrungsbereichs.

Beispiele: Hintergrundmusik, Sonderangebotstische eines bestimmten Herstellers, Anpreisung von Neuheiten durch Verkaufspropagandisten, Beurteilung der Verkäufer durch Kunden, evtl. verbunden mit einem Preisausschreiben.

2. Nennen Sie verkaufsfördernde Maßnahmen, die der Abnehmer

   a) als aufdringlich,

   b) nicht als aufdringlich empfindet.

a) Aggressive Lautsprecherwerbung im Geschäft, zu häufige Wiederholung, einfältige Texte, aufdringliche Video-Clips der Hersteller.

b) Stimmungsvolle, der Ware angemessene Hintergrundmusik (klassische Musik im Schmuckgeschäft, dezente Schlagermusik im Einkaufszentrum), sachliche Information anstelle von Überredungsbemühungen, humorvolle Texte, instruktive Vorführungen.

3. In der Gemeinde Adorf befinden sich eine Tankstelle mit und eine ohne Reparaturwerkstatt. Viele Autobesitzer kaufen regelmäßig das teurere Benzin der Tankstelle mit der Reparatureinrichtung. Wie beurteilen Sie dieses Verhalten?

Sie wollen einen guten Kontakt zur Werkstatt herstellen. Sie sehen in der Möglichkeit, ihren Wagen am eigenen Wohnort reparieren zu lassen, einen Dienst am Kunden, den sie mit dem Kauf des teureren Benzins honorieren.

4. Geben Sie einige Produkte an, bei denen der gewährte Kundendienst ein wichtiges Entscheidungskriterium für den Kauf durch den Abnehmer ist.

Auto, Haushaltsgeräte, Fernseher, Radio, Video-Geräte.

5. Große Discountgeschäfte bieten heute hochwertige Produkte wie Computer zu günstigen Preisen an.

Welche Anforderungen an den Kundendienst stellen Sie als Käufer?

Angabe einer Reparatur- und Wartungswerkstatt in erreichbarer Nähe, dort auch Beratung und Hilfestellung bei Problemen, kulante Behandlung von Reklamationen und schnelle sachgemäße Reparaturen im Bedarfsfalle.

8.9 Marktsegmentierung und Marketing-Mix

S. 281

1. Bilden Sie Marktsegmente für Lebensmittel, Spielwaren, Textilien, Literatur, Sportartikel.

– *Lebensmittel:* Preiswerte Artikel, Luxusartikel, ökologisch hergestellte Lebensmittel.
– *Spielwaren:* Spiele für Kleinkinder, Kinder, Jugendliche, Erwachsene.
– *Textilien:* Herren-, Damen- und Kinderkleidung; nach Jahreszeiten.

- *Literatur:* Standardbildung, gehobene Bildung; Reisen, Sprachen, Romane, Wissenschaft, Bildbände; Inland, Ausland.
- *Sportartikel:* Damen, Herren; Sommer, Winter; Standard, Luxus.

2. Bilden Sie ein geeignetes Marketing-Mix eines Herstellers von Unterhaltungselektronik für den Absatz von Video-Geräten.

Marketing-Mix für „Video-Star":

- *Absatzplanung:* Monatlich 1.500 Stück.
- *Absatzorganisation:* Direktbelieferung der Einzelhändler, Export über Exporthändler.
- *Vertriebswege:* Direkt, Zustellung an Großbezieher, Abholung durch Kleinabnehmer.
- *Absatzhelfer:* Im Inland keine; im Ausland Handelsvertreter, bis das Gerät so bekannt ist, dass es über den Fachhandel geliefert werden kann.
- *Produktgestaltung:* Standardausführung in rotem und weißem Kunststoffgehäuse, Luxusausführung mit Gehäuse aus Mahagoni oder Eiche hell.
- *Versandeinheiten und Packung:* Einzelverpackung im Karton mit Styropor-Box, außen Dekorpapier.
- *Preispolitik:* Einheitspreis 499 EUR für Standardgerät, 649 EUR für Luxusausführung.
- *Konditionen:*

Staffelrabatt	30 % bei Abnahme von 10 Stück im Monat,	
	35 % bei Abnahme von 20 Stück im Monat,	
	40 % bei Abnahme von 30 Stück im Monat.	
Jahresbonus	1 % bei einem Umsatz von mindestens 100.000 EUR,	
	2 % bei einem Umsatz von mindestens 200.000 EUR,	
	3 % bei einem Umsatz von mindestens 300.000 EUR.	
Zahlung	30 Tage netto, 10 Tage 1,5 % Skonto,	
	sofort 2,5 % Skonto.	
Lieferung	ab Werk, bei Lieferung ab 10 Stück frei Geschäft des Einzelhändlers.	

- *Sortimentspolitik:* Weitere 3 Video-Geräte „Video-Son" für 380 EUR
„Video-Lux" für 825 EUR
„Video-King" für 998 EUR
sowie Zubehör.
- *Kundenauswahl:* Alle Einzelhändler im Inland, im Ausland nur die Einzelhändler mit einem Planumsatz von mindestens 50.000 EUR im Jahr.
- *Absatzförderung:* Display-Material beim Einzelhändler, Preisausschreiben mit Video-Geräten und Video-Filmen als Gewinnen.
- *Werbung und Public Relations:* Werbung in großen Illustrierten und Fachzeitschriften, Filmvorführungen bei den Einzelhändlern mit Ratschlägen für ein erfolgreiches Videofilmen durch den Käufer.

8.10 Marketingkontrolle (Absatzcontrolling)

1. Welche Absatzkontrollmaßnahmen stehen einem Betrieb zur Verfügung? S. 283

Beispiele: Werbeerfolgskontrolle mithilfe von „Bonus-Punkten" an Werbeanzeigen. Kundenbefragung mit Fragebögen, die den Produkten beigelegt werden oder in den Hausbriefkasten geworfen werden.

> **2. Ein Fertigungsbetrieb hat den Verkauf von 10.000 Einheiten im Jahr vorgegeben. Welche Folgerungen können gezogen werden, wenn**
>
> **a) tatsächlich 10.000 Einheiten verkauft wurden,**
>
> **b) nur 8.000 Einheiten verkauft wurden,**
>
> **c) sogar 12.000 Einheiten verkauft wurden?**

a) Ist der Betrieb völlig ausgelastet, wird der Plansatz nicht verändert, ansonsten ist noch „Luft" vorhanden für eine leichte Steigerung der Absatzvorgabe, z. B. auf 11.000 Einheiten.

b) Alle Marketingaktivitäten werden auf Unzulänglichkeiten untersucht. Diese werden dann abgestellt. Werden keine Beanstandungen gefunden, sind die Zielvorgabe und die Planung den Gegebenheiten des Marktes anzupassen, also zurückzunehmen.

c) Zielüberschreitungen sollten bei den Mitarbeitern mit Lob und Erfolgsbeteiligung honoriert werden. Sie werden dann höhere Zielvorgaben, z. B. 14.000 Einheiten akzeptieren und sich zu noch besserer Leistung motivieren lassen. Aber auch die technischen Kapazitäten sind der neuen Zielvorgabe anzupassen.

> **3. Der Käufer eines neuen Pkw erhält vom Automobilwerk wenige Monate nach Kauf einen Fragebogen.**
>
> **Welche Fragen können darin enthalten sein**
>
> **a) bezogen auf das Produkt,**
>
> **b) bezogen auf den Händler?**

a) – Sind Sie mit Ihrem neuen Pkw zufrieden?
- Was könnten Sie sich besser vorstellen?
- Was hat Sie an Ihrem Fahrzeug besonders begeistert?
- Was finden Sie an Ihrem neuen Fahrzeug besonders enttäuschend?
- In welchen Punkten finden Sie Ihren neuen Pkw den Konkurrenzprodukten deutlich überlegen, in welchen dagegen deutlich unterlegen?
- Was waren Ihre wichtigsten Kaufargumente für unser Produkt:
  - Preis, Größe, Design, Farbe, Ausstattung, Komfort, Sicherheit oder Kundendienst?
  - Welches davon war das entscheidende Kaufargument?
  - Welche Ihrer Kaufargumente finden Sie bestätigt, welche nicht?
- Werden Sie Ihr neues Fahrzeug in Ihrem Bekanntenkreis weiterempfehlen?

b) – War Ihnen Ihr Händler bereits vor dem Kauf bekannt?
- Hatte das Verhalten Ihres Händlers einen entscheidenden Einfluss auf Ihren Kauf?
- Wie würden Sie Ihren Händler charakterisieren:
  Geschickt, raffiniert, freundlich, hilfsbereit, höflich zurückhaltend?
- Was war Ihrem Gefühl nach das Hauptinteresse Ihres Händlers:
  Ihr Problem lösen oder seinen Umsatz steigern?
- Hatten Sie das Gefühl, Ihr Händler will Ihnen einen teureren Wagen verkaufen als Sie sich vorgestellt hatten?
- Sind Sie geneigt, Ihr nächstes Fahrzeug bei dem selben Händler zu kaufen?
- Werden Sie Ihren Händler in Ihrem Bekanntenkreis weiterempfehlen?

Zusammenfassende Aufgaben zum Kapitel Absatz

Nach Abschluss ihrer Ausbildung zum Einzelhandelskaufmann bzw. Bürokaufmann beabsichtigen Joachim Egert und Dietrich Keller ein Einzelhandelsgeschäft für ökologische Lebensmittel "Natur Pur" in Heilbronn zu eröffnen.

1. Zur Erreichung Ihrer Unternehmensziele soll Marktforschung betrieben werden.

   a) Was will das Unternehmen durch Marktforschung in Erfahrung bringen?

   b) Entscheiden Sie, ob "Natur Pur" Marktbeobachtung, Marktanalyse oder Marktprognose betreiben soll.

   c) Mit welchen Methoden würden Sie die Daten in Erfahrung bringen?

   d) "Natur Pur" will in der Fußgängerzone Passanten mit einem Fragebogen konfrontieren. Welche Fragen müsste Ihrer Meinung nach der Fragebogen enthalten?

   e) Welche Informationen darf sich "Natur Pur" von seinem Fragebogen erhoffen?

2. Nach erfolgreicher Marktforschung geht "Natur Pur" daran, eine sinnvolle Marktsegmentierung vorzunehmen.

   a) Was versprechen sich Egert und Keller von einer Marktsegmentierung?

   b) Welche Marktsegmente könnten gebildet werden?

3. Zur Geschäftseröffnung sind verschiedene Marketingaktivitäten notwendig. Beschreiben Sie die wichtigsten detailliert.

4. Als wichtigstes Marketinginstrument erscheint "Natur Pur" die Werbung.

   a) Welche drei Ziele verfolgt "Natur Pur" mit der Werbung?

   b) Welche drei Grundsätze sollten dabei beachtet werden? Erläutern Sie diese.

   c) Nennen Sie drei Kategorien, die "Natur Pur" bei der Festlegung des Werbeetats berücksichtigt.

   d) "Natur Pur" möchte antizyklisch werben. Begründen Sie diese Vorgehensweise.

5. Nennen Sie Möglichkeiten, um aus Laufkunden Stammkunden zu machen.

6. "Natur Pur" möchte den Dienst am Kunden ausdehnen. Machen Sie entsprechende Vorschläge.

7. "Natur Pur" möchte die Wirksamkeit der Absatztätigkeit überprüfen. Was ist hierfür zu tun?

---

1. a) Kundenstruktur (Alter, Geschlecht, Ansprüche, Gewohnheiten),
      Kaufkraft (Käuferzahl, Einkommen),
      Konkurrenz (Anzahl, Marktanteil, Sortiment).

   b) In erster Linie will man die derzeitige Marktsituation feststellen, deswegen wird eine Marktanalyse durchgeführt. Da die Entwicklung in der Zukunft wichtig ist, wird man auch eine vorsichtige Marktprognose wagen. Man wird den Markt weiterhin beobachten, um Tendenzen und Entwicklungen aufzuspüren.

   c) Mit Sekundärmaterial (Statistiken über Naturkostläden in vergangenen Jahren, Erfahrungsberichte in Fachzeitschriften).

      Mit Primärmaterial (Interviews und Fragebögen an Passanten, Beobachtung des Verkaufs in verschiedenen Naturkost-Einzelhandelsgeschäften).

      Testverkauf (Anmietung einer Öko-Ecke in einem normalen Lebensmittelgeschäft).

d) – Sind Sie an ökologischen Lebensmitteln interessiert?
- Würden Sie beim Einkauf von Lebensmitteln auch einen um 20 % höheren Preis zahlen, wenn Sie dafür biologisch-gesunde und umweltfreundlich hergestellte Lebensmittel erhalten würden?
- Welches ist derzeit Ihr wichtigstes Lebensmittelgeschäft?
- Bei welchen Lebensmitteln ist Ihnen der niedrige Preis wichtiger als die ökologische und biologische Qualität?
- Welche Artikel außer Lebensmittel verlangen Sie von einem guten Naturkostgeschäft?

e) Mäßige Rücklaufquote bei schriftlich zu beantwortenden Fragebögen, falsche Ergebnisse bei mündlich vorgelegten Fragen wegen prestigeorientierter Beantwortung.

2. a) Der gesamte Markt des Öko-Geschäftes wird in Teilmärkte aufgespalten, um diesen gezielt den verschiedenen Zielgruppen entsprechend zu bearbeiten.

b) – Frischwaren (Milchprodukte, Obst, Gemüse),
- Haltbare Lebensmittel (Säfte, Getreide, Tees, Weine, etc.)
- Kosmetik und Reinigungsmittel,
- Esoterik (Edelsteine, Schmuck, Räucherstäbchen, Duftöle, Salzlampen),
- Literatur (Kochbücher, Traumdeutung, Gesundheit, Frauenthemen).

3. a) Sortimentspolitik
- Kernsortiment: Gängige Lebensmittel, Kosmetika und Haushaltsreinigungsmittel ohne viele Variationen.
- Randsortiment: Esoterische Artikel und Literatur entsprechend dem derzeitigen Trend, Geräte zur Trinkwasseraufbereitung.
- Diversifikation: Angebot von Kursen in Yoga, biologisches Kochen, Gesprächskreise, Frauenfrühstück.

    Vorträge über Gifte in Haus, Lebensmitteln und Textilien, Veranstaltungen mit Folklore-Tanz und -Musik.

b) Preispolitik: Keine aggressive Preispolitik. Es wird eher die Preiswürdigkeit bei guter Qualität betont als unökologische Waren anzubieten. Es wird als besser erachtet, mäßig hohe Dauerpreise zu verlangen als momentane Niedrigpreise, die dann bald zum Ärger der Kunden angehoben werden müssen.

c) Werbung: – Werbeanzeigen und Handzettel im Heilbronner Raum zur Geschäftseröffnung. Regelmäßige „Freitagsanzeigen" im „Lokalanzeiger".
- Monatliche Public-Relations Anzeigen mit kurzer Präsentation der Ergebnisse der Ökologieforschung.
- Hinweise im Geschäft auf Sonderveranstaltungen (Besuch eines Werkes für homöopathische Heilmittel, Ausstellung der Werke des Kurses „Maltherapie").
- Abgabe von Textileinkaufstaschen mit der Aufschrift – *Natürlich essen, natürlich leben – natürlich mit *Natur Pur* –
- Als besonders werbewirksam wird die Bereitschaft zu ausführlicher Information und Beratung sowie die Aufklärung interessierter Kunden betrachtet.

4. a) Kunden gewinnen, Kunden erhalten, Bedarf wecken, Marktanteile gewinnen.

   b) Wahrheit und Klarheit: Ehrliche, schonungslose Äußerungen zur Ökologie der Artikel.

   Soziale Verantwortung: Für Artikel, die nur eingeschränkt ökologisch und natürlich sind, wird nicht geworben.

   Wirtschaftlichkeit: Es ist darauf zu achten, dass die Werbung die Zielgruppe erreicht und der Aufwand wirklich lohnt.

   c) Finanzlage, wirklich erzielter und angestrebter Umsatz, Werbeaktivität der Konkurrenten.

   d) *Natur Pur* soll einen hohen Werbeetat bereitstellen für Artikelgruppen, die derzeit keine Rendite bringen, damit sich diese Situation ändert. Dafür kann auf die Werbung für gewinnträchtige Artikel verzichtet werden.

5. Einführung eines Bonussystems, entgegenkommende Zahlungsbedingungen (Kreditgewährung).

6. Kostenlose Vortragsveranstaltungen zur Ökologie, Gesundheit, Astrologie, Beratung und Hilfestellung bei Ernährungs- und Gesundheitsfragen.

7. Fragen an die Kundschaft beim persönlichen Verkauf wie z. B.

   „Haben Sie unsere Annonce gelesen?"

   „Sind Sie mit dem neuen Produkt zufrieden?"

   „Hat Ihnen unsere Informationsveranstaltung geholfen?"

   „Sind Sie mit dem Bonussystem zufrieden?"

9 Güter- und Nachrichtenverkehr

9.1 Geschäfte beim Güterverkehr

> S. 290
>
> 1. Frachtführer Hurtig e.K. übernimmt 20 t Silikondichtmasse bei der Chemischen Fabrik AG, Hildesheim, zum Transport nach München. Nach der Beladung verlangt der Fahrer vom Absender einen Frachtbrief für diese Ladung. Aus dem Frachtbrief geht u. a. hervor, dass der Empfänger in München die Frachtkosten für diesen Transport übernimmt.
>
>   a) Suchen Sie nach Gründen, die den Frachtführer veranlassen könnten, die Ausstellung eines Frachtbriefes zu verlangen.
>
>   b) Bei Ablieferung der Sendung weigert sich der Empfänger, die Frachtkosten zu bezahlen, da er mit dem Absender „Frei-Haus-Lieferung" vereinbart hätte. Beschreiben Sie die Rechte des Frachtführers.

a) Der Frachtbrief schafft Rechtssicherheit (Beweismittel) über

- Abschluss und Inhalt des Frachtvertrages,
- Übernahme des Gutes in einwandfreiem Zustand (von Gut und/oder Verpackung) sowie hinsichtlich der angegeben Anzahl und Art der Packstücke.

Der Frachtbrief dient der Dokumentation der Schnittstellenkontrollen und ist Ablieferungsnachweis.

b) § 420 (1) HGB: Die Fracht ist bei Ablieferung des Gutes zu zahlen.

§ 421 (2) HGB: Der Empfänger hat die noch geschuldete Fracht, die aus dem Frachtbrief hervorgeht, zu zahlen.

§ 421 (4) HGB: Der Absender bleibt zur Zahlung der nach dem Vertrag geschuldeten Beträge verpflichtet.

§ 441 (1) HGB: Der Frachtführer hat wegen aller durch den Frachtvertrag begründeten Forderungen ein Pfandrecht an dem Gut.

Der Frachtführer kann also die Zahlung vom Empfänger verlangen. Zahlt der Empfänger nicht, so kann der Frachtführer die Sendung zurückbehalten, die Zahlung vom Absender verlangen und u. U. sein Pfandrecht ausüben, d. h. die Ware versteigern lassen.

> 2. Eine Sendung mit 826 kg Gewicht wird beim Transport total beschädigt.
>
>   a) Wann müssen die Ansprüche gegen den Frachtführer geltend gemacht werden?
>
>   b) Wie hoch ist die gesetzliche Ersatzleistung des Frachtführers?
>   (1 SZR = 2,65 DM/1,36 EUR)

a) – Äußerlich erkennbare Schäden müssen bei der Ablieferung des Gutes im Frachtbrief vermerkt und vom Fahrer bestätigt werden.

 – Versteckte Schäden müssen innerhalb von sieben Tagen gemeldet werden.

b) Die gesetzlich zu leistende Entschädigung ist auf 8,33 SZR für jedes Kilogramm des Rohgewichtes begrenzt:

826 × 8,33 × 2,65 = 18.233,54 DM oder 9.357,59 EUR.

3. **Die Spedition Schnell & Zuverlässig OHG bietet die Lösung aller möglichen Beförderungsaufgaben an. Sie betreibt beispielsweise nationale und internationale Sammelladungsverkehre nach über 20 Relationen, fertigt europaweit Lkw-Komplettladungen mit eigenen und fremden Fahrzeugen ab, erledigt Luft- und Seefrachtaufträge nach Übersee.**

   a) Nennen Sie Vorteile, die sich aus dem Sammelladungsverkehr für den Verlader und den Spediteur ergeben.

   b) Häufig wird mit den Versendern ein fester Übernahmesatz für die Abwicklung eines Auftrages vereinbart.
   Welche kaufmännischen Vorteile bietet dies für den Versender?

   c) Vergleichen Sie die Aufgaben eines Spediteurs mit denen eines Frachtführers.

   d) In Fachkreisen wird der Spediteur „Architekt des Verkehrs" genannt. Durch welche Tätigkeiten ist diese Bezeichnung gerechtfertigt?

a) *Für den Verlader:* – Preisvorteil: Beförderungsentgelt niedriger als bei Einzelversand,
   – Zeitvorteil: Kurze Laufzeiten und regelmäßige Abfahrten.

   Für den Spediteur: – Frachtkostenminimierung, da hohe Auslastung der Fahrzeuge,
   – Verringerung der Abfertigungs- und Behandlungskosten,
   – Organisationsvorteil, weil Sammeln und Verteilen vom gleichen Apparat (Personal, Büromaschinen, Fahrzeuge) erledigt werden können.

b) – Erleichterung der Kalkulation des Verkaufspreises frei Haus,
   – Möglichkeit des Preisvergleichs zwischen verschiedenen Transportunternehmen.

c) – *Spediteur* berät, sammelt, lagert vorübergehend ein, vermittelt Transportaufträge, vermittelt Einlagerung bei gewerblichen Lagerhaltern, vermittelt Umschlag, Verpackung; besorgt das Ausstellen von Frachtpapieren, Zollformularen, kümmert sich um die Verzollung.
   – *Frachtführer:* Führt Transporte durch, garantiert die sorgfältige Behandlung während des Transports und garantiert die Ablieferung beim Empfänger.

d) – Verknüpfung der verschiedenen Leistungsbereiche (Verkehrsträger, Verkehrsmittel, Verkehrswege).
   – Gegenseitige Abstimmung in zeitlicher und sachlicher Hinsicht.
   – Auftraggeber erhält die Gesamtleistung von Haus zu Haus zur Verfügung gestellt.

4. **Die Großhandels-AG, Paderborn, möchte die aus Nordeuropa stammenden Waren bis zu ihrer Auslieferung an Einzelhändler bei einem gewerblichen Lagerhalter zwischenlagern. Eine infrage kommende Lagergesellschaft legt den Lagerverträgen ihre Lagerbedingungen zugrunde, die u. a. folgenden Passus enthalten:**
   „Die Lagergesellschaft ist im Falle der Lagerung vertretbarer Sachen zu ihrer Vermischung mit anderen Sachen von gleicher Art und Güte befugt. Wird dies allerdings vom Einlagerer nicht gewünscht, so muss er dies vor der Einlagerung ausdrücklich schriftlich mitteilen."

   a) Beschreiben Sie die Gefahr, die sich durch Sammellagerung für den Einlagerer ergibt.

   b) Durch welche Vorsorgemaßnahmen kann sich der Einlagerer vor den Risiken der Einlagerung bei gewerblichen Lagerhaltern schützen?

> c) Nennen Sie Serviceleistungen der Lagergesellschaft, die das Einlagern bei gewerblichen Lagerhaltern für den Auftraggeber attraktiv machen.
>
> d) Welche Vorteile ergeben sich für die Großhandels-AG durch die Fremdlagerung?

a) Der Einlagerer erhält möglicherweise Güter schlechterer Qualität (Getreide) zurück.

b) – Sorgfältige Auswahl des Lagerhalters,
 – Abschluss einer Lagerversicherung,
 – Wahrung seines Rechts auf Besichtigung des Lagerguts und
 – Entnahme von Proben.

c) – Sorgfältige Überwachung des Lagergutes durch Fachpersonal,
 – Ein- und Auslagerung mit Spezialeinrichtungen,
 – Bestandsüberwachung nach der Menge (Inventur),
 – Aufzeichnung der Bestände (Kartei, Inventar) und der Veränderungen (Eingangs- und Ausgangslisten),
 – Zufuhr zum Kunden durch Personal und Fahrzeuge der Lagergesellschaft.

d) – Einsparung von Lagerinvestitionen (Gebäude, Fahrzeuge, Lagereinrichtungen),
 – möglicherweise Einsparung von Lagerkosten, da keine Leerkosten für nicht belegte Lagerflächen berechnet werden,
 – Nutzung spezieller Einrichtungen für besondere Lagergüter (z. B. Kühlung) auch bei geringeren Mengen,
 – Lagergesellschaft erledigt die Lagerverwaltung (Überwachung, Ein- und Auslagerung, Buchhaltung).

9.2 Einrichtungen (Träger) des Güter- und Nachrichtenverkehrs

9.3 Transport und Lagerung gefährlicher Güter

S. 315

> 1. Wählen Sie die richtige Versandart und begründen Sie Ihre Entscheidung:
>
> a) Eine gedruckte Einladung zur Feier eines Betriebsjubiläums ist an einen Geschäftsfreund zu versenden. Der Chef hat auf der Rückseite die Worte „Herzliche Grüße, dein Hermann" geschrieben.
>
> b) Ein Kündigungsschreiben ist so zu versenden, dass gegebenenfalls die rechtzeitige Aushändigung nachgewiesen werden kann.
>
> c) 3.000 Stück Werbeprospekte sind an alle Haushaltungen am Ort zu versenden.
>
> d) Ein Angebot an einen Geschäftsfreund in New York.
>
> e) Bauzeichnungen und Berechnungen sollen möglichst schnell an unser Zweigbüro in Wien originalgetreu übermittelt werden.
>
> f) Der für uns tätige Handelsvertreter bereist zur Zeit eine bestimmte Region mit jeweils bestimmten Zwischenaufenthalten. Er soll regelmäßig schriftliche Mitteilungen erhalten.

a) Standardbrief,

b) Übergabe- oder Einwurf-Einschreiben,

c) Postwurfsendung,

d) Luftpostbrief, Telefax, E-Mail,

e) Express-Brief, Telefax,

f) Postlagernder Brief, E-Mail.

> **2. Besorgen Sie sich die Beförderungsbedingungen der Deutsche Post Express GmbH. Stellen Sie fest, unter welchen Bedingungen und zu welchem Preis die Ausführung der nachfolgenden Aufträge möglich ist;**
>
> **a) Wichtige Unterlagen sollen innerhalb des Stadtgebietes bis 12 Uhr ausgeliefert werden.**
>
> **b) Eine Sendung soll am gleichen Tag von Berlin nach München befördert werden.**
>
> **c) Ein Architekturbüro in Mannheim hat um 17 Uhr die Pläne fertig gestellt, die am nächsten Tag in Dresden auf der Baustelle sein müssen.**

a) – Die Sendung darf die Mindest- bzw. Höchstmaße nicht überschreiten. Der Preis ist abhängig vom Gewicht der Sendung:

– Bis 50 g kostet das Beförderungsentgelt 12,50 DM (6,39 EUR) zzgl. für die Frühzustellung bis 12:00 Uhr 5,00 DM (2,56 EUR).

b) Die Sendung kann nur mit einer Sonderfahrt eines Spediteurs oder Kurierdienstes am selben Tag zugestellt werden. Die Bedingungen der Deutschen Post Express GmbH sehen unter normalen Bedingungen eine Zustellung nur über Nacht vor.

c) Auflieferung am selben Abend oder Abholung durch Post Express und Zustellung vor 9:00 Uhr am nächsten Morgen möglich. Preis für Sendung bis 50 g: Beförderungsentgelt 12,50 DM (6,39 EUR) + Früh-Zustellgebühr vor 9:00 Uhr 30,00 DM (15,34 EUR).

> **3. Diskutieren Sie die Rolle der Provider im weltweiten Kommunikationsnetz.**

Ohne Provider ist für Privatpersonen ein Zugang zum weltweiten Kommunikationsnetz nicht möglich. Durch entsprechende Vertragsgestaltung kann der Provider Bedingungen stellen, die den Zugang erschweren bzw. verteuern.

> **4. Untersuchen Sie wirtschaftliche Gefahren und Chancen bei zunehmender Nutzung des Internets.**

z. B. Gefahren: – Daten im Internet sind jedem zugänglich,

– elektronische Daten können durch Viren verändert und beschädigt werden,

– Vertragspartner und deren Geschäftsgebaren sind unbekannt.

z. B. Chancen: – Angebotsvergrößerung durch weltweite Anbieter,

– Kostensenkung,

– schnellerer Datenaustausch weltweit möglich.

5. Nennen Sie die Konkurrenten der Bahn und ihre Vor- und Nachteile gegenüber der Bahn.

	Lkw	Binnenschiff
Vorteile	– schneller, flexibler – keine direkten Kosten durch Bau und Unterhaltung des Verkehrsweges – Haus-Haus-Verkehr möglich – dicht ausgebautes Verkehrsnetz	– größere Transporteinheiten – keine direkten Kosten für Bau und Unterhaltung des Verkehrsweges
Nachteile	– Geringere Transportkapazität je Fahrzeug – größere Unfallgefahr auf der Straße – starke gegenseitige Konkurrenz der Lkw-Unternehmer – hohe externe Kosten	– längere Transportzeiten – Abhängigkeit von Witterungseinflüssen – relativ begrenztes Verkehrsnetz

6. Die Maschinenfabrik Weber GmbH, Sömmerda, erteilt der Erfurter Speditionsgesellschaft den Auftrag, den Transport einer Sendung Pumpenaggregate, 14 t, die zum Teil unverpackt zum Versand kommen, nach Lörrach zu besorgen. Der Sachbearbeiter der Spedition schlägt vor, die Sendung in einem 20-Fuß-Container zu verladen und diesen im Kombinierten Ladungsverkehr zu versenden.

a) Erklären Sie die Bedeutung des Kombinierten Verkehrs.

b) Erörtern Sie den Einsatz von Containern.

a) – Verlagerung von Straßentransporten auf die Schiene, um die Straßen zu entlasten.

– Optimale Nutzung verkehrsarmer Zeiten der Bahn.

– Optimierung der Transportzeiten, weil Stauungen auf der Straße, witterungsbedingte Störungen und arbeitsrechtliche Vorschriften (Lenkzeitenbegrenzung) ausgeschaltet werden.

– Zusammenarbeit Bahn-Güterkraftverkehrsgewerbe zum Nutzen der Gesamtwirtschaft.

– Genaue Kalkulation der Beförderungszeit durch fahrplanmäßige Transportabwicklung möglich.

b) – Umladefreier Haus-Haus-Verkehr,

– Einsparung von Versandverpackungen,

– Beschleunigung des Transportflusses, weil Umschlagzeiten erheblich verkürzt werden,

– Schutz vor Beschädigung durch stabile Außenverpackung,

– Schutz vor Verlust durch verschließbare Verpackung,

– Container kann als vorübergehendes (auch wetterfestes) Lager verwendet werden.

7. Vergleichen Sie die Finanzierung der Verkehrswege des Lkw-Verkehrs mit den Verhältnissen bei anderen Verkehrsträgern.

– Straßen werden von Bund, Ländern, Kreisverbänden und Gemeinden gebaut und unterhalten. Mittel fließen aus öffentlichen Haushalten.

– Straßennutzer finanziert indirekt durch Kfz-Steuer und Mineralölsteuer.

– Binnenschifffahrtswege werden vom Bund finanziert. Nutzer zahlt Kanal- und Schleusengebühren als verschwindend kleinen Beitrag. Binnenschifffahrt erhält sogar Subvention durch Mineralölsteuerbefreiung.

- Steuerung der Flugbewegungen und Aufrechterhaltung der Sicherheit des Luftverkehrs durch Einrichtungen (Radar-Kontrolle), die der Staat finanziert.
- Bau und Unterhaltung der Flugplätze liegt in der Hand privater Gesellschaften, die von den Luftverkehrsgesellschaften Nutzungsentgelte (Start- und Landegebühren, Platzmiete, Miete von Büroräumen, Miete von Hallen) verlangen.
- Binnen- und Seehäfen werden ähnlich finanziert.
- Verkehrswege der Bahn werden ausschließlich von ihr finanziert. Bund subventioniert die Bahn zur Abdeckung der Altlasten. Nutzer werden zur Finanzierung über Trassenpreise herangezogen.

> 8. Häufig wird die Behauptung aufgestellt, dass die Unternehmer des Güterkraftverkehrs öffentliche Verkehrswege kostenlos in Anspruch nehmen würden.
>
>   **Suchen Sie nach Gegenargumenten.**

Unternehmer des Güterkraftverkehrs leisten ihren Beitrag zur Nutzung der öffentlichen Verkehrswege durch die Zahlung der

- Mineralölsteuer,
- Schwerverkehrsabgabe,
- Kfz-Steuer.

> 9. Die Mineralwasser AG, Bad Petersbach, steht vor der Entscheidung, ihren eigenen Fuhrpark aufzustocken oder die anfallenden Transporte nicht mehr mit eigenen Fahrzeugen, sondern mit Fremdunternehmen durchzuführen.
>
>   **Sammeln Sie für diesen Entscheidungsprozess Vor- und Nachteile des Werkverkehrs.**

Vorteile:
- Durchführung von Spezialtransporten,
- Anpassung der Fahrzeugabmessungen an die zu transportierenden Güter und betrieblichen Erfordernissen,
- Verbesserung des Kundenservices,
- Verzicht auf eigene Lagerhaltung.

Nachteile:
- Häufig Leerfahrten, da keine Rückladung,
- Längere Stehzeiten bei ungleichem Transportanfall,
- hohe Fixkosten durch Personal- und Fuhrparkkosten.

> 10. Die Druckmaschinen AG in Heidelberg versendet drei Buchdruckmaschinen an einen Verlag in Lima/Peru per Seeschiff über Hamburg. Die Verladung erfolgt mit der „Santiago Express", die im Liniendienst zwischen Hamburg und der südamerikanischen Westküste verkehrt. Von der Reederei Hamburg-Süd verlangt der Versender ein reines Bord-Konnossement.
>
>   a) Grenzen Sie die Linienschifffahrt von der Trampschifffahrt ab.
>
>   b) Erklären Sie die Rechtsnatur und die wirtschaftliche Funktion des Konnossements.
>
>   c) Verfolgen Sie den Weg dieses Konnossements.

a) *Linienschifffahrt:* Feste Fahrtgebiete, fahrplanmäßige Abfahrtszeiten, tarifmäßige Frachtabrechnung. Reedereien sind häufig kartellartig zusammengeschlossen (Konferenz).

Wettbewerb nur durch Reedereien ohne Konferenzbindung (Outsider).

Trampschifffahrt: Keine festen Fahrtgebiete, keine festen Abfahrtszeiten, keine festen Preise, meist in der Massengutfahrt anzutreffen. Die Reedereien nehmen jeden Auftrag, der sich ihnen bietet, zu den Wettbewerbsbedingungen, die ihnen noch tragbar erscheinen (freier Wettbewerb).

b) *Rechtsnatur:* Bestätigung des Kapitäns (der Reederei), eine bestimmte Sendung an Bord des Schiffes zur Beförderung an einen bestimmten Empfänger oder an dessen Order übernommen zu haben. Warenwertpapier.

Wirtschaftliche Funktion: Übereignung und Verpfändung „schwimmender" Ware möglich. Eigentum am Papier = Eigentum an der Ware. Verkauf der Ware kann bereits erfolgen, bevor das Schiff den Bestimmungshafen erreicht hat.

c) Kapitän/Reederei stellt Bordkonnossement aus und übergibt es an Ablader (Spediteur) oder direkt an den Versender. Der versendet mit getrennter Post einzeln die (meistens drei) Originale an den Empfänger oder übergibt sie seiner Bank zu Inkassozwecken. Der Empfänger erhält per Post oder nach Bezahlung durch die Bank die Dokumente, um die Ware im Bestimmungshafen durch Rückgabe des Konnossements an den Kapitän/Reederei auszulösen.

11. Die Saarhütte GmbH, Dillingen, erhält von General Steel Ltd., Veracruz, den Exportauftrag über 5.000 t Stahlträger. Zum Versand kommen die Stahlträger gebündelt à 4 Stück, auf Stauhölzern, mit einer Länge von jeweils 20 m und einem Stückgewicht von 4 t.

Arbeiten Sie eine entsprechende Transportvariante unter ökologischen und ökonomischen Gesichtspunkten aus und begründen Sie Ihre Entscheidung. Gehen Sie davon aus, dass der Zeitfaktor keine Rolle spielt.

Mit Spezialwaggons per Bahn zum Binnenhafen Dillingen/Saar und Umschlag aufs Binnenschiff, per Binnenschiff über Saar, Mosel, Rhein nach Rotterdam; Umschlag bord-to-bord aufs Seeschiff; Seeschiff bis Bestimmungshafen Veracruz.

Die Länge der Stahlträger lässt keinen Lkw-Transport unter normalen Bedingungen zu.

Ein Direkttransport per Bahn mit den Spezialwaggons bis zum Seehafen ist zu teuer.

12. Die Dessauer Maschinenbaugesellschaft versendet dringend benötigte Ersatzteile, verpackt in zwei Kartons mit einem Gewicht von je 22,8 kg, per Luftfracht nach Melbourne. Der Wert der Sendung beträgt 9.000 USD. Aus dem Luftfrachtbrief geht hervor, dass die Sendung von der australischen Luftverkehrsgesellschaft verladen wurde. Bei der Ankunft in Melbourne fehlt ein Karton.

a) Erörtern Sie die Wettbewerbslage, in der sich der Luftverkehr gegenüber anderen Verkehrsträgern befindet.

b) Nennen Sie typische Luftfrachtgüter.

c) Prüfen Sie in welcher Höhe der Luftfrachtführer Schadenersatz leisten muss.

d) Beschreiben Sie die Funktionen des Luftfrachtbriefs. Stellen Sie dabei die Besonderheiten, die dieser Frachtbrief gegenüber Landfrachtbriefen besitzt, hervor.

a) – Schnellstes Transportmittel,
 – höchste Transportpreise,
 – günstige Versicherungsprämien,
 – niedrige Verpackungskosten,

- für Massengüter nicht geeignet (Kapazität des Flugzeugs); nur in Ausnahmefällen (z. B. Katastrophen).

b) – Eilige Sendungen wie Medikamente, Tiere, Schnittblumen, exotische Früchte, Ersatzteile, Post, Zeitungen,
- wertvolle Güter wie Edelmetalle, Dokumente, Wertpapiere, Wertgegenstände, Banknoten, Münzen.

c) Der ausländische Luftfrachtführer haftet nach Warschauer Abkommen mit 20,00 USD je kg brutto: 22,8 × 20 = 456,00 USD Höchsthaftung.

d) *Funktionen:*
- Beweis für Beförderungsvertrag
- Unterlage für die Frachtberechnung
- Versandanweisung
- Empfangsbescheinigung
- Zollpapier

Besonderheiten:
Der Luftfrachtbrief dient im Gegensatz zum Landfrachtbrief auch als Versicherungszertifikat und Zollmanifest.

13. Erstellen Sie eine tabellarische Übersicht nach folgendem Muster, in der Sie die einzelnen Verkehrsträger anhand folgender Kriterien vergleichen:

a) Typische Arten der Versandgüter

b) Maximales Versandgewicht je Fahrzeugeinheit

c) Fahrzeuggeschwindigkeit

d) Haftungsumfang

Kriterien \ Verkehrsträger	Eisenbahn	Kraftwagen	Binnenschifffahrt	Seeschifffahrt	Luftfracht

Kriterien \ Verkehrsträger	Eisenbahn	Kraftwagen	Binnenschifffahrt	Seeschifffahrt	Luftfracht
a) Arten der Versandgüter	alle Arten, meistens solche, die in größeren Mengen über größere Entfernungen transportiert werden	alle Arten, meistens solche, die in begrenzten Mengen über nahe und mittlere Entfernungen transportiert werden	vor allem Massengüter und sperrige Güter, die über größere Entfernungen ohne Zeitdruck transportiert werden	vor allem Massengüter und sperrige Güter, die über die Weltmeere ohne Zeitdruck transportiert werden	eilbedürftige Güter aller Art, die über weite Strecken in kürzester Zeit transportiert werden
b) maximales Versandgewicht je Fahrzeugeinheit	bis ca. 50 t, bei Fahrzeugen in Sonderbauart auch darüber	bis ca. 25 t, bei Fahrzeugen in Sonderbauart und mit Sondergenehmigung auch darüber	bis 3.000 t; häufigste Größe: Europaschiff mit 1.350 t	bis 400.000 t, häufigste Größe: Stückgutfrachter mit ca. 10.000 t	bis ca. 100 t bei Frachtflugzeugen; Beiladung bei Passagierflugzeugen bis ca. 20 t
c) Fahrzeuggeschwindigkeit	bis ca. 120 km/h	bis 80 km/h	unterschiedlich langsam je nach Strömung	bis ca. 40 km/h	bis ca. 900 km/h
d) Haftungsumfang	Regelhaftung bei Güterschäden für alle Frachtführer nach HGB: 8,33 SZR/kg brutto, bei internationalen Transporten				
	17 SZR je kg	8,33 SZR je kg	nach Konnossementsbedingungen	666,67 SZR je Einheit oder 2 SZR je kg	53,50 DM bzw. 20 USD je kg

> **14. Gefährliche Güter sind solche Stoffe und Gegenstände von denen bei Unfällen und unsachgemäßer Behandlung Gefahren ausgehen können.**
>
> **a) Nennen Sie Güter aus Ihrer Umgebung, die als Gefahrgüter bezeichnet werden können und ordnen Sie diese den Gefahrgutklassen zu.**
>
> **b) Beschreiben Sie Maßnahmen, die bei Transporten gefährlicher Güter eine größere Sicherheit gewährleisten können.**

a) Benzin, Heizöl — Klasse 3: entzündbare Flüssigkeiten,

   Hygiene-Reiniger — Klasse 8: ätzende Stoffe,

   Teppich-Reiniger — Klasse 4: entzündbare feste Stoffe,

   Gas-Feuerzeug — Klasse 3: entzündbare Flüssigkeiten.

b) – Gute und sichere Gefahrgutumschließung,
 – Verlagerung von Gefahrguttransporten auf Schiene und Wasserstraße,
 – Behördliche Anordnung über Fahrweg,
 – Schulung der Fahrzeugführer,
 – Verstärkte Kontrolle, ob Vorschriften eingehalten werden,
 – Deutliche Kennzeichnung von Gefahrguttransporten.

10 Geld und Zahlungsverkehr

10.1 Geld und Währung

1. Inwiefern erleichtert das Geld Tauschvorgänge? [S. 318]

Geld ist leicht übertragbar, teilbar, dauerhaft, wertbeständig und allgemein anerkannt.

2. a) In welchen Zeiten wird Geld zum Wertaufbewahrungsmittel?
b) Begründen Sie, in welcher wirtschaftlichen Situation das Geld seine Funktion als Wertaufbewahrungsmittel verliert.

a) Geldmittel werden gespart, wenn ein stabiler Geldwert gesichert ist.
b) In Zeiten eines instabilen Geldwertes (hohe Inflation) flüchten die Sparer in Sachgüter (Grund und Boden), deren Werte erhalten bleiben oder sogar steigen.

3. Welche Probleme hatten früher die Besitzer von Nutzgeld bezüglich der Wertaufbewahrung und bezüglich des Zahlungsvorganges?

– *Wertaufbewahrung:* Nutzgeld konnte verderben (Salz) oder untergehen (Viehseuche).
– *Zahlungsvorgang:* Nutzgeld war teilweise schlecht teilbar (Teeziegel) oder gar nicht teilbar (Vieh).

4. In welcher Situation kommt es zu einer „Zigarettenwährung"?

Wenn das Vertrauen in das gesetzliche Zahlungsmittel verloren ist, sucht man nach einem leicht übertragbaren, teilbaren, allgemein anerkannten Gut.

10.2 Zahlungsmittel und Zahlungsarten

1. Suchen Sie Beispiele für die Unersetzlichkeit von Bargeld. [S. 325]

„Kleiner" Zahlungsverkehr: Tägliche Einkäufe im Lebensmitteleinzelhandel, im Ladenhandwerk (Bäcker, Fleischer), in Gaststätten, beim Automatenverkauf.

2. a) Prüfen Sie, ob ein Steuerpflichtiger seine Steuerschuld von 500 DM an der Kasse des Finanzamtes mit fünfzig 10-DM-Scheinen begleichen kann.
b) Ein Kunde schuldet an der Kasse eines Lebensmittelhändlers 6,80 DM. Prüfen Sie, mit welchen Münzen er seine Schuld begleichen darf bzw. nicht begleichen dürfte.

a) Ja. Noten müssen unbegrenzt angenommen werden.
b) Er darf mit DM- und Pfennig-Münzen bezahlen (später mit Euro- und Cent-Münzen).
Er dürfte allerdings nicht den ganzen Betrag nur in Pfennigen (Cents) bezahlen, da die Höchstgrenze der Annahmepflicht bei 5 DM (50 Münzen) liegt.

3. Wer verfügt über das Münzrecht und wer über das Notenprivileg?

– Die Bundesregierung besitzt das *Münzrecht*.

– Die Bundesbank besitzt das *Notenrecht* (§ 14 BankG); ab 1. Januar 2002 die EZB.

4. An der Kasse eines Modehauses werden die Laufkunden gefragt: „Zahlen Sie bar oder mit Karte?" Das gleiche Modehaus schickt einem Stammkunden eine Rechnung mit dem Text: „Barzahlung innerhalb von acht Tagen bei 2 % Skonto oder 30 Tage netto auf Konto 237 516, Ulmer Volksbank, Bankleitzahl 650 901 00."

a) Versuchen Sie, den Begriff Barzahlung zu erklären.

b) Berechnen Sie den Jahreszinssatz dieses Skontoangebotes.

a) Unter Barzahlung versteht man zunächst einmal die Zahlung mit Bargeld. Im Geschäftsleben zählt aber auch die sofortige oder innerhalb einer bestimmten Frist getätigte Zahlung als Barzahlung, unabhängig davon, ob mittels Bargeld, Scheck oder Karte.

b) 22 Tage früher bezahlen ≙ 2 %
360 Tage ≙ x % = 32,7 %

5. Warum spricht man bei den Kreditkarten von „Plastikgeld"?

Die Kreditkarte besteht aus Kunststoff (Plastik); sie kann anstelle von Geld zur Zahlung verwendet werden.

6. Auch große Kaufhäuser und Einkaufszentren bieten Kreditkarten an. Suchen Sie Gründe dafür.

Diese Häuser verbinden die Vereinfachung der Zahlungsabwicklung mit ihrer Absatzstrategie: Kunden mit hausgebundenen Kreditkarten kaufen in diesen Geschäften mehr.

7. Ein Jugendlicher behauptet, die GeldKarte sei unnütz, denn sie würde ja nur zum Geldausgeben verführen.
Nehmen Sie dazu Stellung.

Einerseits stimmt die Behauptung nicht, denn statt Bargeld hat man elektronisches Geld in der Tasche und muss mit diesem ebenso sorgsam umgehen. Andererseits verführt das Automatenangebot immer mehr, elektronisch zu bezahlen, zumal es keine Probleme mit dem passenden Kleingeld gibt.

8. Überlegen Sie, welche Einwände Datenschützer gegen die GeldKarte vorbringen.

Datenschützer bemängeln, dass der Gläubiger auf dem Display das Gesamtguthaben sieht und dass man bis zu 14 getätigte Umsätze zurückverfolgen kann.

9. In den letzten Jahren wurde das Angebot im elektronischen Zahlungsverkehr erheblich ausgebaut: Geldautomaten dienen zur Abhebung von in- und ausländischem Bargeld und an Kassenterminals im Handels- und Dienstleistungssektor kann man mittels der Plastikkarte („Plastikgeld") bezahlen.

a) Wie stehen Sie als Verbraucher zu dieser Zahlungsmöglichkeit?

b) Warum haben Kreditinstitute sowie Handels- und Dienstleistungsunternehmen ein Interesse an der Nutzung dieser Zahlungsmöglichkeit?

a) Die Einstellung der Verbraucher ist grundsätzlich positiv, da er immer liquide ist, im Funktionsbereich der GeldKarte keine Münzprobleme mehr hat und bei größeren Beträgen bequem im In- und Ausland mit der Kreditkarte zahlen kann.

b) Für jeden Kaufmann ist das Halten von Bargeld ein nicht zu unterschätzender Kosten- und Risikofaktor. Außerdem wissen die Kartenanbieter, dass durch das leichtere Handling der „Karten" die Ausgabefreude der Nutzer und damit die Umsätze der Anbieter steigen.

> 10. In vielen Fällen des Geschäftslebens muss Bargeld auf ein Bankkonto bar eingezahlt werden. So bringt der Automatenaufsteller sein Münzgeld ebenso zur Bank wie Einzelhändler täglich Geldbomben bei ihrer Bank in den Tag- und Nachttresor einwerfen. Es kommt auch vor, dass Versicherungen oder Sozialämter Geld an Empfänger ausbezahlen müssen, die kein Bankkonto haben.
>   a) Beschreiben Sie die Fälle, wo es im Privatleben zu Bareinzahlungen am Bank- oder Postschalter kommt oder der Postbote Geld ins Haus bringt.
>   b) Überlegen Sie, ob für die genannten Fälle der elektronische Zahlungsverkehr die Barzahlung ersetzen wird.

a) – Bargeldgeschenke werden vom Empfänger auf das Bankkonto eingezahlt.
    – Eltern schicken dem in Geldnöten befindlichen Kind per Postanweisung Geld.
b) – Es ist denkbar, dass zukünftig GeldKarten verschenkt werden.
    – Zwischen 400 DM (GeldKarte) und 3.000 DM (Postanweisung) ist kein sinnvoller Ersatz denkbar.

10.3 Zahlungsträger

> 1. Welche Risiken treten beim Umgang mit Bargeld auf?

Gefahr des Verlustes, falsches Zählen, Diebstahl, Falschgeld.

> 2. Stellen Sie fest, welche verschiedenen Banknotenwerte und Münzwerte als Bargeld im Verkehr sind.

– Münzwerte: 1, 2, 5, 10, 50 D-Pfennige; 1, 2, 5 und Sonderprägung 10 DM (später 1, 2, 5, 10, 20, 50 Cent sowie 1, 2 Euro).
– Notenwerte: 5, 10, 20, 50, 100, 200, 500, 1.000 DM (später 5, 10, 20, 50, 100, 200 und 500 Euro).

> 3. Bei Banken und Sparkassen liegen viele neutrale Überweisungs-Zahlschein-Vordrucke internationaler Hilfsorganisationen aus. Beschreiben Sie, welche Vorteile dieser Überweisungsbeleg den Empfängern und Spendern bringt.

– Empfängerdaten sind maschinenlesbar gedruckt.
– Geld geht auf gewünschtem Konto ein.
– Spender kann überweisen oder anonym bar einzahlen.
– Spender hat Spendenbescheinigung für steuerliche Zwecke bis 100 DM.

4. Überlegen Sie, warum immer mehr Gläubiger ihren Schuldnern mit der Rechnung einen ausgefüllten Überweisungsauftrag/Zahlschein zusenden.

– Der *Schuldner* hat den Vorteil, dass alle Daten maschinenlesbar auf dem Formular stehen, außer seiner Kontonummer und der Bankleitzahl seiner Bank.
– Der *Gläubiger* hat den Vorteil, dass Fehler bei den Absender- und Empfängerangaben, dem Verwendungszweck sowie dem DM/EUR-Betrag vermieden werden.

5. Prüfen Sie bei Ihrer Bank, ob Sie Daueraufträge zu jedem Termin in Auftrag geben können oder nur zu bestimmten Stichtagen.

Aus Rationalisierungsgründen bieten die Banken in einem bankinternen Rhythmus bis zu vier Stichtage im Monat an, z. B. 01., 10., 20., 25.

6. Die Volksbank Dresden überweist Geld an die Sparkasse in Reutlingen. Stellen Sie fest, welche Gironetze und welche Zentralen in Anspruch genommen werden können.

Volksbank Dresden – Genossenschaftszentrale Sachsen – Genossenschaftszentrale Baden-Württemberg – Girozentrale Baden-Württemberg – Sparkasse Reutlingen
oder
Volksbank Dresden – Rechenzentrum der Sparkassen Sachsen – Rechenzentrum der Sparkassen Baden-Württemberg – Sparkasse Reutlingen
oder
Volksbank Dresden – zentrales Rechenzentrum Nürnberg – Sparkasse Reutlingen.

7. Ein Mieter überlegt, ob er sich im Mietvertrag bezüglich der Bezahlung der monatlichen Miete für einen Dauerauftrag oder eine Einzugsermächtigung entscheiden soll. Beraten Sie ihn.

– *Einzugsermächtigung:* Schuldner ermächtigt den Gläubiger, regelmäßig oder unregelmäßig gleiche oder ungleiche Beträge von seinem Konto abbuchen zu lassen.
– *Dauerauftrag:* Schuldner gibt dem Geldinstitut den Auftrag, regelmäßig gleich bleibende Beträge an denselben Empfänger zu überweisen.

Die Einzugsermächtigung kann vom Schuldner noch sechs Wochen lang nach der Belastung widerrufen und somit der Betrag dem Gläubiger zurückbelastet werden.

8. Ein Kaufmann hat monatlich folgende Zahlungsvorgänge zu erledigen: Leasingraten, Umsatzsteuer, Postwertzeichen, Gehälter, Telefonrechnungen, Lieferantenrechnungen. Beim Abholen der Kontoauszüge fällt ihm ein, dass er noch eine Spende an die Deutsche Krebshilfe machen will.

Stellen Sie in einer Matrix dar, welche Zahlungsmöglichkeiten für ihn im jeweiligen Fall sinnvoll sind.

	Barzahlung	Einzelüberweisung	Sammelüberweisung	Dauerauftrag	Einzugsermächtigung	Abbuchungsauftrag	Zahlschein
Leasingraten		x	x	x	x		
Umsatzsteuer		x			x		
Postwertzeichen	x						
Gehälter			x				
Telefonrechnungen					x		
Lieferantenrechnungen		x			x	x	
Spende							x

> **9. Ein Schuldner stellt zur Begleichung seiner Schuld einen Verrechnungsscheck und eine Einzelüberweisung aus.**
>   **a) Beschreiben Sie den Verrechnungsweg beider Formulare.**
>   **b) Welche Daten müssen dem Schuldner bekannt sein, der sich zur Zahlung mittels Verrechnungsscheck oder Überweisung entscheidet?**

a) – *Verrechnungsscheck:* Durch direkte Übergabe oder per Post gelangt der Scheck zum Gläubiger; er lässt diesen bei seinem Geldinstitut gutschreiben; dieses holt sich den Betrag beim bezogenen Geldinstitut.
   – *Überweisung:* Der Schuldner gibt die ausgefüllte Überweisung seinem Geldinstitut; dieses belastet sein Konto und leitet den Betrag weiter an das Empfängerinstitut, welches dem Empfänger den Betrag gutschreibt.

b) – *Verrechnungsscheck:* Nur der Betrag.
   – *Überweisung:* Betrag, Bankverbindung, Konto-Nr. des Empfängers.

> **10. Überlegen Sie, warum sich viele Kaufleute von ihrer Bank nur Scheckformulare aushändigen lassen mit dem Aufdruck „Nur zur Verrechnung".**

Verrechnungsschecks können grundsätzlich nur durch Gutschrift auf dem Scheckeinreicher-Konto eingelöst werden; somit könnte man Unberechtigte namentlich erfassen.

> **11. Was bezweckt ein Schuldner, der einen vordatierten Scheck ausstellt? Welcher Gefahr setzt er sich hierbei aus?**

Der Schuldner hofft, dass der Scheck erst an diesem Datum eingelöst wird, d. h. er erhofft sich einen Kreditspielraum. Er läuft jedoch Gefahr, dass der Scheck sofort dem bezogenen Geldinstitut vorgelegt wird, das ihn bei Deckung und gültiger Unterschrift einlösen wird; anderenfalls kommt es zu einem Rückscheck mit Vorlegungsvermerk. Bei betrügerischer Absicht Strafverfahren wegen Scheckbetrugs. Bei erlaubter Kontoüberziehung Überziehungszinsen.

> **12. Der Hotelier Hilbrecht findet bei der Kassenabrechnung drei unvollständig ausgefüllte Schecks.**
>   **Es fehlen bei – Scheck Nr. 34 die Empfängerangabe,**
>   **– Scheck Nr. 97 der Betrag in Buchstaben und in Zahlen,**
>   **– Scheck Nr. 11 die Unterschrift des Ausstellers.**
>   **Wie beurteilen Sie diese Schecks?**

– *Scheck Nr. 34:* Der Scheck ist gültig, da Empfängerangabe kein gesetzlicher Bestandteil.
– *Scheck Nr. 97:* Der Scheck ist ungültig, da der Betrag fehlt; der Hotelier könnte irgendeinen Betrag einsetzen und damit den Mangel heilen. Setzt großes Vertrauensverhältnis zwischen Scheckaussteller und Schecknehmer voraus (Blankoscheck).
– *Scheck Nr. 11:* Der Scheck ist ungültig, da ein gesetzlicher Bestandteil fehlt.

> **13. Ein Schuldner hat die Wahl, seine Schuld mit Verrechnungsscheck oder Überweisung zu zahlen. Welche Zahlungsform bringt ihm Zins- und Kostenvorteile?**

Die Belastung des Verrechnungsschecks erfolgt in aller Regel später als bei der Überweisung, z. B. 3 – 4 Tage später (Zinsvorteil), da der Scheck vom Gläubiger über dessen Geldinstitut per Post (ab 5.000 DM) oder als Datensatz zum Geldinstitut des Ausstellers gelangen muss. Dafür kostet der Scheckversand Porto.

14. Sie begleichen eine Schuld über 720,35 EUR an Markus Klein, Saarbrücken, mittels eines Verrechnungsschecks. Besorgen Sie sich ein Scheckformular und füllen Sie dieses aus.

Landesbank – Kreissparkasse Sigmaringen mit Zweiganstalten in Saulgau und Mengen und Hauptzweigstellen in Gammertingen, Ostrach und Veringenstadt.

Zahlen Sie gegen diesen Scheck
Siebenhundertzwanzig
Betrag in Buchstaben
DM od. EUR*: EUR
Betrag: 720,35
*Bis zur Einführung des Euro (= EUR) nur DM; danach DM oder EUR.

noch Betrag in Buchstaben
an Markus Klein, Saarbrücken
oder Überbringer

Ausstellungsort: Bad Saulgau
Datum: 18. August 2001

Nur zur Verrechnung

Unterschrift des Ausstellers
Sigrun Jahn

Der vorgedruckte Schecktext darf nicht geändert oder gestrichen werden. Die Angabe einer Zahlungsfrist auf dem Scheck gilt als nicht geschrieben.

| Scheck-Nr. | X | Konto-Nr. | X | Betrag | X | Bankleitzahl | X | Text |

0000000389633⌡   237309H   65351050⌡ 01H

Bitte dieses Feld nicht beschriften und nicht bestempeln

---

15. Bei verschiedenen Wechseln fehlt
   a) die Wechselnehmerangabe,
   b) der Name des Bezogenen,
   c) der Betrag in Buchstaben und in Zahlen,
   d) die Unterschrift des Ausstellers,
   e) die Unterschrift des Bezogenen.

   Welche Wechsel sind Wechsel im Sinne des Wechselgesetzes?

a) Wechselnehmerangabe ist gesetzlicher Bestandteil; Wechsel wird zum Inhaberpapier,

b) ungültig, da der Name des Bezogenen gesetzlicher Bestandteil ist,

c) ungültig, da die Wechselsumme gesetzlicher Bestandteil ist; Missbrauchgefahr,

d) ungültig, da die Unterschrift des Ausstellers gesetzlicher Bestandteil ist,

e) gültig laut Wechselgesetz.

---

16. Ein Wechsel ist an einem Freitag zur Zahlung fällig.

    Begründen Sie, an welchem Tag der Wechsel spätestens vorgelegt werden muss.

Am Dienstag der folgenden Woche während der geschäftsüblichen Zeit, da der Bezogene zwei Werktage Bedenkzeit hat.

---

17. Großhändler Friedrich Ruof e.K., Kertelerstraße 19, 87437 Kempten, liefert die von der Keramik GmbH, Schlossbergstraße 12, 76228 Karlsruhe, erhaltenen Souvenirartikel an den Einzelhändler Roland Bisch e.K., Seepromenade 45, 88131 Lindau (Bodensee). Der Rechnungsbetrag für R. Bisch lautet über 1.127,80 EUR und ist drei Monate ab dem heutigen Datum bei der Volksbank Lindau eG, Konto 2244, zahlbar. R. Bisch und F. Ruof haben Wechselzahlung vereinbart, da F. Ruof den Wechsel an die Keramik GmbH weitergeben will. Besorgen Sie sich Wechselformulare und füllen Sie diese aus.

a) **als Wechsel an eigene Order,**

b) **als Wechsel an fremde Order.**

a) Wechsel an eigene Ordner:

```
Stuttgart, den 13. August 2000  ①   680   Freiburg   13.11.00
        Ort und Tag der Ausstellung (Monat in Buchstaben)   Nr. d. Zahl-Ortes   Zahlungsort   Verfalltag
                                    ②
Gegen diesen Wechsel - erste Ausfertigung - zahlen Sie am 13. November 2000 ③
                                                         Monat in Buchstaben
                     ④
an _____eigene Order_____        EUR   2.375,00------------ ⑤
                                          Betrag in Ziffern
EUR  -----zweitausenddreihundertfünfundsiebzig----------------- Cent wie oben
                       Betrag in Buchstaben
Bezogener   Metall Wagner e.K.  ⑥
            Gartenstraße 20
in _____79098 Freiburg_____ ⑦       Werkzeugmaschinen
      Ort und Straße (genaue Anschrift)   Fritz Kaiser GmbH
                                          Kronenstr. 12
Zahlbar in  Freiburg                      70173 Stuttgart ⑧
            Zahlungsort
bei  Sparkasse Freiburg   2032162         Fritz Kaiser
     Name des Kreditinstituts  z. L. Konto Nr.   Unterschrift und genaue Anschrift des Ausstellers
```

Angenommen B. Wagner

b) Wechsel an fremde Ordner:

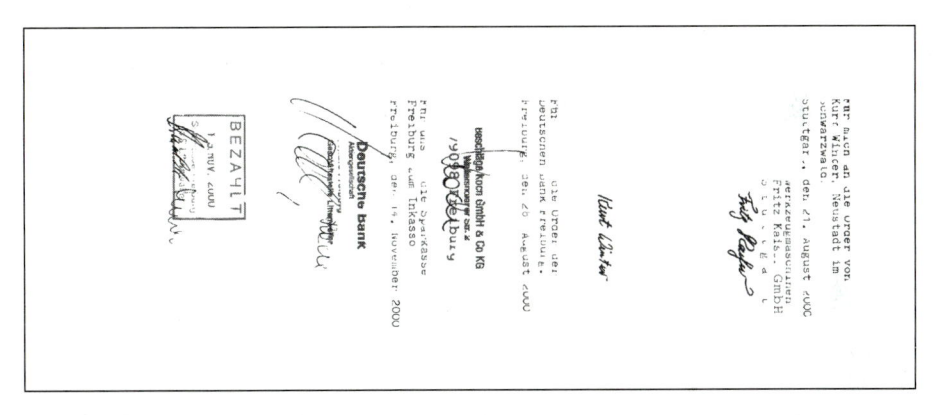

---

18. Ein Kaufmann erhält am 14. Juni einen Wechsel und reicht ihn am 15. Juni seiner Bank zum Diskont ein. Diese erstellt ihm folgende Abrechnung:

Wechselsumme	**10.000,00 EUR**
– 8,9 % Diskont für 90 Tage	**222,50 EUR**
Gutschrift Wert 15. Juni	**9.777,50 EUR**

a) Errechnen Sie das Fälligkeitsdatum des Wechsels nach der Euro-Zinsmethode.

b) Prüfen Sie die Abrechnung auf ihre Richtigkeit.

c) Überprüfen Sie rechnerisch, ob sich die Diskontierung lohnt, wenn der Kaufmann eine Rechnung über 10.000 EUR mit 3 % Skonto bezahlen muss.

a) Laufzeit 90 Tage, Fälligkeit 13. September (15.06 + 15 + 31 + 31 + 13 Tage).

b) 8,9 % aus 10.000 EUR für 90 Tage = 222,50 EUR.

c) Skontoertrag 300 EUR – Diskontaufwand 222,50 EUR = eigener Vorteil 77,50 EUR.

11 Finanzierung der Unternehmung

S. 345

1. Peter und Ulrike Koch wollen zusammen mit Stefan Kaiser eine Sanitärgroßhandlung in der Rechtsform einer OHG gründen, mit einem Kapital von 250.000 EUR. Auf Grund ausgewerteter, aktueller Marktdaten (Bautätigkeit, Auftragsvolumen, Abnehmerkreis) der Industrie- und Handelskammern Freiburg und Mannheim sowie des Verbandes der Sanitärgroßhändler Baden-Württemberg haben sie sich für den Raum Südbaden entschieden. Sie beabsichtigen deswegen, in einem ländlichen Gewerbegebiet ein Bürogebäude mit Ausstellungs- und Lagerfläche für monatlich 10.000 EUR anzumieten. Sie wollen einen Lkw für 50.000 EUR kaufen, in die Büroräume 120.000 EUR investieren und für die Einführungswerbung weitere 13.000 EUR ausgeben.

Während der Existenzgründerberatung in der Industrie- und Handelskammer Freiburg besprechen der Experte der Kammer und die drei Jungunternehmer weitere Finanzierungsfragen. Bezüglich der Warenbewegungen gehen sie von folgenden Zahlen aus:

– Einkauf: 1. Monat für 130.000 EUR, davon 85.000 EUR in bar, den Rest mit 30 Tagen Ziel,

2. Monat für 110.000 EUR, davon 75.000 EUR in bar, den Rest mit 30 Tagen Ziel,

3. Monat für 90.000 EUR, davon 25.000 EUR in bar, den Rest mit 30 Tagen Ziel,

– Verkauf: 1. Monat für 80.000 EUR, davon 40.000 EUR in bar, den Rest mit 30 Tagen Ziel,

2. Monat für 120.000 EUR, davon 90.000 EUR in bar, den Rest mit 30 Tagen Ziel,

3. Monat für 115.000 EUR, davon 95.000 EUR in bar, den Rest mit 30 Tagen Ziel.

An weiteren Ausgaben pro Monat fallen an: Miete 10.000 EUR, Privatentnahmen für die Lebensführung, Versicherungen und Steuern zusammen 20.000 EUR sowie allgemeine Verwaltungskosten 17.000 EUR.

a) Errechnen Sie den Kapitalbedarf des Anlagevermögens.
b) Errechnen Sie mittels des Schemas den gesamten Kapitalbedarf.

	Monat 1	Monat 2	Monat 3
Stand des Kapitals am Anfang des Monats (EUR)	250.000		
Einnahmen			
Forderungen			
Barverkäufe			
Summe			
Ausgaben			
Anlagevermögen			
Einführungswerbung			
Miete			
Verbindlichkeiten			
Bareinkäufe			
Privatentnahmen			
Verwaltungskosten			
Summe = Gesamter Kapitalbedarf			
Differenz			

> c) Machen Sie zwei Vorschläge zur Finanzierung dieser Existenzgründung auf Grund des Ergebnisses der Aufgabe b).

a) *Kapitalbedarf für das Anlagevermögen:* Der Berater muss überlegen, welche Anlagegegenstände für den Beginn betriebsnotwendig sind und in welcher Höhe in die einzelnen Gegenstände investiert werden soll. Im vorliegenden Fall beträgt der Kapitalbedarf 170.000 EUR (Lkw 50.000 EUR, Betriebs- und Geschäftsausstattung 120.000 EUR).

b) *Kapitalbedarf für den laufenden Betrieb:*

	Monat 1	Monat 2	Monat 3
Stand des Kapitals am Anfang des Monats (EUR)	250.000	−25.000	−62.000
Einnahmen			30.000
Forderungen	−	40.000	
Barverkäufe	40.000	90.000	95.000
Summe	290.000	105.000	63.000
Ausgaben			
Anlagevermögen	170.000	−	−
Einführungswerbung	13.000	−	−
Miete	10.000	10.000	10.000
Verbindlichkeiten	−	45.000	35.000
Bareinkäufe	85.000	75.000	25.000
Privatentnahmen	20.000	20.000	20.000
Verwaltungskosten	17.000	17.000	17.000
Summe = Gesamter **Kapitalbedarf**	315.000	167.000	107.000
Differenz	25.000	−62.000	−44.000

c) Das Eigenkapital ist auf Grund der Kapitalbedarfsrechnung zu niedrig. Es könnte durch die Aufnahme eines weiteren Gesellschafters mit einer Einlage von 60.000 EUR aufgestockt werden oder durch Aufnahme von Fremdkapital.

> 2. Die Bilanz einer AG weist vor der Gewinnverwendung folgende Zahlen aus:
>
> – Gezeichnetes Kapital   100.000.000 EUR
>
> – Kapitalrücklage   48.920.000 EUR
>
> – Gesetzliche Rücklage   6.000.000 EUR
>
> – Andere Gewinnrücklagen   72.640.000 EUR
>
> – Bilanzgewinn   17.240.000 EUR
>
> Ermitteln Sie anhand der oben genannten Zahlen unter Berücksichtigung einer vorgeschlagenen Gewinnverwendung von 0,85 EUR je 5-EUR-Aktie.
>
> a) den Betrag der Beteiligungsfinanzierung,
>
> b) den Betrag der offenen Selbstfinanzierung.

a) 100.000.000 EUR + 48.920.000 EUR = 148.920.000 EUR

b) 6.000.000 EUR + 72.640.000 EUR + 240.000 EUR[1]) = 78.880.000 EUR

> 3. Der Vorstand einer AG erörtert die Frage, ob eine Investition in Höhe von 20 Mio. EUR mittels Erhöhung des Grundkapitals gegen Einlagen oder Ausgabe von Obligationen finanziert werden soll. Erklären Sie Vor- und Nachteile beider Finanzierungsmöglichkeiten.

---

1) 100 Mio. EUR : 5 EUR = 20 Mio. Stück Aktien, 20 Mio. Aktien × 0,85 EUR = 17 Mio. EUR ausschüttbarer Bilanzgewinn, Rest 240.000 EUR.

Ausgabe von	Aktien	Obligationen
Vorteile	– Keine Rückzahlung des Kapitals – Variable Dividende	– Gewinn- oder körperschaftsmindernder Zinsaufwand – Keine Mitsprache der Gläubiger
Nachteile	– Stimmrecht der Aktionäre – Dividende ist körperschaftsteuerpflichtig – Dividendenzahlung wirkt gewinnmindernd	– Feste Zinsen unabhängig von der Ertragslage – Zinsrisiko – Rückzahlungsverpflichtung

4. Ein Ehepaar will für 360.000 EUR eine Eigentumswohnung kaufen. Es verfügt über 40.000 EUR Festgeld und einen sofort einsetzbaren Bausparvertrag (Bausparvertragssumme 120.000 EUR, davon angespart 50 %).
   Errechnen Sie das insgesamt vorhandene Eigenkapital und das insgesamt erforderliche Fremdkapital.

Kaufpreis   360.000 EUR
Angespartes Eigenkapital
– Festgeld   40.000 EUR
– Bauspargeld   60.000 EUR
zusammen   100.000 EUR
Erforderliches Fremdkapital   260.000 EUR

5. Gegeben sind als Ausgangssituation drei Posten auf der Passivseite der Bilanz einer AG (= Jahr 1), anschließend die Veränderungen dieser Positionen in den Jahren 2,3,4; alles in Mio. EUR:

	Jahr 1	Jahr 2	Jahr 3	Jahr 4
Gezeichnetes Kapital	100	115	115	119
Kapitalrücklage	10	10	10	8
Gewinnrücklage	4	4	7	5

Welche Finanzierungsart erkennen Sie und in welcher Höhe
a) im Jahr 2 im Vergleich zu Jahr 1?
b) im Jahr 3 im Vergleich zu Jahr 2?
c) im Jahr 4 im Vergleich zu Jahr 3?

a) Beteiligungsfinanzierung   5 Mio. EUR
b) Selbstfinanzierung   3 Mio. EUR
c) Kapitalerhöhung aus Rücklagen   4 Mio. EUR

6. Einem Unternehmen liegen zur Finanzierung von Produktionsanlagen im Wert von 117.600 EUR und einer Nutzungsdauer von acht Jahren zwei Angebote vor:

Kreditangebot der Hausbank		Angebot einer Leasinggesellschaft	
Zinssatz	10 %	Leasingrate pro Monat	2.550 EUR
Disagio	2 %	Grundmietzeit	5 Jahre
Laufzeit	5 Jahre		
Tilgung in fünf gleichen Jahresraten jeweils am Jahresende		Eine angebotene Kaufoption in Höhe von 3 % der Anschaffungskosten wird am Ende des fünften Jahres ausgeübt.	

a) Beurteilen Sie die beiden Angebote pro Jahr und in der Summe nach fünf Jahren bezüglich ihrer Auswirkung auf die Liquidität des Unternehmens nach folgendem Schema:

Jahr	Kreditkauf				Leasing
	Darlehen EUR	Tilgung EUR	Zinsen EUR	Summe EUR	EUR

b) Beurteilen Sie die beiden Angebote pro Jahr und in der Summe nach fünf Jahren in Bezug auf die Erfolgswirksamkeit nach folgendem Schema:

Jahr	Kreditkauf				Leasing
	Zinsen EUR	Disagio EUR	Abschreibungen EUR	Summe EUR	EUR

a) *Auswirkungen auf die Liquidität:*

Jahr	Kreditkauf				Leasing
	Darlehen EUR	Tilgung EUR	Zinsen EUR	Summe EUR	EUR
1	120.000	24.000	12.000	36.000	30.600
2	96.000	24.000	9.600	33.600	30.600
3	72.000	24.000	7.200	31.200	30.600
4	48.000	24.000	4.800	28.800	30.600
5	24.000	24.000	2.400	26.400	30.600
Summe		120.000	36.000	156.000	153.000
Kaufoption					3.528
Summe		120.000	36.000	156.000	156.528

Ergebnis: Bis einschließlich dem dritten Nutzungsjahr ist das Leasing dem Kauf unter Liquiditätsgesichtspunkten überlegen. Ab dem vierten Jahr wäre der Kauf dem Leasing vorzuziehen. Insgesamt muss bei der Kreditfinanzierung etwas weniger Liquidität bereitgestellt werden (528 EUR).

b) *Erfolgswirksamkeit* ohne Berücksichtigung der Steuern:

Jahr	Kreditkauf				Leasing
	Zinsen EUR	Disagio EUR	Abschreibungen EUR	Summe EUR	EUR
1	12.000	480	14.700	27.180	30.600
2	9.600	480	14.700	24.780	30.600
3	7.200	480	14.700	22.380	30.600
4	4.800	480	14.700	19.980	30.600
5	2.400	480	14.700	17.580	30.600
Summe	36.000	2.400	73.500	111.900	153.000

Ergebnis: Leasing verursacht in jedem der ersten fünf Jahre und somit insgesamt höhere Aufwendungen.

7. Vergleichen Sie Kreditfinanzierung und Leasing im Hinblick auf
   a) Kapitalbedarf,
   b) laufende Liquiditätsbelastung sowie
   c) Bindung an das Wirtschaftsgut.

	Kreditfinanzierung	Leasing
a) Kapitalbedarf	Großer anfänglicher Bedarf in Höhe der Anschaffungskosten.	Geringer anfänglicher Bedarf in Höhe der ersten Monatsrate und der Installationskosten.
b) Laufende Liquiditätsbelastung	Je höher der Fremdfinanzierungsanteil an der Investition, desto höher die Liquiditätsbelastung.	Bei Restwertverträgen ist die Belastung niedriger, da nur der Wertverlust ersetzt werden muss.
c) Bindung an das Wirtschaftsgut	Endgültiger Erwerb bindet den Eigentümer während der gesamten Nutzungsdauer.	Zeitlich begrenzte Gebrauchsüberlassung bindet den Leasingnehmer nur während der vereinbarten Vertragsdauer.

8. Vergleichen Sie die Eigen-, Fremd- und Selbstfinanzierung, indem Sie die Tabelle vervollständigen. Bisheriges Grundkapital 1 Mio. EUR, Rücklagen 1 Mio. EUR, Investitionsvorhaben 1 Mio. EUR, Gewinnerwartung aus der Investition 25 %, Dividende 10 %, Gewinnsteuersatz 50 %, Fremdkapitalzinssatz 10 %.

Finanzierungsvorschläge	Fall 1	Fall 2	Fall 3	Fall 4	Fall 5	Fall 6
Eigenfinanzierung durch Kapitalerhöhung	1.000.000	–	500.000	–	500.000	–
Selbstfinanzierung aus Rücklagen	–	1.000.000	500.000	–	–	500.000
Fremdfinanzierung mittels Darlehen	–	–	–	1.000.000	500.000	500.000
Auswirkungen im ersten Jahr:						
Gewinnerwartung						
Zinsaufwand						
Gewinn vor Steuern						
50 % Steuern						
Gewinn nach Steuern						
Dividende 10 %						
Mittelzufluss						
Mittelabfluss						

Finanzierungsvorschläge	Fall 1	Fall 2	Fall 3	Fall 4	Fall 5	Fall 6
Eigenfinanzierung durch Kapitalerhöhung	1.000.000	–	500.000	–	500.000	–
Selbstfinanzierung aus Rücklagen	–	1.000.000	500.000	–	–	500.000
Fremdfinanzierung mittels Darlehen	–	–	–	1.000.000	500.000	500.000
Auswirkungen im ersten Jahr:						
Gewinnerwartung	250.000	250.000	250.000	250.000	250.000	250.000
Zinsaufwand	–	–	–	100.000	50.000	50.000
Gewinn vor Steuern	250.000	250.000	250.000	150.000	200.000	200.000
50 % Steuern	125.000	125.000	125.000	75.000	100.000	100.000
Gewinn nach Steuern	125.000	125.000	125.000	75.000	100.000	100.000
Dividende 10 %	200.000	100.000	150.000	100.000	150.000	100.000
Mittelzufluss	–	25.000	–	–	–	–
Mittelabfluss	75.000	–	25.000	25.000	50.000	–

12 Der Handel

12.1 Einzelhandel

12.2 Großhandel

12.3 Gruppenbildung im Handel

> 1. Nehmen Sie Stellung zu folgenden Behauptungen:
>   a) Der Handel ist nicht produktiv.
>   b) Er verleitet zu überhöhtem Verbrauch.
>   c) Der Handel verteuert die Ware.

S. 355

a) Produktive Leistungen des Handels: Bereitstellung der Ware am Bedarfsort, verbrauchergerechte Sortimentsbildung, Beratung.

b) Es ist auch eine Aufgabe des Handels, latenten Bedarf zu wecken. Der Abschluss eines Kaufvertrages setzt jedoch zwei Vertragspartner voraus. Geschickte Werbung und Warenpräsentation können beim Käufer spontane Kaufentschlüsse auslösen. Verantwortungslose, vor allem Jugendliche und Kinder ansprechende Werbung sollte unterbleiben.

c) Obwohl die Handlungskosten den Warenpreis steigen lassen, verursacht die Warenverteilung durch den Handel weniger Beschaffungs- und Verteilungskosten, als wenn der Verbraucher die Ware vom Hersteller selbst beschaffen bzw. der Hersteller an den Verbraucher liefern würde. Der Handel kann auch durch Großeinkäufe beim Hersteller günstigere Beschaffungspreise dem Verbraucher Vorteile vermitteln. Die Höhe der vom Handel geforderten Preise hängt auch von der Wettbewerbssituation der Handelsstufe ab.

> 2. Stellen Sie sich vor, in Ihrer weiteren Umgebung gäbe es keinen Handelsbetrieb. Welche Auswirkungen hätte dies
>   a) für die Hersteller,
>   b) für die Verbraucher?

a) Schwierige Suche nach Abnehmer, umständliche Verkaufsabwicklung und Zahlungsüberwachung.

b) Oft komplizierte Suche nach einer gewünschten Ware. Besonders schwierig wäre die objektive Beurteilung und der Vergleich verschiedener konkurrierender Waren.

> 3. Welche Umstände begünstigen die Entwicklung von Großbetrieben des Handels?

Großbetriebe können durch Großeinkauf die Herstellerpreise drücken und ihre eigenen Fixkosten durch Massenabsatz senken. Sie befriedigen den Wunsch vieler Verbraucher, alle benötigten Waren an einem Ort vorzufinden.

> **4. Welche Vor- und Nachteile bringt die Selbstbedienung mit sich**
> **a) für den Handelsbetrieb,**
> **b) für den Kunden?**

a) – *Vorteil:* Schneller Umsatz bei problemlosen Waren.
   – *Nachteil:* Hohe Diebstahlsgefahr.
b) – *Vorteile:* Ungehindertes Aussuchen der Ware, kein Warten auf Verkäufer.
   – *Nachteile:* Unpersönliches Einkaufen, keine Fachberatung.

> **5. In welchem Moment kann in einem Selbstbedienungsgeschäft der Kaufvertrag als abgeschlossen angesehen werden?**

Mit dem Eintippen bzw. Einscannen des Preises in die Kasse durch die Kassiererin (konkludentes Handeln).

> **6. Durch welche Maßnahmen kann sich ein kleines Einzelhandelsgeschäft gegen die Konkurrenz eines Warenhauses behaupten?**

Ausgesuchtes Sortiment, das auf spezielle Kundenwünsche eingeht, besonders freundliche, individuelle und sachkundige Bedienung, Kredit, entgegenkommender Service, Großzügigkeit beim Umtausch.

> **7. Diskutieren Sie die Vor- und Nachteile beim Einkauf im E-Commerce.**

– *Vorteile:* Bequemes Einkaufen über den Computer.
– *Nachteile:* Kein Besichtigen oder Probieren der Ware, bei Unerfahrenen Gefühl der Unsicherheit betreffs Lieferung und Zahlung.

> **8. Die CERES-Lebensmittelwerke GmbH liefert grundsätzlich nur an Großhandelsbetriebe. Geben Sie Gründe dafür an.**

Wenige Kunden mit großen Abnahmemengen, daher geringe Absatzkosten und -risiken.

> **9. Was hat zur Kooperation im Handel geführt?**

Wachsender Wettbewerb, auch aus dem Ausland, Zwang zur Kosteneinsparung. Bessere Nutzung der Datenverarbeitungssysteme.

> **10. Welche Vorteile ergeben sich für einen Einzelhändler, wenn er Mitglied einer Kette wird?**

Einfache Bestellung, regelmäßige Belieferung, gegenseitige Beratung und Hilfestellung, günstige Preise, vorgegebenes Sortiment, Finanzierung.

> **11. Bei welcher Kooperationsform wird der Großhandel ausgeschaltet? Wie kann er darauf reagieren?**

– Einkaufsverband, Einkaufsgenossenschaft, Genossenschaftszentralen.

– Indem er sich mit Einzelhändlern zu einer Kette verbindet und diesen bessere Bedingungen bietet.

> **12. Ein Herstellerbetrieb, der bisher 5.000 Einzelhändler über 50 Großhändler beliefert, entschließt sich neuerdings zum direkten Absatz an die Einzelhändler.**
>
> **a) Welche zusätzlichen Arbeiten und Kosten entstehen ihm dadurch?**
>
> **b) Welche Vorteile können zu dieser Entscheidung führen?**

a) Vielfältige Kaufvertragsverhandlungen, breiteres Vertriebsnetz, mehr Verwaltung (Buchführung, Inkasso, Mahnwesen), viele Sendungen mit den entsprechenden Versandkosten, höhere Kosten für Reisende.

b) Großhändlerrabatt entfällt, engerer Kontakt mit dem Markt, entsprechend bessere Abstimmung der Produkte auf den Bedarf, direkte Einwirkung auf den Einzelhandel.

> **13. Welche Vorteile bietet das Franchise-System den beteiligten Unternehmen?**

– *Franchise-Geber:* Gesicherter Absatz. Wahrung eines einheitlichen Firmenimages, ohne Filialen errichten zu müssen.

– *Franchise-Nehmer:* Eingeführte Artikel. Unterstützung beim Aufbau, bei der Einrichtung sowie bei der laufenden Betriebsführung (Nutzung der technischen und betriebswirtschaftlichen Erfahrung). Ausnutzung des Firmen- und Marktimages des Franchise-Gebers.

12.4 Warenwirtschaft und Warenwirtschaftssysteme

> **1. Ein mittelständischer Betrieb, der medizinische Spezialgeräte vertreibt, will seine Warenwirtschaft in Zukunft computergestützt abwickeln. Stellen Sie ein Konzept auf, in welchen Schritten bis zur Einführung eines Warenwirtschaftssystems vorzugehen ist.**

S. 356

Bis zur Einführung eines Warenwirtschaftssystems sollte in folgenden Schritten vorgegangen werden:

Schritt 1: Begründung

Erhebung der Gründe für die geplante computergestützte Warenwirtschaft (z. B. gestiegenes Auftragsvolumen, Ausweitung der Inlands- und Auslandsaktivitäten, größeres Produktspektrum), Zusammenstellung der erwarteten Vorteile (z. B. Beschleunigung der Auftragsabwicklung, schnellere Informationen, bessere Übersicht über den Auftragsbestand, intensivere Kundenbetreuung).

Schritt 2: Ist-Analyse

Beschreibung der Form der Auftragseingänge (telefonisch, schriftlich, über Außendienst), Darstellung des bisherigen Arbeitsablaufs mit Schwachstellen, Erhebung des Mengengerüsts (Anzahl Artikel/Artikelgruppen, Kunden/Kundengruppen wie z. B. Ärzte, Fachhandel oder Kliniken, Aufträge pro Zeiteinheit, Anzahl der Innen- und Außendienst-Mitarbeiter).

Schritt 3: Soll-Konzept

Beschreibung des geplanten Verfahrens vom Wareneingang bis zur Auftragserfüllung. Aufstellung grober Programmabläufe, Grobbeschreibung der einzurichtenden Dateien (Artikel, Kunden, Aufträge) bzw. der dafür einzurichtenden Datenbank.

Schritt 4: Auswahl und Anschaffung der Software

Grobauswahl von Branchensoftware für den medizinischen Fachhandel anhand von Katalogen, Angebotsvergleich, Entscheidung für einen Anbieter, Vertragsabschluss.

Schritt 5: Einführung des Warenwirtschaftssystems

Schulung der Benutzer, Einrichtung der Dateien bzw. Datenbank durch Erfassung bzw. Übernahme der vorhandenen Datenbestände, Systemstart.

2. Welche Informationen bietet ein Warenwirtschaftssystem?

Für jeden Artikel die

- Wareneingangsdaten: Datum, Menge, Einkaufspreis, Einkaufswert, Vorsteuer.
- Warenausgangsdaten: Datum, Menge, Verkaufspreis, Umsatzwert, Umsatzsteuer.
- Veränderungen im Verkauf: Verschlechterungen und Verbesserungen.
- Statistiken: Umsatzstatistik, Lagerstatistik, Erfolgsstatistik.
- Organisatorische Informationen: Rechnungskontrolle, Etikettierung.

3. Erläutern Sie Rationalisierungsziele, die mit der Einführung eines Warenwirtschaftssystems angestrebt werden.

Schnelle Entscheidungen bei Einkauf, Sortimentsgestaltung, Verkäufereinsatz, Sonderverkäufen, Personalbeurteilung sind möglich. Bei Bedarf können Inventurlisten, Lager-, Umsatz- und Gewinnstatistiken ausgedruckt werden. Die Beschaffung von Waren kann über den gespeicherten Meldebestand durch den Computer veranlasst werden. Preisänderungen können schnell und einfach vorgenommen werden.

4. Welche Entscheidungen können durch ein Warenwirtschaftssystem vorbereitet werden?

Entscheidungen, die den Personaleinsatz, Einkauf, Sonderaktionen beim Verkauf, Warenplatzierung, Sortimentsveränderungen betreffen.

5. Erklären Sie den Unterschied zwischen Stammdaten und Bewegungsdaten.

- *Stammdaten* sind für längere Zeit unverändert: Liefererdaten, Kundendaten, Warendaten.
- *Bewegungsdaten* sind bei jedem Vorgang verändert: Preise und Mengen beim Einkauf und Verkauf.

6. Warum ist mithilfe des Warenwirtschaftssystems die wiederholte Bestellung kleinerer Mengen der Bestellung einer großen Menge vorzuziehen?

Kleine, dafür häufige Bestellungen, verursachen gegenüber selteneren, aber größeren Bestellungen geringere Lagerkosten, aber höhere Bestellkosten. Wenn die Bestellungen direkt online veranlasst werden, werden auch die Bestellkosten vermindert.

12.5 Markt- und Börsenhandel

> 1. Wie verhält sich der interessierte Käufer
>   a) beim Aufschlagverfahren,
>   b) beim Veilingverfahren,
>   c) bei der Einschreibung?

[S. 363]

a) Er bietet möglichst schnell.

b) Er bietet möglichst spät.

c) Er kalkuliert und bietet vorsichtig: Nicht zu hoch, sonst bekommt er zu teure Ware; nicht zu niedrig, sonst bekommt er die Ware überhaupt nicht.

> 2. Sie sollen auf einer Messe Ihren Betrieb vertreten. Überlegen Sie, wie Sie sich vorbereiten.

Eingehendes Studium der Produkte, Übungen in Rede- und Verhandlungstechnik, Pflege der äußeren Erscheinung und der Kleidung, Fithalten durch körperliches Training, Schlaf- und Konzentrationsübungen, Kontrolle der Rauch- und Trinkgewohnheiten.

> 3. Warum nennt man die Börse den „Markt der Märkte"?

Weil sich hier das gesamte Angebot und die gesamte Nachfrage an einem Ort treffen. Der Markt ist voll überschaubar. Ideales Funktionieren der Preisbildungsgesetze.

12.6 Außenhandel

> 1. Die Impex GmbH, Mannheim, ist Ausrüster von Projekten für Firmen in aller Welt. Zur Zeit steht sie in Verhandlungen mit einem chinesischen Importeur aus Shanghai (Volksrepublik China) über die Lieferung von Präzisionswerkzeugmaschinen im Gesamtwert von 250.000 EUR.
>   a) Nach den Vorschriften der Ausfuhrliste ist für diese Güter eine Ausfuhrgenehmigung notwendig. An welche Behörde ist der Antrag auf Ausfuhrgenehmigung zu richten?
>   b) Langwierige Verhandlungen mussten bei den Lieferbedingungen geführt werden. Nach dem Willen des chinesischen Kunden sollte „CIF Shanghai" vereinbart werden; der deutsche Exporteur konnte jedoch seine Vorstellung („FOB Bremerhaven") durchsetzen. Erläutern Sie die beiden Klauseln jeweils vom Standpunkt des Exporteurs und des Importeurs aus.
>   c) Im Verlauf der zähen Verhandlungen einigte man sich auf die Zahlung gegen Dokumentenakkreditiv.
>   Skizzieren Sie die Abwicklung dieser Zahlungsbedingung.
>   d) Zählen Sie die Dokumente auf, mit denen das Akkreditiv eingelöst werden könnte.

[S. 375]

a) Bundesausfuhramt (BAFA) in Eschborn (bei Frankfurt/M.).

b) „CIF Shanghai"
   - Der *Exporteur*
     - schließt den Seefrachtvertrag ab,
     - deckt auf seine Kosten und zu Gunsten des Importeurs eine Versicherung ein,
     - zahlt die Fracht bis zum Bestimmungshafen,
     - bringt die Ware fristgerecht an Bord des Schiffes.
   - Der *Importeur*
     - trägt das Risiko, sobald die Ware die Reling im Verschiffungshafen überquert,
     - übernimmt alle während des Seetransports entstehenden Kosten mit Ausnahme von Fracht und Versicherung,
     - trägt die Löschkosten im Bestimmungshafen und die Kosten für den Anschlusstransport.

   „FOB Bremerhaven"
   - Der *Exporteur*
     - bringt die Ware fristgerecht an Bord des benannten Schiffes in den Verschiffungshafen,
     - trägt Kosten und Risiko bis die Ware die Reling des Schiffes überschritten hat.
   - Der *Importeur*
     - besorgt den Schiffsraum,
     - übernimmt Kosten und Gefahr, sobald die Ware die Reling des Schiffes im Verschiffungshafen überschritten hat.

c) Der Käufer beantragt bei seiner Bank die Eröffnung eines Akkreditivs. Nach erfolgreicher Bonitätsprüfung eröffnet die Bank des Importeurs (Akkreditivbank) das Akkreditiv und informiert die vereinbarte Bank des Exporteurs (Akkreditivstelle) über die Eröffnung. Die Bank des Exporteurs avisiert dem Exporteur die Eröffnung des Akkreditivs und sendet ihm eine Kopie zu. Der Exporteur überprüft die Akkreditivbedingungen mit den Vereinbarungen im Kaufvertrag. Werden keine Abweichungen festgestellt, kann mit dem Versand – meistens unter Einschaltung eines Spediteurs – begonnen werden. Der Spediteur besorgt die im Akkreditiv geforderten Dokumente, die er dem Exporteur übergibt. Der Exporteur reicht die Dokumente bei seiner Bank ein. Nach Prüfung und Weiterreichung der Dokumente an die Akkreditivbank erhält der Exporteur den entsprechenden Betrag über die Akkreditivstelle gutgeschrieben. Der Importeur erhält die Dokumente zur Auslösung der Ware, nachdem sein Konto belastet wird.

d) *Spediteurdokumente:* FCR, FCT, FBL, TBL

   Beförderungsdokumente: Seekonnossement, CIM-Frachtbriefdoppel, CMR-Frachtbriefkopie, 3. Original des Luftfrachtbriefs

---

2. Die Food-Import GmbH, Bielefeld, importiert von der SIAM-Export Ltd. Thailand 20 t Reis. Die Sendung wird in einem Container auf dem Seeweg nach Hamburg transportiert und von dort per Bahn nach Bielefeld weitergeleitet. Die Zollabfertigung wird in Bielefeld vorgenommen.

   a) Schildern Sie die zollamtliche Abwicklung dieses Importvorgangs, bis die Food-Import GmbH über die Ware verfügen kann.

   b) Nennen Sie die Unterlagen, die dem Zollamt vorgelegt werden müssen.

   c) Mit welchen Eingangsabgaben muss die Food-Import GmbH rechnen?

a) In Hamburg werden die Zollbegleitpapiere (T1-Versandschein) ausgestellt und die Nämlichkeit gesichert (Raumverschluss). In Bielefeld erfolgt die Abfertigung zum freien Verkehr mit der Zollanmeldung. Die Zollabfertigung kann mit oder ohne Zollbeschau durchgeführt werden. Dies liegt im Ermessen der Zollbehörde. Nach der Zollwertermittlung wird die Zollschuld ermittelt und der Zollbescheid ausgestellt. Die Ware wird dem Importeur nach Begleichung der Zollschuld (Bezahlung oder Zollaufschub) überlassen. Damit erhält die Nichtgemeinschaftsware den zollrechtlichen Status einer Gemeinschaftsware.

b) – Zollwertanmeldung,
   – Verbrauchsteueranmeldung,
   – Handelsrechnungen,
   – Beförderungspapiere,
   – Präferenzpapiere,
   – Einfuhrgenehmigungen.

c) Zoll und EUSt., evtl. Agrarteilbeträge.

12.6.10 Handels- und Zahlungsbilanz

1. Warum kann ein Land mit einer passiven Handelsbilanz dennoch eine aktive Zahlungsbilanz aufweisen?

S. 378

Weil die Zahlungsbilanz nicht nur aus der Handelsbilanz besteht. Eine passive Handelsbilanz kann durch eine aktive Dienstleistungs- oder Kapitalbilanz überkompensiert werden.

2. Warum sind hoch industrialisierte Länder bessere Außenhandelspartner als Entwicklungsländer?

Länder mit großer Nachfrage sind gleichzeitig Länder mit großem Angebot. Sie haben einen größeren Importbedarf und verfügen über größere Devisenbestände aus Exporten.

3. Auf der Betriebsversammlung stellt der Betriebsratsvorsitzende erleichtert fest:

„Nun haben wir den Großauftrag aus China. Jetzt ist für die nächsten beiden Jahre Arbeit für alle vorhanden. Ohne den Export wäre unsere Existenz eben doch nicht gesichert."

a) Was meinen Sie zu dieser Aussage?

Nach Außenhandelszahlen übersteigt in den Handelsbeziehungen zwischen China und Deutschland die Einfuhr die Ausfuhr, der Import den Export. Im Gegensatz zu den Äußerungen des Betriebsratsvorsitzenden sieht dieses Gesamtbild eher nach einer Gefährdung für die deutsche Wirtschaft aus. Was importiert wird, ist durch Arbeit im Ausland entstanden, was exportiert wird, durch Arbeit im Inland. Wenn die Deutschen mehr durch ausländische Arbeit erstellte Produkte kaufen, muss die Beschäftigung im Inland zurückgehen.

b) Warum gibt es auch in der Außenwirtschaft die Zustände von Gleichgewicht und Ungleichgewicht?

a) Was produziert wird, muss auch verkauft werden. Was nicht im Inland verkauft wird, muss exportiert werden. So bringt der Großauftrag aus China den Kostenersatz und Gewinn für zwei Jahre Arbeit.

b) Es wäre ein Zufall, wenn zwischen zwei Ländern sich Export und Import entsprechen würden, also außenwirtschaftliches Gleichgewicht bestände. Das kann höchstens langfristig, im Verlauf mehrerer Jahre der Fall sein. Und diese Tatsache besteht nicht nur zwischen zwei Ländern, sondern zwischen allen Ländern, die auf dem Weltmarkt untereinander Güter austauschen. Damit ist ein Ungleichgewicht im Außenhandel der Normalfall. Daraus folgt immer dasselbe Problem: Importüberschuss bringt das Inland in Zahlungsschwierigkeiten, das Ausland muss möglicherweise eine inflationäre Tendenz festellen.

13 Der Industriebetrieb

13.1 Ablauf der Leistungserstellung im Industriebetrieb

1. „Wer an der Forschung und Entwicklung spart, verliert auch den wirtschaftlichen Anschluss".
   Begründen Sie die Richtigkeit dieser Aussage.

S. 399

In den vergangenen Jahrzehnten ergab sich durch die Internationalisierung der Märkte und gerade auch durch technischen Fortschritt ein Wandel vom Verkäufer- zum Käufermarkt. Dieser ist gekennzeichnet durch einen hohen Grad der Sättigung und von kurzen Produktlebenszyklen. Um neben den zahllosen Konkurrenten bestehen zu können, müssen ständige Produktverbesserungen und Produktneuheiten entwickelt werden. Ohne eigene Forschung und Entwicklung ist dies heute kaum möglich. In diesem Bereich zu sparen, kann mittelfristig die Existenz des Unternehmens gefährden.

2. **Welche Gründe sprechen für eine enge Zusammenarbeit zwischen den Unternehmensbereichen Forschung und Entwicklung?**

Während Forschung das nachprüfbare Suchen, Formulieren und Lösen von Grundproblemen nach wissenschaftlichen Methoden darstellt, ist Entwicklung darauf gerichtet, Erzeugnisse zur Produktionsreife zu führen. Forschung stellt in der Regel als Ergebnis neues und grundsätzliches Wissen zur Verfügung. Dieses Wissen kann nun unmittelbar in der Entwicklung von Erzeugnissen umgesetzt werden.

3. **Der Staat gibt große Summen für Forschung und Entwicklung aus. Warum unterstützt er zusätzlich noch Forschung und Entwicklung im Unternehmensbereich?**

Grundsätzliche Neuerungen können auch durch praktische Probleme angestoßen werden, die sich durch Produktentwicklungen oder -verbesserungen ergeben. In modernen Volkswirtschaften ist die Erkenntnis vorhanden, dass sich staatliche Aktivitäten eher auf den Grundlagenbereich beschränken sollten. Eine Einflussnahme auf den Fortschritt kann jedoch dadurch erfolgen, dass durch gezielten öffentlichen Mitteleinsatz privatwirtschaftliche Unternehmen zu Forschungs- und Entwicklungsaktivitäten angeregt werden. Das Gewinnstreben leistet dabei ein Übriges. Privatwirtschaftliche Erfolge führen außerdem zu einer Erhöhung des Wohlstandes einer Volkswirtschaft (Steuereinnahmen, wirtschaftliche Stabilität). Dadurch fließen die eingesetzten finanziellen Mittel über Umwege wieder zurück an den Staat.

4. **Suchen Sie Beispiele für Programmbreite und Programmtiefe bei**
   a) einem Möbelproduzenten,
   b) einem Textilproduzenten.

	Programmbreite	**Programmtiefe**
a) Beispiel Möbelproduzent	Herstellung von Wohn- und Schlafzimmermöbeln; Küchenmöbeln.	Die Möbelfabrik stellt auch die verwendeten Furnierplatten selbst her.
b) Beispiel Textilproduzent	Herstellung von Oberbekleidung und Unterwäsche für Damen und Herren.	Neben der Herstellung der Wäsche erfolgt die Stoffe- und Garnproduktion ebenfalls im Unternehmen.

> **5.** Die Globalisierung ist als ein Prozess zu verstehen, durch den die Märkte und die Produktion in verschiedenen Ländern immer mehr voneinander abhängig werden.
>
> **a)** Welchen Einfluss hat die dadurch entstandene zunehmende internationale Konkurrenz auf die Programmbreite und -tiefe der Unternehmen?
>
> **b)** Wie wirkt sich die Programmverbreiterung und -vertiefung im Beschaffungs-, Kosten- und Absatzbereich aus?

a) Die Unternehmen sind gezwungen, ein breites Produktionsprogramm zu führen. Aus Gründen der wirtschaftlichen Sicherheit der Unternehmen ist damit oft auch eine Tiefe im Produktionsprogramm verbunden.

b) *Beschaffungsbereich:* Es muss eine größere Vielfalt von Gütern beschafft werden; die Zahl der Beschaffungsvorgänge steigt.

Kostenbereich: Häufigere Umrüstung der Maschinen, höhere Stückkosten, höhere Verwaltungskosten.

Absatzbereich: Erhaltung alter, Gewinnung weiterer Kunden; Umsatzsteigerung.

> **6.** Die Konstruktionsabteilung erhält aufgrund eines Kundenauftrages zur Herstellung von 1.000 Gartentischen die Aufgabe, eine Gesamtzeichnung und die dazugehörige Konstruktionsstückliste zu erstellen. Die Konstruktionsstückliste sollte nach folgendem Schema aufgebaut sein:
>
> | lfd. Nr. | Menge | Teile-Nr. | Benennung | Material | Hinweise |
> |---|---|---|---|---|---|
> | | | | | | |
>
> **Folgende Angaben sind vorhanden:**
>
> – Vier Tischbeine, 70 cm hoch, Stahlrohr, durch Quer- und Längsstreben verbunden.
>
> – Eine Tischplatte, 60 × 120 × 3, Holz.
>
> – Die Tischplatte wird mit 6 Winkeleisen an der Stahlrohrkonstruktion befestigt (jeweils zwei Schrauben).
>
> – Die Tischbeine erhalten als Sockel Kunststoffabdeckungen.

– *Gesamtzeichnung* (nicht maßstabgerecht):

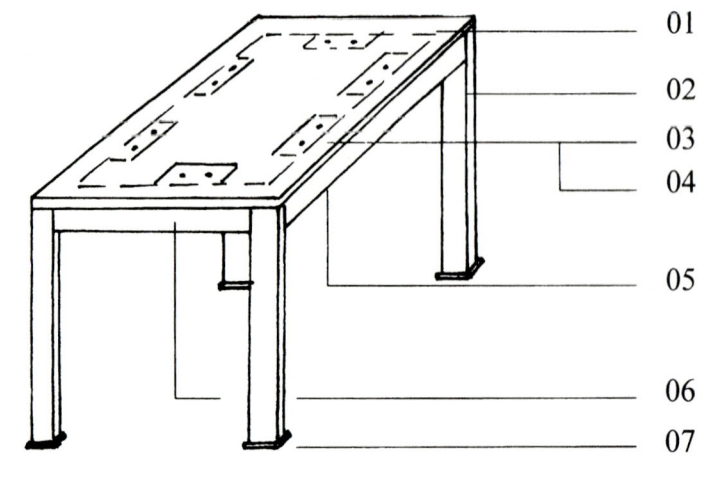

– *Konstruktionsstückliste:*

lfd. Nr.	Menge	Teile-Nr.*	Benennung	Material	Hinweise
01	1		Tischplatte	Spanplatte, furniert	Kanten gerundet
02	4		Tischbein	Stahlrohr	
03	6		Winkeleisen		gehärtet
04	12		Schraube		Senkkopf
05	2		Längsstrebe	Stahlrohr	
06	2		Querstrebe	Stahlrohr	
07	4		Sockel	Kunststoff	

* Eine Klassifizierung kann frei gewählt werden. Hier kann auf die Bedeutung der einheitlichen und systematischen Klassifizierung (Nummerierung) von Teilen eingegangen werden.

7. Stellen sie einen vereinfachten Arbeitsplan auf, um den von Ihnen konstruierten Gartentisch (vgl. Aufgabe 6) in der Abteilung Endmontage zusammenbauen zu können.

Vereinfachter Arbeitsplan:

Arbeitsvorbereitung		**Arbeitsplan** Montage Gartentisch			
Datum:					
Bearbeiter:					
AVO	Beschreibung	Kost. St.	Werkzeuge/Betriebsstoffe	tr*	te*(St.)
10	Tischplatte auf Gestell schrauben	2240	Montagevorrichtung, Bohrschrauber	8	2,5
20	Sockel in Tischbein einfügen	2240		5	2
30	Endkontrolle	2250			2
40	Tische versandfertig verpacken	2240		15	5

* tr = Rüstzeit; te = Stückzeit

8. Begründen Sie, weshalb Konstruktionsdaten (z. B. Stücklisten) in modernen Industriebetrieben unmittelbar in der zentralen Datenbank gespeichert werden.

Die Konstruktionsdaten werden in einer zentralen Datenbank erfasst und können somit allen am Leistungserstellungs- und -verwertungsprozess Beteiligten zur Verfügung stehen. Die zentrale Datenerfassung und -verwaltung bietet mehrere *Vorteile:*

– Alle beteiligten Bereiche besitzen gemeinsame Datenbestände.
– Zeitersparnis bei der Datenerfassung, da Mehrfacharbeiten entfallen.
– Fehlervermeidung durch einmalige Datenerfassung.
– Zentrale Datenaktualisierung: Die Daten stehen unmittelbar danach allen Beteiligten zur Verfügung.

9. Stücklisten sind im Unternehmen von zentraler Bedeutung. Klären Sie, welche Bedeutung Stücklisten haben für

  – die Fertigung,

  – die Bedarfsermittlung und die Materialdisposition,

  – das Ersatzteilwesen,

  – die Kalkulation.

Bedeutung der Stücklisten für:

- *Fertigung:* Die Stücklisten (z. B. Fertigungsstückliste) gehen mit dem Fertigungsauftrag in die Werkstatt und stellen einen Teil der Werkstattpapiere dar. Sie sind nach Fertigungsgesichtspunkten sortiert und dienen der Planung, Organisation, Vorbereitung und Abwicklung der Fertigung eines Erzeugnisses (aufgrund einer vorgegebenen Stückliste ergibt sich die zwangsläufige Abfolge der Fertigungsschritte).
- *Bedarfsermittlung und Materialdisposition:* Eine Produktionsbereitschaft ist heute bei der hohen Teilevielfalt und unter dem starken Preis- und Kostendruck nur gewährleistet, wenn eine auftrags- bzw. programmgesteuerte Teiledisposition eingeführt ist. Dadurch wird durch einfache Multiplikation der Auftragsmenge mit dem Teilebedarf gemäß den Stücklisten ein entsprechender Gesamtbedarf sofort ersichtlich. Außerdem können aus der Bedarfsermittlung EDV-gestützt unmittelbar Bestellvorschläge abgelesen und Bestellungen durchgeführt werden.
- *Ersatzteilwesen:* Stücklisten liefern die notwendigen Informationen über die Bereitstellung evtl. notwendiger Ersatzteile, die aufgrund von Erfahrungswerten am Lager gehalten werden sollten. Eine Sonderform stellt dabei die Ersatzteilstückliste dar, die zur Wartung und Reparatur der Erzeugnisse sowie zur Bestellung von Ersatzteilen dient. Darin können auch die Ersatzteilpreise ausgewiesen sein.
- *Kalkulation:* Stücklisten können bei entsprechender Gestaltung Informationen über Verrechnungswerte bzw. Durchschnittswerte des Materials, zugehörige Materialkonten und zugeordnete Kostenträger enthalten. Dadurch wird die Kalkulation des Verkaufspreises (Angebotskalkulation) und die Nachkalkulation erleichtert.

10. Fertigteile werden von den Zulieferern überwiegend direkt angeliefert. Welche Vorteile und welche Risiken hat diese fertigungssynchrone Anlieferung?

Vorteile:

- keine Beanspruchung von Lagerraum,
- Zinsersparnis,
- Risikoabwälzung auf den Lieferer.

Risiken:

Fertigungsstockung

- bei unvorhergesehenen Ereignissen des Transports,
- bei Unzuverlässigkeit der Lieferer.

11. In einem Metall verarbeitenden Unternehmen werden die drei Werkstätten Stanzen und Formen (I), Sägen und Bohren (II) sowie Lackieren (III) betrieben. Bei der Auftragsbearbeitung muss die vorgegebene Reihenfolge der Werkstätten eingehalten werden.

Gegenwärtig sind fünf Kundenaufträge für die unterschiedlichen Produkte A, B, C, D, E auf die Werkstätten zu verteilen. Die Produkte durchlaufen die einzelnen Werkstätten jeweils tageweise. Eine Trennung in Losgrößen ist nicht möglich. Aufgrund der Arbeitspläne ergeben sich folgende Abläufe:

A	1 Tag in I,	1 Tag in II,	1 Tag in III;
B	2 Tage in I,	1 Tag in II,	1 Tag in III;
C	2 Tage in I,	3 Tage in III;	
D	1 Tag in I,	2 Tage in II,	1 Tag in III;
E	1 Tag in II,	1 Tag in III.	

> **a) Ermitteln Sie die optimale Belegung der drei Werkstätten.**
> **Verwenden Sie für Ihre Lösung ein Balkendiagramm.**
> **b) Ermitteln Sie rechnerisch, zu wie viel Prozent die einzelnen Werkstätten in diesem Zeitraum ausgelastet sind (Auslastungsgrad).**

a) Mögliche Lösungen (vereinfachte Darstellung):

Werkstatt \ Tage	1	2	3	4	5	6	7	8
I (Stanzen/Formen)	A	C	C	D	B	B	–	–
II (Sägen/Bohren)	E	A	–	–	D	D	B	–
III (Lackieren)	–	E	A	C	C	C	D	B

oder

Werkstatt \ Tage	1	2	3	4	5	6	7	8
I (Stanzen/Formen)	C	C	A	D	B	B	–	–
II (Sägen/Bohren)	E	–	–	A	D	D	B	–
III (Lackieren)	–	E	C	C	C	A	D	B

b) *Auslastungsgrad:*

Beispielrechnung für die erste Belegungsalternative:

I   6 Tage/8 Tage = 75,0 %

II 5 Tage/8 Tage = 62,5 %

III 7 Tage/8 Tage = 87,5 %

> **12. Welche PPS-Systemsegmente sind bei der Auftragsbearbeitung beteiligt?**

- Mengenplanung: Systemsegmente TSA, VKA, MAT.
- Terminplanung/Kapazitätsplanung: Systemsegmente TSA, EKA, FST, MAT.
- Fertigungssteuerung: Systemsegmente FST, PZA, BDE

> **13. Klären Sie (z. B. über das Internet), welche PPS-Produkte am Markt angeboten werden, und stellen Sie in einer Matrix drei Konkurrenzprodukte gegenüber.**
> **Treffen Sie anschließend eine begründete Auswahl.**

Schülerabhängige Internetrecherche;

Ansatzpunkte für die Produktauswahl: Preis, Lieferumfang, Update-Bedingungen, Verknüpfungen zum Technikbereich, ergänzende Service-Leistungen.

> **14. a) Der Fertigungsablauf steht unter Termindruck. Welche Faktoren können dabei stören?**
> **b) Planen Sie entsprechende Maßnahmen**
> **– zur Behebung aufgetretener Störungen,**
> **– zur Vermeidung möglicher Störungen.**

a) *Störgröße Material:* Am Lager sind zu geringe Bestände vorhanden; die Wiederbeschaffungszeiten bzw. Bereitstellungszeiten sind zu lange; Lagerungszeiten während und nach Produktionsabläufen.

Störgröße Kapazitäten: Aufgrund hoher Auslastung sind keine oder zu geringe Kapazitäten frei; Kapazitätsengpässe aufgrund von Mitarbeiterengpässen (Urlaub, Feiertage, Krankheiten, arbeitsrechtliche Einschränkungen).

Störgröße Organisation: Ungenügende oder anfällige EDV-Organisation; keine funktionale bzw. prozessuale Ablaufplanung.

b) *Behebung aufgetretener Störungen:* Kurzfristige Maßnahmen, die darauf gerichtet sind, die Störungen rechtzeitig, eventuell auch unter erhöhten Kosten, zu beseitigen. Im Vordergrund steht dabei die rechtzeitige Auslieferung der Produkte. Maßnahmen: Teurerer kurzfristiger Einkauf, Teilauftragsvergabe an Unterauftragnehmer, Überstunden, Mehrschichtbetrieb, Zurückstellung von Wartungsarbeiten.

Vermeidung möglicher Störungen: Verbesserung der betrieblichen Abläufe und Informationsflüsse; verstärkte Anwendung der EDV; Ausrichtung an definierten Qualitätsstandards, Anwendung des Konzeptes des kontinuierlichen Verbesserungsprozesses und dem damit verbundenen Anreizsystem.

15. Welche Maßnahmen werden durch Massenproduktion auf dem Gebiet des Absatzes notwendig?

– Erschließung neuer Märkte,
– zusätzliche Werbemaßnahmen,
– Schaffung einer geeigneten Vertriebsorganisation.

16. Das Wort „Massenproduktion" erweckt oft die Vorstellung minderer Qualität. Nehmen Sie dazu Stellung.

Der Begriff „Massenproduktion" sagt über die Qualität der Erzeugnisse nichts Negatives aus. Häufig wird durch Massenproduktion eine höhere und gleich bleibende Qualität der Erzeugnisse geschaffen, da Automaten genauer arbeiten als Menschen.

17. Bei einem Rundgang durch verschiedene Abteilungen eines Industriebetriebes stellen Sie verschiedene Anordnungen der Betriebsmittel fest. Welches Fertigungsverfahren (nach dem Einsatz und der Anordnung der Betriebsmittel) liegt vor?

a) Stanzmaschinen einerseits und Drehbänke andererseits sind räumlich für sich untergebracht.
b) Fertigteile werden von Arbeitskräften montiert und das unfertige Erzeugnis im Zeittakt weitertransportiert.
c) Maschinen und Arbeitsplätze sind hintereinander geschaltet, die Werkstücke werden durch Elektrokarren je nach Bedarf weiterbefördert.
d) Die Motoren werden von einem bestimmten Arbeitsteam montiert. Die dazu notwendigen verschiedenartigen Betriebsmittel werden von den Teammitgliedern bedient.

a) Werkstättenfertigung,
b) Fließfertigung,
c) Reihenfertigung,
d) Gruppenfertigung.

18. Die Elektro GmbH, Cottbus, stellt Mikrowellengeräte her. Der Betriebsleiter überlegt, ob von der Werkstättenfertigung auf Fließfertigung übergegangen werden soll.

   a) Stellen Sie die Unterschiede der beiden Fertigungsarten anhand folgender Merkmale einander gegenüber:
   - Anordnung der Betriebsmittel,
   - Menge der in einem Arbeitsgang zu fertigenden Werkstücke,
   - Flexibilität,
   - Transportwege.

   b) Welche Gründe sprechen für die Beibehaltung der Werkstättenfertigung bzw. für die Einführung der Fließfertigung?

a)

	Werkstättenfertigung	Fließfertigung
Anordnung der Betriebsmittel	Gleichartige Maschinen werden in Werkstätten zusammengefasst.	Anordnung der Maschinen nach dem Produktionsablauf.
Menge der in einem Arbeitsgang zu fertigenden Werkstücke	Kann niedriger sein.	Erhöhter Aufwand bei der Einrichtung (Fließband) ist nur bei höherer Losgröße wirtschaftlich.
Flexibilität	Größere Anpassungsfähigkeit an Kundenwünsche und Nachfrageänderungen.	Kurzfristig geringere Anpassungsfähigkeit.
Transportwege	länger	kürzer

b) *für Werkstättenfertigung*
   - keine Neufinanzierung,
   - flexiblere Arbeitseinteilung,
   - höhere Motivation

für Fließfertigung
   - höhere Produktivität,
   - kurze Durchlaufzeiten,
   - niedrigere Kosten.

19. Im Rahmen der Diskussion zur „Humanisierung" der Arbeitswelt spricht man bei der Gruppenfertigung im Vergleich zur Fließfertigung von der humaneren Arbeitsform.

   Nehmen Sie dazu Stellung.

Der Arbeiter muss nicht ständig denselben Arbeitsgang verrichten, sondern stellt in mehreren Arbeitsgängen mit der Arbeitsgruppe ein ganzes Werkstück her. Der Mitarbeiter wird in die Verantwortung für die Arbeit in der Gruppe eingebunden. Dies führt zu erhöhter Motivation. Die Arbeit ist somit nicht so monoton und bringt dem einzelnen Arbeiter ein Erfolgserlebnis.

20. Stellen Sie in einer Matrix Vor- und Nachteile einzelner Fertigungsarten dar:
   a) aus Sicht des produzierenden Unternehmens,
   b) aus Sicht der Beschäftigten.

	Vorteile	Nachteile
Werkstattfertigung/ Werkstättenfertigung – produzierendes Unternehmen	– Universalmaschinen senken die Maschinenkosten, – Eingehen auf Kundenwünsche ist möglich, – schnelle Anpassung an Nachfrageänderungen.	– hohe Lohnkosten durch Fachkräfte, – hohe Kosten der Arbeitsvorbereitung, – hohe Transport- und Lagerkosten (Werkstättenfertigung), – relativ lange Durchlaufzeiten.
– Beschäftigte	– abwechslungsreiche Tätigkeit.	– Gefahr, dass anspruchsvolle Tätigkeiten wegrationalisiert werden können und damit Einkommensverluste entstehen.
Reihenfertigung/ Fließfertigung – produzierendes Unternehmen	– kurze innerbetriebliche Transportwege, – übersichtliche Fertigungsabläufe, – täglicher Materialbedarf und täglicher Tagesausstoß liegen fest, – niedrigere Lohnkosten, da Einsatz von angelernten/geringer qualifizierten Mitarbeitern, – Ausschussminimierung, da Spezialmaschinen verwendet werden und die Mitarbeiter hohes Bearbeitungsgeschick besitzen.	– hoher Kapitalbedarf für Spezialmaschinen und damit hohe Fixkostenbelastung, – Gefahr von Kostenremanenz bei rückläufiger Beschäftigung, – geringe Anpassungsfähigkeit an wechselnde Markterfordernisse, – Einrichtung von Zwischenlagern nötig (Reihenfertigung).
– Beschäftigte	– Möglichkeit für geringer Qualifizierte, eine Beschäftigung zu finden.	– Arbeitstempo ist fremdbestimmt (Fließfertigung), – Beschäftigte sind dauernd an den Arbeitsplatz gebunden, – starke Beanspruchung des Menschen durch Monotonie.
Gruppenfertigung – produzierendes Unternehmen	– Verantwortung und Selbstständigkeit der Mitarbeiter führen zu höherem Engagement und damit zu verbesserten Arbeitsergebnissen, – arbeitsorganisatorische Maßnahmen können in gewissem Umfang auf die Gruppe verlagert werden.	– hoher Schulungsaufwand, der über die rein fachliche Schulung hinausgeht, – Problematik der Konfliktlösung für diejenigen Konflikte, die aus der Gruppe herausgetragen werden.
– Beschäftigte	– Arbeit wird abwechslungsreicher, – Selbstwertgefühl steigt durch Übertragung von Selbstständigkeit und Verantwortung.	– Gefahr der Überforderung.
Baugruppen- (Module-)-Fertigung – produzierendes Unternehmen	– Kosten und Risiken der Lagerhaltung werden auf die Systemlieferanten ausgelagert, – Spezialisierungskenntnisse der Zulieferer können genutzt werden, – Kostenreduzierung für die fremdbezogenen Teile/Baugruppen/Systeme.	– Qualitätsmängel werden vom Kunden dem produzierenden Unternehmen angelastet, – Gefahr von Produktionsstörungen bei Liefererausfall, – technischer Aufwand zur Einrichtung einer einheitlichen Kommunikationstechnologie zwischen Hersteller und Zulieferer.
– Beschäftigte	– Arbeit wird abwechslungsreicher.	– „Rationalisierungsopfer" (beim Hersteller), – sind oftmals die „Schlussglieder" einer Kette, die unter Rationalisierungsdruck stehen (beim Zulieferer).

21. Neuerdings spricht man von „Serieneinzelfertigung". Klären Sie diesen Begriff.

Innerhalb einer in begrenzter Stückzahl gefertigten Serie kann auf eine Vielzahl von Sonderwünschen der Kunden eingegangen werden. Dabei gehen die Wünsche über die im Verkaufskatalog genannten Merkmale der Serienausstattung hinaus. Diese Produktionsweise setzt flexible Fertigungssysteme voraus.

Beispiel: Beim Bau eines Fertighauses werden die Wünsche des Bauherrn nach veränderter Fassadengestaltung berücksichtigt.

22. Industrieroboter werden in Teilen der industriellen Produktion zunehmend eingesetzt. In welchen Bereichen der Automobilproduktion werden Ihrer Meinung nach Roboter sinnvoll eingesetzt?

Sinnvoller Einsatz von Industrierobotern im Bereich der Automobilproduktion:

Der Einsatz bietet sich überall dort an, wo eine gleich bleibend hohe Präzision beim Einbau oder bei der Bearbeitung erforderlich ist. Die Anwendung eignet sich auch für Tätigkeiten, die monoton, kräftezehrend und gesundheitsschädlich sind. Außerdem können durch entsprechende Vorgaben Roh- und Hilfsstoffe sparsam eingesetzt werden.

Beispiele:
– Pressen und Formen von Blechen,
– Spanende Bearbeitung von Blechen und Gussteilen,
– Schweißroboter,
– Einbau von kompletten Rädern in das Fahrwerk,
– Verzinkung bzw. Grundierung und Lackierung von Karosserien,
– Auftragen von Klebern beim Einbau der Frontscheibe.

23. Automatisierte Fertigung ist eine wesentliche Voraussetzung für eine kostengünstige und verbraucherorientierte Produktion.

Welche Vor- und Nachteile ergeben sich bei der Automation

a) für den Arbeitgeber,

b) für den Arbeitnehmer?

	Vorteile	Nachteile
Arbeitgeber	– Ermöglichung von Massenproduktion, – Senkung der Stückkosten, – Qualitätssteigerung.	– Krisenanfälligkeit, – Zwang zum Zusammenschluss mit anderen Unternehmen, – Hoher Kapitalbedarf.
Arbeitnehmer	– Schwere körperliche Arbeit entfällt, – Arbeiter braucht sich nicht mehr nach dem Arbeitstakt der Maschinen zu richten.	– Arbeitnehmer haben nur noch Kontrollaufgaben, – Arbeitnehmer müssen häufiger geschult/umgeschult werden, – Arbeitsplatzrisiko steigt.

24. Zeigen Sie durch Vergleich des früheren VW-Käfers mit dem VW-Beetle, dass sich Qualitätsansprüche des Kunden zeitlich ändern.

Beispiele für veränderte Qualitätsansprüche in den Bereichen
– *Sicherheit:* Im Vergleich zum Käfer ist der Beetle ausgestattet mit Airbag-System für Fahrer und Beifahrer, Versteifungsprofilen in den Türen, Verformzonen hinten und vorne, ABS-Bremssystem, elektronischer Wegfahrsperre.

- *Komfort:*
  - Wassergekühlter Motor beim Beetle an Stelle des luftgekühlten Motors beim Käfer. Dadurch besitzt der Beetle ein besseres Heizsystem und fährt mit niedrigerem Motorgeräusch.
  - Besseres Federungssystem beim Beetle durch Federbeine und Stabilisatoren.
  - Leichteres Lenken durch Servolenkung beim Beetle.
- *Umweltschutz:* Niedriger Kraftstoffverbrauch und Abgasreinigung durch Katalysator beim Beetle.

25. Ein Qualitätswissenschaftler schreibt: „Unternehmen, die zukünftig nicht in der Lage sind, die Fähigkeit aufzubauen, ihre Kunden zu begeistern, sollen lieber sofort schließen – schließlich spart das zumindest Zeit und dem Kunden eine Menge Ärger."
Diskutieren Sie, ob diese Aussage nicht zu radikal ist.

Diskussionsgrundlage: Das Zitat mag überzogen sein, es will aber aussagen, dass ein Unternehmen in erster Linie die Kundenzufriedenheit in den Vordergrund stellen muss. Wenn diese nicht erreicht wird, kann das Unternehmen auf lange Sicht nicht erfolgreich am Markt bestehen.

26. Qualitätsprobleme resultieren zu 70 % aus Managementfehlern und nur zu 30 % aus Herstellungsfehlern. Was schließen Sie daraus?

Aus diesen Prozentsätzen kann man schließen, dass Fehler an Produkten nicht in erster Linie durch noch so viele Qualitätsprüfungen vermieden werden können. Ausschlaggebend ist vielmehr, dass im Organisationsaufbau und -ablauf optimale Verhältnisse bestehen und dass alle Führungskräfte für die Qualität der Produkte bzw. Dienstleistungen verantwortlich sind. Dies geschieht unter anderem durch

- Förderung von Verbesserungsmaßnahmen,
- kooperativen Führungsstil,
- eindeutige Aufgaben- und Verantwortungsfestlegung.

27. Ein amerikanischer Qualitätsgrundsatz lautet: „Quality doesn't cost, it pays".
Was will dieser Grundsatz aussagen?

In Zeiten, in denen sich die technologischen Entwicklungen der Wettbewerber mehr und mehr annähern, verlieren die äußeren Unterschiede als Verkaufsargumente an Bedeutung. Deshalb versuchen Unternehmen, sich durch andere Kriterien von der Konkurrenz abzugrenzen. Dazu gehören z. B. Maßnahmen im Bereich des kaufmännischen und technischen Kundendienstes (Beratung und Dienstleistung vor, während und nach dem Kauf) ebenso wie die Qualität des Produktes selbst. Der Begriff Qualität wird deshalb *umfassend* verwendet. Qualität, richtig umgesetzt, „zahlt sich somit aus".

28. Warum muss ein umfassendes Qualitätsmanagement-System auch die Qualität des Umweltschutzes einschließen?

Qualitätsmanagement definiert sich nicht mehr nur über das hochwertige Produkt, sondern umfasst unter anderem auch den Anspruch, Nutzen für die Arbeitnehmer und die Gesellschaft zu erreichen. Um das Wohl des Einzelnen und der Gemeinschaft zu gewährleisten, gewinnt der Umweltschutz zunehmende Bedeutung.

Um den umweltbewussten Kunden zufriedenzustellen, müssen die Waren aus umweltfreundlichen Rohstoffen bestehen sowie Herstellung und Vertrieb umweltfreundlich gestaltet sein.

> **29. An der Anschlagtafel eines Industrieunternehmens ist ein Plakat mit folgendem Inhalt angebracht:**
>
> „Ein entdeckter Fehler kostet
>
> – während der Konstruktion ca. 1 EUR,
>
> – während der Fertigung des Produkts ca. 10 EUR,
>
> – nach Auslieferung des Produkts ca. 100 EUR".
>
> **Was soll mit dieser Mitteilung erreicht werden?**

Die Kostenminimierung sollte bereits zu Beginn des Produktlebenszyklus einsetzen. Vorausschauende Entwicklung und Konstruktion besitzt die höchsten Kostensparpotenziale, da sie sich auf alle nachgelagerten Abläufe auswirkt. Außerdem sollen Mitarbeiter hierdurch aufgefordert werden, in allen Produktionsphasen qualitätsorientiert im Unternehmen zu arbeiten.

13.2 Qualitätskennzeichnung und Rechtsschutz der Erzeugnisse

> S. 405
>
> **1. a) Suchen Sie Gründe, weshalb in den Ländern Japan, USA und Deutschland in den bedeutenden Technologiebereichen die meisten Erfindungen getätigt werden.**
>
> **b) Stellen Sie die Bedeutung von Schutzrechten für innovative Unternehmen dar.**
>
> **c) Weshalb sind zahlreiche Unternehmen bereit, ihre gesicherten Patente an Lizenznehmer abzutreten?**
>
> **Spitzentrio der Erfinder** Patentanmeldungen inländischer Anmelder 1996 in ausgewählten Bereichen
>
> Japan · USA · Deutschland
>
> Digitale Rechen- u. Speichertechnik: 36 020 / 7 233 / 1 725
> Kommunikationstechnik: 33 391 / 6 379 / 2 787
> Kraftfahrzeugtechnik: 20 463 / 6 123 / 3 081
> Bürotechnik: 9 356 / 749 / 199
> Medizintechnik: 7 630 / 4 857 / 2 755
> Lasertechnik: 3 481 / 381 / 365
> Biotechnologie: 2 154 / 2 055 / 629
> Luft- u. Raumfahrttechnik: 1 019 / 336 / 284
>
> G 4187 © Globus

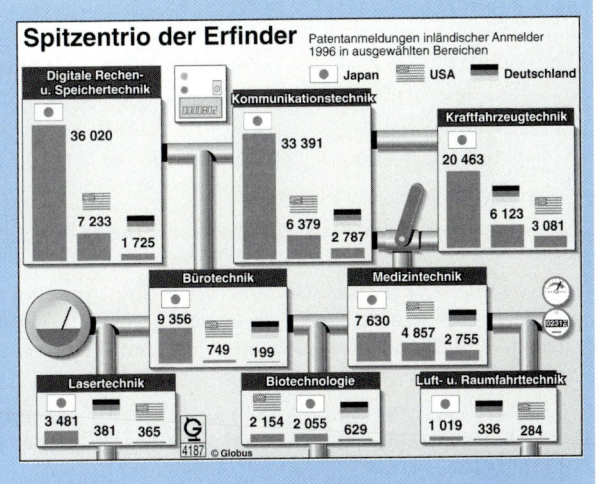

a) In den drei Ländern gibt es einen hohen Bildungsstand. Außerdem existieren zahlreiche Unternehmen, die in den im Bild dargestellten Technologiebereichen tätig sind und sich aufgrund des vorhandenen Knowhows ständig weiter entwickeln. Staatliche Förderung und Grundlagenforschung ist in diesen Ländern ebenfalls auf diese Bereiche ausgerichtet.

b) Innovative Unternehmen erbringen in ihren Bereichen teilweise umfangreiche Forschungs- und Entwicklungsarbeiten, die nach erfolgter Produkteinführung in das Unternehmen zurückfließen sollen. Schutzrechte sollen dem Unternehmen die wirtschaftliche Verwertungsmöglichkeit sichern und gleichzeitig vor finanziellem Schaden bewahren.

c) Das Unternehmen kann über eine Lizenzvergabe größere Anteile an einem bestehenden Markt erhalten, da auch Konkurrenzunternehmen dieses Produkt herstellen und vertreiben. Außerdem sind Forschungs- und Entwicklungsergebnisse oftmals Zufallsentdeckungen, die nicht mit der ursprünglichen Absicht zusammenhängen müssen. Eine wirtschaftlich sinnvolle Verwertung ist in diesem Fall normalerweise nicht über den Aufbau einer eigenen Produktion möglich.

> **2. Begründen Sie, weshalb es im Bereich des Patent- und Musterschutzes eine begrenzte Schutzdauer gibt, während der Markenschutz praktisch unbegrenzt erhalten werden kann.**

Beim Patent- und Musterschutz handelt es sich um einen Schutz, der dem Antragsteller für eine begrenzte Zeit die alleinigen Rechte aus der *produktbezogenen* Neuheit garantiert. Es ist jedoch im Interesse der Allgemeinheit (Vermeidung der Monopolbildung) und des technischen Fortschritts (Vermeidung des technologischen Stillstandes), diesen Schutz zeitlich zu begrenzen.

Beim Markenschutz bezieht sich der Schutz auf eine *Unternehmung* bzw. auf den *Qualitätsstandard von Produkten*. Damit ist in erster Linie eine Unverwechselbarkeit im Hinblick auf Qualitätsstandards gegeben. Deshalb handelt es sich hier auch um eine Maßnahme des Verbraucherschutzes, die auf Dauer angelegt ist.

> **3. Nach einer Statistik des Deutschen Institutes für Betriebswirtschaft wurden in Deutschland im Jahre 1999 durch Verbesserungsvorschläge insgesamt Einsparungen in Höhe von 1,9 Mrd. DM erbracht. Die Belohnung für die Mitarbeiter belief sich auf insgesamt 330 Millionen Mark.**
>
> **Die Zahlen für die einzelnen Branchen (Vorschläge je 100 Mitarbeiter):**
>
> | | | | |
> |---|---|---|---|
> | – Gummi | 256 | – Chemie | 39 |
> | – Metallverarbeitung | 88 | – Maschinenbau | 36 |
> | – Autozulieferer | 78 | – Energie/Grundstoffe | 15 |
> | – Autohersteller | 75 | – Banken | 14 |
> | – Elektro | 53 | – Behörden | 1 |
>
> **Suchen Sie Gründe für die Unterschiede in den einzelnen Wirtschaftsbereichen.**

In den Bereichen *Gummi, Metallverarbeitung, Automobil, Elektro, Chemie* und *Maschinenbau* ist eine Vielzahl von Mitarbeitern „produktiv" tätig. Die Beschäftigten können dadurch unmittelbar Verbesserungen am Produkt, aber auch an den Produktionsabläufen erkennen.

In den Bereichen *Energie, Grundstoffe, Banken* und *Behörden* sind Veränderungen an den Produkten bzw. an den Abläufen für den einzelnen Mitarbeiter kaum möglich. Veränderungen werden aufgrund wissenschaftlicher Erkenntnis (Energie, Grundstoffe) bewirkt oder durch professionelle Planung und Entwicklung (Softwareprogrammierung bei Banken und Behörden).

13.3 Rationalisierung der Leistungserstellung

S. 411

> **1. Welche Vor- und Nachteile ergeben sich aus der Arbeitsteilung**
>
> **a) für den Arbeitnehmer,**
>
> **b) für die Unternehmung?**

	Vorteile	Nachteile
a) Arbeitnehmer	– Kürzere Anlernzeiten, – Erhöhte Fertigkeit durch ständige Wiederholung, – Möglichkeit des höheren Leistungslohns.	– Raschere Ermüdung durch gleich bleibende und eintönige Arbeit, – Einseitige Beanspruchung der Fähigkeiten, – Verlust der Selbstständigkeit durch Abhängigkeit von Mitarbeitern, – Verlust der Übersicht über den Herstellungsgang.
b) Unternehmung	– Zeitersparnis infolge größerer Fertigkeit, – Höhere Qualität der Werkstücke, – Kürzere Ausbildungszeiten, – Möglichkeit zum Einsatz von Hilfskräften, – Kostenersparnis.	– Bei einer arbeitsteiligen Fertigung können die Nachteile für den Arbeitnehmer so groß werden, dass eine Produktivitätssteigerung ausbleibt und sogar eine Verminderung der Produktivität eintritt.

2. Warum tragen Arbeitsplatzwechsel und Arbeitsbereicherung zur Humanisierung der Arbeit bei, obwohl dabei höhere Anforderungen an die Mitarbeiter gestellt werden?

Bei Arbeitsplatzwechsel und Arbeitsbereicherung wird die Arbeit abwechslungsreicher. Dadurch wird Monotonie vermieden und das Arbeitsinteresse gesteigert.

3. Grenzen Sie Job rotation, Job enlargement und Job enrichment anhand der folgenden Tätigkeiten gegeneinander ab:

– **Herstellung industriell gefertigter Möbel,**

– **Sachbearbeitertätigkeit in einem Bankbetrieb,**

– **Verkäufertätigkeit in einem Warenhaus.**

	Job rotation	Job enlargement	Job enrichment
Herstellung industriell gefertigter Möbel	Eine Arbeitskraft wechselt vom Zuschnitt in die Montage.	Eine Arbeitskraft ist für die gesamte Herstellung von Stühlen/Polstermöbeln etc. zuständig.	Eine Arbeitskraft ist neben der Herstellung von Stühlen zuständig für den Modellbau und den damit zusammenhängenden planenden Tätigkeiten (u. a. auch für das Prüfen neuer Materialien).
Sachbearbeiterin im Bankbetrieb	Eine Sachbearbeiterin wechselt vom Privatkundenschalter zum Sortenschalter.	Eine Sachbearbeiterin im Privatkundengeschäft ist neben den Vertragsabschlüssen auch für Werbemaßnahmen zuständig.	Eine Sachbearbeiterin am Privatkundenschalter erhält die Vollmacht, bis zu einer bestimmten Höhe Kreditverträge abzuschließen, Sonderkonditionen zu vereinbaren und die Vertragserfüllung zu kontrollieren.
Verkäuferin im Warenhaus	Eine Verkäuferin wechselt von der Abteilung Haushaltswaren in die Abteilung Schreibwaren, Schuhe.	Eine Verkäuferin ist zuständig für die Verkaufsraumgestaltung, den Verkauf und das Kassieren.	Eine Verkäuferin ist neben dem Verkauf auch zuständig für Verhandlungen und Vertragsabschlüsse mit Lieferanten.

> **4. Was will ein Manager der Automobilindustrie mit folgender Aussage verdeutlichen:**
>
> **„Jeder Arbeiter versteht sich als Lieferant seines Produktes an seinen Kollegen."**

Die Zielsetzungen der Gruppenarbeit lassen sich grundsätzlich auf den gesamten Betrieb ausdehnen. Danach hat dann der Einzelne sowohl Selbstständigkeit als auch entsprechende Verantwortung für das Produkt und die Produktionsabläufe. Er soll sich als „Unternehmer im Unternehmen" sehen, um dadurch die Wirksamkeit zu erhöhen.

> **5. Trotz einer großen Steigerung in den vergangenen Jahren belegt Deutschland im europäischen Vergleich bei der Telearbeit lediglich einen Mittelplatz. Während in Finnland nach einer Studie des Institutes der Deutschen Wirtschaft in Köln 16,8 %, in Schweden 15,2 % und in den Niederlanden 14,5 % aller Erwerbstätigen ständig oder gelegentlich zu Hause am Computer arbeiten, beträgt der Anteil in Deutschland gerade 6 %. Ein weiteres interessantes Ergebnis dieser Studie besagt, dass der männliche Anteil an Telearbeitskräften entgegen der bisherigen Meinung bei 80 % liegt.**
>
> **a) Begründen Sie, weshalb Fachleute durch die Telearbeit eine Revolution der Arbeitswelt erwarten.**
>
> **b) Welche grundsätzlichen Voraussetzungen müssen im Arbeitsprozess gegeben sein, damit sich Telearbeit als neue Organisationsform der Arbeit schnell durchsetzen wird?**
>
> **c) Stellen Sie Vor- und Nachteile der Telearbeit gegenüber**
>
> - **aus Sicht des Arbeitnehmers,**
> - **aus Sicht des Unternehmens,**
> - **aus Sicht der Gesellschaft.**

a) Die Chancen der Telearbeit eröffnen sich durch die großen Möglichkeiten der Telekommunikation. Dies gilt für den umfassenden und stetig zunehmenden Dienstleistungssektor. Für eine Vielzahl von Tätigkeiten werden wenige Zusammenkünfte ausreichen, um Planungen und organisatorische Maßnahmen vorzunehmen. Die restliche Arbeit kann vom Arbeitsplatz außerhalb des Unternehmens erledigt werden. Eine rasche Einführung wird aus Sicht der Experten auch deshalb erwartet, weil Kosten verringert werden können.

b) Voraussetzungen bei den *Mitarbeitern*:
- Wille, selbstständig und eigenverantwortlich zu arbeiten;
- Fähigkeit zur Selbstdisziplin und Selbstorganisation;
- kompetenter Umgang mit den neuesten Kommunikationsmedien.

Voraussetzungen bei den *Vorgesetzten*:
- Führungsstil nach Zielvereinbarungen;
- Fähigkeit zum konsequenten Delegieren;
- Fähigkeit zum Aufbau und zur Erhaltung eines Vertrauensverhältnisses.

Voraussetzungen beim *Unternehmen*:
- Vereinbarungen mit Betriebsrat und Arbeitnehmervertretung bezüglich Arbeitszeit, Entlohnung, Weiterbildung, Aufstiegsmöglichkeiten; Verhältnis Telearbeitskräfte und „normale Mitarbeiter";
- Erstellung der notwendigen technischen Voraussetzungen;
- Erstellung von Regeln für die Kommunikation und den Austausch von Büromaterialien.

c)

	Vorteile	Nachteile
aus Sicht des Arbeitnehmers	– hohes Maß an individueller Arbeitsplanung, – hohe Motivation, – die berufliche Zwangsgemeinschaft fehlt.	– Gefahr der beruflichen Isolation, – Risiko, in die Scheinselbstständigkeit gedrängt zu werden, – keine Trennung von Beruf und Privatleben.
aus Sicht des Unternehmens	– Einsparungen: Raumkosten (Bürofläche an teuren Standorten), Sozialkosten (Wegfall von Kantine und Sozialräumen), Energiekosten, – hohe Arbeitsergiebigkeit, – begrenzte Arbeitsaufträge können über Auftragsbörsen an Außenstehende vergeben werden.	– Verlust des „Wir-Gefühls", das über soziale Kontakte aufgebaut und erhalten werden kann, – mangelnde Kontrolle über den Umgang mit Arbeitsergebnissen.
aus Sicht der Gesellschaft	– Energieeinsparung durch Einschränkung des Berufsverkehrs, – Arbeitsplätze können auch in strukturschwachen Gebieten entstehen.	– Arbeitsplätze können ins Ausland ausgelagert werden, – Aufweichung bewährter und stabiler Strukturen.

6. Warum führt Lean Production gleichzeitig zu Rationalisierung und zu humaner Gestaltung der Arbeit?

– *Humanisierungswirkung:* Lean Production führt einerseits durch Vielseitigkeit der Arbeit und Mitverantwortung dazu, dass der arbeitende Mensch den Sinn seiner Arbeit besser erkennt.

– *Rationalisierungswirkung:* Höhere Motivation und Verantwortlichkeit der Mitarbeiter wirkt produktivitätssteigernd. Weniger Ausschuss und geringere Nacharbeit tragen zur Kostensenkung bei.

7. Mit der Einführung neuer Organisationsformen von Arbeit wird die Personalleiterin mindestens genauso wichtig wie der technische Leiter.

Stützen Sie diese Aussage, indem Sie folgende Kriterien untersuchen:

– **Entlohnung der Mitarbeiter,**

– **Personalschulung,**

– **Personalentwicklung,**

– **Konfliktlösung,**

– **Arbeitszeitgestaltung.**

– *Entlohnung der Mitarbeiter:* Herkömmliche Entlohnungsmodelle können nicht mehr ausreichen, um eine leistungsgerechte Entlohnung zu gewähren. Der Begriff der Leistung muss evtl. unterschiedlich definiert werden. Eine Erfolgsbeteiligung bietet sich an.

– *Personalschulung:* Schulungsmaßnahmen müssen häufiger, umfassender und kompetenter vermittelt werden. Die Personalleiterin muss deshalb sowohl organisatorische Kompetenz haben als auch die Fähigkeit, geeignetes Schulungspersonal zu finden. Außerdem müssen die Mitarbeiter für ständig neue Schulungen „motiviert" werden.

– *Personalentwicklung:* Mitarbeiter, die auf „lebenslanges Lernen" vorbereitet sind, gewinnen zunehmend Flexibilität und Mobilität. Die Fluktuation im Betrieb wird sich erhöhen und damit auch das Problem mittelfristiger Personalentwicklung. Motivierende Fähigkeiten der Personalleiterin, die Mitarbeiter an den Betrieb zu binden, werden deshalb zunehmend gefragt.

- *Konfliktlösung:* Nach neuen Modellen der Arbeitsorganisation sollen Konflikte überwiegend in den Gruppen gelöst werden. Um diese soziale Kompetenz zu erlangen, müssen Mitarbeiter entsprechend vorbereitet und geschult werden. Dabei sollte gerade das Problem des „Mobbing" am Arbeitsplatz gelöst werden.
- *Arbeitszeitgestaltung:* Neue Organisationsformen der Arbeit, insbesondere die zunehmende Telearbeit am häuslichen Arbeitsplatz und der notwendige Zeitbedarf für Schulungen verlangen nach flexiblen Arbeitszeitmodellen, die jedoch die betrieblichen Abläufe und auch vertragliche Verpflichtungen (Tarifverträge) nicht unterlaufen dürfen.

8. Warum gibt es oftmals gerade in krisengeschüttelten Wirtschaftszweigen zukunftsweisende Modelle der Arbeitsorganisation?

In krisengeschüttelten Wirtschaftszweigen steht die Konkurrenzfähigkeit, die heute meist mit dem Zwang zur Kostensenkung verbunden ist, auf dem Prüfstand. Wenn die Maßnahmen zur Kostensenkung ausgeschöpft sind, müssen organisatorische Maßnahmen ergriffen werden, die die Motivation und die Verantwortung des Einzelnen erhöhen. So gab es gerade in der deutschen Automobilindustrie in den Neunzigerjahren entsprechende Modelle der Arbeitsorganisation (und auch der Arbeitszeitgestaltung – Einführung der 4-Tage-Woche bei VW).

9. Kaum ein technisches Detail entgeht den Normen; so sind auch Schriften und Druckfarben genormt. Da will natürlich das Deutsche Institut für Normung nicht zurückstehen.

Selbst das *DIN*-Zeichen, das Markenzeichen deutscher Normarbeit, ist eigens genormt.

Begründen Sie die Notwendigkeit der Normgebung.

Normen ermöglichen den Einsatz eines Teiles/Erzeugnisses in unterschiedlichen Produkten. In einer weltweiten arbeitsteiligen Wirtschaft sind Normen als vereinheitlichende Maße und Vorgaben notwendige Voraussetzung für einen nationalen und internationalen Austausch von Produkten, aber auch von Informationen.

10. Stellen Sie das Just-in-Time-Konzept am Beispiel der Automobilindustrie dar.

Die Anlieferung der Werkstoffe und Betriebsmittel erfolgt direkt an die Produktionsstätte, und zwar in der richtigen Menge und in der richtigen Zeit. Dazu sind einzelne organisatorische Voraussetzungen notwendig, z. B. ein vorhandenes Informations- und Kommunikationssystem sowie entsprechend ausgebaute Infrastrukturen, die den Transport gewährleisten.

Aufgrund hoher Verkehrsauslastung besteht die Gefahr der unpünktlichen Anlieferung. Gleichzeitig verlangen die Automobilhersteller eine kurzfristige und jederzeitige Lieferbereitschaft. Dies können die Zulieferer nur erfüllen, wenn die Risiken der Straße vermindert werden. Viele Zulieferer richten deshalb ihre Lager unmittelbar am Produktionsstandort ein und bauen komplette Montageeinheiten auf dem Produktionsgelände zusammen.

11. **Welches Rationalisierungskonzept könnte dieser Karikatur zugrunde liegen? Nehmen Sie kritisch Stellung.**

Der Karikatur könnte das Konzept Lean Production zugrundeliegen. „Schlanke Produktion" darf dabei jedoch nicht dahingehend verstanden werden, dass Verbesserungen der Qualität, der Abläufe und damit auch der Produktivität lediglich Konsequenzen für die ausführenden Ebenen im Unternehmen haben. Diese Gefahr bestand anfänglich in der deutschen Industrie, bis Großbetriebe das Prinzip auch auf die Ebene des Managements ausgedehnt haben.

13.4 Kostenrechnung im Industriebetrieb

1. **Eine Möbelfabrik produziert Büroschränke.**
   a) **Welche Kostenarten sind in den Selbstkosten enthalten?**
   b) **Welche Kostenarten sind Einzel-, welche Gemeinkosten?**
   c) **Welche Kostenarten sind fixe, welche variable Kosten?**

a) In den Selbstkosten sind enthalten

– Materialeinzelkosten	(Roh- und Hilfsstoffkosten),
– Materialgemeinkosten	(Raum- und Personalkosten des Lagers),
– Fertigungseinzelkosten	(Fertigungslöhne),
– Fertigungsgemeinkosten	(Hilfslöhne, Heizungs-, Beleuchtungs-, Energiekosten, Abschreibungen),
– Sondereinzelkosten der Fertigung (SEKdF)	(Lizenz- und Patentgebühren, Kosten für Modelle und Sonderwerkzeuge),
– Verwaltungsgemeinkosten	(Gehälter, Postkosten, allgemeine Verwaltungskosten, Betriebssteuern),
– Vertriebsgemeinkosten	(Gehälter, Versandkosten, Werbekosten),
– Sondereinzelkosten des Vertriebs (SEKdV)	(Ausgangsfrachten, Vertreterprovisionen, Skonti, Rabatte).

b) Einzelkosten sind z. B.

- Roh- und Hilfsstoffeinsatz,
- Fertigungslöhne,
- SEKdF,
- SEKdV,
- Heizungs- und Beleuchtungskosten,
- Werbekosten.

Gemeinkosten sind z. B.

- Raumkosten,
- Gehälter,
- Abschreibungen,
- Betriebssteuern.

c) Fixe Kosten sind z. B.

- Abschreibungen,
- Gehälter,
- Grundsteuern,
- Raummieten,
- Leasing-Raten,
- Zinsen.

Variable Kosten sind z. B.

- Materialeinzelkosten,
- SEKdF,
- SEKdV,
- Versand- und Verpackungskosten,
- Energieverbrauchskosten,
- Fertigungslöhne.

> **2. In einer Strategiesitzung mehrerer Unternehmerverbände werden Auswirkungen auf die Kostenstrukturen diskutiert, die durch Tarifverhandlungen und anschließende mögliche Konsequenzen durch die Unternehmen entstehen können.**
>
> **a) Erläutern Sie in den folgenden Fällen die möglichen Auswirkungen auf die Höhe der Stückkosten:**
>
> – **Die Maschinenlaufzeiten werden um fünf Stunden pro Woche erhöht.**
>
> – **Die Arbeitszeit wird bei vollem Lohnausgleich um zwei Stunden pro Woche reduziert.**
>
> – **Die Automatisierung in den Betrieben soll vorangetrieben werden.**
>
> **b) Zeigen Sie an einem Beispiel auf, welche Gefahr bei einem hohen Anteil an fixen Kosten bei Beschäftigungsrückgang besteht.**
>
> **c) Welche Branchen bzw. Betriebe werden von der unter b) dargestellten Situation besonders betroffen?**

a) – *Erhöhung der Maschinenlaufzeiten:* Die Stückkosten werden aufgrund der Fixkostendegression fallen, da die Abschreibungen gleich bleiben.

– *Reduzierung der Arbeitszeit:* Die Stückkosten werden steigen, da höhere Lohnkosten je Arbeitsstunde anfallen.

– *Zunehmende Automatisierung:* Die Fixkosten werden zunehmen (höhere Abschreibungen), gleichzeitig verringern sich die variablen Kostenbestandteile (Löhne); in den meisten Fällen werden die Stückkosten sinken.

b) Fixe Kosten sind bei Beschäftigungsrückgang oftmals nicht kurzfristig zu verringern. Deshalb führt diese Situation in Unternehmen dazu, dass die Stückkosten zunehmen.

Beispiel: Mittel- und langfristige Mietverträge können nicht gekündigt werden; bestimmte Arbeitsverträge können wegen des Kündigungsschutzes nicht kurzfristig gekündigt werden (Arbeitsvertrag eines Werkmeisters, einer Lagerleiterin).

c) – Branchen, in denen die Fixkosten einen hohen Kostenbestandteil darstellen: anlageintensive Branchen wie Chemie, Stahlproduktion.

– Branchen, die dem Geschmackswandel und kurzfristigen Nachfrageänderungen unterliegen: Textilbereich, Sportartikelhersteller.

3. **Ein Betrieb arbeitet mit 120.000 EUR fixen Kosten und 150.000 EUR proportional-variablen Kosten bei einer Ausbringung von 10.000 Stück. Berechnen Sie die Stückkosten bei einer Ausbringung von**

   a) 12.000 Stück,

   b) 6.000 Stück.

Die Stückkosten (k) sind bei einer

a) Ausbringung von 12.000 Stück:

$$\frac{120.000}{12.000} + 15 = 25 \text{ EUR}$$

b) Ausbringung von 6.000 Stück:

$$\frac{120.000}{6.000} + 15 = 35 \text{ EUR}$$

Allgemeine Berechnungsformeln:

$$\frac{K_v}{m} = k_v \text{ (eine konstante Größe);}$$

$$\frac{K_f}{m} + k_v = k$$

4. **Die Statistik eines Betriebes liefert folgende Daten:**

   Gesamte Ausbringungsmenge im Abrechnungszeitraum 3.000 Stück, Fixkosten dieser Ausbringung 180.000 EUR, variable Kosten je Leistungseinheit 320 EUR.

   a) Stellen Sie fest, welchen Preis der Betrieb für eine Leistungseinheit (Stück) am Markt mindestens erzielen muss, damit er keinen Verlust erleidet.

   b) Wie viel Gewinn je Stück und insgesamt würde der Betrieb bei unveränderter Kostensituation erzielen, wenn er einen Preis von 390 EUR festsetzt und dabei 4.000 Stück herstellen und verkaufen könnte?

a) $\frac{180.000}{3.000} + 320 = 380 \text{ EUR}$ $\qquad \frac{K_f}{m} + k_v = k$

Der Betrieb muss am Markt für ein Stück 380 EUR erzielen, damit alle Kosten gedeckt sind und er keinen Verlust erleidet.

b) Stückkosten bei einer Ausbringung von 4.000 Stück:

$$\frac{180.000}{4.000} + 320 = 365 \text{ EUR}$$

damit Gewinn je Stück: 390 − 365 = <u>25 EUR</u>

Gewinn insgesamt: 4.000 × 25 = <u>100.000 EUR</u>

5. **Eine Waschmaschine kostet 900 EUR. Jeder Waschgang verursacht an laufenden Kosten (Waschmittel, Strom, Wasser) 1 EUR. Es ist damit zu rechnen, dass während der Gesamtnutzungsdauer der Maschine für Reparaturen und Ersatzteile 300 EUR anfallen. Ab wie viel Waschgängen lohnt sich die Anschaffung einer eigenen Waschmaschine, wenn in der Wäscherei für einen Waschgang ein Preis von 3 EUR zu zahlen wäre? Eigene Arbeitskosten werden nicht berücksichtigt.**

Eigene Waschmaschine:	Wäscherei:
K_f = 900 + 300 = 1.200 EUR	K_f = 0
k_v = 1 EUR je Waschgang	k_v = 3 EUR je Waschgang
Kritische Menge: 1.200 + 1 m = 3 m	
600 = 1 m	

Ergebnis: Bei 600 Waschgängen sind die Kosten einer eigenen Maschine gleich den Kosten für die Wäscherei. Jeder zusätzliche Waschgang mit einer eigenen Waschmaschine erbringt gegenüber dem Waschen in der Wäscherei einen Gewinn von 2 EUR.

6. Mit welchen Maßnahmen können Sie niedrigeren Preisen der Konkurrenz entgegenwirken?

– Werbung mit eventueller Herausstellung von Qualitätsvorzügen;

– Mehrproduktion mittels besserer Ausnutzung der Betriebskapazität und damit verbundene Senkung der Fixkostenanteile in den Produkten (Fixkostendegression);

– Kostensenkung durch Rationalisierung, z. B. Aufgabe unrentabler Produkte und Betriebsabteilungen, bessere Auslastung des Personals mit eventueller Personalumschichtung bzw. Personalabbau, Einsatz moderner Betriebsmittel, Übergang zu automatischer Fertigung;

– Absatz in Gebieten, die die Konkurrenz noch nicht erreicht hat;

– Herabsetzung des Gewinnzuschlages.

7. Eine Limonadenfabrik stellt pro Quartal

– 2.000 hl Zitronenlimonade,

– 4.000 hl Orangenlimonade,

– 1.000 hl Grapefruitlimonade her.

Die Kosten für die drei Getränkesorten verhalten sich zueinander wie 1,2 : 1 : 1,5.

Die Gesamtkosten im Vierteljahr belaufen sich auf 395.000 EUR.

Berechnen Sie die Kosten pro Liter der drei verschiedenen Limonaden mithilfe der Äquivalenzzahlenkalkulation.

Sorten	produzierte Mengen	Äquivalenzzahlen	Rechnungseinheiten	Kosten insgesamt	Kosten der Leistungseinheit
ZLim	200.000 l	1,2	240.000	120.000 EUR	$1,2 \times 0,5 = 0,6$
OLim	400.000 l	1,0	400.000	200.000 EUR	$1,0 \times 0,5 = 0,5$
GLim	100.000 l	1,5	150.000	75.000 EUR	$1,5 \times 0,5 = 0,75$
			790.000 =	395.000 EUR	
			1 =	0,5 EUR	

8. Ein Industriebetrieb arbeitet mit folgenden Zuschlagssätzen:

Materialgemeinkosten:	10 %
Rest-Fertigungsgemeinkosten	25 %
Maschinenstundensatz	19,00 EUR
Verwaltungsgemeinkostenzuschlagssatz	$8^1/_3$ %
Vertriebsgemeinkostenzuschlagssatz	5 %
Gewinnzuschlag	8 %
Kundenskonto	2,5 % (im Hundert zugeschlagen)

> a) Berechnen Sie den Zielverkaufspreis eines Erzeugnisses, für das 20 EUR Fertigungsmaterial, 18 EUR Fertigungslohn und $1/2$ Maschinenstundensatz verrechnet werden.
>
> b) Aus Konkurrenzgründen muss der Zielverkaufspreis um 5 % gesenkt werden.
>> b1) Wie verändert sich der Gewinnzuschlag in EUR und in Prozent, wenn die restlichen Bedingungen unverändert bleiben?
>>
>> b2) Welchen Preis kann das Unternehmen für das Fertigungsmaterial nur bezahlen, wenn sämtliche weiteren Bedingungen unverändert bleiben?

		EUR	EUR
a)	Materialeinzelkosten	20,00	
	+ Materialgemeinkosten 10 %	2,00	22,00
	Fertigungseinzelkosten	18,00	
	+ Rest-Fertigungsgemeinkosten 25 %	4,50	
	+ $1/2$ Maschinenstundensatz	9,50	32,00
	Herstellkosten		54,00
	+ Verwaltungsgemeinkosten $8^{1}/_{3}$ %		4,50
	+ Vertriebsgemeinkosten 5 %		2,70
	Selbstkosten		61,20
	+ Gewinnzuschlag 8 %		4,90
	Barverkaufspreis		66,10
	+ Kundenskonto 2,5 %		1,70
	Zielverkaufspreis (ohne USt.)		67,80
b)	b1)		
	Selbstkosten		61,20
	+ Gewinnzuschlag 2,61 %	②	1,60 ①
	Barverkaufspreis		62,80
	+ Kundenskonto 2,5 %		1,61
	Zielverkaufspreis (ohne USt.)		64,41
	b2) *(kaufmännisch runden)*		
	Materialeinzelkosten	17,55	
	+ Materialgemeinkosten 10 %	1,76	19,31
	Fertigungseinzelkosten	18,00	
	+ Rest-Fertigungsgemeinkosten 25 %	4,50	
	+ $1/2$ Maschinenstundensatz	9,50	32,00
	Herstellkosten		51,31
	+ Verwaltungsgemeinkosten $8^{1}/_{3}$ %		4,27
	+ Vertriebsgemeinkosten 5 %		2,57
	Selbstkosten		58,15
	+ Gewinnzuschlag 8 %		4,65
	Barverkaufspreis		62,80
	+ Kundenskonto 2,5 %		1,61
	Zielverkaufspreis (ohne USt.)		64,41

> 9. Ein Betrieb arbeitet mit Fixkosten von 250.000 EUR. Die proportional-variablen Stückkosten betragen 20 EUR für das Erzeugnis I und 24 EUR für das Erzeugnis II. Von Erzeugnis I werden gegenwärtig 12.500 Stück zu einem Stückpreis von 30 EUR, von Erzeugnis II 10.000 Stück zu 40 EUR je Stück produziert und abgesetzt.
>   a) Berechnen Sie die Deckungsbeiträge pro Stück der Erzeugnisse I und II.
>   b) Berechnen Sie den gesamten Deckungsbeitrag sowie das Betriebsergebnis.
>   c) Auf welchen Betrag könnte der Preis von Erzeugnis II herabgesetzt werden, wenn auf Gewinn verzichtet wird?

a) Deckungsbeitrag pro Stück Erzeugnis I: 30 – 20 = 10 EUR.
   Deckungsbeitrag pro Stück Erzeugnis II: 40 – 24 = 16 EUR.

b) Deckungsbeitrag insgesamt: 12.500 × 10 + 10.000 × 16 = 285.000 EUR.

Deckungsbeitrag insgesamt	285.000 EUR
– fixe Kosten insgesamt	250.000 EUR
Betriebsergebnis	35.000 EUR

c) 35.000 : 10.000 = 3,50 EUR Preisherabsetzung von 40 EUR; ergibt einen herabgesetzten Preis von 36,50 EUR.

> 10. Ein Industriebetrieb mit einer normalen Kapazität von wöchentlich 10.000 Einheiten arbeitet mit einem Beschäftigungsgrad von 80 %.
>
>   Kalkulation für 8.000 Einheiten (in EUR):
>
> | | | variabel | fix |
> |---|---|---|---|
> | Materialverbrauch | 60.000 | 60.000 | |
> | Energieverbrauch | 8.000 | 8.000 | |
> | Fertigungslöhne | 16.000 | 16.000 | |
> | Gemeinkosten | 64.000 | 12.000 | 52.000 |
> | Selbstkosten | 148.000 | 96.000 | 52.000 |
>
>   a) In dieser Kostensituation hat die Geschäftsleitung zu entscheiden, ob sie einen zusätzlichen Auftrag, wöchentlich 1.000 Einheiten zum Preis von 15 EUR ab Werk zu liefern, annimmt.
>   b) Wie entscheiden Sie, wenn Sie den Auftrag zu Vollkosten kalkulieren würden?

a)
Verkaufspreis je Einheit	= 15 EUR
– variable Kosten je Einheit (96.000 : 8.000)	= 12 EUR
Deckungsbeitrag je Einheit	= 3 EUR

Entscheidung: Der Auftrag wird angenommen

b)
Variable Kosten: 96.000 + 12.000	= 108.000 EUR
+ fixe Kosten insgesamt	= 52.000 EUR
Gesamtkosten	160.000 EUR
Stückkosten = 160.000 : 9.000	= 17,78 EUR

Entscheidung: Der Auftrag kann nicht angenommen werden.

11. Ein Unternehmen der Holz verarbeitenden Industrie stellt Paletten für einen Versandlogistiker in der Region her. Die Kapazität des Unternehmens beträgt 9.500 Maschinenstunden im Jahr und wird ausschließlich für die beiden unterschiedlichen Palettenarten PAL 1 und PAL 2 eingesetzt.

Aus der Kostenrechnung liegen für die Abrechnungsperiode folgende Daten vor:

	PAL 1	PAL 2
Absatz und Produktion (in Stück je Jahr)	75.000	68.000
Ausbringungsmenge pro Maschinenstunde (Stück)	19,20	18,80
variable Kosten pro Stück (EUR)	2,50	2,20
Erlös pro Stück (EUR)	4,00	3,60

a) Errechnen Sie den Beschäftigungsgrad und den Deckungsbeitrag für diesen Produktionsbereich des Unternehmens (vgl. Abschnitt 13.5.5).

b) Ein möglicher neuer Kunde bietet einen Preis von 3,80 EUR. Dabei ist es für ihn belanglos, welche Palettenart geliefert wird. Aus organisatorischen Gründen kann die Kapazität des Unternehmensbereichs allerdings nur zu 92 % ausgelastet werden.

Errechnen Sie den möglichen Zusatzgewinn, wenn der Nachfragewunsch des Kunden erfüllt wird.

a) Maximalkapazität: 9.500 Maschinenstunden/Jahr

genutzte Kapazität: PAL 1: 75.000 Stück: 19,2 Stück/Std. = 3.906,25 Std.

PAL 2: 68.000 Stück: 18,8 Stück/Std. = 3.617,02 Std.

7.523,27 Std. = 7.524 Std.

Beschäftigungsgrad: 7.524/9.500 × 100 = 79,20 %

Deckungsbeitrag:	PAL 1	PAL 2
Produktion und Absatz (Stück pro Jahr)	75.000	68.000
Erlös/Stück (in EUR)	4,00	3,60
variable Stückkosten (in EUR)	2,50	2,20
Deckungsbeitrag pro Stück (in EUR)	1,50	1,40

Deckungsbeitrag gesamt: (75.000 × 1,50) + (68.000 × 1,40) = 207.700 EUR

b) 92 %ige Auslastung   8.740 Maschinenstd.

bereits belegt (s. o.):   7.524 Maschinenstd.

vorhandene Restkapazität für den Zusatzauftrag   1.216 Maschinenstd.

	PAL 1	PAL 2
Erlös/Stück (in EUR)	3,80	3,80
variable Stückkosten (in EUR)	1,50	1,40
Deckungsbeitrag/Stück (in EUR)	2,30	2,40
Ausbringung/Maschinenstd. (in Stück)	19,2	18,8
Deckungsbeitrag/Std. (in EUR)	44,16	45,12

Maximaler Zusatzgewinn pro Jahr durch Produkt B: 45,12 × 1.216 = 54.865,92 EUR

13.5 Mess- und Richtzahlen

S. 427

> 1. Wie hoch ist die Rentabilität des Eigen- und Gesamtkapitals einer Unternehmung, die bei 500.000 EUR Eigenkapital und 100.000 EUR Fremdkapital einen Gewinn von 80.000 EUR ausweist? Für die Fremdkapitalzinsen sind 6.000 EUR bereits verrechnet. Als Unternehmerlohn werden 18.000 EUR angesetzt.

$$\text{Eigenkapitalrentabilität} = \frac{(\text{Gewinn} - \text{Unternehmerlohn})}{\text{Eigenkapital}} \times 100\,\%$$

$$= \frac{(80.000 - 18.000)}{500.000} \times 100\,\% = 12{,}4\,\%$$

$$\text{Gesamtkapitalrentabilität} = \frac{(\text{Gewinn} - \text{Unternehmerlohn} + \text{Fremdkapitalzinsen})}{\text{Gesamtkapital}} \times 100\,\%$$

$$= \frac{(62.000 + 6.000)}{600.000} \times 100\,\% = 11\,{}^{1}/_{3}\,\%$$

> 2. Wie hoch ist die Umsatzrentabilität bei einem Gesamtaufwand von 5,1 Mio. EUR, einem Gesamtertrag von 5,2 Mio. EUR und 5 Mio. EUR Verkaufserlösen?

$$\text{Umsatzrentabilität} = \frac{\text{Gewinn}}{\text{Verkaufserlöse}} \times 100\,\%$$

$$= \frac{100.000}{5.000.000} \times 100\,\% = 2\,\%$$

> 3. Warum ist es möglich, dass trotz hoher Wirtschaftlichkeit die Rentabilität gering ist?

Selbst bei hohem Gewinn und großer Wirtschaftlichkeit kann die Rentabilität sehr gering sein, wenn der Kapitaleinsatz sehr hoch ist.

Beispiel:

$$\text{Wirtschaftlichkeit} = \frac{\text{Ertrag}}{\text{Aufwand}} = \frac{100.000}{50.000} \times 100\,\% = 200\,\%$$

$$\text{Rentabilität} = \frac{\text{Ertrag} - \text{Aufwand}}{\text{Kapital}} \times 100\,\% = \frac{50.000}{5.000.000} \times 100\,\% = 1\,\%$$

> 4. Die Möbelfabrik Ahorn GmbH, die sich auf die Fertigung von Einbauküchen spezialisiert hat, stellte auf 5.000 m² Produktionsfläche mit 10 Mitarbeitern pro Quartal 800 Küchen her. Das Konkurrenzunternehmen Bucher & Fichter OHG fertigte mit 3.500 m² Produktionsfläche und 12 Mitarbeitern im gleichen Zeitraum 600 Küchen.
>
>   a) Berechnen Sie die Produktivität beider Betriebe je m² Produktionsfläche und je Mitarbeiter.
>
>   b) Berechnen Sie die Eigenkapitalrentabilität beider Fabriken, wenn die Ahorn GmbH mit einem Eigenkapital von 10 Mio. EUR, die Bucher & Fichter OHG mit einem Eigenkapital von 8 Mio. EUR arbeitet und in beiden Betrieben durchschnittlich 400 EUR Gewinn pro Küche erzielt werden.
>
>   c) Erläutern Sie anhand der oben gewonnenen Ergebnisse die Unterschiede zwischen Rentabilität und Produktivität.

	Ahorn GmbH	**Bucher & Fichter OHG**
a) **Produktivität**		
– je m² Produktionsfläche:	$\dfrac{800}{5.000} = 0{,}16$ Küchen	$\dfrac{600}{3.500} = 0{,}17$ Küchen
– je Mitarbeiter:	$\dfrac{800}{10} = 80$ Küchen	$\dfrac{600}{12} = 50$ Küchen
Gewinne je Quartal:	320.000 EUR	240.000 EUR
b) **Eigenkapitalrentabilität**	$\dfrac{320.000 \times 100 \times 4}{10.000.000} = 12{,}8\,\%$	$\dfrac{240.000 \times 100 \times 4}{8.000.000} = 12\,\%$

c) – Bei der Rentabilität wird der erzielte Gewinn ins Verhältnis zum eingesetzten Kapital gesetzt, bei der Produktivität die Leistung zu einem der eingesetzten Faktoren.
 – Rentabilitätsberechnung ist in aller Regel eine Gesamtrechnung, während Produktivitätskennzahlen nur Teilaspekte des Betriebes verdeutlichen.
 – Bei fast gleicher Rentabilität zweier Unternehmen kann z. B. deren Arbeitsproduktivität sehr verschieden sein.
 – Produktivität kann je nach der zugrundegelegten Rechengröße (Einsatz verschiedener Produktionsfaktoren) unterschiedlich sein.

5. Folgende Angaben eines Industriebetriebes aus zwei aufeinander folgenden Geschäftsjahren liegen vor:

Geschäftsjahr I (Vorjahr)		Geschäftsjahr II (Berichtsjahr)	
Eigenkapital	3,2 Mio. EUR	Eigenkapital	3,5 Mio. EUR
Fremdkapital	6,3 Mio. EUR	Fremdkapital	5,9 Mio. EUR
Umsatzerlöse	30,4 Mio. EUR	Umsatzerlöse	33,5 Mio. EUR
Jahresüberschuss	770 Tsd. EUR	Jahresüberschuss	905 Tsd. EUR
Zinsaufwand	80 Tsd. EUR	Zinsaufwand	180 Tsd. EUR
Gesamterträge	33,1 Mio. EUR	Gesamterträge	34,9 Mio. EUR
Gesamtaufwand	32,9 Mio. EUR	Gesamtaufwand	33,8 Mio. EUR

a) Errechnen und beurteilen Sie die Rentabilität des
 – Eigenkapitals,
 – Gesamtkapitals,
 – Umsatzes.

b) Errechnen und beurteilen Sie die Wirtschaftlichkeit.

a)
	Vorjahr	*Berichtsjahr*
– Eigenkapitalrentabilität	$\dfrac{770.000}{3.200.000} \times 100\,\% = 24{,}06\,\%$	$\dfrac{905.000}{3.500.000} \times 100\,\% = 25{,}86\,\%$
– Gesamtkapitalrentabilität	$\dfrac{770.000 + 80.000}{9.500.000} \times 100\,\% = 8{,}95\,\%$	$\dfrac{905.000 + 180.000}{9.400.000} \times 100\,\% = 11{,}54\,\%$
– Umsatzrentabilität	$\dfrac{770.000}{30.400.000} \times 100\,\% = 2{,}53\,\%$	$\dfrac{905.000}{33.500.000} \times 100\,\% = 2{,}70\,\%$

Die Rentabilität des Gesamtkapitals ist stärker gestiegen als die Eigenkapitalrentabilität. Das deutet auf die Finanzierung mit günstigem Fremdkapital hin. Die errechneten 11,54 % Gesamtkapitalrentabilität erlauben die Aufnahme von Fremdkapital bis zu diesem Zinssatz.

Die Umsatzrentabilität ist trotz der Umsatzsteigerung von 30,4 auf 33,5 Mio. EUR nur um ca. 0,2 Prozentpunkte gestiegen. Das deutet darauf hin, dass die Kosten stärker als die Preise gestiegen sind. Ursache dafür kann der verschärfe Wettbewerb sein.

b) Wirtschaftlichkeit *Vorjahr* *Berichtsjahr*

$$\dfrac{33.100.000}{32.900.000} = 1{,}02 \qquad \dfrac{34.900.000}{33.800.000} = 1{,}03$$

Die Wirtschaftlichkeit des Unternehmens ist im Vergleichszeitraum gestiegen. Die Veränderung bezieht sich jedoch auf die Entwicklung des gesamten Unternehmens. Es ist nichts darüber ausgesagt, ob sich das Verhältnis von Leistungen zu Kosten verbessert hat oder ob sich die positive Entwicklung auf das neutrale Ergebnis des Unternehmens zurückführen lässt.

---

6. Eine Unternehmung verfügt u. a. über folgende Vermögenswerte (in Tsd. EUR):

Rohstoffe	690.000
Fertigerzeugnisse	450.000
Kassenbestand	23.000
Bankguthaben	390.000
Postbankguthaben	23.900
Besitzwechsel, davon zentralbankfähig	140.000
übrige	30.700
Forderungen, davon innerhalb der Periode fällig	250.990
übrige Forderungen	87.900

Diese Unternehmung hat in der Periode folgende Verpflichtungen zu erfüllen (in Tsd. EUR):

Verbindlichkeiten aus Lieferungen insgesamt	380.000
Umsatzsteuer	120.780

a) Errechnen Sie die Barliquidität und die einzugsbedingte Liquidität.

b) Welche Sicherheit bietet die umsatzbedingte Liquiditätsberechnung?

c) Wie kann die Liquidität eines Betriebes verbessert werden?

d) Wie beeinflussen die Abschreibungen die Liquidität eines Unternehmens?

---

a) *Stichtagsliquidität* (in Tsd. EUR):

– *Barliquidität (Liquidität 1. Grades)*

Kasse	23.000
Bank	390.000
Postbank	23.900
Besitzwechsel (zentralbankfähige)	140.000
Liquide Mittel l. Ordnung	576.900
Verbindlichkeiten aus Lieferungen	380.000
Umsatzsteuer	120.780
Kurzfristige Verbindlichkeiten	500.780

$$\text{Liquidität 1. Grades:} \quad \frac{\text{Liquide Mittel I. Ordnung}}{\text{kurzfristige Verbindlichkeiten}} \times 100\,\%$$

$$\frac{576.900}{500.780} \times 100\,\% = 115\,\%$$

– *Einzugsbedingte Liquidität (Liquidität 2. Grades)*

Liquide Mittel I. und II. Ordnung:

Liquide Mittel I. Ordnung	576.900
+ übrige Besitzwechsel	30.700
+ Forderungen, innerhalb der Periode fällig	250.990
+ übrige Forderungen	87.900
	946.490

Liquidität 2. Grades: $\dfrac{\text{Liquide Mittel I. und II. Ordnung}}{\text{kurzfristige Verbindlichkeiten}} \times 100\,\%$

$$\dfrac{946.490}{500.780} \times 100\,\% = 189\,\%$$

b) Die *umsatzbedingte Liquiditätsberechnung* bietet geringe Sicherheit, weil die liquiden Mittel III. Ordnung folgende Risiken einschließen:
   – Die fertigen Erzeugnisse müssen erst noch verkauft werden.
   – Die unfertigen Erzeugnisse (unfertige Arbeiten) müssen erst noch fertig gestellt und verkauft werden.
   – Rohstoffe können nur in seltenen Fällen in flüssige Mittel zurückverwandelt werden, u. U. sind Kosten und Kursverluste damit verbunden.

c) *Möglichkeiten zur Verbesserung der Liquidität* durch
   – Beschleunigung der Kundenzahlungen mithilfe der Skontogewährung und systematischen Eintreibung der Forderungen.
   – Verminderung der Rohstoffbestände durch Herabsetzung der Mindestbestände; Einkauf kleinerer Mengen.
   – Hinausschieben der Zahlungstermine bei Lieferern, Ausnutzung der Skontoabzüge.
   – Verlagerung der Lagerfunktion auf den Lieferer (fertigungssynchrone Anlieferung).

d) Verdiente *Abschreibungen vermindern* den Gewinnausweis und damit die Höhe der Ertragssteuern und die Gewinnausschüttung. In diesem Umfang bleibt Liquidität im Unternehmen.

---

7. Ein Apfelsaftproduzent könnte bei voller Ausnutzung seiner Normalkapazität monatlich 120.000 Liter Apfelsaft keltern. Es werden derzeit
   – **75.000 Liter,**
   – **126.000 Liter produziert.**

   a) Wie hoch ist der jeweilige Beschäftigungsgrad?
   b) Nennen Sie Gründe, wodurch
      – die volle Kapazitätsausnutzung verhindert sein kann,
      – die Inanspruchnahme der Maximalkapazität erforderlich ist.
   c) Wie hängen Beschäftigungsgrad und Wirtschaftlichkeit zusammen?

a) Beschäftigungsgrade bei
   – 75.000 l: $\dfrac{75.000}{120.000} \times 100\,\% = 62{,}5\,\%$
   – 126.000 l: $\dfrac{126.000}{120.000} \times 100\,\% = 105\,\%$

b) Gründe für die Verhinderung der vollen Kapazitätsausnutzung:
   – Witterungsbedingt schlechtere Ernten,
   – allgemeine oder saisonbedingte Nachfrageflaute auf dem Absatzmarkt,
   – billigere Angebote der ausländischen Konkurrenz.

   Gründe für die Inanspruchnahme der Maximalkapazität:
   – Außergewöhnlich gute Ernten, vor allem der Zulieferer in der näheren Umgebung,
   – preiswerte Großimporte.

c) Je höher der Beschäftigungsgrad ist, desto höher ist im Allgemeinen die Wirtschaftlichkeit. Bei einem Beschäftigungsgrad über 100 % kann die Wirtschaftlichkeit abnehmen, weil die Kosten überproportional steigen.

14 Kreditinstitute

14.1 Geschäfte der Kreditinstitute

14.2 Einlagengeschäfte

S. 433

1. Welche volkswirtschaftlichen Voraussetzungen müssen gegeben sein, um den Sparwillen und die Sparfähigkeit des Volkes zu erhalten?

- Die Einkommensentwicklung muss überschaubar sein.
- das Vertrauen in eine positive Wirtschaftsentwicklung muss aufrecht erhalten werden,
- die realen Einkommensverhältnisse (Steigerungsrate des Nettolohnes – Inflationsrate) müssen Zuwachsraten aufweisen,
- Einkommensentwicklung sowie Lasten aus Steuern und Abgaben müssen in einem erträglichen Verhältnis zueinander stehen.

2. Bankhaus Ackermann verlangt für einen Kontokorrentkredit 8 % Sollzinsen und 3 % Bereitstellungsprovision von dem zugesagten Kredit von 30.000 EUR für 180 Tage. Eine Volksbank berechnet 11 % Sollzinsen und 3 % Bereitstellungsprovision für diejenigen Beträge, die in den 180 Tagen nicht in Anspruch genommen wurden.

a) Vergleichen Sie die beiden Angebote für den Fall, dass
   – der Kreditnehmer den Kredit in den 180 Tagen überhaupt nicht in Anspruch nimmt,
   – der Kreditnehmer die ganzen 180 Tage mit 30.000 EUR im Soll stand.

b) Begründen Sie, warum das eine Kreditangebot günstiger erscheint.

a)

Es verlangt	Bankhaus Ackermann	Volksbank
bei keiner Inanspruchnahme	0 % Sollzins, aber 3 % Bereitstellungsprovision	0 % Sollzins, aber 3 % für die Nichtinanspruchnahme des Kredits
bei voller Inanspruchnahme	8 % Sollzins sowie 3 % Bereitstellungsprovision	11 % Sollzins und 0 % Bereitstellungsprovision, da in Anspruch genommen

Ergebnis: Beide Institute verlangen gleich viel.

b) 8 % täuschen eine günstigere Bedingung vor als 11 %, denn die Bereitstellungsprovision ist in beiden Fällen 3 %, aber bezogen auf eine unterschiedliche Ausgangsbasis.

3. Errechnen Sie den jährlichen eigenen Sparanteil eines Aktiensparers (Alleinverdiener unter 70.000 DM zu versteuerndes Einkommen), der das Vermögensbildungsgesetz nutzt und vom Arbeitgeber 52 DM pro Monat vergütet bekommt.

Höchstmöglicher begünstigter Sparbetrag		936,00 DM
./. 12 × 52 DM vom Arbeitgeber bezahlt	624,00 DM	
10 % Prämie aus 936 DM (aufgerundet)	94,00 DM	718,00 DM
Eigenleistung (Sparanteil)		218,00 DM

> 4. Ein lediger Arbeitnehmer spart auf seinem Bausparkonto pro Jahr 1.000 DM. Von seinem Arbeitgeber lässt er die monatliche vermögenswirksame Leistung (VL) von 78 DM ebenfalls auf dieses Konto überweisen. Außerdem spart er weitere 800 DM pro Jahr in einem Aktienfonds an.
>
> a) Wie viel DM an Prämien erhält er insgesamt pro Jahr?
>
> b) Welcher Jahresverzinsung entspricht dieser Betrag?

a) Wohnungsbauprämie 10 % von 1.000 DM = 100 DM
   VL-Prämie 10 % von 936 DM = 94 DM
   Prämie für Produktivkapital 20 % von 800 DM = 160 DM
   zusammen (West) 354 DM
   zusammen (Ost), da 25 % auf 800 DM 394 DM

b) Kapitaleinsatz 2.736 DM (1.000 + 936 + 800), Prämien ≙ 354 DM (394 DM), Verzinsung = 12,9 % (14,4 %)

14.3 Kreditgeschäfte

> 1. Ermitteln Sie die Gesamtpunktzahl des Scoring Bogens (Seite 435), indem Sie von Ihrer eigenen privaten Situation ausgehen.   S. 437

z. B. maximal 100 Punkte

> 2. Diskutieren Sie, um welche Kreditart bezüglich des Verwendungszweckes es sich bei folgenden Kreditverträgen mit einer Bank handelt:
>
> a) Die Privatbrauerei Ganter AG, Freiburg, erhält im Spätsommer einen Kredit über 500.000 EUR.
>
> b) Das Möbelhaus Reinartz GmbH, Dresden, vereinbart ein Millionendarlehen zur Gründung einer neuen Filiale in Berlin.
>
> c) Einem Universitätsprofessor wird ein Dispokredit über 10.000 EUR eingeräumt.

a) z. B. Saisonkredit,

b) z. B. Investitionskredit,

c) z. B. Konsumkredit.

> 3. Ein Unternehmer ist nicht bereit, zur Bezahlung von Lieferantenrechnungen Fremdkapital aufzunehmen. Klären Sie, ob er sich in folgendem Fall in einem Zielkonflikt zwischen Rentabilität und Liquidität befindet: 100.000 EUR; zahlbar innerhalb von 10 Tagen mit 3 % Skonto oder 90 Tage netto; Kreditzinssatz 13,5 %.

Kein Zielkonflikt, da bei Aufnahme von 97.000 EUR (100.000 EUR minus 3 % Skonto) zu 13,5 % für 80 Tage Zinsen in Höhe von 2.910 EUR anfallen, also 90 EUR Skontoertrag übrig bleiben. Außerdem wurde die eigene Liquidität geschont und der Unternehmer ist beim Lieferanten ein angesehener Rechnungszahler.

14.4 Bankkredite

S. 446

1. Ein Unternehmer benötigt 160.000 EUR und will je die Hälfte über eine Bürgschaft bzw. Zession absichern.

   a) In welcher Höhe muss er seiner Bank Forderungen anbieten, wenn sie zu 75 % beliehen werden?

   b) Warum wird der Bürgschaftsbetrag zu 100 % der Kreditsumme angesetzt?

a) 75 % = 80.000 EUR
   100 % = 106.667 EUR Forderungen

b) Weil der Bürge für die volle Schuld haftet und die Bank keinen Risikoabschlag macht.

2. a) Kaufmann Hans Dietenmeier nimmt bei seiner Bank einen Kredit auf, und sein Geschäftsfreund Klaus Winkler bürgt für ihn. Wer schließt mit wem welchen Vertrag ab?

   b) Warum verlangt die Bank von Herrn Winkler den Verzicht auf die Einrede der Vorausklage?

   c) Wenige Tage nach Fälligkeit der Schuld verlangt die Bank von Herrn Winkler die Zahlung der Schuld. Dieser zahlt nicht mit der Begründung, Herr Dietenmeier habe noch Vermögen in der Schweiz. Wie verhält sich die Bank?

a) Dietenmeier mit seiner Bank: Kreditvertrag.
   Winkler mit dieser Bank: Bürgschaftsvertrag.
   Winkler mit Dietenmeier: kein Vertragsverhältnis, aber Einverständnis von Winkler.

b) Sie will ihn im Ernstfall wie den Hauptschuldner Dietenmeier behandeln können.

c) Sie wird sich darauf nicht einlassen, sondern auf Grund des Punktes b) auf Zahlung bestehen.

3. Der Kaufmann Claudio Marini bietet seiner Bank verschiedene Werte als Sicherheiten an, die diese zu den genannten Beleihungssätzen lombardiert.

   a) 500 Chemie-Aktien zu je 120 EUR (60 %),
   b) Wechsel zu 25.000 EUR (90 %),
   c) Sparbücher über 40.000 EUR (100 %),
   d) festverzinsliche Wertpapiere über 60.000 EUR (75 %).
   Wie viel EUR Kredit erhält er von seiner Bank?

a) 36.000 EUR, b) 22.500 EUR, c) 40.000 EUR, d) 45.000 EUR,
   zusammen 143.500 EUR

4. Begründen Sie, warum die Beleihungssätze unterschiedlich hoch sind.

Weil die gebotenen Sicherheiten unterschiedlichen Risiken unterliegen.

5. a) Welche Möglichkeiten der Fremdkapitalbeschaffung sind aufgrund der nachstehenden Bilanz gegeben?

Aktiva	Bilanz		Passiva
Grundstücke	165.000	Eigenkapital	428.000
Fuhrpark	25.000	Grundschulddarlehen	90.000
Maschinen	100.000	Verbindlichkeiten	112.000
Rohstoffe	170.000	Schuldwechsel	20.000
Forderungen	70.000		
Wertpapiere	40.000		
Wechsel	30.000		
Zahlungsmittel	50.000		
	650.000		650.000

b) Errechnen Sie den möglichen Mittelzufluss bei einem durchschnittlichen Beleihungsprozentsatz von 60 %.

a) – *Grundstücke:* Belastung durch weitere Grundpfandrechte bis zur Beleihungsgrenze.
– *Fuhrpark und Maschinen:* Sicherungsübereignung.
– *Rohstoffe:* Sicherungsübereignung; Verpfändung, bei Einlagerung in einem öffentlichen Lagerhaus mittels Verpfändung des Lagerscheins.
– *Forderungen:* Zession, Factoring, Forfaitierung oder Verpfändung.
– *Wertpapiere:* Lombardierung (Verpfändung).
– *Wechsel:* Diskontierung oder Verpfändung.

b)
Grundstücke 99.000 EUR – 90.000 EUR Grundschuld =	9.000 EUR
Fuhrpark	15.000 EUR
Maschinen	60.000 EUR
Rohstoffe	102.000 EUR
Forderungen	42.000 EUR
Wertpapiere	24.000 EUR
Wechsel	18.000 EUR
Möglicher Mittelzufluss	270.000 EUR

6. Ordnen Sie folgende Begriffe (a–d) den entsprechenden Kreditsicherheiten (1–4) zu: a) Einrede der Vorausklage, b) Besitzkonstitut, c) Bezahlen mit schuldbefreiender Wirkung, d) Löschungsbewilligung.

1) Offene Zession, 2) Grundschuld, 3) selbstschuldnerische Bürgschaft, 4) Sicherungsübereignung.

1 c, 2 d, 3 a, 4 b.

7. Ein Bekannter von Ihnen will eine Immobilie kaufen und wissen, welche rechtliche Wirkung folgende Vorgänge haben:
   a) Abschluss eines Grundstückkaufvertrages in Schriftform im Beisein eines Rechtsanwaltes.
   b) Abschluss eines Grundstückkaufvertrages vor einem Notar.
   c) Eintragung des Grundstückkaufs in das Grundbuch.
   d) Eintragung einer Grundschuld in das Grundbuch.
   e) Tilgung der letzten Rate dieser Grundschuld.

a) Kaufvertrag ist nichtig, da er nur von einem Notar abgeschlossen werden kann.

b) Kaufvertrag ist rechtswirksam.

c) Vollzogene Eigentumsübergabe der Immobilie an den Käufer.

d) Verpfändung der Immobilie an einen Kreditgeber.

e) Der Kreditgeber hat keine Forderung aus dem Darlehen mehr, aber theoretisch immer noch aus der abstrakten Grundschuld, so lange diese nicht gelöscht wird.

14.5 Kreditleihe

S. 450

1. Überlegen Sie, warum

    a) das Dokumentenakkreditiv in Europa und Nordamerika kaum eine Rolle spielt,

    b) alle Akkreditive befristet sind,

    c) der Exporteur das Dokumentakkreditiv der Vereinbarung „Dokumente gegen Kasse" vorzieht.

a) In diesen Staaten haben die Handelsgepflogenheiten sowie die politische und wirtschaftliche Lage einen Stand erreicht, dass ausgeprägte Sicherheitsvorkehrungen nicht erforderlich sind. Der Zahlungsverkehr wird wie im Inland abgewickelt.

b) Aus Gründen der Risikobegrenzung und Rechtssicherheit für alle Beteiligten.

c) D/P ist lediglich eine Inkassovereinbarung. Sowohl die Bank des Importeurs als auch er selbst können die Entgegennahme der Dokumente ablehnen und damit bleibt das Zahlungsrisiko beim Exporteur.

Beim Dokumentenakkreditiv hingegen muss die Akkreditivbank bei Vorlage akkreditivgerechter Dokumente bezahlen, da sie ein entsprechendes abstraktes Schuldversprechen abgegeben haben.

2. Prüfen und begründen Sie, ob der deutsche Exporteur

    a) FOB oder CIF vereinbaren und

    b) Euro- oder Dollar-Fakturierung wählen sollte.

a) Frei an Bord in Deutschland ist günstiger als noch die Frachtkosten zu bezahlen.

b) Bei einem starken Dollar diese Währung wählen, andernfalls den EUR, da er im ersten Fall mehr EUR erhält und im anderen Fall die EUR, die er in Rechnung gestellt hat.

14.6 Wertpapiergeschäfte

S. 465

1. Wie erfahren Sie die neuesten Konditionen über öffentliche Anleihen, Bundesschatzbriefe, Bundesobligationen und Finanzierungsschätze?

Auskunft bei jedem Kreditinstitut oder aus einschlägigen Zeitungen wie Handelsblatt, Frankfurter Allgemeine Zeitung und anderen großen Tageszeitungen.

2. Überlegen Sie, warum Wertpapiere mit unterschiedlichen Laufzeiten angeboten werden.

Die Laufzeitenwünsche der Sparer sind äußerst unterschiedlich; man will praktisch jeden Wunsch erfüllen können, d. h. Anbieter passen sich den Geldanlagevorstellungen des Sparers an.

3. Ein Kapitalanleger will wissen, ob sich eine 9 %ige Anleihe zum Preis von 102 EUR besser verzinst als eine Anleihe von 5 % und Kurs 98 EUR. Beide Papiere haben eine Restlaufzeit von einem Jahr.

$p_1 = (9 - 2) \cdot 100 : 102 = 6{,}86\,\%$

$p_2 = (5 + 2) \cdot 100 : 98 = 7{,}14\,\%$

4. Emittenten von Industrieanleihen müssen einen Zinssatz bieten, der einen Bruchteil über demjenigen von Anleiheemissionen der öffentlichen Hand liegt.

Diskutieren Sie, warum dies so ist.

Emittenten der öffentlichen Hand gelten in Kapitalmarktkreisen als absolut sichere Schuldner, da die Steuerkraft dahinter steht. Anbieter von Industrieanleihen können (theoretisch) zahlungsunfähig werden und müssen deswegen höhere Zinsen bieten.

5. Was spricht für die Anlage von Geld in festverzinslichen Papieren und was für die Anlage in Dividendenpapieren?

– Der risikofreudige Sparer kauft *Aktien* in der Hoffnung auf Kursgewinne und hohe Dividenden. Großanleger denken auch an Macht, Einfluss und Diversifikation durch Beteiligungen.

– Der risikoscheue Sparer kauft *festverzinsliche Wertpapiere* mit der Gewissheit, fester Zinsen und Rückzahlung. Großanleger denken an die bessere Rendite gegenüber Aktien.

6. Vergleichen Sie die Vorteile einer direkten Beteiligung durch den Kauf einer Aktie mit dem Kauf eines Investmentzertifikats eines Aktienfonds.

– *Anlage in Aktien:* Direkte Gewinnmitnahme bei Kurssprüngen, Stimmrecht und Bezugsrecht.

– *Anlage in Aktienzertifikaten:* Geringer Kapitaleinsatz, bequeme Vermögensverwaltung durch sachkundiges Management, hohe Sicherheit durch Risikoverteilung.

7. Worin besteht der Zusammenhang zwischen Wandelanleihe, Fremdfinanzierung und Eigenfinanzierung?

Durch Ausgabe von Wandelanleihen erhält die AG zunächst Fremdkapital (Fremdfinanzierung). Später entsteht im Ausmaß der Umwandlung von Wandelanleihen in Aktien aus Fremdkapital Eigenkapital (Eigenfinanzierung). Bei der Umwandlung gibt es in der Bilanz einen Passivtausch: Fremdkapital an Grundkapital und gesetzliche Rücklage.

8. Vergleichen Sie die Emission von Industrieobligationen mit der Emission von Wandelanleihen im Hinblick auf die Finanzierungsvorgänge im Ausgabezeitpunkt, während der Laufzeit und am Ende der Laufzeit.

Finanzierungswirkung	Industrieobligationen	Wandelanleihe
im Ausgabezeitpunkt	– Mittelzufluss in Höhe des Nennwertes, evtl. minus eines Disagios.	
während der Laufzeit	– Höherer Zinsendienst, evtl. Tilgungen durch Auslosungen.	– Niedrigerer Zinsendienst, erneuter Mittelzufluss bei Wandlung in Höhe vereinbarter Zuzahlungen.
am Ende der Laufzeit	– Mittelabfluss in Höhe der Gesamt- oder Restschuld.	– Mittelabfluss nur in Höhe der nicht gewandelten Anleihe; evtl. gar kein Mittelabfluss.

9. Inhabern von Wandelschuldverschreibungen wird ein Umtauschrecht in Aktien im Nennwert von 50 EUR im Verhältnis 3 : 1 unter Zuzahlung von 40 EUR je Aktie angeboten.

   Prüfen Sie rechnerisch, ob sich der Bezug von Aktien über den Erwerb von Wandelschuldverschreibungen lohnt oder ob der direkte Aktienkauf über die Börse günstiger ist, wenn die Wandelschuldverschreibung an der Börse mit 114 EUR und die Altaktie mit 195 EUR gehandelt wird.

– Bezug von Aktien über Wandelschuldverschreibungen:

   3:1 heißt, für 300 EUR nominal Wandelschuldverschreibungen gibt es 100 EUR nominal Aktien. Man muss also drei Wandelschuldverschreibungen erwerben, um zwei Aktien zu je 50 EUR Nennwert beziehen zu können.

   Die drei Wandelschuldverschreibungen kosten zusammen 3 × 114 EUR = 342 EUR. Nun kann man zwei Aktien beziehen, für die aber jeweils noch einmal je 40 EUR zu bezahlen sind. Also kommen zu den 342 EUR noch 80 EUR hinzu. Beide Aktien kosten zusammen 342 EUR + 80 EUR = 422 EUR; eine Aktie kostet indirekt 211 EUR.

– Kauf direkt über die Börse:

   Über die Börse kostet dieselbe Aktie nur 195 EUR.

Der direkte Kauf über die Börse ist günstiger.

10. a) Welche Informationen liefert dieser Ausschnitt ausgewählter DAX-Titel aus den Börsennachrichten dem interessierten Kapitalanleger?
    b) Welche weiteren Informationen sollte sich ein Kaufinteressent noch besorgen?

	Letzte				52 Wochen		KGV		Div.	Umsatz 8.9.2000		
11.9.2000 / 17.19 Uhr	Div.	Anfang	Tages H/T	Kassa	Hoch	Tief	2000	2001	Rend.	Stück	Tsd. Euro	Stück (F)
Adidas-Salomon (o.N.)	0,92	63,10 b	65,45 63,10	64,00 b	91,50	47,50	k.A.	k.A.	k.A.	164276	10451	157909
Allianz NA vink. (o.N.)	1,25	390,00 b	92,00 81,50	387,00 b	444,50	246,00	42,6	36,8	0,5	318736	124877	295194
DASF (o.N.)	1,13	42,05 b	42,35 41,70	42,10 b	53,00	38,60	14,4	12,1	3,8	3416984	142919	3091515
Bayer (o.N.)	1,30	44,75 b	45,00 44,15	44,92 b	49,30	35,10	18,7	15,5	4,1	4032005	178985	3905393
BMW StA (1 €)	0,40	37,00 b	37,95 37,00	37,45 b	38,49	23,20	24,4	14,8	1,5	739957	28010	720148
Commerzbank (o.N.)	0,80	33,50 b	33,80 33,25	33,40 b	47,50	31,55	9,7	13,7	3,9	1810084	60790	1759396
DaimlerChr. NA (o.N.)	2,35	58,20 b	58,45 58,02	58,15 b	79,90	54,80	9,9	9,4	5,8	1800341	104431	1710965
Degussa-Hüls (o.N.)	1,15	32,40 b	32,60 32,10	32,40 b	43,50	28,30	11,6	10,8	7,1	155216	5003	152459
Deutsche Bank NA (o.N.)	1,15	96,20 b	98,80 96,20	96,85 b	103,20	60,80	k.A.	k.A.	k.A.	1889458	184131	1838369
Dt. Telekom NA (o.N.)	0,62	44,80 b	45,00 43,43	44,40 b	104,00	37,70	k.A.	k.A.	2,0	7354743	332949	7106144
Dresdner Bank NA (o.N.)	0,90	53,10 b	53,10 51,60	52,20 b	60,00	40,50	20,1	18,6	2,5	1006760	53550	983860
E.ON (o.N.)	1,25	55,00 b	56,30 54,45	55,50 b	60,90	41,15	30,1	23,7	2,9	1207669	66507	1187295
Epcos NA (o.N.)	0	107,50 b	08,10 06,50	106,90 b	189,60	32,00	k.A.	k.A.	k.A.	343775	37441	335657
Fres.Med.Care StA	0,69	97,00 b	98,70 97,00	98,50 b	102,00	61,10	28,1	23,6	0,7	68598	6685	67678
Henkel VA (o.N.)	0,93	72,30 b	72,40 69,50	70,40 b	74,00	46,20	17,1	15,4	1,8	274447	19596	261190

DAX-30 FRANKFURTER KURSE (ANGABEN IN EURO)

a) – Dividende des Vorjahres,
   – Kursverlauf während der Börsenzeit,
   – Schlusskurse,
   – Kurszusätze,
   – Höchst- und Tiefstkurse binnen eines Jahres,
   – Kurs/Gewinnverhältnis,
   – Dividendenrendite,
   – Umsatz in EUR und Stück.

b) – Jahresbilanzen,
   – Quartalsbilanzen,
   – Jahres- und Quartalsergebnisse,
   – Marktstellung.

11. Errechnen Sie aus folgenden Angaben die Einzelumsätze, und legen Sie für den Höchstumsatz den Kurs und Kurszusatz fest;

100 Stück werden von Käufern billigst geordert;

220 Stück zu 240 EUR, 260 Stück zu 230 EUR, 350 Stück zu 210 EUR, 200 Stück zu 220 EUR, 400 Stück zu 200 EUR;

120 Stück werden von Verkäufern bestens geordert;

550 Stück zu 240 EUR, 100 Stück zu 220 EUR, 80 Stück zu 200 EUR, 280 Stück zu 230 EUR.

Kurs	Nachfrage (Stück)	Angebot (Stück)	Umsatz
200	1.530	200	200
210	1.130	200	200
220	780	300	300
230 bez.	580	580	580
240	320	1.130	320

12. Errechnen Sie den Bilanzkurs: Grundkapital 15 Mio. EUR, gesetzliche Rücklage 2 Mio. EUR, andere Rücklagen 3 Mio. EUR, Gewinn 1 Mio. EUR.

Grundkapital von 15 Mio. EUR = 100 %

Rest von 6 Mio. EUR = 40 %, d.h. der Bilanzkurs liegt bei 140 %. Der Börsenkurs einer 50 EUR-Aktie müsste bei 70 EUR liegen.

13. Errechnen Sie den Ertragskurs bei einer Durchschnittsdividende von 12 EUR je 50-EUR-Aktie; Zinssatz 8 %.

(12 : 8 %) × 100 % = 150 EUR.

14. Warum steigen bei sinkenden EZB-Zinssätzen die Aktienkurse (siehe Seite 461)?

Da der niedrige Zinssatz zu Investitionen anreizt, kaufen die Spekulanten aufgrund der wahrscheinlich einsetzenden Investitionen und den daraus zu erwartenden höheren Unternehmensgewinnen Aktien und bewirken durch ihre Nachfrage ein Steigen der Kurse. Das Geld dafür nehmen sie zum Teil aus dem Verkauf von festverzinslichen Wertpapieren, da sich aufgrund des absinkenden Zinsniveaus solche Anlagen nicht mehr so lohnen.

15. Ein Erbe findet bei der Haushaltsauflösung zehn Mäntel und die dazu gehörenden Zinsscheine einer Anleihe, die am 30. Juni 1999 fällig war. Die Zinsscheine betreffen die Jahre 1998 und 1999. Klären Sie die Rechtsansprüche gegenüber dem Emittenten bezüglich a) der Zinsen und b) des Kapitals.

a) Zinsansprüche verjähren in vier Jahren, d. h. die Zinsansprüche aus 1998 verjähren Ende 2002, die aus 1999 in 2003.

b) Darlehensansprüche verjähren in 30 Jahren, also dieses am 30. Juni 2029.

16. Ein Anlageberater empfiehlt, Wertpapiere weder zu Hause aufzubewahren noch im Safe, sondern nur im Sammeldepot.

Woran denkt der Berater jeweils?

– zu Hause: vor allem Diebstahlgefahr, Terminversäumnisse.
– Safe: Safegebühren, Terminversäumnisse und fehlende Informationen der Emittenten.
– Sammeldepot: günstige Verwahrung sowie gesamte Verwaltung der Papiere.

17. Errechnen Sie für eine Kapitalanlage in Aktien in Höhe von 20.000 EUR und einer Bankgutschrift für Dividenden in Höhe von insgesamt 1.500 EUR die Effektivverzinsung vor Steuern.

Effektivverzinsung vor Steuern: $p = \dfrac{1.500 \text{ EUR} \times 100\,\%}{20.000 \text{ EUR}} = 7{,}5\,\%$.

18. Ein Inhaber von festverzinslichen Wertpapieren hat einen individuellen Steuersatz von 42 %. Errechnen Sie die Effektivverzinsung

a) für seine 9,5 %igen Papiere,

b) für seine 6,5 %igen Papiere,

bei jeweils 100 EUR Kapitaleinsatz.

a) 9,50 EUR Zinsertrag minus 42 % individueller Steuersatz = 5,51 EUR Ertrag,

$p = \dfrac{5{,}51 \text{ EUR} \times 100\,\%}{100 \text{ EUR}} = 5{,}51\,\%$ effektiv,

b) 6,50 EUR Zinsertrag minus 42 % individueller Steuersatz = 3,77 EUR Ertrag,

$p = \dfrac{3{,}77 \text{ EUR} \times 100\,\%}{100 \text{ EUR}} = 3{,}77\,\%$ effektiv.

19. Errechnen Sie den Wert eines Investmentzertifikates, wenn das Fondsvermögen 38.400.000 EUR beträgt und 240.000 Anteile verkauft wurden.

38.400.000 : 240.000 = 160 EUR

20. Die Kunden B und S kaufen regelmäßig Investmentzertifikate. Während B am 1. jeden Monats 120 EUR anlegt, kauft S monatlich am 1. Tag vier Zertifikate. Welcher Kunde hat die günstigere Anlagestrategie bei folgenden Zahlen:

Am 1. Februar kostet das Stück 30 EUR,

Am 1. März kostet das Stück 40 EUR,

Am 1. April kostet das Stück 60 EUR,

Am 2. Mai kostet das Stück 24 EUR,

Am 1. Juni kostet das Stück 20 EUR?

Datum	Preis	B legt an und erhält		S erhält und legt an	
1. Februar	30 EUR	120 EUR	4 Stück	4 Stück	120 EUR
1. März	40 EUR	120 EUR	3 Stück	4 Stück	160 EUR
1. April	60 EUR	120 EUR	2 Stück	4 Stück	240 EUR
1. Mai	24 EUR	120 EUR	5 Stück	4 Stück	96 EUR
1. Juni	20 EUR	120 EUR	6 Stück	4 Stück	80 EUR
		600 EUR	20 Stück	20 Stück	696 EUR

Ergebnis: B hat die günstigere Anlagestrategie.

14.7 Zahlungsgeschäfte

1. Die Währungsparität für 100 DKK sei 13,50 EUR. Errechnen Sie die Bandbreite bzw. die Interventionspunkte. S. 469

Die Bandbreite beträgt 2,25 % von der Parität nach oben und unten (= 0,30375 EUR); die Interventionspunkte liegen bei 13,80375 EUR und 13,19625 EUR.

2. Wie beeinflusst die Aufwertung einer Währung den Außenhandel des aufwertenden Landes?

– *Wirkungen auf den Export:* Der Ausländer muss mehr bezahlen, folglich wird er weniger kaufen, d. h. der inländische Export stagniert oder geht sogar zurück.

– *Wirkungen auf den Import:* Der Inländer muss für ausländische Währung weniger bezahlen, folglich kauft der Inländer im Ausland mehr, der Import steigt.

3. Warum legen Importeure und Exporteure Wert auf stabilisierte Wechselkurse?

Zwischen Vertragsabschluss und Erfüllung gibt es keine entscheidenden Wechselkursschwankungen. Damit haben die Außenhandelspartner eine feste Kalkulationsgrundlage. Das Wechselkursrisiko ist gering; es werden mehr Import- und Exportgeschäfte getätigt.

4. Wie wirken sich Auf- und Abwertungen auf den internationalen Reiseverkehr aus?

– *Aufwertungen:* Touristen des aufwertenden Landes werden verstärkt ins Ausland reisen, da sie beim Umtausch mehr ausländisches Geld erhalten als zuvor. Touristen der anderen Länder werden das Aufwertungsland meiden, da sie weniger ausländisches Geld erhalten als zuvor.

– *Abwertungen:* Touristen des Abwertungslandes werden weniger ins Ausland reisen, da sie für das eigene Geld weniger fremdes Geld erhalten, als zuvor. Touristen anderer Länder werden verstärkt in das Abwertungsland reisen, da sie für eigenes Geld mehr fremdes Geld erhalten als zuvor.

> **5. Warum werden Auf- und Abwertungen vorgenommen?**

Festgelegte Wechselkurse verstoßen gegen die Preisbildungsgesetze. Wenn im Laufe der Zeit die festgelegten Wechselkurse von den Angebots-Nachfrage-Relationen erheblich abweichen, müssen die festgelegten Kurse auf- oder abgewertet werden, um sie wieder an die Angebots-Nachfrage-Verhältnisse anzugleichen.

14.8 Kreditinstitute und Europäische Zentralbank

S. 474

> **1. Welche der folgenden Maßnahmen tragen zu einer Vermehrung des volkswirtschaftlichen Geldvolumens bei?**
>
> **a) Viele fällige Steuerbeträge werden an das Finanzamt abgeführt.**
>
> **b) Die Deutsche Bundesbank bietet den Kreditinstituten ein Wertpapierpensionsgeschäft an.**
>
> **c) Der Bund gibt zur Erzielung von Haushaltseinnahmen eine Bundesanleihe auf dem Kapitalmarkt aus.**
>
> **d) Eine von der Deutschen Bundesbank vor Monaten verkaufte Schuldverschreibung wird fällig.**

a) Keine Vermehrung; nur Geldumschichtung von privater in öffentliche Hand.

b) Vermehrung; neues Buchgeld kommt in den Wirtschaftskreislauf.

c) Keine Vermehrung; siehe a).

d) Vermehrung; siehe b).

> **2. Die fällige Schuldverschreibung aus 1 d) hatte eine Laufzeit von 270 Tagen und einen Verkaufskurs von 97,3 %. Errechnen Sie den Zinssatz, zu dem Banken ihr Geld anlegen konnten.**

$$p = \frac{2,7 \times 100 \times 365}{100 \times 270} = \underline{3,65\,\%}$$

> **3. Die Deutsche Bundesbank bietet einen Mengentender im Volumen von 78 Millionen EUR an. Von Banken gingen vier Gebote ein in Höhe von 21, 24, 30 und 42 Mio. EUR. Wie viel EUR erhält jede Bank?**

117 Mio. EUR werden nachgefragt; 78 Mio. EUR werden geboten.

Zuteilungsverhältnis 117 : 78 = 1,5; also 1,5 : 1 oder 3 : 2.

Zuteilung in EUR: 14 statt 21, 16 statt 24, 20 statt 30, 28 statt 42.

4. Überlegen Sie, warum die EZB in bestimmten wirtschaftlichen Situationen den Zinstender bevorzugt.

In diesem Fall müssen die Banken wie bei einer Versteigerung einen Zinssatz anbieten und die EZB sieht, wie die Banken die derzeitige wirtschaftliche Situation einschätzen.

5. Am ESZB nehmen elf EU-Länder teil, obwohl mehr Länder der EU angehören. Überlegen Sie, welche Länder nicht dabei sind und warum.

Die Staaten Großbritannien, Schweden, Dänemark wollen nicht teilnehmen und Griechenland hat zum Stichtag 30. Juni 1998 die Maastricht-Kriterien nicht erfüllt (stabiles Preisniveau, geringe Zinsdifferenzen, stabile Wechselkurse, gesunde Staatsfinanzen).

15 Die Versicherung

> [S. 477]
>
> Angenommen, 200 Bauern mit etwa gleich großen Höfen haben sich zusammengeschlossen, um einander bei Feuerschäden zu helfen. Der durchschnittliche Wert jedes Bauernhofes (Versicherungssumme) beträgt 600.000 EUR. Die bisherigen Verluste durch Feuerschäden an den Höfen insgesamt betragen durchschnittlich 240.000 EUR pro Jahr.
>
> a) Ermitteln Sie, welche Durchschnittsprämie jeder Bauer pro Jahr in die gemeinsame Feuerkasse entrichten muss.
> b) Wie viel ‰ der Versicherungssumme pro Hof beträgt die Prämie?
> c) Mit welcher Prämie in EUR und ‰ muss jeder Bauer rechnen, wenn die gemeinsame Feuerkasse von einem bestellten Verwalter geführt wird, der pro Jahr dafür 13.200 EUR Vergütung bekommt?
> d) Welcher Prämiensatz ergibt sich bei einem Risikozuschlag von 3,8 %?
> e) Ermitteln Sie, auf welchen Betrag sich die Prämie einschließlich 10 % Versicherungsteuer beläuft.

a) Durchschnittsprämie: $\frac{240.000}{200}$ = <u>1.200 EUR</u>

b) Prämiensatz: 600.000 = 1.000 ‰
   　　　　　　　　1.200 =   2 ‰

c) Zusätzliche Prämienbelastung pro Vertrag: 13.200 : 200 = 66 EUR. Der Prämiensatz beträgt nun <u>2,11 ‰</u> (1.266 in ‰ von 600.000).

d) 1.266 × 1,038 = 1.314,10 EUR. Der Prämiensatz erhöht sich auf <u>2,19 ‰</u> (1.314,10 EUR in ‰ von 600.000 EUR)

e) Prämiensatz einschließlich Versicherungsteuer: 2,19 × 1,1 = <u>2,41 ‰</u>.

15.1 Sozialversicherung

> [S. 482]
>
> 1. Sie sind Kundenberater/in einer gesetzlichen Krankenkasse. Herr Metz kommt zu einem Beratungsgespräch, er hat sein Studium erfolgreich abgeschlossen und beginnt nächsten Monat in einem Software-Haus als Programmierer.
>
> a) Er möchte von Ihnen zunächst wissen, ob er grundsätzlich krankenversicherungspflichtig ist und wenn ja, wohin er seinen Beitrag überweisen soll.
> b) Klären Sie Herrn Metz darüber auf, welche gesetzlichen Leistungen Ihre Krankenkasse erbringt.
> c) Durch seinen Arbeitgeber ist Herrn Metz eine Gehaltserhöhung nach erfolgreicher Probezeit zugesichert worden. Sein monatliches Bruttoeinkommen würde sich von 6.400 DM um 500 DM erhöhen. Ergeben sich für den Angestellten Veränderungen bezüglich der Krankenversicherung?

a) Jeder Arbeitnehmer, der gegen Arbeitsentgelt beschäftigt ist, muss sich in der Krankenversicherung pflichtversichern. Der Betrag wird ihm vom Arbeitgeber vom Bruttolohn abgezogen.

b) – Gesundheitsförderung und Krankheitsverhütung,
 – regelmäßige Untersuchungen zur Früherkennung von Krankheiten,
 – Krankenbehandlung,
 – Krankengeld.

c) Herr Metz kommt über die Beitragsbemessungsgrenze und ist somit in der Krankenversicherung nicht mehr krankenversicherungspflichtig. Er kann sich freiwillig versichern.

> **2. Erarbeiten Sie für folgende Situation ein Beratungsgespräch:**
>
> Sie sind Kundenberater/in bei einer Krankenkasse. Ein Kunde kommt zu einem Beratungsgespräch zu Ihnen. Ihnen liegen folgende Daten vor:
> – Ledig, kaufmännischer Angestellter, 34 Jahre alt, monatliches Bruttoeinkommen 3.800 DM.
> – Gehen Sie bei Ihrem Beratungsgespräch auf folgende Aspekte ein:
> **Krankenversicherungspflicht, Beitragsbemessungsgrenze, gesetzliche Leistungen, Beitragsabwicklung.**

– Krankenversicherungspflichtig, da unter der Beitragsbemessungsgrenze von 6.450 DM.
– Leistungen sind z. B. Krankenbehandlung, Krankengeld, regelmäßige Untersuchungen.
– Der Beitrag wird vom Bruttolohn abgezogen und der Krankenkasse überwiesen.

> **3. Häufig wird bei der Diskussion in der Gesundheitsreform die Forderung nach einer höheren Selbstbeteiligung der Versicherten aufgestellt.**
>
> **Nehmen Sie Stellung.**

– Versicherte mit niedrigem Einkommen werden benachteiligt, da diese Selbstbeteiligungen nicht in beliebiger Höhe leisten können.
– Chronisch Kranke werden benachteiligt.
– Versicherte, die weniger zum Arzt gehen, werden belohnt.

> **1. Erklären Sie, welche Leistungen die mit der Pflege befassten Personen von der Pflegeversicherung erhalten können.**

S. 485

a) bei häuslicher Pflege:
  1. Pflegesachleistungen
  2. Pflegegeld für selbstbeschaffte Pflegehilfen
  3. Kombination von Pflegesachleistungen und Pflegegeld
  4. Kosten einer notwendigen Ersatzpflege bei Verhinderung der Pflegeperson
  5. Versorgung mit Pflegehilfsmitteln
b) bei teilstationärer Pflege
  1. Teilstationäre Pflege
  2. Kurzzeitige Pflege in einer vollstationären Einrichtung
c) bei vollstationärer Pflege
  Pflege in einer vollstationären Einrichtung (Heim)

> 2. a) Man unterscheidet die soziale und die private Pflegeversicherung. Entscheiden Sie in den folgenden Beispielen, in welcher dieser beiden Arten sich versichern müssen
>   – ein Auszubildender zum Herrenfriseur mit 600 DM Monatsvergütung,
>   – eine ledige Prokuristin, die seit Jahren mehr als 7.000 DM im Monat verdient und beim Nationalen Krankenversicherungsverein a. G. versichert ist,
>   – ein beamteter Lehrer,
>   – eine Industrie-Facharbeiterin mit 3.600 DM Monatslohn?
>   b) Ermitteln Sie die Beitragshöhe, die der Arbeitgeber als Beitragsanteile zur Pflegeversicherung für den oben genannten Auszubildenden und für die Prokuristin bezahlen muss.
>   c) Welchen Beitragsanteil bezahlt die Industrie-Facharbeiterin in die Pflegekasse?

a) – soziale Pflegeversicherung,
   – private Pflegeversicherung,
   – private Pflegeversicherung,
   – soziale Pflegeversicherung.

b) für den Auszubildenden keine Beiträge in die soziale Pflegeversicherung, für die Prokuristin 0,85 % der Beitragsbemessungsgrenze (2000 = 6.450 DM)

c) 0,85 % vom Bruttolohn

> 3. Bestimmen Sie die Pflegestufen für
>   – einen gehbehinderten alten Mann, der früh morgens, mittags, nachmittags und spät abends von einer Pflegeperson betreut werden muss,
>   – eine alte Dame, die täglich einmal von ihrer Tochter gepflegt und haushälterisch versorgt werden muss,
>   – einen Rentner, der nicht mehr allein aus seinem Pflegebett aufstehen kann.

– Pflegestufe II
– Pflegestufe I
– Pflegestufe III

> 4. Die Unterbringung in einem Pflegeheim kostet bis zu 7.000 DM pro Monat. Trotz der Pflegeversicherung bürden diese hohen Kosten dem Staat noch ein großes Fürsorgepaket auf.
>   **Erklären Sie den Grund dafür.**

Die Pflegeversicherung zahlt maximal 2.800 DM. Ist kein eigenes Einkommen oder Vermögen vorhanden, muss der Staat über die Sozialhilfe für den Rest aufkommen.

S. 488

> 1. Erklären Sie, wer für den Schaden aufkommt, wenn ein Berufsschüler auf dem Schulweg durch eigenes Verschulden verunglückt.

Der Schüler ist auf dem Schulweg durch die gesetzliche Unfallversicherung versichert. Die Versicherungsleistung wird durch Fahrlässigkeit nicht eingeschränkt.

– Erleidet der Schüler eine Körperverletzung, so zahlt die gesetzliche Unfallversicherung die Kosten der Heilbehandlung, Krankengeld, sofern notwendig berufsfördernde Leistungen zur Rehabilitation oder Verletztenrente.
– Stirbt der Schüler durch den Unfall, so wird Sterbegeld zur Deckung der Bestattungskosten gezahlt.

2. Frau Quandt arbeitet als Personalsachbearbeiterin in einem Versicherungsunternehmen. Wegen einer Fehlsichtigkeit trägt sie ständig eine Brille. Während der Arbeitszeit wird sie im Flur des Bürogebäudes versehentlich von einer Kollegin angerempelt. Sie stürzt unglücklich zu Boden und bricht sich dabei den Arm. Zudem ist ihre Brille zerbrochen.

   a) Die Berufsgenossenschaft verweigert die Übernahme der Behandlungskosten und verweist auf die Krankenkasse, da Frau Quandt durch Unachtsamkeit der Kollegin zu Schaden gekommen ist. Beurteilen Sie, ob die Berufsgenossenschaft richtig handelt.

   b) Nennen Sie die Leistungen, die Frau Quandt von der gesetzlichen Unfall- bzw. Krankenversicherung erwarten könnte.

   c) Welche Auswirkungen hat dies auf die Lohnfortzahlung?

   d) Diskutieren Sie, welche Maßnahmen der Unfallverhütung dienen können.

   e) Erkundigen Sie sich nach den Unfallverhütungsvorschriften in Ihrem Ausbildungsbetrieb und beurteilen Sie, inwieweit diese umgesetzt werden.

a) Hier handelt es sich um einen Arbeitsunfall, der von der Berufsgenossenschaft übernommen werden muss. Verschulden spielt keine Rolle.

b) – Übernahme der stationären und ambulanten Behandlungskosten.
   – Übernahme der Rehabilitationskosten.

c) Sechs Wochen voll, ab der siebten Woche reduziert (Krankengeld).

d) – Beachtung der Unfallverhütungsvorschriften,
   – regelmäßige Übungen.

e) Beispiel für schülerabhängige Antworten:
   Schüler sollen die jeweiligen Unfallverhütungsvorschriften ihrer Betriebe nennen.

1. Werner K., 60 Jahre alt, arbeitet in der Lohnbuchhaltung eines mittelständischen Unternehmens. Bei der Landesversicherungsanstalt möchte sich Werner K. erkundigen, wann er seinen verdienten Lebensabend genießen kann. [S. 494]

   a) Beraten Sie Werner K., welche unterschiedlichen Möglichkeiten der Gewährung von Rente es gibt.

   b) Erörtern Sie, ob Werner K. seine Rentenversicherung kündigen und private Vorsorge treffen kann.

a) Regelaltersrente für Versicherte, die das 65. Lebensjahr und die allgemeine Wartezeit von fünf Jahren vollendet haben. Altersrente für langjährige Versicherte, die das 63. Lebensjahr vollendet und eine Wartezeit von 35 Jahren erfüllt haben. Altersrente wegen Arbeitslosigkeit oder nach Altersteilzeit.

b) Nein, da die Rentenversicherung eine Pflichtversicherung ist.

2. Berechnen Sie nach der Rentenformel den Monatsbetrag einer Regelaltersrente anhand folgender Daten:
   – Versicherungszeit 36 Jahre. Tatsächlicher Bruttoverdienst des Versicherten 1975 = 32.712 DM. Bruttodurchschnittsverdienst aller Versicherten 1975 siehe Bild, Seite 492. Die für 1975 ermittelten persönlichen Entgeltpunkte sollen als Durchschnittswert für alle 36 Versicherungs-Jahre gelten.
   – Rentenartfaktor siehe Seite 492.
   – Aktueller Rentenwert zur Zeit des Rentenbeginns = 46,67 DM.

$\dfrac{32.712}{21.808} = 1{,}5$. Das ist der Durchschnittswert an persönlichen Entgeltpunkten pro Jahr.

$1{,}5 \times 36 = 54$ ist die Summe der persönlichen Entgeltpunkte.

Rentenartfaktor bei Regelaltersrente ist 1,0.

Ergebnis nach Formel:

PE		RF		AR		Monatsrente
54	×	1,0	×	46,67	=	2.520,18 DM

> **3. Die von Ihnen bezahlten Beiträge zur Rentenversicherung werden zur Zahlung an die heutigen Rentenempfänger verwendet („Generationenvertrag"). Überlegen Sie in diesem Zusammenhang, warum die Beitragsbemessungsgrenzen und auch die Beitragssätze ständig erhöht werden.**

Die *Beitragsbemessungsgrenzen* werden entsprechend den Steigerungen des Lohnniveaus erhöht, um die Beitragseinnahmen so zu vermehren, dass auch die Rentenzahlungen ständig an die Entwicklung des Lohnniveaus angepasst, also dynamisiert werden können.

Die *Beitragssätze* müssen erhöht werden, weil in Deutschland die Zahl der Beiträge zahlender Arbeitnehmer ständig abnimmt, während die Zahl der Rentner ständig zunimmt.

S. 497

> **1. Petra Groß wird bei einer gesetzlichen Krankenkasse zur Sozialversicherungsfachangestellten ausgebildet. Es wurde ihr ausdrücklich signalisiert, dass sie nach Abschluss ihrer Ausbildung keine Garantie auf eine Übernahme hat.**
> **a) Begründen Sie, ob Petra Groß zum Personenkreis der Arbeitslosenversicherung gehört.**
> **b) Petras Freund Maik besucht das Kaufmännische Berufskolleg I und erhält aus einer Beschäftigung von 10 Wochenstunden in einem Supermarkt einen monatlichen Bruttolohn von 500 DM.**
> **Erklären Sie, ob Maik in der Arbeitslosenversicherung pflichtversichert ist.**
> **c) Petras Freund Martin macht eine Ausbildung im mittleren Dienst bei der Polizei.**
> **Ist er in der Arbeitslosenversicherung versicherungspflichtig?**

a) Petra ist als Auszubildender versicherungspflichtig.
b) Maik ist wegen geringfügiger Beschäftigung versicherungsfrei.
c) Martin ist als Beamter versicherungsfrei.

> **2. a) Petra Groß hat im ersten Ausbildungsjahr ihre Monatsabrechnung über ihre Ausbildungsvergütung für Oktober 2000 erhalten. Ergänzen Sie die vorliegende Abrechnung und ermitteln Sie unter Nachweis des Rechenweges den Auszahlungsbetrag.**

		Monatsabrechnung		
Monat	Oktober 2000		Blatt	1
	DATENBANK ANGESTELLTE			
Monat	Kurztext (Einheiten – Satz)		Betrag DM	Pf
01	GRUNDBEZUG		1.726	09
··	SUMME BRUTTO/LFD. MONAT		1.726	09
01	KRANKENVERSICHERUNG		115	65
01				
01				
01				
··	SUMME ABZÜGE/LFD. MONAT			
··	AUSZAHLUNG/LFD. MONAT			

232

> **b) Erläutern Sie die Regelung der Beitragszahlung für Maik.**

a)
Bruttogehalt	1.726,09 DM
Krankenversicherung	115,65 DM
Arbeitslosenversicherung (3,25 %)	56,10 DM
Rentenversicherung (9,65 %)	166,56 DM
Pflegeversicherung (0,85 %)	14,67 DM
Auszahlungsbetrag	1.373,11 DM

b) Arbeitgeber zahlt Rentenversicherungs- und Krankenversicherungsbeiträge. (RV = 12 % und KV = 10 %)

> **3. Angenommen, Petra Groß würde nach der Beendigung ihrer 3-jährigen Ausbildung tatsächlich nicht direkt übernommen und müsste ein halbes Jahr ohne Beschäftigung überbrücken.**
>
> **Petra Groß beantragt die Zahlung von Arbeitslosengeld. Begründen Sie unter Angabe der Rechtsgrundlage, warum sie einen Anspruch auf Arbeitslosengeld geltend gemacht hat.**

Da sie durch ihre Ausbildung die Anwartschaftszeit erfüllt hat, d. h. sie muss in den letzten drei Jahren mindestens zwölf Monate gearbeitet haben.

> **4. Die Zielsetzung des Kurzarbeitergeldes wird in folgendem Satz deutlich: „Es dient gleichermaßen sozialpolitischen, arbeitsmarktpolitischen, betriebs- und wirtschaftspolitischen Zielen."**
>
> **a) Erklären Sie, welche Ziele der Gesetzgeber mit der Schaffung des Kurzarbeitergeldes verfolgt hat.**
>
> **b) In welcher Höhe und für welchen Zeitraum wird das Kurzarbeitergeld dem betroffenen Arbeitnehmer gewährt?**

a) Ziel ist es, die Arbeitsplätze zu erhalten.
b) Es wird nach den Grundsätzen des Arbeitslosengeldes berechnet und längstens sechs Monate gewährt.

15.2 Individualversicherung

> **1. Recherchieren Sie im Internet, welche Unternehmen zu den**　　　S. 501
> **a) Versicherungs-Aktiengesellschaften,**
> **b) Versicherungsvereinen auf Gegenseitigkeit,**
> **c) öffentlich-rechtlichen Versicherungsanstalten gehören.**

Beispiele:
a) Allianz-, Colonia-, Gerling-, Viktoria-Versicherungs-AG
b) Debeka VvaG; Hallesche-Nationale Krankenversicherung a. G; HUK Coburg; Stuttgarter Lebensversicherung a. G, Stuttgart; Lebensversicherung von 1871 a. G., München; Deutscher Ring, Krankenversicherungsverein a. G, Hamburg; Signal Krankenversicherung a. G., Dortmund.

c) Badische Feuerversicherung – Anstalt des öffentlichen Rechts; Bayrische Landesbrandversicherungsanstalt München; Provinzial-Feuerversicherungsanstalt sowie Provinzial-Lebensversicherungsanstalt der Rheinprovinz Düsseldorf; Öffentliche Sachversicherung Braunschweig; Feuersozietät Berlin; Westfälische Provinzial-Lebensversicherungsanstalt Münster (Versicherung der Sparkassen).

2. **Bestimmen Sie im folgenden Fall den formellen, materiellen und technischen Versicherungsbeginn.**

18. Febr.	25. Febr.	1. März	5. März
Antrag durch den Versicherungsnehmer	Annahme durch den Versicherer	Beginn des Zeitraumes, für den Prämie zu zahlen ist	Zahlung der Prämie

25. Februar: Formeller Beginn = Zeitpunkt des Vertragsabschlusses.

1. März: Technischer Beginn = ab hier beginnt die prämienpflichtige Versicherungsperiode

5. März: Materieller Beginn = ab hier beginnt die Leistungspflicht des Versicherten.

3. **Die Feuerversicherung für ein Warenlager wird mit einer Versicherungssumme von 150.000 EUR abgeschlossen. Bei Eintritt eines Schadens von 20.000 EUR stellt sich heraus, dass der Wert des versicherten Lagers 200.000 EUR betrug.**
   a) Unter welcher Voraussetzung wird eine volle Entschädigung gewährt?
   b) Welche Entschädigung zahlt die Versicherung im vorliegenden Fall?
   c) Welche Entschädigung würde geleistet werden, wenn für das Lager eine Erstrisikoversicherung über
   – 30.000 EUR oder
   – 18.000 EUR abgeschlossen worden wäre?
   d) Wie würde entschädigt, wenn die Versicherungssumme 220.000 EUR statt 150.000 EUR betragen hätte?

a) Volle Entschädigung setzt voraus, dass die vereinbarte Versicherungssumme dem Wert der versicherten Gegenstände entspricht.

b) Es liegt Unterversicherung vor; die Versicherungssumme beträgt nur 75 % des Versicherungswertes. Die Entschädigung beträgt also nur 75 % des Schadens: 75 % von 20.000 EUR = 15.000 EUR.

c) Die Erstrisikoversicherung ersetzt jeden Schaden bis zur Höhe der Versicherungssumme voll. Sie würde damit leisten
   – bei einer Versicherungssumme von 30.000 EUR die volle Entschädigung von 20.000 EUR.
   – bei einer Versicherungssumme von 18.000 EUR nur eine Entschädigung von 18.000 EUR.

d) In diesem Fall würden 20.000 EUR ersetzt, da trotz der Überversicherung eine Versicherung nicht zur Bereicherung führen darf.

4. **Aus welchen Gründen gibt es**
   a) Versicherungen auf erstes Risiko,
   b) Versicherungen mit Selbstbehalt?

a) Die *Erstrisikoversicherung* sollte dann abgeschlossen werden, wenn
   - nur Teilschäden am bewerteten Objekt zu erwarten sind und dadurch Versicherungssumme und Prämie niedrig gehalten werden können,
   - ein Versicherungswert nicht gegeben ist, wie z. B. in der Haftpflichtversicherung (Abschnitt 15.5.1), und deswegen eine Grenze für Versicherungssumme und Prämie gezogen werden muss.

b) Die *Versicherung mit Selbstbehalt* erzieht den Versicherungsnehmer zur Vorsicht, denn von jedem Schaden hat er einen mehr oder weniger großen Teil selbst zu tragen. Die Prämie ist niedriger als die einer Versicherung ohne Selbstbehalt.

15.3 Personenversicherung

1. **Untersuchen Sie anhand einer von Ihnen gewählten privaten und gesetzlichen Krankenversicherung, inwieweit sich die Beitragshöhe für die Versicherung von Familienangehörigen unterscheidet.** [S. 505]

- In der privaten Krankenversicherung müssen alle versicherten Personen besonders mitversichert sein, d. h. es muss für *jede Person eine besondere Prämie* bezahlt werden.
- Bei der gesetzlichen Krankenversicherung sind neben dem Versicherungsnehmer auch seine von ihm abhängigen *Familienangehörigen ohne Prämienerhöhung* mitversichert. Für Arbeitnehmer mit Familie ist deshalb die gesetzliche Krankenversicherung in der Regel preisgünstiger als eine private Krankenversicherung.

2. **a) Erklären Sie, warum der Versicherungsschutz grundsätzlich erst nach dreimonatiger Wartezeit in Kraft tritt.**
   b) Welche Ausnahmen gelten für die Wartezeitregelung?

a) Da Versicherungen nur ungewissen zukünftigen Bedarf decken sollen, will die Krankenversicherung mit der Wartezeit die Risikoübernahme für alte, schon vor Vertragsbeginn bestehende Krankheiten ausschließen.

b) Die Wartezeit entfällt bei bestimmten epidemischen Infektionskrankheiten, bei Unfällen und bei Übertritt aus der gesetzlichen in eine private Krankenversicherung.

3. **Auszug aus einem Informationsschreiben einer privaten Krankenkasse:**
   „… ersparte Leistungsausgaben stabilisieren die Beitragsentwicklung für alle Versicherten. Daher setzen wir auf die Beitragsrückstattung (BRE): eine Maßnahme, von der alle Mitglieder profitieren.
   Die Wirkung ist umso stärker, je höher die BRE ausfällt. Das Ziel „Beitragsstabilität" wird schneller erreicht, je mehr Mitglieder daran teilnehmen."
   a) Erklären Sie, welche Ziele diese private Krankenkasse mit der Beitragsrückerstattung erreichen möchte.
   b) Erkundigen Sie sich bei einer privaten Krankenkasse, unter welchen Voraussetzungen Beitragsrückerstattungen gewährt werden.
   c) Ermitteln Sie den Rückerstattungsbetrag für einen 35-jährigen Angestellten mit einem monatlichen Bruttoeinkommen von 6.900 DM.

a) Die private Krankenkasse erhofft sich aus einer höheren Beitragsrückerstattung, dass die Versicherten weniger zum Arzt gehen, bzw. ihre Rechnungen für ärztliche Behandlungen in einem gewissen Rahmen selber tragen und somit die Solidargemeinschaft entlasten. Ziel ist eine Beitragsstabilität zu erreichen.

b) Arbeitsauftrag an die Schüler.

c) Rückerstattung hängt von der Höhe des eingezahlten Jahresbeitrages und von der Höhe der erstatteten Leistungen ab.

4. Zwei Arbeitskollegen unterhalten sich über die gesetzliche Unfallversicherung. Beide haben zusätzlich eine private Unfallversicherung abgeschlossen und überlegen sich, welche Vorteile sie durch diese Zusatzversicherung haben. Erörtern Sie, warum Versicherungsunternehmen private Unfallversicherungen anbieten.

Die gesetzliche Unfallversicherung springt nur bei Berufsunfällen der Versicherten ein.

Deshalb besteht ein Bedürfnis nach einer privaten Versicherung, die z. B. Reiseverkehrs-, Sportunfälle oder Unfälle von Familienangehörigen finanziell abdeckt.

5. Untersuchen Sie, welche Motive zum Abschluss einer Lebensversicherung führen können.

– Eigene Altersvorsorge (Erlebensfallversicherung),
– Vorsorge für Hinterbliebene (Todesfallversicherung),
– Abdeckung eines größeren Risikozeitabschnittes im Leben (kurzfristige Todesfallversicherung, z. B. zur Abdeckung von Bauspardarlehen),
– Kapitalbereitstellung für die Ausbildung und Ausstattung von Kindern (Versicherung mit festem Auszahlungstermin, Ausstattungsversicherung),
– Verringerung der Steuerzahlung durch Einsetzen der Lebensversicherungsprämien als Sonderausgaben.

6. Der Gesetzgeber sieht vor, dass die Prämien einer Lebensversicherung steuerlich begünstigt werden. Nehmen Sie Stellung zu dieser Maßnahme.

Durch die Lebensversicherung ist finanzielle Vorsorge getroffen
– bei Tod der versicherten Person für deren Hinterbliebene,
– im Erlebensfall für ein gesichertes Altersleben.

Damit entlastet die Lebensversicherung den Staat von einer eventuellen Fürsorgepflicht. Sie bewirkt ein langfristiges Sparen und eine volkswirtschaftliche Kapitalbildung.

7. Herr Klein hat 1985 eine dynamische Lebensversicherung über eine Versicherungssumme von 100.000 DM abgeschlossen, die ihm nach 27 Jahren ausgezahlt werden soll. Herr Klein überlegt heute, ob er seine Lebensversicherung kündigen soll, da er zur Zeit einen finanziellen Engpass hat.

Er findet auf der Rückseite des Versicherungsvertrages folgende Tabelle:

Im Jahre	Beitragsfreie Versicherungssumme in DM	Rückkaufswert in DM
1985	–	221
1986	2.900	1.243
1987	4.077	1.804
1988	9.430	4.306
1989	14.618	6.890

...	...	...
2000	62.211	41.576
2001	65.784	45.389
2002	69.259	49.340
2003	72.640	53.439

a) Erklären Sie die oben aufgeführte Tabelle.

b) Erläutern Sie den Begriff „dynamische Lebensversicherung".

a) Der Versicherungsnehmer stellt seine Prämienzahlung ein, die angesammelten Sparbeiträge einschließlich der Zinsen und Zinseszinsen bleiben dem Versicherten erhalten. Er verwendet dieses Deckungskapital für einen neuen Versicherungsvertrag als Einmalprämie. Bis zum Ablauf der Versicherung ergibt sich durch die Verzinsung eine neue, allerdings geringere Versicherungssumme (= beitragsfreie Versicherung).

Will der Versicherte eine vorzeitige Rückzahlung der eingezahlten Sparbeiträge, so muss er einen Abzug hinnehmen. Den Rückzahlungsbetrag nennt man Rückkaufwert.

b) Die dynamische Lebensversicherung will durch Dynamisierung der Versicherungsbeiträge und -leistungen eine laufende Anpassung an die Entwicklung des Einkommensniveaus erreichen. Die Kaufkraft der Versicherungsleistung bleibt auch für die Zukunft erhalten.

15.4 Sachversicherungen

1. Beim Löschen einer brennenden Fabrikhalle dringt Löschwasser durch den Kamin des auf dem Fabrikgelände befindlichen Wohnhauses des Fabrikinhabers und führt dort zu Schäden am Fußbodenparkett und am Verputz der Wände.

   Außerdem wird durch den Brand eine elektrische Leitung zerstört. In dem neben der brennenden Halle gebauten Kühlhaus der Fabrik fällt die Stromzufuhr für die Kühlaggregate aus. Der Inhalt der Kühlhauszellen verdirbt.

   Durch Funkenflug gerät auch das Dach eines auf einem Nachbargründstück befindlichen Gasthauses in Feuer. Es gelingt jedoch der Feuerwehr, mit Schaumlöschern diesen Brand schnell zu ersticken.

   Erklären Sie, welche Schäden die Feuerversicherung im Einzelnen ersetzen muss.

S. 510

Der Feuerversicherer muss in diesem Fall alle Schäden ersetzen, die am Versicherungsort, dem räumlichen Geltungsbereich der Versicherung, entstanden sind. Das sind im Einzelnen:

– die Brandschäden an der Fabrikhalle (Einwirkungsschäden);

– Schäden, die durch Rettungsmaßnahmen verursacht wurden, also Schäden am Parkett und Wandverputz im Wohnhaus des Fabrikbesitzers;

– Schäden, die unvermeidliche Folge des ursächlichen Schadens sind, also die Verluste durch Ausfall der Tiefkühlung.

Nicht zu ersetzen sind die Schäden am Dach des Gasthauses. Dieses befindet sich nicht auf dem versicherten Fabrikgrundstück. Der Eigentümer des Gasthauses kann aber von seiner eigenen Gebäudeversicherung Schadenersatz verlangen.

2. Manche Versicherer übernehmen neben dem Gebäudebrandrisiko auch noch die Deckung von Elementarschäden. Was ist darunter zu verstehen?

Die Versicherung deckt Schäden aus Naturereignissen wie Sturm, Hagel, Hochwasser, Sturmflut, Überschwemmung, Bergrutsch.

3. Aus einem Heizkörper, der

　a) durch Rost,

　b) durch Frost

undicht geworden ist, fließt Wasser und beschädigt den Parkettfußboden. Erläutern Sie, welche Schäden in beiden Fällen jeweils ersatzpflichtig sind.

a) Der Schaden wird nicht ersetzt, da es sich um einen geschlossenen Wasserbehälter handelt und nicht Frost die Schadensursache ist.

b) Der durch Frost entstandene Schaden wird ersetzt.

4. Entscheiden Sie, wie der Versicherer in folgenden Fällen entschädigt:

　a) Beim Fensterputzen fällt ein Eimer mit Waschwasser um. Die neue Tapete und der Teppichboden sind verschmutzt bzw. verfärbt.

　b) Während eines Dauerregens dringt Regenwasser in die zur Warenlagerung benutzten Kellerräume ein, weil das Fassungsvermögen des Abflussschachtes nicht ausreicht. Ein Teil der gelagerten Waren verdirbt dadurch.

　c) Beim Installieren eines Kupferrohres ist eine Verbindungsstelle nicht richtig verschweißt worden. Es entsteht ein Wasserschaden in der Wand des Hauses.

a) Kein Austritt von Leitungswasser, der Versicherer entschädigt nicht.

b) Kein Leitungswasser, Versicherer entschädigt nicht.

c) Das Wasser tritt bestimmungswidrig und gegen jedes Erwarten aus der Leitung heraus, der Versicherer entschädigt.

5. Erläutern Sie, wann in den folgenden Fällen ein Einbruchdiebstahl vorliegt:

　a) Ein Dieb steigt nachts durch ein offen stehendes Fenster ein und stiehlt einen wertvollen Teppich.

　b) Ein Einbrecher zerschlägt die Scheibe eines geschlossenen Fensters, steigt ein und stiehlt zwei wertvolle Vasen. Beim Zerschlagen des Fensters wird die Platte eines antiken Mahagonitisches durch Glassplitter beschädigt.

　c) Nach einem Großbrand im Warenmagazin dringen Plünderer ein und stehlen größere Warenmengen.

a) Der Dieb ist in ein Gebäude eingestiegen, der Versicherer entschädigt.

b) Der Täter ist eingebrochen, hat gestohlen und Möbel beschädigt, der Versicherer ersetzt alle Schäden.

c) Die Plünderung erfolgt nach einem Brand, den Versicherer trifft keine Leistungspflicht (auch die Feuerversicherung ersetzt keine Plünderungsschäden).

In den Fällen a) und b) ist der Dieb in ein intaktes Anwesen eingedrungen (Versicherungsfall), im Falle c) ist er in ein bereits zerstörtes Anwesen eingedrungen (kein Versicherungsfall).

> 6. Bei Bargeld wird die Einbruchdiebstahlversicherung „auf erstes Risiko" abgeschlossen. Erläutern Sie die Gründe dafür.

Dies hat zwei Gründe:

- Die im Haus vorhandene Bargeldmenge unterliegt in der Regel ständigen Änderungen. Eine feste Wertangabe für die Versicherung ist nicht möglich.
- Das Risiko der Versicherung wird durch die Festlegung einer Versicherungssumme eingeschränkt und prämienmäßig kalkulierbar.

> 7. Ein Hersteller von Windschutzscheiben ist Zulieferer von verschiedenen Automobilfirmen. Der Hersteller möchte von Ihnen wissen, ob es sich für ihn lohnt, eine Transportversicherung abzuschließen. Beraten Sie ihn hinsichtlich des Abschlusses einer Transportversicherung als
>   - Einzelpolice,
>   - Umsatzpolice,
>   - Generalpolice.

- Einzelpolice: Versicherung eines einmaligen Warentransports.
- Die Umsatzpolice wird benützt für gleiche Waren, die mit gleichen Transportmitteln innerhalb eines geschlossenen Gebietes versendet werden.
- Die Generalpolice wird verwendet, wenn die verschickten Waren, die Transportmittel und Versendungsgebiete verschiedenartig sind.

> 8. Erkundigen Sie sich bei verschiedenen Versicherungsunternehmen, welche unterschiedlichen Sachversicherungen diese anbieten.

Beispiele: Feuerversicherung, Diebstahlversicherung, Hausratversicherung, Glasversicherung.

15.5 Vermögensversicherung

> 1. Folgende Schadensmeldungen liegen Ihnen vor:
>   a) Herr Wilhelm verunglückt und muss zur Behandlung in ein Krankenhaus. Dem von Herrn Wilhelm ausgefüllten Unfallfragebogen entnehmen Sie:
>
>   Unfallort: Stuttgart, Hessenstraße 44
>
>   Unfallhergang: Ich hatte gerade das Mehrfamilienhaus meiner Freundin verlassen, da rutschte ich auf der verschneiten Treppe aus.
>
>   b) Frau Adler ist bei Bekannten zu Besuch. Beim Abdecken des Tisches fällt ihr ein teurer Teller aus der Hand und zerbricht. Frau Adler meldet den Schaden ihrer Versicherung. Dem von Frau Adler ausgefüllten Fragebogen entnehmen Sie:
>
>   Unfallort: Wiesbaden, Rötestraße 34
>
>   Unfallhergang: Beim Abdecken fiel mir aus Unachtsamkeit ein teurer Teller aus der Hand und zerbrach.

[S. 513]

> **Beurteilen und begründen Sie, welche Versicherung für den jeweiligen Schaden aufkommt.**

a) Haus- und Grundbesitzerhaftpflichtversicherung, da Herr Wilhelm durch Fahrlässigkeit verletzt wurde. Es wurde ihm ein Körperschaden zugefügt.

b) Privathaftpflichtversicherung, da Frau Adler das Eigentum der Bekannten fahrlässig zerstört hat.

> **2. Die Bundesrepublik Deutschland ist ein exportorientiertes Land, d. h. ein Teil der produzierten Waren wird in das Ausland verkauft. Exporte bringen für die beteiligten Unternehmen nicht nur Vorteile, sondern auch Risiken mit sich.**
>
> **a) Erklären Sie, welche Risiken bei Auslandsgeschäften für Unternehmen bestehen.**
>
> **b) Diskutieren Sie, ob Exporte in politisch unsichere Länder durch die Regierung der Bundesrepublik Deutschland untersagt werden sollten.**
>
> **c) Untersuchen Sie, warum bei Kreditversicherungen grundsätzlich eine Selbstbeteiligung des Versicherungsnehmers vereinbart wird.**

a) Wirtschaftliche Risiken (Zahlungsunfähigkeit eines Schuldners) und politische Risiken (wie Unruhen, Aufstände).

b) Behindert Unternehmertätigkeit,
zeitweise nicht voraussehbare Entwicklungen,
Staatseingriffe in die Marktwirtschaft sind bedenklich.

c) Die Selbstbeteiligung soll den Kreditgeber als Versicherungsnehmer veranlassen, alle außergerichtlichen und gerichtlichen Schritte selbst zu unternehmen um vor Inanspruchnahme der Versicherungsleistung selbst zu seinem Geld zu gelangen.

15.6 Kraftfahrt-Haftpflichtversicherung

> **1. Für welche Schadensfälle besteht kein Versicherungsschutz?**

Kein Versicherungsschutz besteht

– außerhalb Europas (soweit keine spezielle Erweiterung dieses Geltungsbereiches vereinbart ist),

– für Schäden bei Autorennen oder beim Training dazu,

– für Schäden, die durch Aufruhr, innere Unruhen, Kriegsereignisse, Regierungsfügungen oder Erdbeben verursacht werden,

– für vorsätzlich verursachte Schäden.

> **2. Erläutern Sie, welche Vorteile in der Kraftfahrt-Haftpflichtversicherung die Einheits-Deckungssumme von 2 Millionen DM bietet.**

In diesem Falle besteht keine Aufteilung der Schadensdeckung nach Personen-, Sach- und Vermögensschäden. Der Versicherer übernimmt alle Schäden pauschal bis zur vereinbarten Summe von 2 Millionen gegen eine nur sehr geringfügige Prämienerhebung.

3. Erklären Sie, welcher Zweck mit der Einführung von Schadensfreiheits- und Schadensklassen verfolgt wurde.

Schadenfreies Fahren wird mit hohen Prämienabschlägen belohnt, häufiges Verursachen von Schäden wird mit steigenden Prämienaufschlägen bestraft.

Damit ist gewährleistet, dass die vorsichtigen Fahrer nicht für die unvorsichtigen bezahlen müssen.

4. Erörtern Sie, wer einem Geschädigten hilft, wenn der Schädiger weder versichert war, noch die zur Entschädigung nötigen Mittel besitzt oder Fahrerflucht begangen hat.

In diesem Falle kann der Geschädigte seine Ansprüche an die „Verkehrsopferhilfe e. V." in Hamburg richten. Dies ist ein besonderer Entschädigungsfonds, der von allen Kraftfahrt-Haftpflichtversicherern der Bundesrepublik Deutschland unterhalten wird.

5. Der Personenwagen eines Geschäftsreisenden wird bei einer Baustelle auf der Autobahn durch einen zu schnell fahrenden Lastwagen von hinten gerammt und auf das voranfahrende Auto gedrückt. Für den Reisenden hat dieser Unfall böse Folgen.

   a) Er erleidet eine Querschnittslähmung und kann seinen Beruf nicht mehr ausüben.

   b) Sein Auto ist zu Schrott gefahren.

Wer ist zur Schadenersatzleistung verpflichtet?

Zunächst ist die *Haftpflichtversicherung* des Lkw-Halters verpflichtet

– zur Zahlung des Personenschadens, und zwar der Kosten der Heilbehandlung und der Entrichtung einer Berufsunfähigkeitsrente;

– zur Zahlung der Sachschäden am Auto (Zeitwertentschädigung) und dessen Inhalt;

– eventuell zur Zahlung eines Vermögensschadens, wenn ein für den Reisenden persönlich vorteilhaftes Geschäft durch den Unfall nicht zustande kam (Ersatz des entgangenen Gewinns).

Soweit Personen-, Sach- und Vermögensschäden nicht vollständig durch die Kfz-Haftpflichtversicherung abgedeckt werden, haftet der am Unfall schuldige *Lkw-Fahrer* persönlich mit seinem Vermögen.

Sofern eine solche Versicherung besteht, ist zusätzlich zu der Haftpflichtversicherung für den Lkw die *Insassen-Unfallversicherung* des Unternehmens verpflichtet, welches für seinen Reisenden das Kfz bereitgestellt hat. Die Unfallversicherung deckt in diesem Falle die Kosten der Unfall-Dauerfolgen (Invalidität) bis zur vereinbarten Höchstsumme.

16 Steuern

S. 520

> 1. Die Belastung der deutschen Bürger mit den verschiedenen Steuern (Steuerquote) beträgt etwas mehr als 50 % des Einkommens.
>
>   Diskutieren Sie über die Berechtigung einer derartigen Belastung durch den Staat.

Der Staat hat viele Aufgaben (Verwaltung, Verteidigung, Verkehr, Unterstützung der sozial Schwachen). Die Finanzierung erfolgt durch Einkünfte aus Unternehmertätigkeit (Staatsbetriebe), aber vor allem durch Steuereinnahmen. Wichtig ist dabei, dass die Steuern als gerecht empfunden werden und dass sie sinnvoll verwendet werden (Rechnungshöfe). Der Staat hat die Steuern so zu gestalten, dass sie der Gesamtwirtschaft zuträglich sind und den Standort Deutschland fördern.

> 2. Ein Steuerpflichtiger ist mit seinem Einkommensteuerbescheid, in dem eine zu zahlende Einkommensteuer von 15.000 DM errechnet wird, nicht einverstanden. Er selbst errechnet eine zu zahlende Einkommensteuer von 8.000 DM.
>
>   Was kann er tun?

Einspruch gegen den Steuerbescheid beim Finanzamt, ggf. Klage gegen die Einspruchsentscheidung des Finanzamtes.

> 3. Manche Steuerpflichtige berichtigen falsche Angaben in der Steuererklärung durch eine Selbstanzeige.
>
>   Welchen Vorteil sehen Sie in diesem Verhalten?

Eine Selbstanzeige verhindert die Einleitung eines Straf- oder Bußgeldverfahrens.

16.1 Besitzsteuern

S. 525

> 1. Der 49-jährige Unternehmer Richard Reiboldt ist seit 23 Jahren verheiratet mit Ingrid, geborene Brinkmann. Der 22-jährige Sohn Horst studiert und wohnt auswärts auf Kosten der Eltern. Sohn Ewald, 17 Jahre alt, ist kaufmännischer Auszubildender mit einer Ausbildungsvergütung von 760 DM monatlich. Seit Jahren wird die heute 15-jährige mittellose Vollwaise Eva Glück in der Familie erzogen. Frau Reiboldt ist Angestellte bei Flamm & Co. KG. Die Familie bewohnt ein Einfamilienhaus.
>
>   Herr Reiboldt erzielte für das am 30. Juni endende Wirtschaftsjahr einen Gewinn von 148.040 DM, aus seinem Kapitalvermögen erhielt er 13.200 DM Zinsen.
>
>   Die abzugsfähigen Sonderausgaben betrugen 27.772 DM.
>
>   Frau Reiboldt hat laut Lohnsteuerkarte 50.000 DM als Gehalt bezogen. Durch freiberufliche Beratungen hatte sie einen Nebenverdienst von 3.000 DM, von dem kein Steuerabzug vorgenommen wurde. Bürobedarf, Porti und Fahrtkosten verursachten ihr dabei 380 DM Betriebsausgaben. Für ihr Bausparguthaben erhielt sie 700 DM Zinsen.

> Bei der Einkommensteuererklärung wird die Zusammenveranlagung gewählt.
>
> **a)** Wie kann die Familie Reiboldt bei der Einkommensteuer auf erlaubte Weise das steuerpflichtige Einkommen verringern?
>
> **b)** Wie trägt die Steuergesetzgebung bei der Einkommensteuer den sozialen Verhältnissen der Familie Reiboldt Rechnung?
>
> **c)** Welcher Unterschied und Zusammenhang besteht zwischen der Lohnsteuer und der Einkommensteuer von Ingrid Reiboldt?
>
> **d)** In welchen Fällen können außergewöhnliche Belastungen geltend gemacht werden?
>
> **e)** Welche Einkünfte hat die Familie Reiboldt versteuert?
>
> **f)** Ermitteln Sie das zu versteuernde Einkommen.
>
> **g)** Ermitteln Sie mithilfe der Einkommensteuertabelle die zu zahlende Einkommensteuer der Familie Reiboldt.

a) Durch Geltendmachung aller Werbungskosten, Sonderausgaben, außergewöhnlichen Belastungen sowie der Freibeträge.

b) Durch Berücksichtigung von Alter, Familienstand und Leistungsfähigkeit im Steuertarif.

c) – *Lohnsteuer* entrichtet, wer Einkünfte aus nichtselbstständiger Arbeit bezieht. Sie wird im Abzugsverfahren erhoben (Steuerabzug durch den Arbeitgeber bei der Lohnzahlung).

– Zur *Einkommensteuer* wird herangezogen, wer über die Einkünfte aus unselbstständiger Arbeit hinaus noch weitere Einkünfte bezieht. Sie wird im Veranlagungsverfahren erhoben (Vorauszahlungen, Steuererklärung, Steuerbescheid, bei einkommensteuerpflichtigen Arbeitnehmern der entrichteten Lohnsteuer auf die Einkommensteuerschuld, Abschlusszahlung bzw. Rückerstattung).

d) Wenn Aufwendungen für den Steuerpflichtigen zwangsläufig und in ungewöhnlichem Umfang anfallen: Krankheit, Körperbehinderung, Berufsausbildung der Kinder, Beschäftigung einer Haushaltshilfe.

e)

	DM	DM
– Einkünfte aus Land- und Forstwirtschaft		0
– Einkünfte aus Gewerbebetrieb		148.040
– Einkünfte aus selbstständiger Arbeit		
Betriebseinnahmen	3.000	
Betriebsausgaben	380	2.620
– Einkünfte aus nichtselbstständiger Arbeit		
lt. beigefügter Lohnsteuerkarte	50.000	
Werbungskosten (Pauschbetrag)	2.000	48.000
– Einkünfte aus Vermietung und Verpachtung		0
– Einkünfte aus Kapitalvermögen		
Zinsen insgesamt	13.900	
Werbungskosten (Pauschbetrag)	200	
Sparerfreibetrag (2 × 3.000)	6.000	7.700
– Sonstige Einkünfte		0
Gesamtbetrag der Einkünfte		**206.360**

f)	Gesamtbetrag der Einkünfte	206.360
	– abzüglich Sonderausgaben	27.772
	– abzüglich außergewöhnliche Belastungen Kosten der auswärtigen Unterbringung von Sohn Horst (Ausbildungsfreibetrag)	4.200
	Einkommen	174.388
	– abzüglich Kinderfreibeträge 3 × 6.912	20.736
	– Betreuungsfreibetrag	3.024
	zu versteuerndes Einkommen	**150.628**

g)	zu versteuerndes Einkommen	150.628
	Einkommensteuer lt. Splittingtabelle 2000/2001	**39.776**

2. Wie hoch ist der steuerpflichtige Gewinn, der durch Vermögensvergleich ermittelt wird, wenn das Anfangskapital 143.800 DM und das Endkapital 152.500 DM betrug, eine Kapitalanlage von 5.000 DM gemacht wurde und sich die Privatentnahmen auf 12.000 DM beliefen?

152.500 DM abzüglich 143.800 DM abzüglich 5.000 DM zuzüglich 12.000 DM = <u>15.700 DM</u>.

3. Warum müssen Freibeträge im Einkommensteuerrecht von Zeit zu Zeit der allgemeinen Einkommensentwicklung angepasst werden?

Die durch die Freibeträge bewirkte Entlastung wird mit zunehmendem Einkommen und verminderter Kaufkraft geringer.

4. Zu welchen steuerlichen Abzugsbeträgen gehören

    a) Sozialversicherungsbeträge,

    b) Aufwendungen für Fachliteratur,

    c) Fahrtkosten zur Arbeitsstelle,

    d) gezahlte Kirchensteuer,

    e) Kosten der Unterbringung und des Unterhaltes für den studierenden Sohn,

    f) Spenden an das Rote Kreuz?

a) Sonderausgaben,
b) Werbungskosten,
c) Werbungskosten,
d) Sonderausgaben,
e) außergewöhnliche Belastungen,
f) Sonderausgaben.

5. Warum ist die Aussage „bei meinem Einkommen muss ich 40 % Einkommensteuer bezahlen" kritisch zu beurteilen?

Weil nicht gesagt wird, ob die Einkommensteuer 40 % von dem zu versteuernden Einkommen beträgt (Durchschnittsbelastung) oder ob nur die letzte verdiente Mark mit 40 % besteuert wird (Grenzbelastung).

> **6. Warum wird ein Mindesteinkommen von der Besteuerung ausgenommen?**

Zur Sicherstellung eines steuerfreien Existenzminimums.

> **7. In welche Tarifzone fällt**
>   **a) ein lediger Steuerpflichtiger mit 30.000 DM, 80.000 DM, 130.000 DM zu versteuerndem Jahreseinkommen,**
>   **b) ein Ehepaar mit einem zu versteuernden Jahreseinkommen von 22.000 DM, 30.000 DM, 110.000?**

a) 30.000 DM: 1. Progressionszone
    80.000 DM: 2. Progressionszone
  130.000 DM: obere Proportionalzone
b) 22.000 DM: Freizone
    30.000 DM: untere Proportionalzone
  110.000 DM   1. Progressionszone

> **8. Aus welchem Grund bleibt bei einem Einkommen von ca. 115.000 DM bzw. 230.000 DM der Steuersatz bei 51 % und erhöht sich nicht weiter?**

Weil eine höhere Besteuerung den Anreiz zu weiterer einkommensteuerpflichtiger Betätigung vernichten würde.

> **9. Für einen ledigen Steuerpflichtigen beträgt der Steuersatz bei einem Einkommen von 89.100 DM 47 % (ESt-Grundtabelle 2000/2001).**
>   **Ermitteln Sie mithilfe der Tabelle den Durchschnittssteuersatz.**

Für 89.100 DM zahlt er 25.738 DM Steuer; das ist ein *Durchschnittssteuersatz* von 28,9 %.

> **10. In der Einkommensteuertabelle für Ledige (Tarif 2000/2001) ist bei 35.100 DM eine Steuer von 5.788 DM angegeben. Bei einem Zusatzverdienst von 100 DM zahlt er 5.804 DM.**
>   **Wie hoch ist die Grenzbelastung?**

Für 100 DM mehr Einkommen zahlt er 16 DM mehr Steuer, die Grenzbelastung beträgt also 16 %.

> **11. Ermitteln Sie das zu versteuernde Einkommen des 39-jährigen Heinz Gossler, Einzelunternehmer: Jahresgewinn lt. G+V-Rechnung 122.000 DM. Für abzugsfähige Sonderausgaben werden 15.780 DM anerkannt. Seine Einkünfte aus Vermietung und Verpachtung betrugen 15.000 DM, die Einnahmen aus Kapitalvermögen 1.600 DM.**

Einkünfte aus Gewerbebetrieb		122.000 DM
Einkünfte aus Vermietung und Verpachtung		15.000 DM
Einkünfte aus Kapitalvermögen	1.600 DM	
– Freibetrag	3.000 DM	
– Werbungskosten (Pauschale)	100 DM	0
Summe der Einkünfte		137.000 DM
– Sonderausgaben		15.780 DM
zu versteuerndes Einkommen		121.220 DM

S. 530

1. Welche Bedeutung hat die Lohnsteuerkarte bei Einstellung und Entlassung eines Angestellten?

In der Lohnsteuerkarte sind vermerkt
- Steuerklasse, Familienstand und Anzahl der Kinderfreibeträge zur Berechnung der Lohnsteuer sowie der eingetragenen Sonderfreibeträge.
- Konfession für den Kirchensteuerabzug.

Diese Personaldaten benötigt die Personalabteilung des Arbeitgebers bei der Einstellung zur Berechnung der Lohnabzüge.

Bei der Entlassung des Steuerpflichtigen dient die Lohnsteuerkarte der Verdienstbescheinigung (Bruttolohn, Abzüge).

2. Bei einem Lohnsteuerpflichtigen hat sich die Kinderzahl geändert. Was wird er tun?

Änderung der Kinderfreibetragszahl in der Lohnsteuerkarte durch die Gemeindeverwaltung, damit er über den Kinderfreibetrag bzw. das Kindergeld möglichst schnell in den Genuss der Steuerersparnis kommt und nicht erst nach Jahresende mithilfe einer Steuererklärung.

S. 535

1. Warum ist die Kapitalertragsteuer im Einkommensteuerrecht enthalten?

Sie ist eine besondere Form der Einkommensteuer, die im Abzugsverfahren an der Quelle erhoben wird, z. B. bei der Dividendenausschüttung aus Aktienbesitz. Die entrichtete Kapitalertragsteuer wird auf die Einkommensteuerschuld angerechnet.

2. Warum werden für nicht ausgeschüttete Gewinne 40 %, für ausgeschüttete Gewinne 30 % Körperschaftsteuer erhoben?

Es soll ein Anreiz bestehen, die Gewinne der AG an die Anteilseigner auszuschütten, was vor allem für Kleinaktionäre ein wichtiger Grund für ihre Beteiligung an der Gesellschaft ist. Die ausgeschütteten Gewinne unterliegen nach der Ausschüttung an die Aktionäre bei diesen der Einkommensteuer, allerdings nur bis zur Höhe des jeweiligen persönlichen Steuersatzes.

Aus konjunkturellen und politischen Gründen ist es denkbar, dass die Bildung offener Rücklagen erschwert werden soll; dies ist mit dem höheren Steuersatz möglich.

3. Begründen sie, warum für landwirtschaftliche und andere Grundstücke unterschiedliche Hebesätze bei der Grundsteuer gelten.

Da die Grundstückspreise häufigen Wertschwankungen unterliegen, ist es notwendig, einen einheitlichen Wertmaßstab für die Bewertung zugrunde zu legen, der dann mit unterschiedlichen Hebesätzen vervielfacht wird.

4. Welche Bestimmungen des Gewerbesteuergesetzes weisen darauf hin, dass nicht der Unternehmer, sondern der Betrieb an sich besteuert wird?

– § 2 GewStG: Der Gewerbesteuer unterliegt jeder Gewerbebetrieb.
– § 6 GewStG: Besteuerungsgrundlage ist der Gewerbeertrag, der Gewinn aus Gewerbebetrieb, wobei keine persönlichen Verhältnisse des Unternehmers wie etwa Sonderausgaben berücksichtigt werden.

5. Wie viel Gewerbesteuer muss ein Unternehmer bezahlen, wenn die Steuermesszahl für den Gewerbeertrag 1.150 DM und der Hebesatz 320 % betragen?

Gewerbesteuerschuld = 1.150 × 320 % = <u>3.680 DM</u>.

6. Ermitteln Sie die Gewerbeschuld des Holzsägewerkes Steinmühle in Freiburg: Bilanzgewinn 147.000 DM, Einheitswert des Betriebsgrundstückes 80.000 DM, Dauerschulden 210.000 DM zu 6 % Jahreszins. Hebesatz der Gemeinde 420 %.

Gewinn lt. Bilanz	147.000 DM
+ 50 % der Zinsen für Dauerschulden	6.300 DM
	153.300 DM
– 1,2 % von 140 % des EW des Grundstücks	1.344 DM
Gewerbeertrag	151.956 DM
auf volle 100 DM abgerundeter Betrag	151.900 DM
– Freibetrag	48.000 DM
verbleibender Gewerbeertrag	**103.900 DM**
Messzahlen vom Gewerbeertrag:	
1 % von 24.000 DM	240 DM
2 % von 24.000 DM	480 DM
3 % von 24.000 DM	720 DM
4 % von 24.000 DM	960 DM
5 % von 7.900 DM	395 DM
103.900 DM	2.795 DM
Steuermesszahl vom Gewerbeertrag	**2.795 DM**
Gewerbesteuerschuld: 2.795 × 420 %	**11.739 DM**

7. Im Gemeinderat von Gunzenhausen wird über die Erhöhung des Hebesatzes diskutiert. Was spricht für, was gegen die Erhöhung?

Für die Erhöhung: Höhere Gemeindeeinnahmen

Gegen die Erhöhung: Förderung der Gewerbeansiedlung wird erschwert.

8. Berechnen Sie den Wert des Nachlasses des verunglückten Karlheinz Albrecht an seine Kinder und Ehefrau:

Hinterlassenes Barvermögen	80.000 DM
Aktienpaket zum Kurswert von	60.000 DM
Hausbesitz nach BewG §§ 138 ff.	420.000 DM
Kosten der Unfallklinik	130.000 DM
Beerdigungskosten	15.000 DM
Grabstein	7.000 DM

Vermögensanfall	560.000 DM
– Nachlassverbindlichkeiten	152.000 DM
Nachlasswert	**408.000 DM**

9. Nach kurzer, schwerer Krankheit verstirbt der Urgroßvater und hinterlässt ein großes Barvermögen, das an seine Ehefrau, seine 2 Söhne und seine Tochter, an 7 Enkel und 3 Urenkel, 2 Schwestern und deren 4 Kinder und 2 Enkel sowie an ein paar Freunde aus der berufsaktiven Zeit verteilt werden soll.

   a) In welche Steuerklasse werden die Erben eingeteilt?
   b) Es erhalten

– die Ehefrau		3.500.000 DM
– seine drei Kinder	je	1.250.000 DM
– seine sieben Enkel	je	280.000 DM
– seine drei Urenkel	je	90.000 DM
– seine beiden Schwestern	je	90.000 DM
– deren vier Kinder	je	50.000 DM
– deren beide Enkel	je	20.000 DM
– die Freunde	je	15.000 DM

   Berechnen Sie die zu erhebende Steuer.

a) Steuerklasse I: Ehefrau, seine Söhne und die Tochter, die Enkel und Urenkel,
   Steuerklasse II: die Schwestern und deren Kinder,
   Steuerklasse III: die Enkel der Schwestern und die Freunde.

b) Ehefrau: 3.500.000 DM – Freibetrag 600.000 DM
   – Vers. Freib. 500.000 DM = 2.400.000 DM × 19 % = 456.000 DM
   Söhne/Töchter: 1.250.000 DM – Freibetrag 400.000 DM = 850.000 DM × 15 % = 127.500 DM
   Enkel: 280.000 DM – Freibetrag 100.000 DM = 180.000 DM × 11 % = 19.800 DM
   Urenkel: 90.000 DM – Freibetrag 100.000 DM = 0 DM × 7 % = 0 DM
   Schwester: 90.000 DM – Freibetrag 20.000 DM = 70.000 DM × 12 % = 8.400 DM
   deren Kinder: 50.000 DM – Freibetrag 20.000 DM = 30.000 DM × 12 % = 3.600 DM
   deren Enkel: 20.000 DM – Freibetrag 10.000 DM = 10.000 DM × 17 % = 1.700 DM
   Freunde: 15.000 DM – Freibetrag 10.000 DM = 5.000 DM × 17 % = 850 DM

16.2 Verkehrsteuern

> **1. Warum werden Umsätze des Buchhandels und der Lebensmittelgeschäfte nur mit dem ermäßigten Steuersatz versteuert?** S. 539

Die Preise für Bildungsgüter und Nahrungsmittel sollen möglichst niedrig gehalten werden.

> **2. Flamm & Co. OHG verkauft ausschließlich an Gewerbetreibende. Die vereinbarten Entgelte betragen insgesamt 2.995.293 DM. Darin enthalten sind**
> - 12.739 DM Lieferungen ins Ausland,
> - 1.440 DM Mieten für Werkswohnungen.
>
> Für den privaten Bedarf wurden Waren im Wert von 420 DM entnommen, aber nicht gebucht.
>
> Die Vorauszahlungen betrugen 289.779,92 DM, die in der Buchführung erfassten Vorsteuerbeträge 179.706,65 DM. Davon entfallen 685,87 DM auf Rechnungen für Reparaturen der Werkswohnungen.
>
> Berechnen Sie die zu entrichtende Umsatzsteuer.

Berechnung des steuerpflichtigen Umsatzes:

Gesamtbetrag der vereinbarten Entgelte		2.995.293,00 DM
Privatentnahme (ohne Umsatzsteuer)		420,00 DM
steuerbarer Umsatz		2.995.713,00 DM
davon sind umsatzsteuerfrei		
a) Ausfuhrlieferungen (§ 4 Nr. 1)	12.739,00 DM	
b) Mieteinnahmen (§ 4 Nr. 12)	1.440,00 DM	14.179,00 DM
steuerpflichtiger Umsatz		2.981.534,00 DM

Berechnung der Umsatzsteuer:

2.981.534,00 DM zum Steuersatz von 16 %	477.045,44 DM

Berechnung der abziehbaren Vorsteuerbeträge:

Vorsteuerbeträge (einschließlich Einfuhrumsatzsteuer)	179.706,65 DM
vom Abzug ausgeschlossene Vorsteuerbeträge	685,87 DM
abziehbare Vorsteuerbeträge	179.020,78 DM

Berechnung der zu entrichtenden Umsatzsteuer:

Umsatzsteuer	477.045,44 DM
abziehbare Vorsteuerbeträge	179.020,78 DM
zu entrichtende Umsatzsteuer (Zahllast)	298.024,66 DM
an die Finanzkasse bezahlt	289.779,92 DM
noch zu entrichten	8.244,74 DM

3. Diskutieren Sie den Vorschlag, die Kfz-Steuer in die Mineralölsteuer einzuberechnen.

Vorteile: Belastung nach der tatsächlichen Straßenbenutzung, auch die Nutzung durch ausländische Verkehrsteilnehmer wäre besteuert, geringerer Verwaltungsaufwand, sparsamerer Umgang mit Kraftstoff, weniger Kraftfahrzeuge und damit weniger Staus und Unfälle.

Nachteile: Verlust von Arbeitsplätzen bei den Finanzämtern, der Preis für 1 Liter Kraftstoff wäre so hoch, dass etliche Autofahrer ihr Fahrzeug stilllegen würden bzw. viele junge Leute sich vom Kauf eines Fahrzeugs abschrecken ließen, was schlecht wäre für die Konjunktur der Kfz-Industrie.

16.3 Verbrauchsteuern

S. 539

Warum wird in den kommenden Jahren die Mineralölsteuer um 6 Pfennig je Liter erhöht?

Die Ökosteuer soll die Autofahrer zu sparsamerem Kraftstoffverbrauch, vor allem aber die Industrie zur Konstruktion Kraftstoff sparender Autos anregen. Andererseits wird das Risiko in Kauf genommen, dass weniger Kraftfahrzeuge gekauft werden. Dass die Mehreinnahmen aus der Ökosteuer zur Senkung des Rentenversicherungsbeitrages von 20,3 % auf 19,3 % verwendet werden soll, zeigt eben doch, dass der finanzielle Gedanke Vorrang vor dem ökologischen hat.

Außerdem soll der Produktionsfaktor Arbeit billiger gemacht werden und der Produktionsfaktor Energie teurer.